Forschungs- und Technologiepolitik
im europäischen Integrationsprozeß

Europäische Hochschulschriften
Publications Universitaires Européennes
European University Studies

Reihe V
Volks- und Betriebswirtschaft

Série V Series V
Sciences économiques, gestion d'entreprise
Economics and Management

Bd./Vol. 2613

PETER LANG
Frankfurt am Main · Berlin · Bern · Bruxelles · New York · Oxford · Wien

Daniel Strecker

Forschungs- und Technologiepolitik im europäischen Integrationsprozeß

Eine ökonomische Analyse des staatlichen Handlungsbedarfs und der Kompetenzverteilung zwischen nationaler und supranationaler Ebene

PETER LANG
Europäischer Verlag der Wissenschaften

Die Deutsche Bibliothek - CIP-Einheitsaufnahme

Strecker, Daniel:

Forschungs- und Technologiepolitik im europäischen Integrationsprozeß : eine ökonomische Analyse des staatlichen Handlungsbedarfs und der Kompetenzverteilung zwischen nationaler und supranationaler Ebene / Daniel Strecker. - Frankfurt am Main ; Berlin ; Bern ; Bruxelles ; New York ; Oxford ; Wien : Lang, 2000

(Europäische Hochschulschriften : Reihe 5, Volks- und Betriebswirtschaft ; Bd. 2613)
Zugl.: Potsdam, Univ., Diss., 1999
ISBN 3-631-36119-X

517
ISSN 0531-7339
ISBN 3-631-36119-X

Meinen Eltern

Vorwort

Die vorliegende Arbeit entstand während meiner Tätigkeit als wissenschaftlicher Mitarbeiter an der wirtschafts- und sozialwissenschaftlichen Fakultät der Universität Potsdam und wurde dort im Wintersemester 1999/2000 als Dissertation angenommen.

An dieser Stelle möchte ich allen danken, ohne deren Hilfe die Arbeit nicht in dieser Form hätte entstehen können. In erster Linie gilt mein Dank meinem Doktorvater, Herrn Prof. Dr. Norbert Eickhof, der mir zu jeder Zeit die erforderliche fachliche Unterstützung zuteil werden ließ und sich beruflich und privat stets als verständnisvoller Mitmensch erwiesen hat. Bei Herrn Prof. Dr. Paul J. J. Welfens möchte ich mich für die freundliche Übernahme des Zweitgutachtens bedanken.

Danken möchte ich ferner meinen ehemaligen Lehrstuhlkollegen Dr. rer. pol. Martin Franke, Dr. rer. pol. Dieter Kreikenbaum, Dipl.-Vw. Henning Never, M.A., Dipl.-Kfm., Dipl.-Vw. Andreas Schulze sowie nicht zuletzt Dipl.-Vw. Katrin Sobania, die durch ihre Diskussionsbereitschaft und durch die überaus freundschaftliche Arbeitsatmosphäre maßgeblich zum erfolgreichen Abschluß meiner Arbeit beigetragen haben. Gleiches gilt für die Sekretärinnen Beate Jahn und Dorothee Leyser sowie für die zahlreichen studentischen Hilfskräfte des Lehrstuhls, mit denen ich während der fünf Jahre in Potsdam das Büro teilen durfte.

Besonderen Dank verdient meine Freundin, Frau Uta Hylla, die mich auch in schwierigen Zeiten und über große Entfernungen hinweg motiviert und unterstützt hat. Schließlich möchte ich mich sehr herzlich bei meinen Eltern bedanken, die mich durch die langjährige Förderung und Begleitung meiner Ausbildung erst in die Lage versetzt haben, die Promotion anzugehen. Ihnen ist diese Arbeit gewidmet.

Potsdam, im November 1999 Daniel Strecker

Inhaltsverzeichnis

Abbildungsverzeichnis

Tabellenverzeichnis

Abkürzungsverzeichnis

Abs.	Absatz
AG	Aktiengesellschaft
AiF	Arbeitsgemeinschaft industrieller Forschungsvereinigungen „Otto von Guericke“
Art.	Artikel
AWI	Alfred-Wegener-Institut für Polar- und Meeresforschung
BDI	Bundesverband der Deutschen Industrie
BIP	Bruttoinlandsprodukt
BMBF	Bundesministerium für Bildung, Wissenschaft, Forschung und Technologie (seit 1998: Bundesministerium für Bildung und Forschung)
BMBW	Bundesministerium für Bildung und Wissenschaft
BMF	Bundesministerium für Finanzen
BMFT	Bundesministerium für Forschung und Technologie
BMWi	Bundesministerium für Wirtschaft (seit 1998: Bundesministerium für Wirtschaft und Technologie)
BRITE	Basic Research in Industrial Technologies for Europe
BSP	Bruttosozialprodukt
BZ	Berliner Zeitung
CERN	Europäisches Zentrum für Kernforschung
COST	Coopération Européenne Scientifique et Technique
c.p.	ceteris paribus
DFG	Deutsche Forschungsgemeinschaft
DIW	Deutsches Institut für Wirtschaftsforschung
DKFZ	Deutsches Krebsforschungszentrum
DLR	Deutsche Forschungsanstalt für Luft- und Raumfahrt
Drs.	Drucksache
ECU	European Currency Unit
EEA	Einheitliche Europäische Akte
EGKS	Europäische Gemeinschaft für Kohle und Stahl
EGV	EG-Vertrag
EI	Environment Institute
ESA	European Space Agency
ESF	European Science Foundation
ESPRIT	European Strategic Programme for Research and Development in Information Technology
ESRF	Europäische Synchrotronstrahlungsanlage
ET	Energiewirtschaftliche Tagesfragen
EURAM	European Research in Advanced Materials
EURATOM	Europäische Atomgemeinschaft

EUREKA	European Research Coordination Agency
FAST	Forecasting and Assessment in the Field of Science and Technology
FAZ	Frankfurter Allgemeine Zeitung
FhG	Fraunhofer-Gesellschaft
FhG-ISI	Fraunhofer Institut für Systemtechnik und Innovationsforschung
FuE	Forschung und Entwicklung
GFS	Gemeinsame Forschungsstelle (entspricht JRC)
GG	Grundgesetz
HDTV	High Definition Television
HMI	Hahn-Meitner-Institut
HP	Horizontales Programm
i.e.S.	im engeren Sinn
i.w.S.	im weiteren Sinn
IAM	Institute for Advanced Materials
IAW	Institut für Angewandte Wirtschaftsforschung
IHCP	Institute for Health and Consumer Protection
IPTS	Institute for Prospective Technological Studies
ITU	Institute for Transuranium Elements
IWH	Institut für Wirtschaftsforschung Halle
JESSI	Joint European Submicron Silicon Initiative
JET	Joint European Torus
JRC	Joint Research Centre (entspricht GFS)
KMU	Kleine und mittlere Unternehmen
KoWi	Koordinierungsstelle EG der Wissenschaftsorganisationen
MPG	Max-Planck-Gesellschaft
NIW	Niedersächsisches Institut für Wirtschaftsforschung
OECD	Organisation for Economic Co-operation and Development
R&D	Research and Development
RP	Rahmenprogramm
SAI	Space Applications Institute
SdW	Spektrum der Wissenschaft
SZ	Süddeutsche Zeitung
TP	Thematisches Programm
Verf.	Verfasser
WiSt	Wirtschaftswissenschaftliches Studium
WISU	Das Wirtschaftsstudium
ZEW	Zentrum für Europäische Wirtschaftsforschung
ZfB	Zeitschrift für Betriebswirtschaft
ZfU	Zeitschrift für Umweltpolitik und Umweltrecht
ZfW	Zeitschrift für Wirtschaftspolitik

Forschungs- und Technologiepolitik im europäischen Integrationsprozeß

- eine ökonomische Analyse des staatlichen Handlungsbedarfs und der Kompetenzverteilung zwischen nationaler und supranationaler Ebene -

Wer Schulen gründet und die Wissenschaften pflegt, der macht sich um sein Volk und die ganze Nachwelt besser verdient, als wenn er neue Silber- und Goldadern fände.

Melanchthon

TEIL I: EINFÜHRUNG IN DIE THEMATIK

1. Der Untersuchungsgegenstand

1.1. Die Bedeutung von Wissenschaft, Forschung und Innovationstätigkeit

Bereits vor nahezu 500 Jahren wies der Humanist Philipp Melanchthon auf die zentrale Bedeutung der Wissenschaften für die gesellschaftliche, aber auch für die wirtschaftliche Entwicklung einer Nation hin. Heute stehen in diesem Zusammenhang zumeist ökonomische Überlegungen im Vordergrund. Wissenschaft, Forschung und Innovationen sind weltweit als entscheidende Wachstumsdeterminanten anerkannt. Sie sollen insbesondere zur Sicherung der Wettbewerbsfähigkeit von Unternehmen und Wirtschaftsstandorten, zur Entstehung neuer Arbeitsplätze sowie zur Wahrung und Verbesserung des Lebensstandards der Bevölkerung beitragen.

Unumstritten ist zunächst die Feststellung, daß die rasante technologische Entwicklung und die Globalisierung der Wirtschaftsbeziehungen zu einer allgemeinen Intensivierung des Wettbewerbs geführt haben[1]. Deutsche und europäische Unternehmen stehen einerseits im Innovations- und Qualitätswettbewerb

[1] Die Globalisierung spiegelt sich in einem weltweiten Anstieg der Import- und Exportquoten sowie in einer Zunahme der internationalen Kapitalverflechtung wider, vgl. Hillebrand/Welfens (1998), S. 406 ff.; OECD (1996), S. 24.

mit Anbietern aus anderen führenden Industrienationen. Der Preiswettbewerb wird durch Konkurrenten aus den Schwellenländern verschärft und zwingt zu Kostensenkungen[1]. Angesichts der sich verkürzenden Imitationszeiten können nur durch andauernde Produkt- und Prozeßinnovationen die notwendigen technischen Vorsprünge erhalten werden.

Darüber hinaus hat sich der Wettbewerbsdruck nicht nur für die privaten Unternehmen, sondern auch für die Gebietskörperschaften bzw. die staatlichen Entscheidungsträger erhöht. Die Schaffung attraktiver Standortbedingungen ist eine unabdingbare Voraussetzung, um in der zunehmenden internationalen und -regionalen Konkurrenz um Investitions- und Ansiedlungsentscheidungen erfolgreich bestehen zu können. Hierbei spielen wiederum Wissenschaft und Forschung, aber auch Bildung eine wichtige Rolle.

In Deutschland gibt es seit einiger Zeit kontroverse Diskussionen über die technologische Leistungsfähigkeit. Bemängelt werden insbesondere der sinkende Anteil der gesamten inländischen Forschungs- und Entwicklungsausgaben von Unternehmen und Gebietskörperschaften am BSP (FuE-Intensität)[2], die im weltweiten Vergleich zurückgehende Bedeutung der deutschen Forschung und das im Vergleich zu früheren Jahren geringere Wachstum der unternehmerischen Forschungsaufwendungen[3]. Trotz der schwachen Dynamik der Inputgrößen haben sich die output- bzw. innovationsorientierten Erfolgsfaktoren vergleichsweise positiv entwickelt. Gemessen an den weltmarktrelevanten Triadepatenten pro Beschäftigten[4] konnte die deutsche Wirtschaft ihre führende Position zurückgewinnen, nachdem sie zwischenzeitlich von Japan überholt worden war. Allerdings wird ein wachsender Rückstand im Bereich der Spitzentechnologien diagnostiziert[5]. Bei den eingereichten europäischen Patentanmeldungen liegt Deutschland mit einem Anteil von knapp 19 % hinter den USA (28,1 %) und vor Japan (17,6 %) an zweiter Stelle[6].

---

1 Vgl. Eickhof (1998a), S. 79 f. Vgl. zum Wettbewerb mit Hoch- und Niedriglohnländern ausführlich Härtel/Jungnickel (1998), S. 72 ff. und 144 ff.

2 Von 1987 bis 1997 ist dieser Anteil von 2,9 % auf 2,32 % zurückgegangen, vgl. BMBF (1998), S. 371. Im internationalen Vergleich ist Deutschland damit deutlich zurückgefallen, vgl. NIW u.a. (1997), S. 29 ff. Vgl. zur internationalen Wettbewerbsfähigkeit Deutschlands auch Kantzenbach/ Pfister (1996), S. 268 ff.

3 Vgl. FAZ (1997b); Weiss (1996), S. 78 ff. Allerdings sind die Forschungsausgaben der Wirtschaft 1997 um 3,6 % gestiegen, verglichen mit 1,6 % im Jahr 1996, vgl. FAZ (1998b), S. 15.

4 Triadepatente sind Patente, die außer im Heimatland noch in mindestens zwei anderen Ländern in unterschiedlichen Triade-Regionen (Europa, Japan, USA) angemeldet werden.

5 Vgl. Roth (1996), S. 15. Von einer Spitzentechnologie wird gesprochen, wenn der Anteil von Forschung und Entwicklung am Umsatz über 8,5 % liegt.

6 Vgl. Europäisches Patentamt (1998), S. 56 f.

Innerhalb Europas ist die Spitzenposition Deutschlands zwar in den meisten Technologien und Forschungsfeldern nach wie vor unangefochten[1]. Die EU insgesamt fürchtet jedoch, im globalen Wettbewerb mit den USA und Japan an Boden zu verlieren[2]. Sowohl auf deutscher als auch auf europäischer Ebene werden daher politische Maßnahmen und Strategien diskutiert, mit denen den beschriebenen Herausforderungen begegnet werden kann.

Eine zentrale Rolle im Rahmen dieser Überlegungen spielt die Forschungs- und Technologiepolitik. Allerdings ist ihre konkrete Ausgestaltung insbesondere in der EU umstritten. Die vorrangigen Aufgaben und anzustrebenden Ziele werden in den einzelnen Mitgliedstaaten höchst unterschiedlich definiert, ferner weichen die Vorstellungen bezüglich der einzusetzenden Instrumente stark voneinander ab[3]. Aber auch in Deutschland sind sich die politischen Entscheidungsträger keineswegs über die staatlichen Möglichkeiten und Kompetenzen einig.

Untersucht wird daher in einem ersten Schritt die grundsätzliche Frage, was Forschungs- und Technologiepolitik leisten kann. Angesichts der zunehmenden Finanzprobleme der öffentlichen Haushalte sind eine Rückbesinnung auf den tatsächlichen staatlichen Handlungsbedarf und eine möglichst effiziente Verwendung der zur Verfügung stehenden Mittel gefordert. Des weiteren ist es notwendig, innerhalb dieses Politikbereichs eine geeignete Aufgabenverteilung zwischen den Akteuren auf der nationalen und supranationalen Ebene zu erarbeiten. Der letztgenannte Aspekt hat seit den 80er Jahren durch die zunehmenden Aktivitäten der EU an Bedeutung gewonnen.

1.2. Hoheitliche Integration in Europa

In Europa vollzieht sich seit über vier Jahrzehnten ein Prozeß, der als hoheitliche Integration bezeichnet werden kann[4]. Zusammenschlüsse selbständiger Gebietskörperschaften zu größeren politischen und wirtschaftlichen Einheiten vollziehen sich demzufolge in mehreren Stufen: Abschaffung von Handelsbeschränkungen zwischen den beteiligten Staaten, Errichtung eines gemeinsamen

---

1 Ausnahmen bilden lediglich die Luft- und Raumfahrt sowie die Nukleartechnik, in denen Frankreich und Großbritannien führend sind, vgl. Roth (1996), S. 17. Bemerkenswert ist der starke Anstieg der FuE-Intensität in Schweden, das auch weltweit mit deutlichem Abstand die Spitzenposition einnimmt. Mit 3,6 % lag sie dort im Jahr 1996 um mehr als 50 % über dem deutschen Niveau, vgl. NIW u.a. (1997), S. 29. Vgl. auch Eurostat (1998), S. 15 ff. und 30 ff.

2 Vgl. beispielsweise Mariën-Dusak (1996), S. 1014.

3 Vgl. Grande (1993), S. 66; Starbatty/Vetterlein (1990b).

4 Vgl. zum folgenden Olson (1991), S. 158 ff.

Außenschutzes, Gewährleistung von Faktormobilität bzw. Freizügigkeit sowie teilweise Verlagerung von politischen Entscheidungsbefugnissen auf die übergeordnete Ebene[1].

Im Zuge dieser Entwicklung sind bis heute umfangreiche Kompetenzen von den Mitgliedstaaten an die Europäische Union abgegeben worden. Teilweise handelt es sich hierbei um Politikbereiche, die unzweifelhaft auf der zentralen Ebene angesiedelt sein müssen[2]. Dies gilt insbesondere für das Binnenmarktprogramm, soweit es sich auf die Gewährleistung von Freihandel und Faktormobilität beschränkt[3]. Aus Sicht der Mitgliedstaaten stellt der freie Wettbewerb im Gemeinsamen Markt ein öffentliches Gut dar, das dezentral vermutlich nicht bereitgestellt würde. Folglich ist eine Zentralisierung von Kompetenzen in der Wettbewerbspolitik und im Rahmen der Beihilfenaufsicht grundsätzlich gerechtfertigt, ferner für Teile der Infrastruktur- und Umweltpolitik.

Für andere Politikbereiche sind die Zuständigkeiten zwischen der nationalen und der supranationalen Ebene umstritten. Empirisch ist allerdings eine gewisse „Eigendynamik der Gewichtsverlagerung nach oben"[4] unverkennbar. Die derzeitige Kompetenzverteilung kann auch als Resultat politischer Machtverhältnisse und Entscheidungsprozesse sowie notwendiger Kompromisse zwischen der „Anziehungskraft des zentralen Budgets und dem Bestreben der untergeordneten Gebietskörperschaften, .. ein Minimum an politischer Eigenständigkeit zu bewahren"[5], angesehen werden. Eine Entwicklung, die sich aufgrund dieser teilweise zufälligen Einflußfaktoren vollzieht, kann jedoch keineswegs eine ökonomisch sinnvolle vertikale Kompetenzabgrenzung sicherstellen, geschweige denn die zu beobachtenden Überschneidungen von Verantwortlichkeiten verhindern[6]. Das Ausmaß der Supranationalisierung von politischen Entscheidungen und Handlungsbefugnissen muß vor diesem Hintergrund kritisch hinterfragt werden[7].

---

1 Olson (1991), S. 160, spricht hier von einer „Verlagerung bei den Institutionen". Vgl. auch Oppenländer (1998), S. 250.

2 Vgl. zum folgenden ausführlich Eickhof (1998b), S. 20 ff.

3 Freihandel und Faktormobilität werden in der Europäischen Union gemäß Art. 7 a EG-Vertrag durch die vier ökonomischen Grundfreiheiten - Freiheit des Waren-, Personen-, Dienstleistungs- und Kapitalverkehrs - garantiert.

4 Eser (1991), S. 26. Vgl. auch Hannowsky/Renner (1998), S. 106 f.

5 Laaser/Stehn (1996), S. 82. Vgl. auch Kösters (1998).

6 Vgl. Gerken (1995a), S. 20. Laaser/Stehn (1996), S. 82, zufolge sind „bei der vertikalen Verteilung der Aufgabenkompetenzen ökonomische Gesichtspunkte mehr und mehr in den Hintergrund gedrängt worden".

7 So beispielsweise Kösters (1998), S. 444, demzufolge „in einer Reihe von Bereichen der optimale Grad der politischen Integration schon überschritten sein (dürfte)".

Die beschriebene „zentripetale Integrationsdynamik"[1] im europäischen Einigungsprozeß beeinflußt auch die Aufgabenverteilung in der Forschungs- und Technologiepolitik. Rechtlich fällt dieser Bereich zwar bislang mit Ausnahme der Rahmenprogramme, diverser Zusatzprogramme und der Zusammenarbeit mit Drittländern in die Primärkompetenz der Mitgliedstaaten[2]. Dessen ungeachtet ist eine „nachhaltige Tendenz zur Zentralisierung"[3] festzustellen, die sich insbesondere in der rasanten Zunahme der Gemeinschaftsausgaben für Forschung und technologische Entwicklung in den vergangenen 15 Jahren widerspiegelt. Zudem hat die EU das Spektrum ihrer Aktivitäten erheblich ausgeweitet. Mittlerweile existiert sowohl in Deutschland als auch in Europa eine unüberschaubare Vielfalt von Förderinstrumenten, die zahlreiche Überschneidungen aufweisen.

Den zweiten Schwerpunkt der vorliegenden Arbeit bildet folglich die Erarbeitung einer auf dem Subsidiaritätsprinzip basierenden Kompetenzverteilung zwischen der Europäischen Union und ihren Mitgliedstaaten in der Forschungs- und Technologiepolitik. Allerdings geht es nicht darum, diesen Politikbereich entweder ausschließlich der nationalen oder der supranationalen Ebene zuzuordnen. Vielmehr erscheint eine Definition von Handlungsbefugnissen jeweils nur in bezug auf spezielle Aufgaben zweckmäßig[4], so daß auch in Zukunft ein Nebeneinander von deutscher und europäischer Forschungs- und Technologiepolitik erwartet werden kann[5]. Eine eindeutige und trennscharfe Abgrenzung ist weder erforderlich noch möglich, zumal sich die einzelnen Mitgliedstaaten der Europäischen Union auf unterschiedlichen Entwicklungsniveaus befinden und daher unterschiedliche Fähigkeiten zur Problemlösung aufweisen[6].

Dennoch muß die derzeitige Situation aus ökonomischer Sicht als unbefriedigend bezeichnet werden. Ineffizienzen sind unübersehbar, und auch die politischen Entscheidungsträger diskutieren zunehmend die Frage, welche Hierarchiestufe konkrete Aufgaben am besten erfüllen kann. Nicht von ungefähr wurde auf dem Treffen der Staats- und Regierungschefs im britischen Cardiff im Juni 1998 die Notwendigkeit einer klareren Kompetenzverteilung und einer stärkeren Beachtung des Subsidiaritätsprinzips betont[7]. Der bestehende Hand-

---

1 Hannowsky/Renner (1996), S. 5.
2 Vgl. hierzu die Übersicht in Kösters (1998), S. 449.
3 Starbatty/Vetterlein (1998), S. 709.
4 Döring (1996), S. 308, spricht in diesem Zusammenhang von politischen Teilkompetenzen.
5 Diese Einschätzung vertritt auch Mönig (1996), S. 71.
6 Vgl. Pflugmann-Hohlstein (1993), S. 168 f. Auch Grande (1996), S. 132 ff., betont, daß eine präzise Aufgabentrennung im Sinne eines „Trennföderalismus" nicht möglich ist.
7 Vgl. FAZ (1998d), S. 1. Zur Sicherung der Handlungsfähigkeit wird eine „stärkere Abgrenzung zwischen den zentralen Zuständigkeiten der Gemeinschaft und den Aufgaben der

lungsbedarf ist somit zwar erkannt, die Umsetzung in entsprechende Reformschritte steht jedoch noch aus.

2. Gang der Untersuchung

Die vorliegende Arbeit verfolgt hauptsächlich zwei Ziele: Zum einen die Ermittlung des forschungs- und technologiepolitischen Handlungsbedarfs aus theoretischer Sicht, zum anderen die Erarbeitung einer geeigneten, ökonomisch fundierten Kompetenzverteilung zwischen der nationalen und supranationalen Ebene für die Umsetzung entsprechender Maßnahmen.

Der nachfolgende Teil II widmet sich zunächst den begrifflichen Grundlagen. Konkret erfolgt eine Abgrenzung der Forschungs- und Technologiepolitik von anderen Politikbereichen sowie eine Erläuterung der zugehörigen Maßnahmen und Instrumente. Darüber hinaus wird eine Bestandsaufnahme der derzeitigen Forschungs- und Technologiepolitiken in Deutschland und der Europäischen Union vorgenommen. In diesem Zusammenhang ist auch auf die bestehende Kompetenzverteilung zwischen den Handlungsebenen einzugehen.

Teil III stellt die theoretischen Grundlagen der Forschungs- und Technologiepolitik dar. Zu berücksichtigen sind hierbei die Implikationen der neueren Theorie des Markt- und Wettbewerbsversagens, der neuen Wachstums- und Außenhandelstheorie sowie der traditionellen und neueren Innovationstheorie. Die abgeleiteten Handlungsempfehlungen werden in III.2. einer ordnungspolitischen Würdigung unterzogen, die letztlich Aussagen über wünschenswerte und erforderliche Eingriffe des Staates ermöglicht.

Teil IV setzt sich zunächst mit den theoretischen Grundlagen der vertikalen Kompetenzverteilung zwischen den politischen Entscheidungsträgern in Mehr-Ebenen-Systemen auseinander. Konkret wird auf die Wirkungsweise des Standortwettbewerbs sowie auf die Aussagen des Subsidiaritätsprinzips und des Prinzips der fiskalischen Äquivalenz eingegangen. Letztere erfahren eine ökonomische Fundierung durch die Theorie des fiskalischen Föderalismus. Die einzelnen Kriterien werden in IV.2. auf den speziellen Fall der Forschungs- und Technologiepolitik angewendet. Einerseits lassen sich mit Hilfe dieses Instrumentariums die erforderlichen und wünschenswerten Maßnahmen aus Teil III

Mitgliedstaaten und der Regionen“ angestrebt. Vgl. auch Europäischer Rat (1998), S. 13. In der Forschungs- und Technologiepolitik stellt die mangelnde Koordinierung zwischen den einzelstaatlichen Politiken und den Maßnahmen der Gemeinschaft aus Sicht der Kommission ein wichtiges Problem dar, vgl. EG-Kommission (1993), S. 95. Vgl. ferner Kösters (1998), S. 448; Sturm (1996), S. 43.

den betrachteten Handlungsebenen zuordnen. Auf der anderen Seite wird eine volkswirtschaftliche Würdigung der derzeitigen Kompetenzverteilung ermöglicht.

In Teil V werden schließlich die Ergebnisse der Arbeit und die abgeleiteten Handlungsempfehlungen im Hinblick auf die grundsätzliche Ausrichtung der Forschungs- und Technologiepolitik sowie bezüglich der Aufgabenverteilung zwischen nationaler und supranationaler Ebene zusammenfassend dargestellt.

TEIL II: BEGRIFFSBESTIMMUNG UND BESTANDSAUFNAHME

1. Der Begriff der Forschungs- und Technologiepolitik

Im Rahmen der folgenden Begriffsbestimmung werden unterschiedliche Aspekte berücksichtigt. Zunächst erfolgt ausgehend von einer Definition der Forschungs- und Technologiepolitik eine Abgrenzung gegenüber anderen, verwandten Politikbereichen und damit eine Konkretisierung des Untersuchungsgegenstands. Hierbei lassen sich forschungs- und technologiepolitische Maßnahmen im engeren und im weiteren Sinn unterscheiden. Ferner kann zwischen selektiven und allgemeinen Maßnahmen der Forschungs- und Technologiepolitik i.e.S. differenziert werden, wobei auch auf den Einsatz der jeweiligen Instrumente in den einzelnen Phasen des Innovationsprozesses einzugehen ist. Abschließend werden einige der für die Forschungs- und Entwicklungstätigkeit der Unternehmen relevanten Rahmenbedingungen kurz vorgestellt.

1.1. Abgrenzung des Politikbereichs

Die Forschungs- und Technologiepolitik umfaßt vielfältige Maßnahmen, die sowohl ihrer Zielsetzung nach als auch im Hinblick auf ihre Empfänger deutliche Unterschiede aufweisen. Vor diesem Hintergrund kann es nicht überraschen, daß in der Literatur keine einheitliche Begriffsbestimmung anzutreffen ist, die Abgrenzung der zugehörigen Maßnahmen oftmals unsystematisch erfolgt[1] und darüber hinaus unterschiedliche Bezeichnungen für ähnliche Inhalte verwendet werden[2].

Im Rahmen der vorliegenden Arbeit soll von einer sehr umfassenden Definition ausgegangen werden. Die Forschungs- und Technologiepolitik umfaßt danach alle staatlichen Maßnahmen, die auf die Förderung des wissenschaftlich-technologischen Fortschritts in der Grundlagenforschung, auf die Hervorbringung von Inventionen im Rahmen der angewandten Forschung und Entwicklung sowie auf die Anwendung und Verbreitung neuer Technologien gerichtet sind.

---

1 Vgl. hierzu exemplarisch die Definition von Ewers/Fritsch (1987), S. 109, die Forschungs- und Technologiepolitik „im weitesten Sinne einer staatlichen Beeinflussung (meist Förderung) von Invention und Innovation"[1] verstehen. Unter diesem Begriff werden so unterschiedliche Maßnahmen wie die Patentpolitik, die gesamte institutionelle und verschiedene Formen der Projektförderung sowie die „innovationsfreundliche" Gestaltung des Umfelds zusammengefaßt.

2 Vgl. Kern (1991), S. 9 f.

Erfolgt die Förderung durch den Einsatz finanzieller Mittel, soll im folgenden von einer forschungs- und technologiepolitischen Maßnahme im engeren Sinn gesprochen werden[1]. Diese umfassen insbesondere die Finanzierung von nichterwerbswirtschaftlichen Forschungseinrichtungen und Hochschulen sowie die Gewährung von Subventionen an private Unternehmen. Darüber hinaus können jedoch auch ordnungspolitische Maßnahmen[2] als Instrumente zur Unterstützung von Forschung und Entwicklung eingesetzt werden. Zusammen mit den finanziellen Maßnahmen bilden sie die Forschungs- und Technologiepolitik im weiteren Sinn.

Ausgehend von dieser Definition kann die Forschungs- und Technologiepolitik gegenüber anderen Politikbereichen abgegrenzt werden. Zunächst ist das Verhältnis zu der in jüngerer Zeit viel und kontrovers diskutierten Industriepolitik zu untersuchen. Diese beinhaltet die Gesamtheit der Versuche zur *„Förderung* der *Wettbewerbsfähigkeit* der *Industrie* durch den *Staat*"[3] und richtet sich vorrangig an private Unternehmen. Sie bezieht dabei auch Subventionen ein, die auf die Erhaltung vorhandener Industriestrukturen zielen oder deren Anpassung an Veränderungen erleichtern und beschleunigen sollen.

Der Schwerpunkt der Forschungs- und Technologiepolitik im anwendungsnahen Bereich liegt auf den sogenannten Zukunftstechnologien[4]. Dabei beschränkt sich die Forschungs- und Technologiepolitik i.e.S. keineswegs auf Hilfen zugunsten der Industrie, sondern beinhaltet beispielsweise auch die Finanzierung von Hochschulen und Wissenschaftsorganisationen. Einerseits bildet sie somit einen Teilbereich der Industriepolitik, andererseits gehen ihre Maßnahmen deutlich über das industriepolitische Spektrum hinaus.

---

1 Vgl. zur Unterscheidung zwischen einer Forschungs- und Technologiepolitik i.e.S. und i.w.S. Eickhof (1998c), S. 466; Meyer-Krahmer (1992), S. 122 f.

2 Die Ordnungspolitik schafft den langfristigen Rahmen für „einen möglichst reibungslosen Wirtschaftsverkehr zwischen den privaten Wirtschaftssubjekten nach ihren selbstgesetzten Zielen" - Streit (1991), S. 27. Im Gegensatz hierzu dienen prozeßpolitische Maßnahmen der kurz- und mittelfristigen Beeinflussung der individuellen Wirtschaftspläne bzw. des Wirtschaftsprozesses innerhalb dieses Rahmens aufgrund politischer Entscheidungen und Wertvorstellungen. In einer marktwirtschaftlichen Ordnung haben diese Interventionen lediglich eine ergänzende Funktion.

3 Eickhof (1997), S. 431 (Hervorhebungen im Original). Zu einer ausführlichen Begriffsbestimmung vgl. Oberender/Daumann (1995), S. 3 ff.

4 Forschungs- und technologiepolitische Maßnahmen können jedoch auch auf Innovationen in traditionellen Branchen zielen. So soll durch die Förderung der Entwicklung umweltfreundlicher Kraftfahrzeuge die Wettbewerbsfähigkeit der deutschen und europäischen Automobilindustrie gesichert werden.

Im Gegensatz zum umfassenden Begriff der Industriepolitik bezeichnet die Innovationspolitik lediglich einen Ausschnitt aus der Forschungs- und Technologiepolitik[1]. Sie beinhaltet nur diejenigen (marktnahen) Maßnahmen zur Förderung von Forschung, Entwicklung, Innovation und Diffusion, die sich an die private Wirtschaft richten. Ziele sind hierbei die Erhöhung der Neuerungsaktivität von Unternehmen[2] sowie die zügige Anwendung innovativer Produkte und Verfahren. Innovationspolitik kann daher als Industriepolitik zugunsten von sogenannten Zukunftsindustrien bzw. als Schnittmenge von Industriepolitik auf der einen und Forschungs- und Technologiepolitik i.e.S. auf der anderen Seite verstanden werden.

Zur Wissenschaftspolitik werden schließlich diejenigen Maßnahmen der Forschungs- und Technologiepolitik gezählt, die auf die Förderung der Grundlagenforschung zielen[3]. Auf der anderen Seite beinhaltet sie aber auch die eher zur Bildungspolitik gehörenden Ausgaben für die akademische Lehre[4], so daß die Wissenschaftspolitik strenggenommen nur partiell der Forschungs- und Technologiepolitik i.e.S. zuzurechnen ist. Die beschriebenen Zusammenhänge zwischen den einzelnen Politikbereichen verdeutlicht Abbildung II-1.

Abbildung II-1: Abgrenzung der Forschungs- und Technologiepolitik i.e.S. gegenüber anderen Politikbereichen

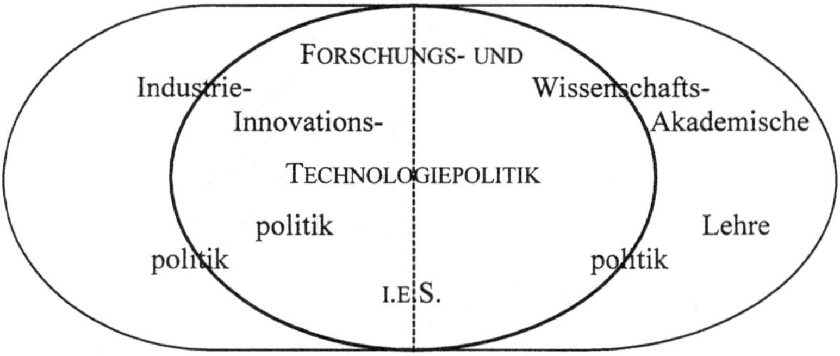

1 Diese Einschätzung vertritt auch Maas (1986b), S. 6, der die Innovationspolitik als „Teilmenge" der Forschungs- und Technologiepolitik bezeichnet.

2 Vgl. Henze (1992), S. 12 f.

3 Teilweise wird auch die industrielle Grundlagenforschung gefördert, so daß die Abgrenzung zur Industriepolitik nicht trennscharf ist. Dies verdeutlicht die gestrichelte Linie in Abbildung II-1.

4 Vgl. Bräunling/Harmsen (1975), S. 6. Vgl. zur Unterscheidung von Wissenschafts- sowie Forschungs- und Entwicklungsausgaben BMBF (1998), S. 367.

1.2. Systematisierung forschungs- und technologiepolitischer Maßnahmen

Wie erwähnt ist zwischen einem engeren und einem weiteren Verständnis der Forschungs- und Technologiepolitik zu unterscheiden. Die beiden Handlungsfelder bzw. die ihnen jeweils zuzuordnenden Instrumente werden im folgenden dargestellt, wobei zunächst eine Systematisierung der Forschungs- und Technologiepolitik im engeren Sinn nach selektiven und allgemeinen Maßnahmen erfolgt.

1.2.1. Maßnahmen der Forschungs- und Technologiepolitik i.e.S.

Die Forschungs- und Technologiepolitik i.e.S. umfaßt lediglich finanzielle Maßnahmen zugunsten von Unternehmen und öffentlichen Forschungseinrichtungen. Als Unterscheidungskriterium für die Abgrenzung selektiver und allgemeiner Maßnahmen dient das „Steuerungspotential"[1] des jeweiligen Instruments. Entscheidend ist somit die Frage, ob der Staat versucht, durch eine gezielte Vergabe von Fördermitteln Einfluß auf die Forschungs- und Entwicklungstätigkeit von Unternehmen, Branchen oder Forschungseinrichtungen zu nehmen bzw. deren Aktivitäten in bestimmte Richtungen zu lenken.

Im folgenden werden die den beiden Gruppen zuzuordnenden Instrumente genauer betrachtet, wobei auch der Bereich der institutionellen Förderung von Hochschulen, Wissenschaftsorganisationen und Forschungseinrichtungen zu berücksichtigen ist. Zur Verdeutlichung wird ferner auf einzelne Maßnahmen Bezug genommen, die in der deutschen und europäischen Forschungs- und Technologiepolitik eine Rolle spielen. Einen ersten Überblick bietet Abbildung II-2.

---

[1] Hasenritter (1982), S. 83. Starbatty/Vetterlein (1990a), S. 64, unterscheiden Maßnahmen mit unterschiedlichem „Interventionsgrad". Beide Begriffe beinhalten keine Aussage über die den Unternehmen bei ihren Entscheidungen verbleibenden Freiheitsgrade. Zwar werden durch selektive Maßnahmen Anreizstrukturen verzerrt. Den Marktteilnehmern steht es jedoch frei, ob sie diese in Anspruch nehmen wollen. Handelt es sich um konkrete staatliche Forschungsaufträge, so entfallen die Freiheitsgrade aufgrund der politischen Vorgaben.

Abbildung II-2: Selektive und allgemeine Maßnahmen der Forschungs- und Technologiepolitik i.e.S. in Deutschland und Europa

	Selektive Maßnahmen	Allgemeine Maßnahmen
BRD	¤ Direkte Projektförderung ¤ Indirekt-spezifische Förderung ¤ Direkte institutionelle Förderung spezieller, bundes- oder landeseigener Forschungseinrichtungen	¤ Indirekte Förderung von Forschung und Entwicklung in der Wirtschaft ¤ Förderung der industriellen Gemeinschaftsforschung ¤ Indirekte institutionelle Förderung von Hochschulen und Wissenschaftsorganisationen
EU	¤ Indirekte Aktionen (Vertragsforschung) ¤ Direkte Aktionen (Institutionelle Förderung spezieller, europäischer Forschungseinrichtungen) ¤ Projektförderung im Rahmen von EUREKA	¤ Konzertierte Aktionen (Koordinierung nationaler Aktivitäten) ¤ Horizontale Aktionen (Austausch und Mobilität) ¤ Allgemeine Kooperationsanbahnung im Rahmen von EUREKA

Quelle: In Anlehnung an Eickhof (1998c), S. 467.

1.2.1.1. Selektive Maßnahmen

Gemäß der hier verwendeten Definition soll eine Maßnahme als selektiv bezeichnet werden, wenn mit ihr eine Steuerung der Forschungs- und Entwicklungsaktivitäten eines Unternehmens, einer Branche oder einer Forschungseinrichtung und damit ein vergleichsweise hohes Maß an staatlicher Einflußnahme verbunden ist[1]. Welche Bestandteile des forschungs- und technologiepolitischen Instrumentariums sind dieser Abgrenzung zufolge den selektiven Maßnahmen zuzuordnen?

Zunächst zählt hierzu eindeutig die direkte Projektförderung, bei der eine staatliche Selektion durch die Auswahl konkreter Vorhaben aus vorab festgelegten Forschungsgebieten erfolgt. Diese können dann sowohl von privaten Unternehmen als auch in öffentlich finanzierten Forschungseinrichtungen durchge-

[1] Vgl. auch Starbatty/Vetterlein (1990a), S. 64.

führt werden[1]. Des weiteren kann es sich einerseits um Projekte der angewandten Forschung und Entwicklung handeln, die insbesondere im Bereich der Zukunftstechnologien angesiedelt sind. Andererseits werden aber auch spezielle Vorhaben der Grundlagenforschung unterstützt. Diese stehen in einer komplementären Beziehung zur Grundfinanzierung der Forschungseinrichtungen im Rahmen der institutionellen Förderung. Entsprechende Projektmittel werden in Deutschland beispielsweise im Zusammenhang mit der sogenannten staatlichen Daseinsvorsorge - die die ehemalige Vorsorge- und Gesundheitsforschung sowie die Langzeitprogramme umfaßt[2] - sowie der Ressortforschung von Bundes- und Landesministerien vergeben.

Die EU fördert im Rahmen der indirekten Aktionen (Vertragsforschung bzw. cost-shared actions) einzelne Projekte aus vorab festgelegten, spezifischen Programmen, „die auf Vorschlag und unter Beteiligung insbesondere der Unternehmen, aber auch von Forschungsinstituten und Hochschulen durchgeführt werden"[3]. Die Vorhaben sind hierbei zwar teilweise der Grundlagenforschung zuzurechnen, empirische Untersuchungen zeigen jedoch, daß trotz der betonten Vorwettbewerblichkeit vorrangig die marktnahe, angewandte Forschung unterstützt wird[4].

Ebenfalls zu den selektiven Maßnahmen zählt die indirekt-spezifische Förderung. Eine Steuerung erfolgt nun durch die staatliche Vorauswahl bestimmter, förderungswürdiger Technologien, wenngleich die Instrumente allgemein ausgestaltet sind und finanzielle Zuwendungen nicht-projektspezifisch gewährt werden. In Deutschland waren die bisherigen indirekt-spezifischen Förderprogramme zugunsten der Wirtschaft insbesondere auf eine rasche und umfassende Anwendung innovativer Verfahren in kleinen und mittleren Unternehmen ausgerichtet[5]. Trotz der gegenwärtigen Beschränkung auf die Diffusion ist grundsätzlich auch eine Ausweitung der indirekt-spezifischen Förderung auf die Un-

---

1 Ex-ante festgelegt werden somit „der F&E-Bereich, das konkrete F&E-Ziel sowie der (die) ausschließliche(n) Empfänger der Subvention" - Fleck (1990), S. 129, in Anlehnung an den Bundesbericht Forschung 1984.

2 Die Umbenennung erfolgte im Zuge der Zusammenlegung der ehemaligen Bundesministerien für Forschung und Technologie sowie für Bildung und Wissenschaft zum BMBF, vgl. BMBF (1996), S. 76.

3 Eickhof (1998a), S. 85.

4 Vgl. Oberender/Fricke (1992), S. 233, sowie die Ausführungen unter II.2.2.

5 Vgl. Wengel/Lay/Dreher (1995), S. 85. Beispiele für die indirekt-spezifische Anwendungsförderung finden sich insbesondere in den Bereichen Mikrosystemtechnik, Informations- und Fertigungstechnik sowie Bio-, Energie- und Umwelttechnologie, vgl. BMBF (1996), S. 102 und 104.

terstützung von Forschung und Entwicklung in bestimmten, vorab festgelegten Technologiefeldern denkbar[1].

Schließlich können auch im Bereich der institutionellen Förderung selektive von allgemeinen Maßnahmen unterschieden werden. Die direkte institutionelle Förderung umfaßt den Aufbau und die Finanzierung von speziellen Forschungseinrichtungen, die zur Beantwortung konkreter wissenschaftlicher Fragestellungen und zur Erforschung bestimmter Technologiefelder gegründet werden und somit über eine festgelegte Aufgabenstellung verfügen[2]. In Deutschland handelt es sich dabei insbesondere um die 16 nationalen Großforschungseinrichtungen[3], aber auch um eine Vielzahl von Bundes- und Landesforschungsanstalten. Auf europäischer Ebene gehören die acht Institute der Gemeinsamen Forschungsstelle (GFS), das Gemeinschaftsunternehmen JET sowie einige weitere Forschungseinrichtungen[4] zur direkten institutionellen Förderung (direkte Aktionen).

1.2.1.2. Allgemeine Maßnahmen

Allgemeine Maßnahmen ermöglichen im Gegensatz zu den unterschiedlichen Arten der selektiven Förderung keine staatliche Einflußnahme auf die Richtung des wissenschaftlichen und technischen Fortschritts. Unabhängig von der konkreten Bemessungsgrundlage beinhaltet zunächst die gesamte indirekte Förderung von Forschung und Entwicklung in der Wirtschaft keine Vorauswahl bezüglich bestimmter Technologien oder gar einzelner, spezifischer Forschungsprojekte. Ziel ist es nun lediglich, die allgemeinen Voraussetzungen der unternehmerischen Innovationstätigkeit zu verbessern[5]. Maßnahmen sind neben steu-

---

1 Starbatty/Vetterlein (1998), S. 694, sowie Bartling/Hemmersbach (1995), S. 342, ordnen die indirekten Aktionen der EU der indirekt-spezifischen Förderung zu. Aufgrund der Projektgebundenheit erscheint dies jedoch verfehlt. Grande/Häusler (1994), S. 495, stellen daher auch fest, daß auf der europäischen Ebene kein indirekt-spezifisches Förderinstrumentarium existiert.

2 Vgl. Maas (1986b), S. 6.

3 Zu diesen zählen unter anderem das Alfred-Wegener-Institut für Polar- und Meeresforschung in Bremerhaven (AWI), die Deutsche Forschungsanstalt für Luft- und Raumfahrt e.V. in Köln (DLR), das Deutsche Krebsforschungszentrum in Heidelberg (DKFZ) und das Hahn-Meitner-Institut Berlin GmbH (HMI), vgl. BMBF (1996), S. 86 f.

4 Beispielsweise das Europäische Zentrum für Kernforschung (CERN) in Genf oder die Europäische Synchrotronstrahlungsanlage (ESRF) in Grenoble, vgl. Wissenschaftsrat (1993), S. 5. Darüber hinaus existiert eine supranationale Infrastruktur in einigen weiteren Forschungsgebieten, beispielsweise in der Raumfahrt, Weltraumforschung und Astronomie durch die Europäische Raumfahrtagentur ESA, vgl. Teutemann (1992), S. 232.

5 Vgl. Lohner (1993), S. 385; Hamm (1979), S. 425 f.

erlichen Vergünstigungen und Investitionszulagen auch FuE-Personalkostenzuschüsse, die Förderung technologieorientierter Unternehmensgründungen und die Bereitstellung von Risikokapital in Form besonders zinsgünstiger oder befristet tilgungsfreier Kredite[1].

Darüber hinaus gehört die Förderung der vorwettbewerblichen industriellen Gemeinschafts- bzw. Verbundforschung kleiner und mittlerer Unternehmen trotz ihrer Projektgebundenheit zu den allgemeinen Maßnahmen. In Deutschland werden Vorschläge für gemeinsame, vorwettbewerbliche Forschungsvorhaben von der Arbeitsgemeinschaft industrieller Forschungsvereinigungen „Otto von Guericke" (AiF) in einem mehrstufigen Prüfverfahren daraufhin untersucht, ob sie für die betreffende Branche von allgemeinem Interesse sind, und gegebenenfalls dem Bundesministerium für Wirtschaft zur Förderung vorgeschlagen[2].

Eine inhaltliche Selektion erfolgt nun lediglich durch die Gremien der AiF unter Beteiligung von Wirtschaft und Wissenschaft, nicht jedoch durch staatliche Stellen[3]. Die finanzielle Unterstützung der ausgewählten Projekte erfolgt aus einem vorab festgelegten Budget, ihre Durchführung entweder in eigenen Forschungsinstituten der Branchenvereinigungen oder in externen Einrichtungen, wobei im letztgenannten Fall von Auftragsforschung gesprochen wird.

Ein - wenn überhaupt - nur geringes Steuerungspotential weisen ferner Technologietransferleistungen auf. Diese werden zwar in aller Regel aus den allgemeinen Haushalten der betreffenden Einrichtungen finanziert und stellen daher strenggenommen keine eigenständigen staatlichen Maßnahmen dar[4]. Andererseits bildet jedoch die „Fachinformation" - d.h. insbesondere die öffentlich geförderte Bereitstellung wissenschaftlicher Informationen in Datenbanken und Fachbibliotheken - ein gesondertes Transferinstrument des BMBF zur Verbes-

---

1 Vgl. Maas (1986b), S. 7. Die genannten Maßnahmen gelten derzeit zum Teil nur noch in den neuen Ländern, vgl. BMBF (1998), S. 52 und 152 ff. Seitens der EU wird keine indirekte Förderung von Forschung und Entwicklung durchgeführt.

2 Die AiF ist die Dachorganisation für derzeit 109 Forschungsinstitute der Branchenvereinigungen. Für eine genauere Darstellung des Auswahl- und Bewilligungsprozesses vgl. AiF (1992). Vgl. zur AiF ausführlich Wohlfahrt (1997a) sowie unter II.2.1.2.2. und IV.2.4.

3 Das Bundesministerium für Wirtschaft lehnt nur noch etwa 3 % der eingereichten Vorschläge ab. Hierfür sind vornehmlich formale Gründe ausschlaggebend. Die eigentliche, inhaltliche Auswahl erfolgt bereits auf den vorgelagerten Stufen des Verfahrens.

4 Technologietransferstellen sind in der Regel bei den Universitäten, Fachhochschulen und wissenschaftlichen Forschungseinrichtungen angesiedelt. Sie dienen dazu, die Kommunikation zwischen Wissenschaft und Wirtschaft zu verbessern und damit die Umsetzung neuer Forschungsergebnisse in marktfähige Produkte zu beschleunigen.

serung der Wissensübermittlung zwischen den Forschungseinrichtungen und der Wirtschaft.

Auf europäischer Ebene gehören die konzertierten und horizontalen Aktionen zu den allgemeinen Maßnahmen. Erstere beinhalten Versuche, nationale Forschungsaktivitäten zu koordinieren und die grenzüberschreitende Zusammenarbeit zu fördern, ohne daß sich die Gemeinschaft an den Kosten der Forschung selbst beteiligt[1]. Horizontale Aktionen umfassen hingegen Maßnahmen in den Bereichen Technologietransfer, Infrastruktur, Bildung und Mobilität[2]. Im Rahmen von EUREKA[3] wird versucht, internationale Unternehmenskooperationen bei marktnäheren Forschungs- und Entwicklungsvorhaben zu initiieren. Der Inhalt der Forschungsprojekte wird hierbei von den Teilnehmern festgelegt. Subventioniert die EU jedoch einzelne der durchgeführten Projekte unmittelbar, so liegt erneut eine selektive Maßnahme vor[4].

Im Rahmen der institutionellen Förderung weist schließlich die Grundfinanzierung, die in Deutschland den Universitäten sowie den Wissenschafts- und Trägerorganisationen - der Max-Planck-Gesellschaft zur Förderung der Wissenschaften (MPG), der Deutschen Forschungsgemeinschaft (DFG) und der Fraunhofer-Gesellschaft zur Förderung der angewandten Forschung (FhG)[5] - von Bund und Ländern projekt- und technologieunspezifisch zur Verfügung gestellt wird, ebenfalls einen allgemeinen Charakter auf. Die Einrichtungen haben das Recht, diese Mittel nach eigenem Ermessen für bestimmte Vorhaben zu verwenden und weiterzugeben oder aber nachgelagerte Einrichtungen wiederum direkt institutionell zu fördern. Eine Steuerung erfolgt nun nicht mehr nach politischen, sondern nach „wissenschaftsimmanenten Kriterien“[6]. Einen Überblick über die Arten der institutionellen Förderung bietet Abbildung II-3.

---

1 Vgl. Mariën-Dusak (1996), S. 1027 f. Bereits seit 1971 existiert mit COST ein Instrument zur Förderung der europäischen Zusammenarbeit in der (Grundlagen-)Forschung. Die Teilnahme steht dabei auch Nicht-EU-Mitgliedern offen, vgl. Kantzenbach/Pfister (1996), S. 301.

2 Vgl. Starbatty/Vetterlein (1990a), S. 65 und 73.

3 European Research Coordination Agency.

4 Beispiele hierfür sind das hochauflösende Fernsehen (HDTV) und die Entwicklung einer neuen Generation von Submicron-Halbleitern, vgl. Hellmann (1994), S. 76 f.

5 Die Liste der Wissenschafts- und Trägerorganisationen zeigt, daß die institutionelle Förderung nicht mit der Grundlagenforschung gleichzusetzen ist, da beispielsweise die Fraunhofer-Gesellschaft (FhG) vorrangig im Bereich der angewandten oder zumindest anwendungsorientierten Forschung tätig ist und beispielsweise Langzeitstudien zu Produktionsinnovationen durchführt. Vgl. auch Kantzenbach/Pfister (1996), S. 277.

6 Reger (1995), S. 389. Markl (1993), S. 8 f., spricht hier von einer Förderung „nach den Kriterien eines rein wissenschaftlichen Qualitätswettbewerbs“. Von den bei der DFG ein-

Abbildung II-3: Arten der institutionellen Förderung

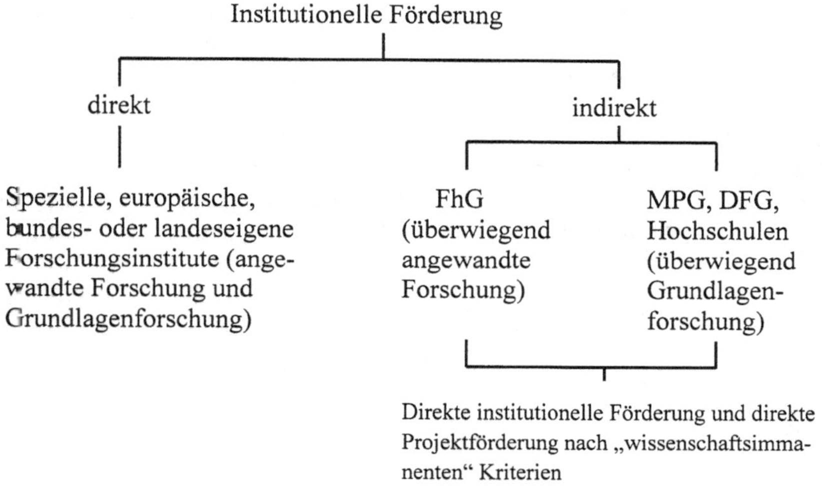

Die beschriebenen selektiven und allgemeinen Maßnahmen der Forschungs- und Technologiepolitik i.e.S. verfügen in den einzelnen Phasen des Innovationsprozesses über eine unterschiedliche Bedeutung. In Abschnitt 1.2.2. werden dessen Teilschritte kurz erläutert und die jeweils eingesetzten Instrumente dargestellt.

1.2.2. Forschungs- und technologiepolitische Maßnahmen i.e.S. im Innovationsprozeß

Ausgangspunkt der folgenden Betrachtungen ist ein fünfstufiges Modell des Innovationsprozesses, bestehend aus Grundlagenforschung, angewandter Forschung, (experimenteller) Entwicklung, Innovation und Diffusion[1]. Von den Problemen, die mit der Darstellung des Innovationsprozesses anhand eines einfachen Phasenschemas verbunden sind - beispielsweise Rückkopplungen zwischen den einzelnen Teilaktivitäten, Wechselwirkungen mit parallel oder zeit-

gereichten Projektvorschlägen werden ca. 35 % bewilligt, vgl. Hüttl/Semmel (1998), S. 181.

[1] Teilweise werden Grundlagenforschung, angewandte Forschung und (experimentelle) Entwicklung zur Inventionsphase zusammengefaßt. Für die weiteren Untersuchungen im Rahmen der vorliegenden Arbeit ist jedoch eine differenziertere Betrachtung erforderlich, vgl. auch Elßer (1993), S. 5 ff.

versetzt ablaufenden Innovationsprozessen in anderen Unternehmen, Branchen und Forschungseinrichtungen sowie der kumulative Charakter des technischen Fortschritts angesichts der in der Regel aufeinander aufbauenden Neuerungen -, wird an dieser Stelle abstrahiert[1]. Auf einige der genannten Aspekte ist im weiteren Verlauf der Arbeit aber noch zurückzukommen.

Die Grundlagenforschung umfaßt zunächst theoretische oder experimentelle Arbeiten, die auf die Gewinnung neuer wissenschaftlicher, teilweise auch technologischer Erkenntnisse über grundlegende Zusammenhänge und beobachtbare Phänomene gerichtet sind. Der in der Literatur häufig anzutreffenden Unterscheidung von „reiner" und „zielorientierter" bzw. „erkenntnis-" und „anwendungsorientierter" Grundlagenforschung soll hier nicht gefolgt werden[2], da sich auf diese Art die Abgrenzungsprobleme in bezug auf konkrete Tätigkeiten nicht lösen lassen[3]. Vielmehr wird davon ausgegangen, daß auch das Streben nach Erkenntnis und das Lösen von Problemen um ihrer selbst willen oftmals zwangsläufig eine gewisse Zielvorstellung beinhalten. Eventuell sind sogar langfristige Anwendungen vorstellbar, wenn die erhofften wissenschaftlichen Durchbrüche erzielt werden können[4]. Eine unmittelbare oder mittelfristige marktliche Verwertung des neuen Wissens ist jedoch ausgeschlossen, zumindest darf sie zu Beginn der Forschungsvorhaben nicht absehbar sein.

---

1 Vgl. zu den angesprochenen Punkten Beise/Licht/Spielkamp (1995), S. 80 f.; Domrös (1994), S. 30 f.; Harhoff/König (1993), S. 55; Kurz/Graf/Zarth (1989), S. 24 f. Cohen/Noll (1996), S. 317, zufolge ist „R&D not best conceptualized as a unidirectional flow ..., but .. as a mutually interactive process". Nach Erdmann (1993), S. 79 f., beeinflussen Innovationen nicht nur teilweise die Richtung der Grundlagenforschung, sondern auch ihre Produktivität. Diese ist durch die neuen Informationstechnologien und die damit verbundenen Möglichkeiten zur Verarbeitung großer Datenmengen stark gestiegen. Trotz der genannten Defizite kann das Stufenmodell als eine nützliche Schematisierung angesehen werden, vgl. Steinmueller (1994), S. 55.

2 Vgl. beispielsweise BMBF (1996), S. 524; Oltmanns (1995), S. 8, sowie kritisch Altenmüller (1994).

3 Bereits Nelson (1959a), S. 300, stellt fest: „... the line between basic scientific research and applied scientific research is hard to draw. There is a continuous spectrum of scientific activity." Besonders schwierig ist die Abgrenzung in Gebieten wie der Chemie oder der Biotechnologie, in denen teilweise kaum ein Unterschied zwischen Grundlagen- und angewandter Forschung besteht, vgl. ders. (1990), S. 24 f. Zu den Abgrenzungsproblemen aus betriebswirtschaftlicher Sicht vgl. Brockhoff (1992), S. 37 ff.

4 Auch Maurer (1995), S. 31, betont, daß bei der Grundlagenforschung keineswegs jeglicher Anwendungsaspekt ausgeklammert wird. Insbesondere die industrielle Grundlagenforschung, deren Ergebnisse einen Input für die angewandte Forschung darstellen, kann nicht als völlig zweckfrei angesehen werden. Auch der Festlegung von Forschungsgebieten im Rahmen der direkten institutionellen Förderung und der direkten Förderung einzelner Vorhaben der Grundlagenforschung liegt die Hoffnung auf „nützliche" Ergebnisse zugrunde.

Staatliche Maßnahmen im Bereich der Grundlagenforschung sind vorrangig institutioneller Natur. Hierbei lassen sich wie erwähnt selektive Maßnahmen (direkte institutionelle Förderung) von allgemeinen Maßnahmen (indirekte institutionelle Förderung) unterscheiden. Die Grundfinanzierung von Hochschulen, Trägerorganisationen und speziellen Forschungseinrichtungen kann darüber hinaus durch die Vergabe von öffentlichen Projektmitteln sowie gegebenenfalls durch die Beschaffung privater Drittmittel ergänzt werden. Die unterschiedlichen Arten der Finanzierung der Grundlagenforschung sind in Abbildung II-4 zusammengefaßt.

Abbildung II-4: Finanzierung der Grundlagenforschung

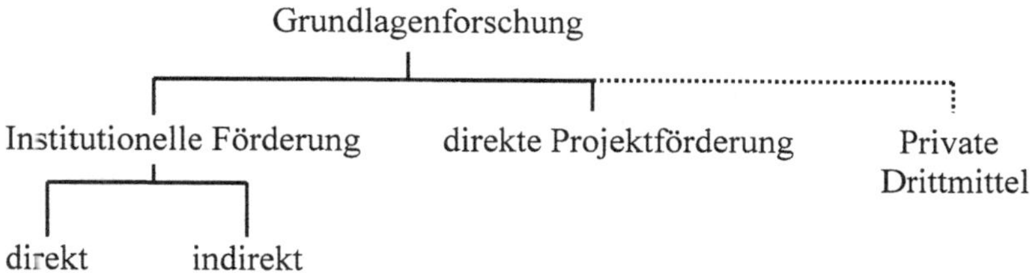

Die angewandte Forschung ist zunächst ebenfalls auf die Gewinnung neuer wissenschaftlich-technologischer Erkenntnisse gerichtet. Im Unterschied zur Grundlagenforschung liegt nun aber eine spezifische Zielsetzung vor, wobei insbesondere die „prinzipiellen Möglichkeiten praktischer Anwendung, die die Grundlagenforschung erschlossen hat, systematisch ausgewertet ... und ... vertieft erforscht werden“[1]. Auch in dieser Phase verfügen die staatlichen Forschungseinrichtungen noch über eine große Bedeutung. Gleichzeitig nimmt jedoch der Anteil der Mittel zu, die auf die private Wirtschaft bzw. ihre Organisationen entfallen. Hier ist zunächst die Förderung der industriellen Gemeinschaftsforschung (Verbundforschung) zu nennen. Darüber hinaus zielen aber auch die Mittel, die den Unternehmen im Rahmen der direkten Projektförderung sowie der indirekten Förderung zufließen, oftmals auf die Unterstützung der angewandten Forschung.

Im Mittelpunkt der (experimentellen) Entwicklung steht die systematische Nutzung der entwicklungsreifen Erkenntnisse der angewandten Forschung. Diese werden mit Hilfe von Modellen, Prototypen, Pilotprojekten und Tests zu neuen, bislang noch nicht am Markt eingeführten Produkten, Materialien und Verfah-

---

[1] Markl (1993), S. 9.

ren weiterentwickelt[1]. Die wissenschaftlichen Erkenntnisse und technischen Lösungsansätze werden auf die Anforderungen des betreffenden Marktes abgestimmt, wobei spezielle, unternehmensinterne Voraussetzungen von großer Bedeutung sind. Ziel und Ergebnis der Entwicklungsphase ist schließlich eine Erfindung oder Invention, d.h. eine objektiv neue Lösung eines technischen Problems[2].

Die staatliche Förderung in der Entwicklungsphase ist durch einen nahezu völligen Wegfall der institutionellen Förderung gekennzeichnet. Öffentliche Forschungseinrichtungen spielen nun praktisch keine Rolle mehr[3]. Statt dessen erfolgt eine Subventionierung der Privatwirtschaft durch selektive (direkte Projektförderung) und allgemeine (indirekte Förderung von Forschung und Entwicklung) Maßnahmen.

Unter einer Innovation wird die erstmalige ökonomische Nutzung einer Invention, d.h. die Markteinführung eines neuen oder verbesserten Produkts (Produktinnovation) oder Verfahrens (Verfahrens- oder Prozeßinnovation) verstanden[4]. Alternativ kann auch von der erstmaligen praktischen Anwendung neuen Wissens oder der Kommerzialisierung einer neuen Idee gesprochen werden[5]. Hierbei ist zwischen Basisinnovationen, die grundlegende oder generische Neuerungen darstellen und ein weites Feld neuer Anwendungsmöglichkeiten begründen, sowie inkrementalen oder graduellen Innovationen zu unterscheiden[6]. Erstere bauen oftmals auf neuen Entdeckungen und Erkenntnissen der Grundlagenforschung auf, wogegen letztere geringfügige Weiterentwicklungen und Verbesserungen bereits bekannter Produkte und Verfahren bezeichnen.

---

1 Vgl. Maurer (1995), S. 32; Oltmanns (1995), S. 8; Kern (1991), S. 7.

2 Vgl. Elßer (1993), S. 7.

3 In Ausnahmefällen sind anwendungsnahe staatliche Forschungsinstitutionen wie die FhG auch an Entwicklungsprojekten beteiligt, vgl. Kutter (1997b), S. 69. Dies gilt insbesondere in Fällen, in denen Forschungsaufträge aus der Wirtschaft (sog. Drittmittelprojekte) durchgeführt werden, aber auch wenn der Staat selbst als Nachfrager und Anwender der entwickelten Verfahren auftritt.

4 Vgl. Kern (1991), S. 8; Hasenritter (1982), S. 65. Schumpeter (1993 - Originalausgabe 1912), S. 100 f., bezeichnet fünf Arten der „Durchsetzung neuer Kombinationen" als Innovationen: Die Herstellung eines neuen Gutes oder einer neuen Qualität eines Gutes, die Einführung einer neuen Produktionsmethode, die Erschließung eines neuen Absatzmarktes oder einer neuen Bezugsquelle von Rohstoffen und Halbfabrikaten sowie die Durchführung einer Neuorganisation.

5 Vgl. Rosegger (1980), S. 7. Albach (1989), S. 1338, bezeichnet Innovationen als „durch Wettbewerb gefilterte Kreativität".

6 Vgl. Dunn (1995), S. 169; Hasenritter (1982), S. 66 f.

Technische Probleme treten bei der Innovation gegenüber den Chancen und Risiken der Markteinführung in den Hintergrund. Es kommt nur noch in geringem Ausmaß zu Weiterentwicklungen der Inventionen. Vielmehr wird das Unternehmen nun in erster Linie versuchen, seine Gewinnerzielungsmöglichkeiten auf der Basis der prognostizierten Nachfrage und der Aneignungsmöglichkeiten zu bestimmen[1]. In die Innovationsphase fallen somit alle Aktivitäten, die für eine kommerzielle Nutzung einer Invention und deren Vorbereitung erforderlich sind. Hierzu zählen insbesondere Marktforschung und Markterschließung, die Produktionsvorbereitung sowie gegebenenfalls auch Maßnahmen zur Mitarbeiterschulung.

Staatliche Maßnahmen zielen nun weniger auf die Förderung von Forschung und Entwicklung. Im Vordergrund stehen vielmehr Umsetzungs- und Markteinführungshilfen, die teilweise auf dem Weg der Projektförderung erfolgen, aber auch als allgemeine Maßnahmen in Form einer Förderung von Existenzgründungen oder von Messe- und Ausstellungsbeteiligungen ausgestaltet sein können. Diese Instrumente stellen jedoch bestenfalls einen Randbereich der Forschungs- und Technologiepolitik im engeren Sinn dar.

Eine Innovation, die sich am Markt durchsetzen und behaupten kann, erreicht die Phase der Diffusion[2]. Erst durch die Imitation, Verbreitung und umfassende Anwendung eines neuen Produkts oder Verfahrens „werden die durch die Innovation möglich gewordenen Entwicklungschancen in vollem Umfang genutzt (und) .. Folgeinnovationen in anderen Unternehmen und Branchen angestoßen“[3]. Im Zuge dieser Entwicklung kommt es zu einer Nutzung der Neuerung in einer immer größeren Anzahl von Produktbereichen, Produktionsprozessen, Märkten und Regionen[4]. Die Diffusion erfolgt dabei um so umfassender, je grundlegender eine Innovation und je ausgeprägter ihr Querschnittscharakter ist[5].

---

1 Vgl. auch Wieandt (1994), S. 5 f.

2 Vgl. Domrös (1994), S. 26.

3 Klump (1996), S. 106. Jeder Versuch der Übernahme einer Technologie oder eines Verfahrens bzw. der Nachbildung eines Produkts führt dabei zu gewissen Modifikationen und damit zu Folgeinnovationen. Vgl. hierzu Fischer (1995), S. 147, der die Abgrenzung zwischen Innovation und Imitation vor diesem Hintergrund auch als schwierig bezeichnet. Vgl. zur Unterscheidung von „Entstehungs-“ und „Ausbreitungszusammenhang“ von Innovationen auch Witt (1987), S. 17 ff.

4 Vgl. Welfens (1988), S. 10.

5 Unter Schlüssel- oder Querschnittstechnologien werden Technologien verstanden, die aufgrund ihrer branchenübergreifenden Einsatzmöglichkeiten und ihres Wachstumspotentials über eine zentrale Bedeutung für die weitere Entwicklung einer Volkswirtschaft verfügen. Beispiele hierfür sind die Informations- und Kommunikationstechnologien, die Biotechnologie und die Materialforschung (neue Werkstoffe).

Die Förderung der Diffusion hat seit den 80er Jahren an Bedeutung gewonnen. Mit der indirekt-spezifischen Förderung wurde hierfür ein neues Instrument der Forschungs- und Technologiepolitik eingeführt, das wie gezeigt den selektiven Maßnahmen zuzuordnen ist. Darüber hinaus kann die Verbreitung und Anwendung von Innovationen allgemein durch unspezifische Informationsleistungen unterstützt werden. Die Zuordnung forschungs- und technologiepolitischer Maßnahmen i.e.S. zu den einzelnen Phasen des Innovationsprozesses wird in Abbildung II-5 zusammenfassend dargestellt.

Der Staat verfügt offensichtlich in allen Phasen des Innovationsprozesses über vielfältige Einfluß- und Unterstützungsmöglichkeiten. Grundsätzlich besteht hierbei die Alternative zwischen selektiven und allgemeinen Förderinstrumenten. Die Entscheidung, ob, auf welche Art und in welchen Phasen eine staatliche Unterstützung erfolgen soll, ist in hohem Maße eine ordnungspolitische Grundentscheidung und hängt unter anderem von politischen (Ziel-)Vorstellungen ab.

Das Bestreben, die wissenschaftliche und technische Entwicklung in eine bestimmte Richtung zu beeinflussen, führt dann zu einem Übergewicht selektiver Maßnahmen. Gleiches gilt, wenn der Staat selbst als unmittelbarer Nachfrager oder Anwender von neuem Wissen und innovativen Technologien auftritt. Wird dagegen lediglich eine allgemeine Verbesserung der Forschungsvoraussetzungen und -bedingungen angestrebt, so dominieren die Förderung der Grundlagenforschung und allgemeine Instrumente zur Unterstützung der angewandten Forschung und Entwicklung in den Unternehmen. Darüber hinaus bieten in diesem Fall die ordnungspolitischen Rahmenbedingungen vielfältige und wesentliche Ansatzpunkte.

Abbildung II-5: Forschungs- und technologiepolitische Maßnahmen i.e.S. in den Phasen des Innovationsprozesses

	Grundlagenforschung	Angewandte Forschung	Experimentelle Entwicklung - Invention	Umsetzung und Markteinführung - Innovation	Anwendung und Verbreitung - Diffusion
selektive Maßnahmen	- Projektförderung (insb. staatliche Institute) - Grundfinanzierung spezieller Institute (Tätigkeit in der Grundlagenforschung)	- Projektförderung (staatliche Institute u. Privatwirtschaft) - Förderung der Verbundforschung - Grundfinanzierung spezieller Institute (Tätigkeit in der angewandten Forschung)	- Projektförderung (Privatwirtschaft)	- Projektförderung (Privatwirtschaft) - Markteinführungshilfen	- Indirekt-spezifische Förderung - Technologie-Einführungsprogramme
allgemeine Maßnahmen	- Grundfinanzierung von Hochschulen und Wissenschaftsorganisationen (DFG, MPG)	- Grundfinanzierung der FhG - Indirekte Förderung von Forschung und Entwicklung in der Wirtschaft - Technologietransfer	- Indirekte Förderung von Forschung und Entwicklung in der Wirtschaft - Technologietransfer	- Indirekte Förderung von Forschung und Entwicklung in der Wirtschaft - Technologietransfer - Existenzgründungshilfen - Messe- und Ausstellungsbeteiligungen	- Staatliche Informationsdienste und Technologietransfer - Förderung der privaten Informationsbereitstellung

1.2.3. Forschungs- und Technologiepolitik i.w.S.

Die institutionellen Gegebenheiten in einer Volkswirtschaft können die Neuerungsbestrebungen der Unternehmen einerseits erleichtern oder stimulieren, sie andererseits aber auch be- oder sogar verhindern. Private Forschungs- und Entwicklungsaktivitäten werden offensichtlich entscheidend von den ordnungspolitischen Rahmenbedingungen bestimmt. Maßnahmen, die auf deren innovationsfreundliche Gestaltung und Weiterentwicklung zielen, lassen sich daher auch mit den finanziellen Instrumenten der Forschungs- und Technologiepolitik im engeren Sinn zur Forschungs- und Technologiepolitik im weiteren Sinn zusammenfassen[1]. Die heterogenen Einflußmöglichkeiten des Staates und die zahlreichen zur Verfügung stehenden Ansatzpunkte sollen im folgenden anhand von Beispielen verdeutlicht werden[2].

Zunächst können mit Hilfe einer Verbesserung der Aneignungsbedingungen im Rahmen des Patentschutzes ebenso Anreize für Forschung und Entwicklung geschaffen werden[3] wie durch eine neuerungsfreundliche Ausgestaltung des Steuersystems und durch eine liberale Handelspolitik, die den Unternehmen neue Absatzmärkte eröffnet und ihnen damit die Erschließung zusätzlicher Gewinnpotentiale ermöglicht. Eine Verlangsamung der Neuerungstätigkeit ist dagegen zu erwarten, wenn prohibitiv hohe Steuern die Bildung von Eigenkapital für die Durchführung von Innovationsvorhaben erschweren und Leistungsanreize zerstören oder Marktzutrittsbeschränkungen den Wettbewerbsdruck verringern.

Darüber hinaus sind die wettbewerbsrechtlichen Vorschriften von entscheidender Bedeutung. So ermöglicht beispielsweise die kartellrechtliche Freistellung von Forschungs- und Entwicklungskooperationen kleinen und mittleren Unternehmen die Durchführung ansonsten zu kostspieliger oder zu riskanter Vorhaben[4]. Hierdurch werden sie in die Lage versetzt, unabhängig von staatlichen

---

1 Kurz/Herb (1990), S. 173, sprechen hier von „rahmenorientierter Innovationspolitik".

2 Vgl. zu einer Übersicht über wichtige Einflußfaktoren ausführlich Kurz/Graf/Zarth (1989). Vgl. auch Kurz/Herb (1990), S. 173 ff.

3 Die „Anspornwirkung" des Patentschutzes beschreibt Oppenländer (1985), S. 193. Zu seiner Bedeutung für die Forschungs- und Entwicklungstätigkeit von Unternehmen vgl. ferner Harhoff (1997). Cohen/Noll (1996), S. 318, kommen zu dem Ergebnis, daß der Patentschutz aus historischer Sicht als das wichtigste Politikinstrument zur Förderung von Forschung und Entwicklung anzusehen ist. Ambivalent äußern sich aufgrund möglicher Marktschließungen und Wettbewerbsbeschränkungen Kerber (1998a), S. 334; Rahmeyer (1995), S. 53 ff.

4 Vgl. hierzu Maurer (1995); Dodgson (1994); Monopolkommission (1990), S. 337 ff.; Rotering (1990). Eine ausführlichere Würdigung von Forschungs- und Entwicklungskooperationen erfolgt unter III.2.2.4.

Subventionen mit großen Unternehmen zu konkurrieren. Gleiches gilt auch für die Erleichterung der Beschaffung von Risikokapital durch entsprechende institutionelle Regelungen auf den Kapitalmärkten[1].

Eine grundsätzliche Verbesserung der Voraussetzungen für Forschung und Entwicklung kann ferner mit Hilfe einer Vereinfachung und Beschleunigung von Genehmigungsverfahren erfolgen. Die derzeitige Praxis führt aus Sicht der Unternehmen zu einer erheblichen Erhöhung der Kosten von Invention und Innovation, verringert die Planungssicherheit und erschwert flexible, rasche Reaktionen auf neue Anforderungen der Märkte. Rechtunsicherheit herrscht teilweise auch in der Grundlagenforschung[2].

Die Bildungspolitik mit den beiden zentralen Bereichen Aus- und Weiterbildung sorgt dafür, daß die Unternehmen und Forschungseinrichtungen auf qualifizierte Mitarbeiter zurückgreifen können, und verbessert somit nachdrücklich ihre Innovationsfähigkeit[3]. Darüber hinaus fördert ein hohes Bildungs- und Qualifikationsniveau auch die Bereitschaft zur Übernahme und Anwendung von Neuerungen[4]. In diesem Zusammenhang spielt schließlich auch die Akzeptanz neuer Technologien in der Bevölkerung eine entscheidende Rolle für die Motivation der Forscher und die unternehmerische Innovationsbereitschaft[5].

---

1 Vgl. Gerybadze (1991), S. 135, sowie die Untersuchung alternativer Methoden der Kapitalbeschaffung in Herb (1988), S. 120 ff.

2 So wurde beispielsweise die Entwicklung der Gentechnik in Deutschland lange Zeit durch restriktive Vorschriften und langwierige Genehmigungsverfahren beim Aufbau von Forschungsanlagen behindert. Die Novellierung des Gentechnik-Gesetzes im Jahr 1993 führte jedoch zu deutlichen Verbesserungen, vgl. Festel/Oberender (1999), S. 64. Barthel (1997), S. 197, spricht allgemein auch von einer „ernste(n) Standortbelastung“ durch das geltende Planungs- und Genehmigungsrecht in Deutschland. Vgl. auch Thietke/Schüssler (1997), S. 568; Hamm (1994), S. 8 f., sowie zu rechtlichen Problemen in unterschiedlichen Forschungsfeldern ausführlich DFG (1996).

3 Die Innovationsfähigkeit von Unternehmen wird nach Oberender (1987), S. 13 ff., von den materiellen Voraussetzungen i.w.S. bestimmt, zu denen neben den finanziellen insbesondere auch die personellen Ressourcen - das Humankapital - zählen. Dagegen gibt die Innovationsneigung die Bereitschaft eines Unternehmens zur Übernahme der mit jeder Neuerungstätigkeit verbundenen Risiken, aber auch zur Suche nach den Chancen an.

4 Porter (1993), S. 646, bezeichnet die Bildungspolitik auch als den „vielleicht bedeutendste(n) langfristige(n) Einzelansatz ... zur Aufwertung der Industrie“. Bereits die Reformen des Bildungssystems in Preußen zu Beginn des 19. Jahrhunderts - verbunden mit den Namen v. Humboldt, Stein und Kunth - zielten unter anderem auf eine Beschleunigung der industriellen Entwicklung, vgl. Lenoir (1998), S. 22. Vgl. auch das Eingangszitat von Melanchthon.

5 Vgl. Bamelis in SdW (1997b), S. 41; Tippelskirch (1997), S. 39; DFG (1996), S. 7.

Bereits diese kurze Übersicht verdeutlicht den entscheidenden Einfluß der Rahmenbedingungen auf Forschung, Entwicklung und Innovation. Die genannten Politikbereiche und Handlungsoptionen werden zwar im folgenden nicht detailliert diskutiert. Dennoch spielen sie teilweise als Alternativen und Ergänzungen zu den hier im Vordergrund stehenden Maßnahmen der Forschungs- und Technologiepolitik i.e.S. eine wichtige Rolle. Auf einzelne Aspekte wird daher noch zurückzukommen sein[1]. Zuvor erfolgt in II.2. eine Darstellung der gegenwärtigen Forschungs- und Technologiepolitiken i.e.S. in Deutschland und der Europäischen Union.

2. Die Ausgangssituation

Forschungs- und technologiepolitische Maßnahmen haben in den vergangenen Jahren und Jahrzehnten sowohl in Deutschland als auch in der Europäischen Union beständig zugenommen. Die folgenden Ausführungen beschäftigen sich zunächst mit der Entwicklung der Forschungs- und Technologiepolitik i.e.S. auf den besagten Ebenen. Von besonderer Bedeutung für die weiteren Untersuchungen sind im einzelnen das Niveau und die Struktur der Fördermaßnahmen, konkret die absolute Höhe der Ausgaben, die Anteile selektiver und allgemeiner Maßnahmen sowie die Verteilung der Mittel auf Grundlagenforschung und angewandte Forschung. Darüber hinaus soll kurz auf die jeweiligen inhaltlichen bzw. thematischen Schwerpunktsetzungen eingegangen werden. Unter II.2.4. erfolgt schließlich eine Übersicht über die Kompetenzverteilung zwischen den betrachteten Handlungsebenen.

2.1. Forschungs- und Technologiepolitik in der Bundesrepublik Deutschland

2.1.1. Entwicklung

Die Forschungs- und Technologiepolitik spielte nach der Gründung der Bundesrepublik Deutschland auf nationaler Ebene zunächst eine untergeordnete Rolle. In der ursprünglichen Konzeption der Sozialen Marktwirtschaft bestand die vorrangige Aufgabe des Staates in der Schaffung und Durchsetzung geeigneter Rahmenbedingungen für den Wirtschaftsprozeß. Dies führte zu einem eindeutigen Übergewicht der indirekten institutionellen Förderung, wobei bis 1956 allein die Länder für die Finanzierung der Hochschulen sowie der Max-Planck-Gesellschaft - der Wiedergründung der Kaiser-Wilhelm-Gesellschaft -

---

[1] Vgl. hierzu insbesondere unter III.1.6.2.5.

und der Deutschen Forschungsgemeinschaft - zunächst als Neuauflage der „Notgemeinschaft der Deutschen Wissenschaft" aus der Weimarer Republik gegründet - zuständig waren[1]. Vordringliche Ziele dieser allgemeinen Wissenschaftsförderung, die auf eine staatliche Steuerung weitgehend verzichtete, waren die Verbreiterung der technologischen Basis und die Verbesserung der gesamtwirtschaftlichen Situation[2].

In den unmittelbaren Nachkriegsjahren unterlag die deutsche Forschung auch einer Reihe von Restriktionen durch die alliierten Siegermächte[3]. Nach deren endgültiger Aufhebung kam es aufgrund der nunmehr diagnostizierten Entwicklungsrückstände in technologieintensiven Bereichen verstärkt zu selektiven Maßnahmen. Konkret wurden spezialisierte, öffentlich finanzierte Forschungsinstitute aufgebaut. Die zunehmende Beachtung, die Wissenschaft und Technologie entgegengebracht wurde, äußerte sich auch in der Gründung des Bundesministeriums für Atomfragen im Jahr 1955.

Schwerpunktsetzungen erfolgten nicht nur durch die Einrichtung staatlicher Institute. Bereits ab den 50er, insbesondere aber in den 60er Jahren wurden zunehmend industrielle Großprojekte gefördert[4], so daß die Forschungspolitik eine immer stärker technologie-, programm- und projektspezifische Ausrichtung erfuhr. Im Vordergrund standen hierbei die Bereiche Luft- und Raumfahrt, Elektronik, Datenverarbeitung sowie die Nukleartechnologie. Seinen zunehmenden Aufgaben und Aktivitäten entsprechend wurde das Bundesministerium für Atomfragen zum Bundesministerium für wissenschaftliche Forschung ausgebaut, so daß „erstmals die gesamte Forschungsförderung des Bundes in einem einzigen Bundesministerium gebündelt"[5] war.

Das Bestreben staatlicher Stellen, gestaltend und planerisch in die technologische Entwicklung einzugreifen, blieb auch nach dem Ende der „Imitationspha-

---

1 Vgl. Wollmann (1989), S. 49 f.; ferner Wicher (1996), S. 729.

2 Vgl. Bruder/Dose (1986), S. 12. Bräunling/Harmsen (1975), S. 11 f., sprechen angesichts der unspezifischen Förderung von der „Laissez-faire"-Phase der Forschungs- und Technologiepolitik. In der Wiederaufbauphase wurden zerstörte Anlagen zumeist durch moderne Maschinen ersetzt, ohne daß hierfür spezielle Anreize geschaffen werden mußten.

3 Vgl. Neumann/Uterwedde (1986), S. 44.

4 Vgl. hierzu und zum folgenden Hasenritter (1982), S. 7.

5 Wollmann (1989), S. 52. Vgl. auch Grande (1993), S. 54. Im Jahr 1973 erfolgte die Umwandlung in das Bundesministerium für Forschungs und Technologie, das 1995 mit dem Bundesministerium für Bildung und Wissenschaft zum Bundesministerium für Bildung, Wissenschaft, Forschung und Technologie (BMBF) zusammengelegt wurde. 1998 wurde die Technologieförderung an das BMWi übertragen, das BMBF ist seitdem das Bundesministerium für Bildung und Forschung.

se"[1] erhalten. Inhaltlich erfolgte Anfang der 70er Jahre eine Ausweitung der Schwerpunkte entsprechend den „vermuteten gesellschaftlichen Bedürfnissen und scheinbaren politischen Notwendigkeiten"[2], etwa um die Bereiche Umweltforschung und Humanisierung des Arbeitslebens sowie die sogenannten neuen Technologien. Hiermit waren eine weitere Intensivierung der direkten Projektförderung[3] sowie der direkten institutionellen Förderung verbunden. Darüber hinaus wurden - auf einem wesentlich geringeren Niveau - das Instrumentarium der indirekten Forschungsförderung ausgebaut und die Diffusion neuer Technologien unterstützt[4]. Schließlich erfolgte ab Mitte der 70er Jahre eine stärkere Orientierung der Förderung auf kleine und mittlere Unternehmen[5], so daß insgesamt eine deutliche Zunahme der forschungs- und technologiepolitischen Aktivitäten des Staates zu konstatieren ist[6].

In den späten 70er Jahren begannen die Zweifel am Konzept der direkten Förderung einzelner Technologien und Projekte zu wachsen, ohne daß es jedoch zu einer grundsätzlichen Neuausrichtung der Forschungs- und Technologiepolitik kam. Von der christlich-liberalen Koalition wurde nach ihrem Amtsantritt 1982 eine stärkere „Zurückhaltung des Staates gegenüber der Forschung und Entwicklung in der Wirtschaft, insbesondere bei inhaltlichen Vorgaben"[7] propagiert. Hiermit sollten eine Rückbesinnung auf die Gestaltung der Rahmenbedingungen sowie eine Konzentration der Forschungsförderung auf das indirekte Instrumentarium verbunden sein. Das tatsächliche Ausmaß der Neuorientierung blieb jedoch zunächst hinter den Erwartungen zurück[8].

Gleichwohl ist seit Beginn der 90er Jahre eine Gewichtsverlagerung zugunsten der allgemeinen Maßnahmen zu beobachten, ebenso wie eine allmähliche Zunahme des Anteils der Förderung der Grundlagenforschung und ein „Rückgang

---

1 Bruder/Dose (1986), S. 13; Bräunling/Harmsen (1975), S. 12.

2 Eickhof (1998a), S. 88. Wollmann (1989), S. 55 f., spricht von einer zunehmenden strukturpolitischen Ausrichtung der Forschungs- und Technologiepolitik, die unter anderem zur Gründung der „Kommission für sozialen und wirtschaftlichen Wandel" im Jahr 1971 führte. Vgl. auch Neumann/Uterwedde (1986), S. 66 ff., sowie grundlegend Hauff/Scharpf (1975).

3 Vgl. Hemmersbach (1993), S. 74; Henze (1992), S. 18; Fleck (1990), S. 126; Hasenritter (1982), S. 8.

4 Vgl. Bruder/Dose (1986), S. 14.

5 Im Jahr 1978 wurde das „Forschungs- und technologiepolitische Gesamtkonzept für kleine und mittlere Unternehmen" vorgelegt, vgl. Wollmann (1989), S. 58. Vgl. auch Scherzinger (1996), S. 670; Kuntze/Hornschild (1995), S. 33 f.

6 Vgl. ähnlich Grande (1993), S. 55 f.

7 BMFT/BMWi (1984), S. 13, Zitat nach Bruder/Dose (1986), S. 16.

8 Vgl. Neumann/Uterwedde (1986), S. 84 ff. und 179. Vgl. ferner Koopmann/Kreienbaum/Borrmann (1997), S. 42.

des Engagements des Bundes im Bereich der marktorientierten Technologie- und Innovationsförderung“[1]. In diesem Zusammenhang gewinnt auch die Förderung von Verbundprojekten gegenüber Einzelvorhaben an Bedeutung[2]. Schließlich haben sich die gesamten Wissenschaftsausgaben des Staates in jüngster Zeit weit weniger dynamisch entwickelt als noch in den 80er Jahren. Dies wird im folgenden anhand von Niveau und Struktur der Fördermaßnahmen verdeutlicht.

2.1.2. Niveau und Struktur der Fördermaßnahmen

2.1.2.1. Absolute Ausgaben für Wissenschaft, Forschung und Entwicklung

Der Regierungsentwurf für das Jahr 1998 sah Gesamtausgaben des Bundes für Wissenschaft, Forschung und Entwicklung in Höhe von 20.145 Mio. DM vor. Die Wissenschaftsausgaben[3] sind damit seit 1991 unter geringen Schwankungen nahezu unverändert geblieben, wogegen zuvor ein kontinuierlicher und teilweise starker Anstieg zu verzeichnen war (vgl. Tabelle II-1 und Abbildung II-6). Verglichen mit dem Höchststand des Jahres 1992 von 20.820 Mio. DM sind sie um gut 3 % geringer[4]. Die neue rot-grüne Bundesregierung plant allerdings ab 1999 eine deutliche Steigerung der Wissenschaftsausgaben[5].

Die Wissenschaftsausgaben sämtlicher Gebietskörperschaften in Deutschland betrugen 1997 insgesamt 56.597 Mio. DM oder 4,7 % der öffentlichen Gesamthaushalte von Bund, Ländern und Gemeinden. Auf Forschung und Entwicklung entfielen davon 31.474 Mio. DM. Dies entspricht einem Anteil von 2,6 %. In den 80er Jahren schwankte diese Quote noch zwischen 3,2 % und 3,4 %, zu Beginn der 70er Jahre wurden sogar Werte von nahezu 4 % erreicht.

---

1 Grande (1993), S. 58. Vgl. auch Kommission Grundlagenforschung (1991), S. 5.

2 Vgl. Mönig (1996), S. 65.

3 Laut BMBF (1998), S. 367, umfassen die Wissenschaftsausgaben die „Ausgaben für Forschung und Entwicklung .. sowie für wissenschaftliche Lehre und Ausbildung und sonstige verwandte wissenschaftliche und technologische Tätigkeiten“.

4 Vgl. BMBF (1998), S. 384 f. Bezogen auf die Forschungs- und Entwicklungsausgaben des Bundes fällt der Rückgang mit -6,5 % noch stärker aus (1992: 17.354 Mio. DM, 1998: 16.231 Mio. DM). Alle Angaben beziehen sich auf die nominalen, nicht inflationsbereinigten Daten.

5 Vgl. FAZ (1999a), S. 14. Der Haushalt des BMBF wurde für 1999 um 904 Mio. DM aufgestockt.

Tabelle II-1: Wissenschaftsausgaben von Bund und Ländern in Deutschland (in Mio. DM)

Jahr	Bund	Länder	Gebietskörperschaften insgesamt
1975	8.996	10.341	19.883
1981	11.856	14.765	27.261
1982	13.133	15.014	28.916
1983	13.284	15.300	29.521
1984	13.588	15.564	30.249
1985	14.580	16.819	32.638
1986	14.836	17.223	33.471
1987	15.069	17.976	34.558
1988	15.243	18.738	35.622
1989	16.328	19.408	37.559
1990	17.536	20.700	40.316
1991	20.050	26.539	48.591
1992	20.820	28.544	51.429
1993	20.473	30.351	52.775
1994	20.013	31.110	53.118
1995	20.243	32.608	55.130
1996	20.434	33.981	56.694
1997	20.122	34.196	56.597

Quellen: BMBF (1998), S. 370; BMBF (1996), S. 530; BMFT/BMWi (1993), S. 546.

Abbildung II-6: Entwicklung der Wissenschaftsausgaben in Deutschland seit 1981 (in Mio. DM)

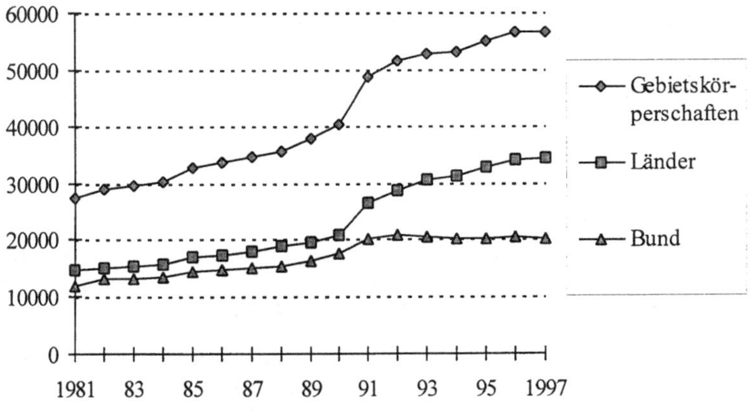

Quellen: Wie Tabelle II-1.

Unter Berücksichtigung der Forschungs- und Entwicklungstätigkeit der Wirtschaft summierten sich die Wissenschaftsausgaben in Deutschland 1997 auf 109.247 Mio. DM oder 3,0 % des BSP. Die Gesamtausgaben für Forschung und Entwicklung beliefen sich auf 83.709 Mio. DM. Dies entspricht einem Anteil von 2,32 % am BSP nach einem Höchststand von 2,9 % in den Jahren 1987 bis 1989[1].

Hauptträger auf Bundesebene sind die Bundesministerien für Bildung, Wissenschaft, Forschung und Technologie (mit einem geplanten Anteil von 63,2 % im Jahr 1998), für Verteidigung (14,7 %) sowie für Wirtschaft (5,7 %)[2]. Diese Relationen haben sich in den vergangenen Jahren kaum verändert. Seit 1993 schwankt der Anteil des BMBF - zunächst noch getrennt als BMBW und BMFT - an den Gesamtausgaben zwischen 61,9 % und 63,2 %. Aufgrund der organisatorischen Veränderungen nach dem Regierungswechsel von der christlich-liberalen zur rot-grünen Koalition 1998 - die wirtschaftsnahe Technologie- und Innovationsförderung wurde in das Bundesministerium für Wirtschaft und Technologie eingegliedert - sind hier gewisse Verschiebungen zu erwarten.

2.1.2.2. Anteile selektiver und allgemeiner Maßnahmen

Der angesprochene Bedeutungsverlust der allgemeinen Maßnahmen führte dazu, daß diese im Jahr 1989 nur noch einen Anteil von unter 20 % an den gesamten Wissenschaftsausgaben des Bundes aufwiesen[3]. In den 90er Jahren wurde jedoch insbesondere die indirekte institutionelle Förderung kontinuierlich ausgebaut, so daß seitdem eine deutliche Erholung festzustellen ist (vgl. Tabelle II-2).

Konkret betrug der Anteil der allgemeinen Maßnahmen im Regierungsentwurf für das Jahr 1998 28,4 %. 24,1 % der Bundesmittel oder knapp 4.850 Mio. DM entfielen auf die Grundfinanzierung der Trägerorganisationen und den Aus- und Neubau von Hochschulen (indirekte institutionelle Förderung). 4,3 % oder gut 875 Mio. DM waren für die indirekte Förderung von Forschung und Entwicklung der Wirtschaft sowie den Bereich der technologieunspezifischen Fachinformation vorgesehen.

---

1 Vgl. zu den genannten Zahlen BMBF (1998), S. 370 f. Im Jahresgutachten 1998/99 des Sachverständigenrats zur Begutachtung der gesamtwirtschaftlichen Entwicklung wird der Anteil der gesamten FuE-Ausgaben am BIP mit 2,26 % angegeben, vgl. Sachverständigenrat (1998), S. 258.

2 Vgl. BMBF (1998), S. 376 f.

3 Vgl. zum folgenden auch Eickhof (1998c), S. 471.

Tabelle II-2: Anteile der allgemeinen und selektiven Maßnahmen an den Gesamten Wissenschaftsausgaben des Bundes (in %)

	1981	´83	´85	´87	´89	´91	´93	´95	´97	1998
Allgemeine Maßnahmen	21,5	23,1	21,1	20,5	19,5	23,9	26,8	28,0	28,3	28,4
Selektive Maßnahmen	78,5	76,9	78,9	79,5	80,5	76,1	73,2	72,0	71,7	71,6

1997: Soll; 1998: Regierungsentwurf

Quellen: BMBF (1998), S. 378 ff.; BMBF (1996), S. 538 ff.; BMFT/BMWi (1993), S. 554 ff.

Innerhalb der indirekten Förderung von Forschung und Entwicklung der Wirtschaft rücken Forschungskooperationen mehr und mehr in den Vordergrund. Der Anteil des betreffenden Programms betrug noch 1992 lediglich 3,9 % und stieg bis 1998 auf 24,8 % bzw. 153 Mio. DM[1]. Gegenläufig hat sich die Förderung der industriellen Gemeinschaftsforschung im Rahmen der AiF entwickelt. Die absolute Höhe der Zuwendungen schwankt seit 1992 um 170 Mio. DM, der relative Bedeutungsverlust spiegelt sich jedoch im Rückgang ihres Anteils von damals 43,5 % auf nurmehr 27,5 % wider[2]. Allerdings ist hier in jüngster Zeit ein erneuter leichter Anstieg zu verzeichnen. Für 1999 ist eine Mittelerhöhung um knapp 10 % auf 186 Mio. DM vorgesehen[3]. Unterschiedlich entwickeln sich schließlich einzelbetriebliche Maßnahmen. Der Zunahme der FuE-Personalförderung Ost steht ein rasanter Abbau der allgemeinen Innovationsförderung gegenüber[4].

Der überwiegende Teil der Ausgaben des Bundes für Wissenschaft, Forschung und Entwicklung war allerdings für selektive Maßnahmen bestimmt. Für die Finanzierung spezieller Forschungseinrichtungen sowie die Durchführung von Projekten der Grundlagenforschung und der angewandten Forschung in staatlichen Instituten und privaten Unternehmen sollten 71,6 % der Mittel oder gut 14,4 Mrd. DM verwendet werden. Der Anteil der direkten Projektförderung - die gegenüber der direkten institutionellen Förderung ein noch höheres Steue-

---

1 Vgl. BMBF (1998), S. 52. Die neue Bundesregierung hat ein mit 262 Mio. DM ausgestattetes Anschlußprogramm „Innovations-Kompetenz“ aufgelegt, vgl. BMWi (1999).

2 Das Verhältnis von industrieeigenen zu öffentlichen Mitteln beträgt derzeit mehr als 2 zu 1, vgl. Wohlfahrt (1997b), S. 48.

3 Vgl. erneut BMWi (1999).

4 Vgl. BMBF (1998), S. 52.

rungspotential aufweist - ist insgesamt rückläufig[1]. Auch hier gewinnt die Förderung von Kooperationsprojekten an Bedeutung[2].

Innerhalb der selektiven Maßnahmen spielt die Grundlagenforschung nur eine untergeordnete Rolle. Ihr Anteil betrug 1992 in den zivilen Förderbereichen insgesamt 30,8 %, nach 30,6 % im Jahr 1988 und 29,7 % 1991. Unter Einbeziehung des fast ausschließlich anwendungsorientierten bzw. -nahen Bereichs Wehrforschung und -technik sinkt diese Quote für 1992 auf 24,0 %, gegenüber jeweils 22,9 % in den Jahren 1988 und 1991[3]. Neuere Daten sind nicht verfügbar. Angesichts der insgesamt gestiegenen Bedeutung der Grundlagenforschung in den letzten Jahren - auf die im folgenden genauer eingegangen wird - dürfte sich jedoch auch ihr Anteil an den selektiven Maßnahmen des Bundes leicht erhöht haben.

2.1.2.3. Anteil der Grundlagenforschung

Der Anteil der Grundlagenforschung ist aufgrund der unter II.1.2.2. angesprochenen Abgrenzungsprobleme kaum exakt zu bestimmen. Das BMBF selbst beziffert die diesbezügliche Förderung für das Jahr 1992 auf 5.067 Mio. DM nach 4.931 Mio. DM im Jahr 1991. Hieraus ergeben sich Anteile von 29,2 % bzw. 29,1 % an den gesamten Ausgaben des Bundes für Forschung und Entwicklung. Seit 1981 ist ein nahezu ununterbrochener Anstieg zu beobachten. Ohne Einbeziehung der Wehrforschung - bei der die Grundlagenforschung wie gesagt praktisch keine Rolle spielt - steigen die Quoten auf 35,5 % (1992) bzw. auf 34,5 % (1991)[4]. Werden darüber hinaus die oftmals anwendungsnahen Maßnahmen des BMWi und weiterer Bundesministerien eliminiert, ergibt sich eine noch günstigere Relation. So entfielen 1990 fast 40 % der Etatmittel des damaligen BMFT auf die Grundlagenforschung[5]. Grande beziffert diesen Anteil für das Jahr 1989 auf 38 %. Noch 1982 lag er bei lediglich 26 %[6].

---

1 Vgl. BMBF (1998), S. 384 f. 1998 sollte der Anteil der direkten Projektförderung an den gesamten Wissenschaftsausgaben bei 36,7 % liegen, 1991 waren es noch 44,2 %, 1981 gar 50,5 %.

2 Im Jahr 1991 entfielen in der Informationstechnologie 96 % der Mittel für die direkte Projektförderung auf Gemeinschaftsvorhaben, vgl. Kantzenbach/Pfister (1996), S. 287. In anderen Branchen sind diese Anteile zwar geringer, erreichen aber teilweise noch Werte zwischen 80 % und 90 %.

3 Vgl. BMBF (1996), S. 82; BMFT/BMWi (1993), S. 82.

4 Hierbei handelt es sich wohl um die aussagekräftigste Zahl. Vgl. zu den Daten BMBF (1996), S. 81 f.; BMFT/BMWi (1993), S. 82.

5 Vgl. Kommission Grundlagenforschung (1991), S. 1.

6 Vgl. Grande (1993), S. 58.

Auf der anderen Seite ist der Anteil der marktnahen Technologie- und Innovationsförderung an den Gesamtausgaben des BMBF bzw. seiner Vorgänger zwischen 1981 und 1996 von gut 63 % auf etwa 50 % gesunken. Dieses Niveau soll laut Regierungsentwurf für das Jahr 1998 beibehalten werden. Bezogen auf die gesamten Forschungs- und Entwicklungsausgaben des Bundes betrug der Anteil im Jahr 1996 gut 40 %, unter Berücksichtigung der Wehrforschung knapp 58 %[1].

Von besonderem Interesse ist ferner die Relation von direkter und indirekter Förderung der Grundlagenforschung, d.h. das Ausmaß der Einflußnahme des Staates und der Schwerpunktsetzungen in diesem Bereich. Die Mittel, über die die Trägerorganisationen nach eigenem Ermessen frei verfügen konnten, beliefen sich im Jahr 1992 auf ca. 1.693 Mio. DM, nach 1.570 Mio. DM im Jahr davor. Ihr Anteil an der gesamten Förderung der Grundlagenforschung lag somit jeweils bei gut 33 %[2]. Seitdem ist zwar, bedingt durch die kontinuierliche Verbesserung der Ausstattung von DFG und MPG, von einem Anstieg dieser Quote auszugehen. Über 60 % der Mittel werden jedoch nach wie vor speziellen Forschungseinrichtungen und einzelnen Projekten unmittelbar durch politische Entscheidungsträger zugewiesen[3].

In der bundesdeutschen Forschungs- und Technologiepolitik allgemein, aber auch im Bereich der Grundlagenforschung werden offensichtlich eindeutige inhaltliche Förderschwerpunkte gesetzt, auf die im folgenden eingegangen werden soll.

2.1.2.4. Inhaltliche Schwerpunkte der Forschungsförderung

Inhaltliche bzw. thematische Schwerpunktsetzungen spielen in der bundesdeutschen Forschungs- und Technologiepolitik eine große Rolle. Die selektiven Maßnahmen konzentrieren sich dabei auf eine vergleichsweise geringe Zahl von Forschungsfeldern. Konkret sah der Regierungsentwurf für das Jahr 1998 die folgenden Ausgaben vor (vgl. Tabelle II-3):

---

1 Vgl. BMBF (1998), S. 31.

2 Vgl. erneut BMBF (1996), S. 82; BMFT/BMWi (1993), S. 82.

3 So entfielen 1996 über 40 % der gesamten institutionellen Förderung auf die Großforschungseinrichtungen, vgl. Kantzenbach/Pfister (1996), S. 278 f.

Tabelle II-3: Wissenschaftsausgaben des Bundes nach Förderbereichen (in %)

	1981	´83	´85	´87	´89	´91	´93	´95	´97	1998
Grundfinanzierung der Wissenschaftsorganisationen	16,0	17,9	15,5	15,6	15,9	20,6	22,4	23,1	23,7	24,1
Großgeräte der Grund-Lagenforschung	5,1	5,2	5,8	6,7	6,0	4,9	5,0	5,2	5,2	5,1
Weltraumforschung und -technik	5,6	5,4	5,7	7,0	7,5	7,8	8,9	7,7	7,2	7,1
Umwelt- und Klima-Forschung	4,1	3,9	4,5	4,8	4,9	5,1	6,0	6,2	6,6	6,7
Energieforschung und -technik	18,0	18,7	15,7	9,5	8,7	7,2	6,3	5,8	6,2	6,7
Informationstechnologien	3,2	4,1	4,3	5,6	4,3	4,4	4,9	5,1	5,2	5,2
Gesundheitsforschung	3,4	3,3	3,3	3,8	4,2	4,0	4,7	4,7	4,9	4,9
Geisteswissenschaften	2,7	2,7	2,6	2,7	2,9	3,2	3,9	4,0	4,1	4,0
Materialforschung	3,2	3,1	3,3	3,6	4,1	3,7	3,7	3,7	3,7	3,7
Biotechnologien	0,8	1,0	1,0	1,6	1,6	1,4	2,0	2,2	2,4	2,4
Luftfahrt	4,0	2,8	3,6	3,5	4,4	4,5	3,0	1,7	1,5	1,5
Sonstige zivile Förderbereiche	16,2	13,2	12,6	12,4	13,5	14,8	12,5	12,3	10,1	10,9
Innovation und Rahmenbedingungen	4,7	4,4	4,7	3,9	2,8	2,5	3,7	4,4	4,3	4,1
Wehrforschung	13,0	14,3	17,4	19,3	19,2	15,9	13,0	13,9	14,9	13,6

1997: Soll; 1998: Regierungsentwurf.

Quellen: BMBF (1998), S. 378 ff.; BMBF (1996), S. 538 ff.; BMFT/BMWi (1993), S. 554 ff.

Mit 1.427 Mio. DM waren die höchsten Zuwendungen für Weltraumforschung und -technik geplant, deren Anteil damit nur noch geringfügig über denjenigen der Energieforschung und -technologie (1.350 Mio. DM) sowie der Umwelt- und Klimaforschung (1.342 Mio. DM) liegen sollte. Informationstechnik und Gesundheitsforschung beanspruchten jeweils ca. 1 Mrd. DM. Darüber hinaus wurden die folgenden Forschungsbereiche gefördert (mit Beträgen über 250 Mio. DM): Geisteswissenschaften (Wirtschafts- und Sozialwissenschaften, 797 Mio. DM), Materialforschung (physikalische und chemische Technologien, 751 Mio. DM), Biotechnologie (483 Mio. DM), Verkehr und Transport (367 Mio. DM), Land- und Forstwirtschaft, Fischerei (319 Mio. DM), Meeresforschung und -technik, Polarforschung (306 Mio. DM) sowie Luftfahrtforschung und Hyperschalltechnologie (299 Mio. DM).

Beständig an Bedeutung gewonnen haben in den vergangenen Jahren insbesondere die Umwelt- und die Gesundheitsforschung, die Geisteswissenschaften sowie die Biotechnologie, deren Anteil sich seit 1981 verdreifacht hat[1]. Auf den gesamten Bereich der sogenannten Daseinsvorsorge entfielen im Jahr 1998 laut Abgrenzung des BMBF knapp 21 % der Forschungs- und Entwicklungsausgaben des Bundes, nach 17,2 % im Jahr 1981[2].

Darüber hinaus sind zwei Entwicklungen bemerkenswert: Einerseits die zunehmende Konzentration der Mittel auf bestimmte Forschungsgebiete, die sich in dem seit Anfang der 90er Jahre sinkenden Anteil der sonstigen zivilen Förderbereiche widerspiegelt. Zum anderen ist teilweise eine Rückführung der Forschungsausgaben des Bundes in denjenigen Technologiefeldern festzustellen, in denen die Europäische Union ihre Aktivitäten ausweitet[3].

2.2. Forschungs- und Technologiepolitik in der Europäischen Union

2.2.1. Entwicklung

Bis in die 70er Jahre spielte die Forschungs- und Technologiepolitik auf europäischer Ebene kaum eine Rolle[4]. Diesbezügliche Kompetenzen bestanden lediglich in einzelnen Bereichen, konkret durch die Bestimmungen des EGKS-Vertrags von 1952 sowie im Rahmen der 1957 in den Römischen Verträgen verankerten Gemeinsamen Agrarpolitik, insbesondere aber durch den EURATOM-Vertrag von 1957 und die darin vorgesehenen Fünfjahrespläne für Nuklearforschung[5]. Sowohl einzelne Einrichtungen der Gemeinsamen Forschungsstelle (GFS) als auch die Institution der Vertragsforschung wurden bereits in

---

1 Deutliche Zuwächse sind auch bei der Grundfinanzierung der Wissenschaftsorganisationen zu verzeichnen. Hierbei handelt es sich jedoch nicht um eine inhaltliche Schwerpunktsetzung. Vgl. zu einer Übersicht über die historische Entwicklung der thematischen Förderbereiche Henze (1992), S. 19.

2 Vgl. BMBF (1998), S. 30 f.

3 Vgl. Grande (1993), S. 63; Starbatty/Schäfers/Vetterlein (1990), S. 140. Grundlage hierfür ist die „Gymnicher Vereinbarung“, derzufolge das BMF dem BMBF Mittel für diejenigen Vorhaben und Forschungsfelder entziehen kann, in denen die EU aktiv wird.

4 Vgl. zur Entwicklung der europäischen Forschungs- und Technologiepolitik insbesondere die ausführliche Darstellung von Guzzetti (1995). Vgl. zum folgenden ferner Starbatty/Vetterlein (1998), S. 667 ff.; Klodt/Stehn u.a. (1992), S. 98 ff.

5 Vgl. Grande (1993), S. 61.

den 50er Jahren begründet, so daß trotz vielfältiger Schwierigkeiten und insgesamt geringer Erfolge vom Beginn der gemeinschaftlichen Forschungs- und Technologiepolitik gesprochen werden kann.

Mit Beginn der 60er Jahre wurde seitens der EG - ebenso wie in Deutschland - eine zunehmende technologische Lücke gegenüber den USA beklagt. Die vielfältigen Bemühungen der Kommission, die Beschlüsse des Ministerrats von 1967, der „Forschung und technologische Entwicklung zu einer Angelegenheit von gemeinschaftlichem Interesse erhob“[1], und die Bekundung des Willens zur Durchführung von Gemeinschaftsprogrammen in der Forschung auf dem Haager Gipfel 1969 blieben jedoch zunächst ohne größere Wirkung. Mitverantwortlich hierfür waren grundlegende Differenzen zwischen Deutschland und Frankreich in bezug auf die konzeptionelle Ausgestaltung dieses Politikbereichs[2].

Im Anschluß an das Treffen der Staats- und Regierungschefs in Paris 1972 verabschiedete der Ministerrat 1974 eine Resolution, in der auch eine eigenständige Forschungs- und Technologiepolitik der Gemeinschaft vorgesehen war. Im Jahr 1977 wurden diese Beschlüsse von der Kommission umgesetzt. Konkret definierte sie Kriterien für eine Zuständigkeit der EG - so beispielsweise ein gemeinsames Interesse der Mitglieder und eine bestimmte Größenordnung der Vorhaben - und legte einzelne, besonders dringlich erscheinende Forschungsfelder fest, auf die sich die Aktivitäten konzentrieren sollten. Hierzu zählten unter anderem die Bereiche Energie, Umwelt, Infrastruktur sowie die Lebens- und Arbeitsbedingungen. Die Maßnahmen wurden vorrangig auf der Grundlage des Art. 235 EGV - der sogenannten Generalermächtigung - durchgeführt, ein forschungspolitisches Gesamtkonzept existierte nach wie vor nicht.

Der Durchbruch zu einer eigenständigen Forschungs- und Technologiepolitik der EG erfolgte dann Anfang der 80er Jahre, beginnend mit dem Kommissionsvorschlag für eine „europäische Strategie auf dem Gebiet der Wissenschaft und der Technik“[3]. Ergebnisse dieser Initiative waren einerseits das Programm ESPRIT[4], insbesondere aber die Verabschiedung des 1. Rahmenprogramms (1984 - 1987), das eine Zusammenführung und Koordinierung bestehender

---

[1] Starbatty/Vetterlein (1998), S. 669.

[2] Vgl. Hannowsky/Renner (1996), S. 8; Starbatty/Schäfers/Vetterlein (1990), S. 135, sowie die umfassende Studie von Neumann/Uterwedde (1986).

[3] EG-Kommission (1982), Zitat nach Starbatty/Vetterlein (1998), S. 672.

[4] European Strategic Programme for Research and Development in Information Technology.

Maßnahmen, aber auch eine Neuausrichtung und Ausweitung der gemeinschaftlichen Aktivitäten beinhaltete[1].

Als zweiter entscheidender Schritt ist die Ergänzung des EWG-Vertrags durch die Einheitliche Europäische Akte (EEA) im Jahr 1987 anzusehen. Hierdurch wurde erstmals eine eigenständige, spezifische Rechtsgrundlage für die vielfältigen forschungs- und technologiepolitischen Maßnahmen der Gemeinschaft geschaffen[2]. Auf der Basis der neu eingefügten Art. 130 f - q konnten von nun an die einzelnen Aktivitäten innerhalb der Rahmenprogramme - die sogenannten spezifischen Programme - und die jeweils notwendigen Finanzmittel verbindlich festgelegt werden. In Art. 3 m des Maastrichter Vertrages ist die Förderung von Forschung und technologischer Entwicklung schließlich ausdrücklich als Tätigkeitsfeld der Gemeinschaft verankert.

Begünstigt durch die Erweiterung und die rechtliche Absicherung ihrer Handlungskompetenzen hat die EG (ab 1993: EU) ihre Maßnahmen auf dem Gebiet der Forschungs- und Technologiepolitik seitdem kontinuierlich ausgebaut und deckt heute praktisch alle relevanten Forschungsfelder ab[3]. Zwar engagiert sie sich bislang kaum beim Aufbau der Forschungsinfrastruktur und verfügt über keine indirekten Instrumente zur Förderung von Forschung und Entwicklung in der Wirtschaft[4]. Dennoch hat sich neben den Inhalten der Rahmenprogramme auch deren finanzielle Ausstattung äußerst dynamisch entwickelt.

---

1 So wurde neben Programmen wie BRITE (Basic Research in Industrial Technologies for Europe) und EURAM (EUropean Research in Advanced Materials) mit FAST (Forecasting and Assessment in the field of Science and Technology) eine europäische Technikfolgenabschätzung eingeführt.

2 Vgl. auch Teutemann (1992), S. 231, der mit der EEA die „Rechtsgrundlage für eine breit angelegte .. Forschungs- und Technologiepolitik" auf europäischer Ebene verwirklicht sieht. Vgl. ferner Kösters (1998), S. 447; Fabisch (1996), S. 125; Kantzenbach/Pfister (1996), S. 291; Klodt u.a. (1990), S. 91 ff.

3 Zu diesem Ergebnis kommen bereits Starbatty/Vetterlein (1990a), S. 62. Pflugmann-Hohlstein (1993), S. 176, konstatiert eine „starke Tendenz zur Verlagerung von technologiepolitischen Kompetenzen auf die Gemeinschaft", Ziller (1995), S. 297, spricht von einem „flächendeckenden Ansatz der Forschungsförderung" im 4. Rahmenprogramm.

4 Vgl. Starbatty/Vetterlein (1998), S. 707; Sturm (1996), S. 45 f.; Grande/Häusler (1994), S. 495.

2.2.2. Niveau und Struktur der Fördermaßnahmen

2.2.2.1. Absolute Ausgaben für Wissenschaft, Forschung und Entwicklung

Noch im Jahr 1980 betrugen die Gesamtausgaben der EG für Forschung und technologische Entwicklung lediglich 276 Mio. ECU, zum damaligen Zeitpunkt ca. 715 Mio. DM[1]. Schon 1985 in Mailand wurde jedoch als langfristige Zielgröße ein Anteil von mindestens 6 % am EG- bzw. EU-Haushalt formuliert[2]. Das Budget des 1. Rahmenprogramms - das wie erwähnt aufgrund der fehlenden rechtlichen Grundlagen vor allem eine Zusammenstellung laufender Programme war - betrug bereits 3,75 Mrd. ECU, d.h. pro Jahr durchschnittlich fast 1 Mrd. ECU. Gegenüber 1980 bedeutet dies nahezu eine Vervierfachung.

In der Folgezeit stiegen die Mittel weiter an. Über 5,4 Mrd. ECU für das 2. Rahmenprogramm (1987 - 1991) und 6,6 Mrd. ECU[3] für das 3. Rahmenprogramm (1990 - 1994) erreichten die Forschungsausgaben der Gemeinschaft beim 4. Rahmenprogramm (1994 - 1998) mehr als 13,2 Mrd. ECU, entsprechend einem Anteil am EU-Haushalt von knapp 4 %[4]. Abbildung II-7 verdeutlicht die Entwicklung der tatsächlichen jährlichen Gesamtausgaben, die von 593 Mio. ECU im Jahr 1984 auf knapp 3,5 Mrd. ECU im Jahr 1998 - und damit auf nahezu das Sechsfache - gestiegen sind[5]. Im Vergleich zur nationalen Forschungs- und Technologiepolitik in Deutschland ist das Budget zwar nach wie vor gering. Allerdings darf nicht übersehen werden, daß europäische Maßnahmen durch die Konzentration auf einzelne Technologiefelder teilweise durchaus „quantitativ relevant“[6] sind.

---

1 Vgl. Grande (1993), S. 61.

2 Vgl. Mariën-Dusak (1996), S. 1030; Guzzetti (1995), S. 121.

3 Die zunächst vorgesehenen 5,7 Mrd. ECU wurden 1993 um weitere 900 Mio. ECU aufgestockt.

4 Nach dem EU-Beitritt Österreichs, Finnlands und Schwedens wurden die für das 4. Rahmenprogramm ursprünglich vorgesehenen 12,3 Mrd. ECU um 800 Mio. ECU auf 13,1 Mrd. ECU erhöht. Eine zusätzliche Aufstockung um 115 Mio. ECU auf gut 13,2 Mrd. ECU erfolgte im Jahr 1997. Vgl. zu den genannten Daten auch EU-Kommission (1998), S. 101 f.

5 Unter Einbeziehung der Strukturfonds werden jährlich fast 5 Mrd. ECU für die gemeinschaftliche Forschung aufgewendet, vgl. Wiekert (1996), S. 234.

6 Grande (1993), S. 62. Vgl. auch Klodt/Stehn u.a. (1992), S. 104.

Abbildung II-7: Entwicklung der Gemeinschaftsausgaben für Forschung und technologische Entwicklung seit 1984 (in Mio. ECU)

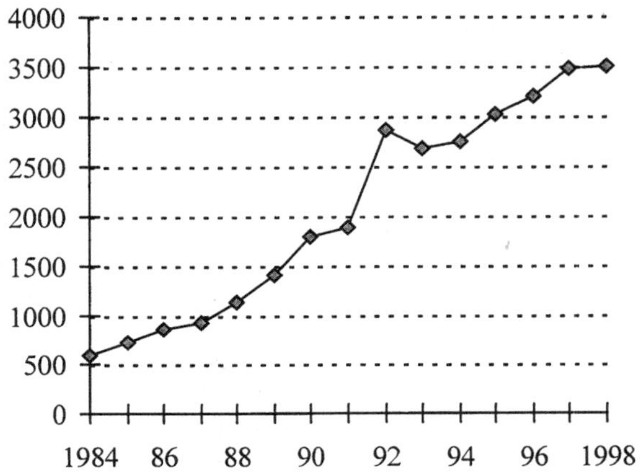

Quelle: EU-Kommission (1998), S. 102.

Für das 5. Rahmenprogramm (1998 - 2002) hatte die Kommission ursprünglich ein Budget von 16,3 Mrd. Euro[1] vorgeschlagen, das Europäische Parlament hatte in 1. Lesung sogar 16,7 Mrd. Euro gefordert. Der Rat der Forschungsminister der Mitgliedstaaten einigte sich dagegen auf ein Volumen von lediglich 14 Mrd. Euro. Das anschließende Vermittlungsverfahren zwischen Rat und Parlament führte im November 1998 zu einem Kompromiß, der ein Gesamtbudget von 14,96 Mrd. Euro vorsieht und damit knapp unterhalb der „Schmerzgrenze"[2] von 15 Mrd. Euro liegt. Dies entspricht gegenüber dem 4. Rahmenprogramm einer Steigerung um gut 13 %. Von den 13,7 Mrd. Euro, die auf die nicht-nuklearen Forschungsprogramme entfallen, sind 3,14 Mrd. Euro für die Jahre 1998 und 1999 vorgesehen, 10,56 Mrd. Euro für die Jahre 2000 - 2002. Die Ausgaben ab dem Jahr 2000 stehen jedoch noch unter dem Vorbehalt der Verabschiedung des Finanzplans der EU für die Jahre 2000 - 2006.

---

1 Mit der Einführung des Euro am 01.01.1999 entfällt die bisherige Rechnungseinheit ECU.

2 KoWi (1998b), S. 2.

2.2.2.2. Anteile selektiver und allgemeiner Maßnahmen

Selektive Maßnahmen haben in der europäischen Forschungs- und Technologiepolitik von Anfang an die dominierende Rolle gespielt. An den gezielten Schwerpunktsetzungen, die zunächst durch die Beschränkung der Kompetenzen auf einige wenige Aufgaben und Forschungsfelder systemimmanent waren, hat sich auch nach der Zuweisung umfassenderer Handlungsbefugnisse durch die Einheitliche Europäische Akte und später durch den Vertrag von Maastricht nur wenig geändert (vgl. Tabelle II-4).

Tabelle II-4: Anteile der allgemeinen und selektiven Maßnahmen an den gesamten Ausgaben der EU für Forschung und technologische Entwicklung (in %)

	1. RP	2. RP	3.RP	4. RP	5. RP
Allgemeine Maßnahmen	1,3	6,4	11,7	16,5	14,2
Selektive Maßnahmen	98,7	93,6	88,3	83,5	85,8

Quellen: KoWi (1998b), S. 2; Starbatty/Vetterlein (1998), S. 701; Klodt/Stehn u.a. (1992), S. 104.

Tabelle II-4 zeigt, daß der Anteil der allgemeinen Maßnahmen bis zum 4. Rahmenprogramm zwar deutlich zugenommen hat, im 5. Rahmenprogramm aber wieder zurückgeht. Verglichen mit der Forschungsförderung in Deutschland ist ihre Bedeutung nur halb so groß (14,2 % gegenüber 28,4 %). Die mit einem Anteil von gut 85 % eindeutig dominierenden selektiven Maßnahmen kommen zudem vorrangig der angewandten Forschung und Entwicklung im Rahmen der indirekten Aktionen zugute, die über 75 % der Gesamtausgaben der EU beanspruchen[1]. Im Mittelpunkt dieser sogenannten Vertragsforschung stehen grenzüberschreitende, überwiegend industrielle Forschungsvorhaben, an denen Partner aus mindestens zwei Mitgliedstaaten beteiligt sein müssen[2].

Die Idee des transnationalen Verbundprojekts bzw. der Kooperationsgedanke kann auch als das „Leitmotiv“[3] der Förderphilosophie der Europäischen Union

1 In den Bereich der indirekten Aktionen fallen praktisch alle bekannten, großen Förderprogramme der EU wie BRITE oder EURAM, vgl. Wiekert (1996), S. 243 f.

2 Viele Ausschreibungen sind auch für Kooperationen mit Partnern aus den assoziierten Staaten Mittel- und Osteuropas sowie aus weiteren Drittstaaten offen.

3 Mönig (1996), S. 65. Vgl. auch Grabert (1997), S. 27 f.

bezeichnet werden. Grundsätzlich ist es sowohl Unternehmen als auch Universitäten und Forschungseinrichtungen möglich, sich an den Programmen zu beteiligen und Projektvorschläge einzureichen. In der Praxis überwiegen allerdings die anwendungsnahen Vorhaben bei weitem. Dies wird auch bei der folgenden Betrachtung des Anteils der Grundlagenforschung deutlich.

2.2.2.3. Anteil der Grundlagenforschung

Der Anteil der Grundlagenforschung an den gesamten Forschungsausgaben der EU ist noch schwieriger zu bestimmen als in Deutschland. Konkrete Angaben hierzu werden nicht gemacht. Zwar ist „in der Mehrzahl der FuE-Programme der Europäischen Gemeinschaft .. ein Anteil von 10 % für Grundlagenforschung üblich“[1]. Allerdings war bereits im 2. Rahmenprogramm keines der spezifischen Programme ausschließlich der Grundlagenforschung gewidmet, so daß hauptsächlich „die angewandte Forschung und ... die industrielle Umsetzung von Forschungsergebnissen“[2] von der Förderung profitierten. Seitdem hat die EU mehrfach ihre Absicht betont, im Rahmen der indirekten Aktionen verstärkt und vorrangig marktnahe Vorhaben zu unterstützen[3]. Durch die Auswahl der entsprechenden Projektvorschläge kann die Kommission zudem in ihrem Sinne Einfluß auf die Verteilung der Mittel nehmen. Für das 5. Rahmenprogramm strebt sie erneut eine „Orientierung der Forschung auf Innovation“[4] an. Insgesamt muß bei den indirekten Aktionen somit von einem geringen Anteil der Grundlagenforschung ausgegangen werden.

Zudem entfallen auf die direkte institutionelle Förderung der Gemeinsamen Forschungsstelle im 5. Rahmenprogramm nur knapp 5 % der gesamten Forschungsausgaben der EU. Ein Ausbau der GFS erscheint dabei eher unwahrscheinlich. Aufgrund der spezifischen Ausrichtungen ihrer einzelnen Institute wird sie von den Entscheidungsträgern als zu unflexibel angesehen[5]. Gleiches gilt auch für andere EU-eigene Forschungseinrichtungen. Darüber hinaus kann

---

1 Wissenschaftsrat (1993), S. 10. Auf Hochschulen und außeruniversitäre Forschungseinrichtungen entfielen 1997 zwar über 50 % der Mittel für die Vertragsforschung, vgl. EU-Kommission (1998), S. 12 und 94; FAZ (1998f), S. 22. Zumeist führen diese aber anwendungsnahe Vorhaben in Zusammenarbeit mit Unternehmen durch.

2 Oberender/Fricke (1992), S. 233, die von einem „gewollte(n) industrielle(n) Bezug der Fördermaßnahmen“ ausgehen (S. 236). Vgl. hierzu auch Starbatty/Vetterlein (1990a), S. 83 ff.

3 Vgl. beispielsweise Eickhof (1998a), S. 91; Haas (1995), S. 89 f.; Hellmann (1994), S. 73 ff. und 108 ff.

4 Vgl. EU-Kommission (1998), S. 5.

5 Vgl. Starbatty/Vetterlein (1998), S. 702.

auf europäischer Ebene bislang keine indirekte institutionelle Förderung erfolgen, da keine für diese Aufgabe geeignete Wissenschaftsorganisation vorhanden ist. Mit der European Science Foundation (ESF) existiert zwar bereits seit 1974 eine „autonome europäische Organisation der Wissenschaft“[1]. Deren Kompetenzen sind allerdings gering und beschränken sich auf die Koordinierung von nationalen Forschungsaktivitäten, die Veranstaltung von Konferenzen sowie die Beratung der Kommission in Einzelfragen. Ferner wird die Bedeutung der ESF durch das Prinzip der „Sekundäralimentation“ eingeschränkt[2].

Schließlich dürften auch die im Rahmen der allgemeinen Förderung verausgabten Mittel nur selten marktfernen Forschungsvorhaben zugute kommen[3]. Insgesamt zeigt sich, daß die Grundlagenforschung in der europäischen Forschungs- und Technologiepolitik lediglich eine untergeordnete Rolle spielt. In jedem Fall liegt ihr Anteil mit maximal 15 - 20 % deutlich unterhalb des deutschen Niveaus. Dies gilt auch für die meisten anderen Mitglieder der EU. So werden in den Nationalstaaten insgesamt 30 % der für Wissenschaft, Forschung und Entwicklung zur Verfügung stehenden Mittel für die allgemeine Hochschulforschung verwendet, weitere 13 % für „nicht-zielorientierte Forschung“. Letztere verfügt in der Europäischen Union nur über einen Anteil von 1 %[4]. Umgekehrt entfallen hier 58 % der Gesamtausgaben auf „technologische Ziele“, gegenüber nur 22 % in den Mitgliedstaaten[5].

2.2.2.4. Inhaltliche Schwerpunkte der Forschungsförderung

Bedingt durch die technologiespezifischen Kompetenzen der Europäischen Gemeinschaft konzentrierte sich die Förderung lange Zeit auf den Bereich der (nuklearen) Energieforschung. Diese verfügte trotz der beständigen Versuche zu einer Ausweitung der Forschungsthemen und -felder noch 1980 über einen Anteil von etwa 70 % am Gesamtbudget[6].

---

1 Wissenschaftsrat (1993), S. 5. Vgl. dort auch zum folgenden.

2 Die ESF wird derzeit vorrangig von den nationalen Wissenschaftsorganisationen getragen, weder die Forschungsministerien der Mitgliedstaaten noch die EU beteiligen sich an der Finanzierung. Vgl. hierzu Kommission Grundlagenforschung (1991), S. 84 f., sowie MPG (1994), S. 41 ff.

3 Die Förderung im Rahmen der allgemeinen Maßnahmen bezieht sich nur mittelbar auf die eigentlichen Forschungsvorhaben, da sie eher der Ausbildung und Mobilität von Forschern, dem Austausch von Ergebnissen oder der Kooperation mit Drittstaaten und internationalen Organisationen dient.

4 Hierbei ist allerdings zu berücksichtigen, daß die allgemeine Hochschulfinanzierung unstrittig in den Zuständigkeitsbereich der Mitgliedstaaten fällt.

5 Vgl Eurostat (1998), S. 18; Eurostat (1997), S. 3 f.

6 Vgl Grande (1993), S. 61.

Erst in der ersten Hälfte der 80er Jahre kam es insbesondere durch die bereits angesprochenen Programme ESPRIT, BRITE und EURAM zu gravierenderen Verschiebungen bei den inhaltlichen bzw. thematischen Schwerpunktsetzungen. Die auffallendste Folge der zunehmenden Tendenz zur Förderung industrieller Innovationen[1] war der Bedeutungsverlust der Energieforschung. Im 2. Rahmenprogramm dominierten bereits eindeutig die Informations- und Kommunikationstechnologien (vgl. Tabelle II-5).

Tabelle II-5: Ausgaben der EU für Forschung und technologische Entwicklung nach thematischen Schwerpunkten (in %)

	2. RP	3. RP	4.RP
Informations- und Kommunikationstechnologien	42,2	37,6	27,8
Industrielle und Werkstofftechnologien	15,7	15,1	16,2
Umweltforschung	5,8	8,8	8,8
Biowissenschaften und -technologien	12,1	12,3	12,9
Energieforschung	22,4	15,9	18,3
Verkehrsforschung	-	-	2,0
Sozioökonomische Schwerpunktforschung	0,4	0,3	1,1
Zusammenarbeit mit Drittländern und internationalen Organisationen	1,5	1,9	4,4
Verbreitung und Nutzung der Ergebnisse	1,0	1,0	2,7
Förderung der Ausbildung und Mobilität von Wissenschaftlern	3,9	8,8	6,0

Die Verkehrsforschung wurde im 2. und 3. Rahmenprogramm nicht gesondert ausgewiesen

Quelle: Starbatty/Vetterlein (1998), S. 701; EU-Kommission (1998), S. 101.

In den 90er Jahren ist der Anteil der Informations- und Kommunikationstechnologien zwar kontinuierlich zurückgegangen, im 4. Rahmenprogramm entfielen mit 27,8 % aber immer noch die meisten Fördermittel auf diesen Bereich. Es folgen die Energieforschung mit 18,3 %, die industriellen und Werkstofftech-

[1] Vgl. Guzzetti (1995), S. 123.

nologien mit 16,2 %, die Biotechnologie mit 12,9 % sowie die Umweltforschung mit 8,8 %. Von geringer Bedeutung bleiben die Verkehrsforschung (2,0 %) und die sozioökonomische Schwerpunktforschung (1,1 %). Im Rahmen der allgemeinen Maßnahmen spielt die Förderung der Ausbildung und Mobilität von Wissenschaftlern mit einem Anteil von 6,0 % die größte Rolle, gefolgt von der Zusammenarbeit mit Drittländern und internationalen Organisationen mit 4,4 % sowie der Verbreitung und Nutzung der Ergebnisse mit 2,7 %.

Tabelle II-6: Das 5. Rahmenprogramm der EU für Forschung und technologische Entwicklung (1998 - 2002)

	Ausgaben in Mio. Euro	Anteil in %
TP 1: Lebenswissenschaften (Lebensqualität und Management lebender Ressourcen)	2.413	16,1
TP 2: Nutzerfreundliche Informationsgesellschaft	3.600	24,1
TP 3: Wettbewerbsorientiertes und nachhaltiges Wachstum	2.705	18,1
TP 4: Energie, Umwelt und nachhaltige Entwicklung, davon	2.125	14,2
- Energieforschung	1.042	7,0
- Umwelt und nachhaltige Entwicklung	1.083	7,2
HP 1: Drittstaatenkooperation (Sicherung der interNationalen Rolle der Gemeinschaftsforschung)	475	3,2
HP 2: Förderung der Innovation und der Beteiligung von kleinen und mittleren Unternehmen[1]	363	2,4
HP 3: Ausbau der Humanressourcen und Verbesserung der sozio-ökonomischen Wissensbasis	1.280	8,6
Gemeinsame Forschungsstelle	739	4,9
Nuklear- und Fusionsforschung auf Basis des EURATOM-Vertrags	1.260	8,4

Quelle: KoWi (1998b), S. 2.

[1] Mit Hilfe sogenannter Sondierungsprämien - d.h. der Gewährung von Zuschüssen für die Vorbereitung von Forschungsprojekten und Förderanträgen - versucht die EU, kleinen und mittleren Unternehmen die Teilnahme an den spezifischen Programmen zu ermöglichen, vgl. FAZ (1998f), S. 22. Im Jahr 1997 waren hier 24 % aller Beteiligten kleine und mittlere Unternehmen, auf sie entfielen rund 16 % der Fördermittel, vgl. EU-Kommission (1998), S. 15 und 94.

Im 5. Rahmenprogramm wird die Zahl der Schwerpunktthemen reduziert. Der Kompromiß mit einem Gesamtbudget von 14,96 Mrd. Euro sieht vier thematische Programme (TP) und drei horizontale Programme (HP) vor. Auf die nichtnuklearen Forschungsprogramme entfallen insgesamt 13,7 Mrd. Euro oder 91,6 % der EU-Ausgaben für Forschung und technologische Entwicklung. Hierin sind 739 Mio. Euro für die Gemeinsame Forschungsstelle enthalten. 8,4 % der Gesamtausgaben oder 1.260 Mio. Euro sind der Forschung auf der Basis des EURATOM-Vertrags zugeordnet (vgl. Tabelle II-6).

Die Verringerung der thematischen Programme bedeutet jedoch keineswegs eine Einschränkung der forschungspolitischen Aktivitäten der EU. Vielmehr sind die einzelnen Schwerpunktthemen sehr weit gefaßt, vage formuliert und in zahlreiche - genau 23 - Einzelprogramme untergliedert. Hierdurch eröffnen sie sowohl den politischen Entscheidungsträgern als auch den Antragstellern umfangreiche Handlungs- und Gestaltungsspielräume[1].

Insgesamt hat sich die Forschungs- und Technologiepolitik der Europäischen Union in den vergangenen zwei Jahrzehnten äußerst dynamisch entwickelt. Gleiches gilt für die diesbezüglichen Aktivitäten der deutschen Länder, auf die im folgenden kurz eingegangen wird.

2.3. Die Rolle der deutschen Bundesländer in der Forschungs- und Technologiepolitik

Die deutschen Bundesländer spielen in der Forschungs- und Technologiepolitik traditionell sowohl quantitativ als auch qualitativ eine bedeutende Rolle. Deutlich wird dies bereits bei der Betrachtung ihrer absoluten Wissenschaftsausgaben, die sich im Jahr 1997 auf knapp 34,2 Mrd. DM beliefen und damit um etwa 70 % über den Ausgaben des Bundes lagen (vgl. erneut Tabelle II-1). Insbesondere läßt sich bislang - anders als auf Bundesebene - keine Stagnation feststellen. Die sprunghafte Zunahme nach der Wiedervereinigung ist in einen kontinuierlichen Anstieg übergegangen, wobei die absoluten Ausgaben in den einzelnen Ländern höchst unterschiedlich ausfallen. Aussagekräftiger sind jedoch die Grundmittel[2] für Wissenschaft, die je Einwohner zur Verfügung stehen (vgl. Tabelle II-7). Hierbei liegen die Stadtstaaten mit weit überdurchschnittlichen Wissenschaftsausgaben an der Spitze. Dies ist insbesondere auf die Finanzie-

---

1 Vgl. zu dieser Einschätzung auch Sentker (1999), S. 27.

2 Als Grundmittel werden die aus den allgemeinen Haushalten der Länder bereitgestellten Mittel für Wissenschaft, Forschung und Entwicklung bezeichnet, vgl. BMBF (1998), S. 367.

rung der dortigen Universitäten zurückzuführen. In den Flächenstaaten sind die Grundmittel für Wissenschaft je Einwohner in Sachsen und Thüringen am höchsten, gefolgt von Bayern und Baden-Württemberg. Auch Sachsen-Anhalt liegt noch über dem Durchschnitt aller Länder. Am Ende der Liste stehen mit deutlichem Abstand Brandenburg und Rheinland-Pfalz.

Tabelle II-7: Grundmittel der Länder für Wissenschaft (1997)

Land	insgesamt (in Mio. DM)	je Einwohner (in DM)
Berlin	2.953,1	851
Hamburg	1.055,3	619
Bremen	393,3	578
Sachsen	2.198,3	481
Thüringen	1.163,0	464
Bayern	5.509,2	459
Baden-Württemberg	4.487,4	435
Sachsen-Anhalt	1.165,7	426
Bundesländer insgesamt	-	*422*
Mecklenburg-Vorpommern	749,3	411
Hessen	2.418,2	402
Schleswig-Holstein	1.035,3	380
Saarland	402,4	371
Niedersachsen	2.776,3	357
Nordrhein-Westfalen	6.282,6	351
Rheinland-Pfalz	1.230,3	309
Brandenburg	686,8	270

Quelle: BMBF (1998), S. 38; eigene Berechnungen.

Schwerpunkte der Ländertätigkeit sind zunächst die Hochschulfinanzierung sowie die institutionelle Förderung bestimmter überregional bedeutender Forschungseinrichtungen und der Wissenschaftsorganisationen gemeinsam mit dem Bund[1]. Ihr Anteil an der Grundfinanzierung der MPG beträgt 50 %, bei der FhG 10 % und bei der DFG programmabhängig bis zu 50 %. An der Unterhaltung der Großforschungseinrichtungen sind sie mit gut 10 % beteiligt, die Ein-

---

[1] Grundlage für die genannten Maßnahmen sind die Art. 91 a und b GG sowie die Rahmenvereinbarung über die gemeinsame Förderung der Forschung vom 28.11.1975, vgl. Fleck (1990), S. 125. Vgl. zur Kompetenzverteilung zwischen Bund und Ländern auch Kantzenbach/Pfister (1996), S. 276 f.

richtungen der Blauen Liste werden zu je 50 % von Bund und Ländern finanziert[1]. Zusätzlich existiert eine Vielzahl landeseigener, vorrangig anwendungsorientierter und -naher Institute[2]. Umsetzung und Verwertung der in diesen Einrichtungen erarbeiteten Forschungsergebnisse sollen durch ein zumeist gut ausgebautes Netz von Transferstellen erleichtert und beschleunigt werden[3].

Darüber hinaus ist das Spektrum der forschungs- und technologiepolitischen Aktivitäten der Bundesländer äußerst vielfältig. Gefördert werden in unterschiedlicher Intensität Forschung, Entwicklung und Innovation in der Wirtschaft, aber auch die Vermarktung und die Diffusion neuer Produkte und Verfahren. Im Mittelpunkt dieses seit Ende der 70er Jahre stark expandierenden Instrumentariums steht die Unterstützung kleiner und mittlerer Unternehmen sowie von Existenzgründern[4]. Allerdings entfallen auf marktnahe Maßnahmen zugunsten des Wirtschaftssektors nur knapp 6 % der Forschungs- und Entwicklungsausgaben der Länder, gegenüber 71 % für die Hochschulen und 23 % für außeruniversitäre Einrichtungen[5]. Entsprechend hoch ist der Anteil der Grundlagenforschung.

Die einzelnen Bundesländer setzen unterschiedliche inhaltliche Schwerpunkten in der Forschungsförderung. Einerseits werden in Abhängigkeit von regionalen oder strukturellen Besonderheiten spezifische Institute gegründet, beispielsweise für Meeresforschung in Küstenregionen. Auf der anderen Seite sind bestimmte politisch bedingte Schwerpunktsetzungen festzustellen. In sozialdemokratisch geprägten bzw. regierten Ländern verfügen die sozio-ökonomische Forschung und die Technikfolgenabschätzung ebenso über eine traditionell

---

1 Vgl. BMBF (1998), S. 41 f. und 85; Fleck (1990), S. 98. Laut BMBF (1998), S. 41, ergibt sich für die Länder jedoch ein Anteil von knapp 20 % an der Grundfinanzierung der FhG. Das Verhältnis von Bundes- und Länderfinanzierung der DFG beträgt bei den Sonderforschungsbereichen 75:25, bei den Graduiertenkollegs 65:35, vgl. DFG (1998), S. 4. Vgl. zu den Aufgaben der DFG auch Wicher (1996); Teufel (1995).

2 Bartling/Hemmersbach (1995), S. 339, zufolge sollen die landeseigenen Institute oftmals „praxisnahe Ergebnisse im Interesse kleiner und mittlerer Unternehmen erarbeiten".

3 Ein Beispiel für die Institutionalisierung des Technologietransfers auf Länderebene ist die Steinbeis-Stiftung in Baden-Württemberg, die „mittlerweile weit über 100 Technische Beratungsdienste und Transferstellen zählt" - Hemmersbach (1993), S. 85.

4 Vgl. Bartling/Hemmersbach (1995), S. 338 ff.; Sturm (1992), S. 30 f.; Wollmann (1989), S. 61 f.; Stroetmann/Steinle (1986), S. 303 ff. Ausführliche Darstellungen der umfangreichen Aktivitäten der Länder finden sich in BMBF (1998), S. 169 ff.; Scherzinger (1998); Hemmersbach (1993), S. 84 ff.

5 Vgl. BMBF (1998), S. 40. Die Daten beziehen sich auf das Jahr 1995, haben sich aber seit Mitte der 80er Jahre kaum verändert, vgl. Esser (1990), S. 69; Wollmann (1989), S. 62.

größere Bedeutung wie Forschungsvorhaben im Bereich der Arbeitsmarkt- und Berufsfeldforschung[1].

Unabhängig von der Regierungsmehrheit sind in vielen Bundesländern Ansätze einer kooperativen, dialogorientierten Forschungs- und Technologiepolitik anzutreffen, die auf eine gemeinsame Gestaltung des technischen Wandels durch Wirtschaft, Politik und Gewerkschaften zielen[2]. Unterschiedliche Schwerpunkte werden schließlich auch im Rahmen der anwendungsnahen Forschungsförderung gesetzt: „Einige Länder begrenzen die Förderung auf länderspezifisch definierte "Schlüsseltechnologien" ...(, einige) haben spezielle Technologieprogramme aufgelegt“[3].

Ungeachtet ihrer großen Bedeutung werden die forschungs- und technologiepolitischen Aktivitäten der Bundesländer im folgenden nicht weiter problematisiert, da von ihrer Einbeziehung keine zusätzlichen Implikationen für den Untersuchungsgegenstand zu erwarten sind. Dies gilt insbesondere für die Betrachtung der theoretischen Grundlagen[4] und die ordnungspolitische Beurteilung der Maßnahmen in Teil III. Gleiches trifft aber auch für die Kriterien für die vertikale Kompetenzverteilung in Teil IV zu. Die abgeleiteten Ergebnisse und Handlungsempfehlungen sind folglich auf die Kompetenzverteilung zwischen Bund und Ländern in der Forschungs- und Technologiepolitik i.e.S. übertragbar.

Die bisherigen Ausführungen haben gezeigt, daß auf allen drei betrachteten Ebenen ein umfangreiches Spektrum forschungs- und technologiepolitischer Maßnahmen existiert. Im folgenden werden nun die derzeitigen Kompetenzverteilungen zwischen Bund und Ländern (vgl. unter 2.4.1.) sowie zwischen nationaler und supranationaler Ebene (vgl. 2.4.2.) dargestellt.

---

1 Vgl. hierzu Esser (1990) sowie Weitkamp (1992), der die Forschungs- und Technologiepolitiken von Baden-Württemberg und Nordrhein-Westfalen vergleicht.

2 Vgl. Scherzinger (1998), S. 45; Sturm (1995), S. 61 f.

3 Scherzinger (1998), S. 8. In Bayern existiert beispielsweise ein Aktionsprogramm neue Werkstoffe, in Berlin ein Medientechnologieprogramm, in Brandenburg werden speziell Informations- und Kommunikationstechnologien gefördert.

4 Eine Ausnahme stellt bestenfalls die Berücksichtigung regionaler Aspekte der Forschungstätigkeit dar, vgl. unter III.1.6.2.3. Maßnahmen zur Nutzung von Agglomerationsvorteilen werden jedoch auch auf Bundesebene durchgeführt, vgl. den BioRegio-Wettbewerb des BMBF im Jahr 1997.

2.4. Die Kompetenzverteilung zwischen den Handlungsebenen

2.4.1. Forschungs- und technologiepolitische Kompetenzen von Bund und Ländern

Bund und Länder waren bis Anfang der 80er Jahre die unbestrittenen Hauptakteure in der Forschungs- und Technologiepolitik i.e.S. Bis heute übersteigen ihre jährlichen Ausgaben diejenigen der Europäischen Union bei weitem. So lag die Relation der Forschungsbudgets von Bund und EU im Jahr 1997 bei ca. 3:1. Die Grundmittel aller Bundesländer für Wissenschaft betrugen sogar mehr als das Fünffache der Gesamtausgaben der EU für Forschung und technologische Entwicklung, die sich zudem auf mittlerweile 15 Mitgliedstaaten verteilen.

Die innerstaatliche Kompetenzverteilung in der Bundesrepublik Deutschland wird durch eine Reihe von Grundgesetzartikeln geregelt[1]. Bereits vor der Gründung der Bundesrepublik im Jahr 1949 versuchten die Länder, ihre traditionelle Zuständigkeit für die Hochschulen wiederzubeleben und die allgemeine Wissenschaftsförderung für sich zu reklamieren[2]. Bald jedoch ergab sich die Notwendigkeit eines Zusammenwirkens von Bund und Ländern in wesentlichen Teilbereichen der Forschungs- und Technologiepolitik[3]. Dieser kooperative Föderalismus äußert sich insbesondere in der angesprochenen gemeinsamen Finanzierung von Hochschulen und Wissenschaftsorganisationen sowie bestimmter Forschungseinrichtungen und -vorhaben. Darüber hinaus wird seit der Gründung der Bund-Länder-Kommission für Bildungsplanung und Forschungsförderung im Jahr 1970 mit unterschiedlichem Erfolg versucht, die Maßnahmen der beteiligten Akteure aufeinander abzustimmen.

Im Bereich der Förderinstrumente zugunsten von Unternehmen waren die Ländermaßnahmen ursprünglich auf die Schließung von „Förderlücken" des Bundes gerichtet. Konkret sollten sie sich an den Bedürfnissen des Mittelstandes orientieren und diesen bei marktnahen Forschungs- und Entwicklungsvorhaben bis hin zur Einführung und Vermarktung neuer Produkte unterstützen. Aller-

---

1 Zu nennen sind hier insbesondere die grundsätzliche Länderzuständigkeit gemäß Art. 30 GG, die bereits erwähnten Art. 91 a und b GG sowie die Art. 70 ff. GG, in denen die Bereiche der ausschließlichen und der konkurrierenden Gesetzgebungskompetenz des Bundes festgelegt sind. Konkret zählt die Förderung der wissenschaftlichen Forschung nach Art. 74 Nr. 13 GG zum Bereich der konkurrierenden Gesetzgebung, wovon der Bund allerdings bislang keinen Gebrauch gemacht hat. Vgl. Trotha/Knorr (1996), S. 80; ferner Laaser/Stehn (1996), S. 78.

2 Vgl. Wollmann (1989), S. 49 f.

3 Vgl. Trotha/Knorr (1996), S. 80; Esser (1990), S. 59 ff.

dings haben Bund und Länder ihre Aktivitäten seitdem deutlich ausgeweitet[1]. Diese Entwicklung hat zu einer Reihe von Überschneidungen und Redundanzen im Bereich der anwendungsnahen Förderung sowie bei Maßnahmen zugunsten von kleinen und mittleren Unternehmen geführt, so daß aus heutiger Sicht oftmals keine eindeutige Zuordnung forschungs- und technologiepolitischer Kompetenzen mehr erkennbar ist[2].

Von den gesamten Forschungs- und Entwicklungsausgaben der Länder entfallen jedoch nur knapp 6 % auf den Wirtschaftssektor. Die festgestellten Überschneidungen sind offensichtlich von vergleichsweise geringer empirischer Relevanz. Im Vordergrund steht eindeutig die traditionell kooperative und weitestgehend unstrittige Arbeitsteilung zwischen Bund und Ländern im Bereich der Hochschulfinanzierung und bei der institutionellen Förderung[3]. Weniger eindeutig ist demgegenüber die Kompetenzabgrenzung zwischen der Europäischen Union und ihren Mitgliedstaaten. Die derzeitige Situation wird im folgenden dargestellt.

2.4.2. Kompetenzverteilung zwischen der Europäischen Union und ihren Mitgliedstaaten

Ungeachtet des Bedeutungszuwachses der europäischen Ebene seit dem Inkrafttreten der EEA im Jahr 1987 fällt die Forschungs- und Technologiepolitik i.e.S. nach wie vor in die Primärkompetenz der Mitgliedstaaten. Ausnahmen bilden lediglich die Rahmenprogramme, bestimmte Zusatzprogramme sowie einige weitere Maßnahmen[4].

Grundsätzlich ist ein Tätigwerden der Gemeinschaft an die Erfüllung bestimmter Voraussetzungen gebunden. Mit Hilfe dieser sogenannten „Riesenhuber-

---

1 Vgl. hierzu insbesondere das Gesamtkonzept der Bundesregierung zur Innovationsförderung für kleine und mittlere Unternehmen in BMBF/BMWi (1998) sowie die Übersicht in BMBF (1998), S. 57. Die „Maßnahmen der Bundesregierung zur Förderung von Forschung und Entwicklung in KMU" sind in den letzten Jahren zwar leicht rückläufig, summierten sich 1997 aber immer noch auf über 1 Mrd. DM.

2 Vgl. Spielkamp (1997b), S. 3; Hemmersbach (1993), S. 76. Dagegen kommt Scherzinger (1998), S. 7, zu dem Ergebnis, daß sich Bundes- und Länderaktivitäten ergänzen.

3 Die Einschätzung, daß „zwischen Bund und Ländern als Trägern der Forschungs- und Technologiepolitik keine tiefreichenden Kompetenzkonflikte" bestehen, vertreten auch Starbatty/Vetterlein (1998), S. 703. Zu einer positiven Beurteilung der derzeitigen Aufgabenverteilung zwischen Bund und Ländern in der Forschungs- und Technologiepolitik kommen auch Bartling/Hemmersbach (1995), S. 351 f.

4 Vgl. hierzu Kösters (1998), S. 449.

Kriterien"[1] und durch die Konzentration auf grenzüberschreitende Projekte sollen die Aktivitäten der EU auf diejenigen Forschungsfelder und -projekte begrenzt werden, in denen ein europäischer „Mehr-Wert" („added value") erwartet werden kann. Eine Zentralisierung ist demnach sinnvoll, wenn entweder

- ein Forschungsvorhaben die finanziellen und personellen Möglichkeiten eines einzelnen Mitgliedstaates übersteigt,
- eine gemeinsame Durchführung trotz der zusätzlich entstehenden Koordinationskosten offensichtliche finanzielle Vorteile bietet[2],
- die Forschungstätigkeit wichtige Ergebnisse für die gesamte Gemeinschaft liefern könnte oder
- sie der Vollendung des gemeinsamen Marktes dient bzw. den Zusammenschluß der europäischen Wissenschaft und Technik fördert.

Die genannten Kriterien gelten in leicht veränderter Form auch für das 4. Rahmenprogramm[3], sind allerdings nach wie vor stark interpretierbar und erlauben ohne Konkretisierung keineswegs eine eindeutige Zuordnung von Kompetenzen[4]. Da bereits die Erfüllung einer dieser Voraussetzungen als Begründung für eine Zentralisierung ausreicht, kann es nicht überraschen, daß sie die EU nicht an der festgestellten Ausweitung ihrer forschungs- und technologiepolitischen Aktivitäten gehindert haben.

Kompetenzkonflikte zwischen der EU und den technologisch führenden Mitgliedstaaten bestehen insbesondere im Bereich der anwendungsnahen Industrieforschung - und dabei vorrangig in den Schlüsseltechnologien - sowie bei der Durchführung von prestigeträchtigen, attraktiven Großprojekten[5]. Hier sind die Verflechtung von Zuständigkeiten und die Überschneidung von Maßnahmen und Programmen am ausgeprägtesten, da aus Sicht aller Beteiligten Handlungsbedarf besteht. Darüber hinaus haben sowohl auf nationaler als auch auf europäischer Ebene die Maßnahmen zugunsten von kleinen und mittleren Unternehmen stark zugenommen. Insgesamt kommt es somit häufig zu Doppelförde-

---

1 Die Kriterien wurden 1983 - noch vor dem 1. Rahmenprogramm und dem Inkrafttreten der EEA - unter deutscher EG-Präsidentschaft vom Ministerrat verabschiedet. Bundesforschungsminister war zum damaligen Zeitpunkt Heinz Riesenhuber (CDU). Vgl. zum folgenden Sturm (1996), S. 43 f.; Starbatty/Schäfers/Vetterlein (1990), S. 136 f.

2 „Finanzielle Vorteile" sollen hierbei durch Größenvorteile, Synergieeffekte und die Vermeidung von Doppelforschungen entstehen.

3 Vgl. Mariën-Dusak (1996), S. 1016.

4 Vgl. Mönig (1996), S. 71; Sturm (1996), S. 43.

5 Vgl. hierzu und zum folgenden Starbatty/Vetterlein (1998), S. 706 f.; dies. (1990a), S. 111; Bartling/Hemmersbach (1995), S. 338 ff.; Grande (1993), S. 63 ff. Klodt/Stehn u.a. (1992), S. 102, verweisen jedoch auf teilweise unterschiedliche inhaltliche Schwerpunkte.

rungen bei der anwendungsnahen Forschung und Entwicklung[1]. Aus einzelnen Gebieten hat sich der Bund angesichts der EU-Förderung allerdings schon weitgehend zurückgezogen.

Nahezu unumstritten sind dagegen die Kompetenzen beim Ausbau der Forschungsinfrastruktur und in der Grundlagenforschung. Die EU sieht hierin keine ihrer zentralen Aufgaben und überläßt diese Bereiche weitgehend den Mitgliedstaaten. Ausnahmen bilden lediglich die Institute der Gemeinsamen Forschungsstelle, einige weitere Einrichtungen sowie Versuche zur Koordinierung der nationalen Maßnahmen[2]. Schließlich ist die Gewährung allgemeiner Subventionen für Forschung und Entwicklung in Form von Steuervergünstigungen auf europäischer Ebene aufgrund der fehlenden Steuerhoheit nicht möglich.

2.4.3. Ausblick und weitere Vorgehensweise

Die Forschungs- und Technologiepolitik auf europäischer Ebene entwickelt sich seit geraumer Zeit äußerst dynamisch, wogegen die diesbezüglichen Ausgaben des Bundes absolut stagnieren, bei relativer Betrachtung sogar zurückgehen. Unter Berücksichtigung der nach wie vor zunehmenden Aktivitäten der Länder ist in Deutschland ein zwar kontinuierlicher, aber vergleichsweise langsamer Anstieg der Wissenschaftsausgaben festzustellen (vgl. erneut Tabelle II-1).

Angesichts dieser Entwicklungslinien erscheinen eine weitere „Europäisierung der Forschungs- und Technologiepolitik"[3] und ein relativer Bedeutungsverlust nationalstaatlicher Aktivitäten vorprogrammiert[4]. Dies gilt insbesondere für die Förderung der anwendungsnahen Industrieforschung, die die EU als ihre

---

[1] In Deutschland treten durch die Aktivitäten der Länder sogar Dreifachförderungen auf.

[2] Vgl. Teutemann (1992), S. 232.

[3] Grande (1993), S. 63. Auch Klodt/Stehn u.a. (1992), S. 100, rechnen damit, „daß die Forschungspolitik in Europa mehr und mehr von den gemeinschaftlichen Förderprogrammen geprägt werden wird". Vgl. ferner Starbatty/Vetterlein (1998), S. 709; Hannowsky/Renner (1996), S. 12.

[4] Grundlage dieser Arbeit ist ein Zwei-Ebenen-Modell, das Bund und Länder als Einheit betrachtet. Auf die innerstaatliche Kompetenzverteilung - aus europäischer Sicht ohnehin eine spezifisch deutsche Fragestellung, vgl. Zimmermann (1990), S. 455, und zudem wie erwähnt weitestgehend unumstritten - wird daher nur am Rande eingegangen. Im Drei-Ebenen-Modell könnten die beschriebenen Entwicklungen auf einen Bedeutungsverlust der „Mittelkategorie" - Sturm (1992), S. 26 - in der Forschungs- und Technologiepolitik hindeuten. Vgl. zu denkbaren Gewichtsverlagerungen in Mehr-Ebenen-Systemen allgemein Eser (1991), S. 9 ff.

Hauptaufgabe ansieht, langfristig aber möglicherweise auch für andere Bereiche, in denen sie bislang kaum oder gar nicht aktiv ist.

Andererseits regt sich in den Mitgliedstaaten deutlicher Widerstand gegen die fortschreitenden Zentralisierungsbestrebungen und -tendenzen sowie die hiermit verbundene Bürokratisierung der Forschungsförderung. Bezeichnend sind in diesem Zusammenhang die angesprochenen Vorschläge für das 5. Rahmenprogramm. Während die Kommission und das Europäische Parlament Gesamtbudgets von 16,3 Mrd. ECU bzw. 16,7 Mrd. ECU gefordert hatten, sah der Vorschlag des Ministerrats - der sich bekanntlich aus den Forschungsministern der Nationalstaaten zusammensetzt und folglich eher deren Interessen vertritt - nur ein Volumen von 14 Mrd. ECU und damit eine deutlich geringere Steigerung gegenüber dem 4. Rahmenprogramm vor[1].

Insbesondere aus Sicht der technologisch führenden Mitgliedstaaten stellt sich die Frage, welche konkreten forschungs- und technologiepolitischen Aufgaben spezifisch europäisch sind und welche voraussichtlich besser auf der Ebene der Mitgliedstaaten erfüllt werden können. Die Erarbeitung einer sinnvollen Kompetenzverteilung ist nicht nur aufgrund der festgestellten Überschneidungen und Doppelförderungen erforderlich, sondern auch vor dem Hintergrund einer allgemeinen Verknappung öffentlicher Mittel. Diese Überlegungen sind Gegenstand von Teil IV.

Zuvor soll im folgenden Teil III untersucht werden, welche staatlichen Maßnahmen zur Förderung des wissenschaftlich-technologischen Fortschritts und der Innovationstätigkeit der Unternehmen überhaupt sinnvoll bzw. erfolgversprechend sind. Konkret stellen sich die Fragen nach den theoretischen Begründungen der Forschungs- und Technologiepolitik sowie nach der ordnungspolitischen Beurteilung der selektiven und allgemeinen Förderinstrumente in den unterschiedlichen Phasen des Innovationsprozesses.

---

[1] Vgl. auch Fabisch (1996), S. 126, die die europäischen Forschungsprogramme als politische Kompromisse zwischen den Mitgliedstaaten und den Institutionen der EU bezeichnet. Vgl. zu den oftmals gegensätzlichen Interessen von Kommission und Ministerrat auch Nienhaus (1996). Hannowsky/Renner (1996), S. 8, sprechen allgemein von „supranationale(n) Akteure(n) mit eigenen institutionellen Interessen".

Teil III: Grundlagen und kritische Würdigung forschungs- und technologiepolitischer Massnahmen

1. Begründungen forschungs- und technologiepolitischer Maßnahmen

1.1. Einführung

In III.1. werden unterschiedliche Argumente für forschungs- und technologiepolitische Maßnahmen i.e.S. dargestellt. Konkret beziehen sich die Betrachtungen auf die Implikationen der neueren Theorie des Markt- und Wettbewerbsversagens, vermeintlicher Marktmängel, der neuen Wachstumstheorie, der neuen Außenhandelstheorie sowie unterschiedlicher Ansätze der traditionellen und neueren Innovationstheorie. Hierbei wird zunächst weitgehend von einer kritischen Würdigung der abgeleiteten Handlungsempfehlungen abgesehen. Allerdings zeigt sich, daß insbesondere die Ergebnisse der neueren Innovationstheorie bereits zu einer Konkretisierung des staatlichen Handlungsbedarfs führen.

Die Erfolgsaussichten im Fall einer praktischen Umsetzung der Schlußfolgerungen werden anschließend unter III.2. untersucht. Letztlich ergibt sich aus Teil III ein Katalog wünschenswerter bzw. erforderlicher Maßnahmen der Forschungs- und Technologiepolitik i.e.S., für die in Teil IV eine geeignete Kompetenzverteilung zwischen den beteiligten Handlungsebenen erarbeitet wird.

1.2. Die Theorie des Markt- und Wettbewerbsversagens

1.2.1. Die Begriffe Markt- und Wettbewerbsversagen

Lange Zeit wurde die Verfehlung des neoklassischen Allokationsoptimums als entscheidendes Kriterium für ein Versagen des Marktes und damit für die Legitimation wirtschaftspolitischer Maßnahmen angesehen. Nach diesem Verständnis liegt Marktversagen vor, wenn durch die dezentralen Entscheidungen der Individuen keine optimale Ressourcenallokation im Sinne der paretianischen Wohlfahrtsökonomik erreicht wird[1]. Bezogen auf die Forschungs-, Entwicklungs- und Innovationstätigkeit bedeutet dies konkret eine „suboptimale Allokation von Ressourcen in die Hervorbringung von neuem Wissen“[2]. Die behauptete Unterinvestition wird von Arrow auf das Vorliegen von Unsicher-

---

[1] Vgl. Donges (1988), S. 145.
[2] Henze (1992), S. 32.

heit, auf bestehende Unteilbarkeiten sowie auf die mangelnde Aneigenbarkeit der Erträge von Forschung und Entwicklung zurückgeführt[1].

Der Versuch, Marktversagen und Staatseingriffe generell mit Abweichungen der Marktwirklichkeit von einem pareto-optimalen Zustand zu begründen, ist jedoch nicht unwidersprochen geblieben[2]. Kritisiert werden insbesondere die unrealistischen Annahmen der neoklassischen Wohlfahrtsökonomik. Der Vergleich der tatsächlich beobachtbaren Ergebnisse des Markt-Wettbewerbs-Prozesses mit einem utopischen Idealzustand führt dazu, daß die Realität zwangsläufig stets versagen muß[3]. Aufgrund der resultierenden Ubiquität von Marktversagen wären dann permanente und umfassende staatliche Interventionen gerechtfertigt.

Ein solches Vorgehen ist allerdings der Wirklichkeit nicht angemessen und mit einer marktwirtschaftlichen Grundordnung unvereinbar. Die Entscheidung über staatliche Eingriffe in die marktliche Selbststeuerung muß sich vielmehr an den realen Alternativen orientieren. Im Rahmen dieser vergleichenden Institutionenanalyse sind Maßnahmen mit unterschiedlicher Eingriffsintensität den tatsächlichen Ergebnissen des Markt-Wettbewerbs-Prozesses gegenüberzustellen[4]. Denn es ist durchaus denkbar, daß es durch Interventionen nicht zu einer Verbesserung, sondern zu einer Verschlechterung der Situation kommt.

Das Modell der vollkommenen Konkurrenz als Referenzsystem der neoklassischen Wohlfahrtsökonomik erweist sich zudem nicht nur als wirklichkeitsfremd, seine Realisierung muß auch als nicht wünschenswert bezeichnet werden. Die Erfüllung der zugrundeliegenden Annahmen würde zu einem stationären Gleichgewichtszustand führen und käme damit einem Verzicht auf die dynamischen Funktionen des Wettbewerbs gleich. Eine Orientierung an diesem

---

1 Vgl. Arrow (1962). Teilweise wird auch vermutet, daß die gesamtwirtschaftliche Forschungs- und Entwicklungstätigkeit im Vergleich zum Wohlfahrtsoptimum zu hoch sei und es zu einer Überinvestition in neues Wissen kommen könne. Dies ist beispielsweise bei sogenannten Patentrennen der Fall, vgl. hierzu Klodt (1995), S. 22 ff.; Hanusch/Cantner (1993), S. 16; Bletschacher/Klodt (1991), S. 15.

2 Vgl. zu einer Kritik an der Argumentation Arrows Demsetz (1969). Kritische Anmerkungen zum neoklassischen Marktversagensbegriff finden sich insbesondere bei Eickhof (1993); ders. (1986); Bögelein (1990), S. 28 ff. Vgl. ferner Fritsch/Wein/Ewers (1996), S. 46 ff., 51 ff. und 286 ff. Auf diesen Arbeiten basieren auch die folgenden Ausführungen.

3 Demsetz (1969), S. 1, spricht daher auch von einem „Nirvana approach“.

4 Die Forderung nach einem „comparative institution approach“ geht auf Demsetz (1969), S. 1, zurück. Vgl. aber auch bereits Coase (1960), S. 18, der feststellt: „Satisfactory views ... can only come from a patient study of how, in practice, the market, firms and governments handle the problem“. Vgl. ferner Berthold/Donges (1996), S. 490 ff.

Modell lenkt „von den eigentlichen Vorteilen der Marktprozesse“[1] ab. Durch die Annahmen der konstanten Produktionstechnik, der konstanten Produktpalette, der Abwesenheit von sachlichen Präferenzen sowie der unendlichen Reaktionsgeschwindigkeit ist jegliche Innovationstätigkeit im vorhinein ausgeschlossen. Der Wettbewerb verliert seine Funktion als „Entdeckungsverfahren“[2], da temporäre Monopolstellungen eines Innovators im homogenen Polypol nicht möglich sind. Das Modell der vollkommenen Konkurrenz macht somit alle „Tätigkeiten, die das Wort «Wettbewerb» beschreibt, ... unmöglich“[3]. Das Zusammenwirken von Entwicklungs- und Anpassungswettbewerb[4] bzw. von Innovations- und Transfermechanismus[5] wird ebensowenig betrachtet wie der „rivalisierende Prozeß des ständigen Vorstoßens, Nachziehens und Überholens“[6] zwischen den Teilnehmern.

Die bisherigen Ausführungen verdeutlichen, daß die dem Modell der vollkommenen Konkurrenz zugrundeliegenden Annahmen in der Realität weder zu erfüllen sind noch angestrebt werden sollten. Abweichungen vom neoklassischen Allokationsoptimum sind nicht nur unvermeidlich, sondern für die dauerhafte Funktions- und Leistungsfähigkeit einer marktwirtschaftlichen Ordnung sogar unbedingt erforderlich. Das Vorliegen eines allokativen Marktversagens stellt letztlich keine tragfähige Entscheidungsgrundlage dar und kann keine Rechtfertigung für wirtschaftspolitische Maßnahmen bieten.

Im Rahmen der vorliegenden Arbeit wird diesem Verständnis daher eine markttheoretische, aufgaben- bzw. funktionsorientierte Definition von Marktversagen gegenübergestellt. Ferner wird zwischen Markt- und Wettbewerbsversagen differenziert, da Markt und Wettbewerb verschiedene Aufgaben erfüllen und dementsprechend unterschiedliche Störungen aufweisen können[7]. Entscheidend sind nun nicht mehr Abweichungen von einem hypothetischen Allokationsoptimum, sondern empirisch beobachtbare Funktionsmängel von Märkten und Wettbewerbsprozessen.

---

1 Bögelein (1990), S. 29.
2 Hayek (1994 - Originalausgabe 1968), S. 249.
3 Hayek (1976 - Originalausgabe 1946), S. 122 f. Hervorhebung im Original.
4 Vgl. Arndt (1994), S. 95 ff. und 308 ff.; ders. (1952), S. 33 ff.
5 Vgl. Downie (1958), S. 60 ff.
6 Kerber (1997), S. 40, der sich unter anderen auf Arbeiten von Clark und Hoppmann bezieht.
7 Vgl. zum hier verwendeten Begriff des Markt- und Wettbewerbsversagens ausführlich Eickhof (1993); ders. (1986); sowie hierauf aufbauend Holzem (1995), S. 42 ff.; Bögelein (1990), S. 108 ff.

Der Markt als „Tauschinstitution“[1] dient der Koordination von Angebot und Nachfrage. In einer Volkswirtschaft gibt es nicht „den“ Markt, sondern eine nahezu unbegrenzte Zahl von Märkten, auf denen die individuellen, dezentral aufgestellten Wirtschaftspläne mit Hilfe des Preismechanismus zusammengeführt werden. Die marktliche Selbststeuerung führt dabei zwar nicht zum Erreichen stabiler Gleichgewichtszustände. In der überwiegenden Mehrzahl der Fälle ist aber eine Tendenz zum Ausgleich von Angebot und Nachfrage festzustellen.

Es gibt jedoch Ausnahmen, in denen der ansonsten unmerklich ablaufende Mechanismus der „unsichtbaren Hand“ Funktionsstörungen aufweist. Von Marktversagen soll im folgenden gesprochen werden, wenn keine Koordination von Angebot und Nachfrage erfolgt und hierdurch kein Marktaustausch mit Gleichgewichtstendenz stattfinden kann. Konkret ist zwischen totalem und partiellem Marktversagen zu unterscheiden. Ersteres liegt vor, wenn eine Koordination von Angebot und Nachfrage vollkommen ausbleibt, d.h. entweder kein Angebot bereitgestellt wird oder aber kein Güteraustausch erfolgt. Als partielles Marktversagen werden dagegen Situationen bezeichnet, in denen Angebot und Nachfrage zwar koordiniert werden, diese Koordination aber keine Gleichgewichtstendenz aufweist.

Erst die Zusammenführung von Angebot und Nachfrage auf Märkten ermöglicht wettbewerbliche Verhaltensweisen von Individuen und Unternehmen. Wettbewerb findet jedoch nicht nur auf bereits existierenden Märkten statt, sondern beinhaltet auch die Konkurrenz von Unternehmen bei der Schaffung und Erschließung neuer Märkte durch innovative Vorstöße[2]. Der Wettbewerb zwischen den Marktteilnehmern soll dabei nicht nur ökonomischen, sondern auch gesellschaftspolitischen Anforderungen gerecht werden[3]. Letztere umfassen einerseits die Begrenzung und Kontrolle von Macht. Auf der anderen Seite sichert die Konkurrenz zwischen unterschiedlichen Anbietern und Nachfragern den Akteuren Wahl- und Handlungsfreiheiten in bezug auf ihre Produktions- und Konsumentscheidungen.

Von größerer Bedeutung sind hier die ökonomischen Wirkungen des Wettbewerbs. In der Literatur werden dabei bis zu fünf Funktionen unterschieden: Sicherung der allokativen und unternehmerischen Effizienz, Steuerung der Angebotsstruktur entsprechend den Bedürfnissen der Nachfrager, Verteilung der Einkommen nach der Marktleistung, Erhaltung der Anpassungsflexibilität der

---

1 Külp/Berthold (1992), S. 13. Vgl. zum folgenden auch Simons (1997), S. 21 f.

2 Vgl. auch Wieandt (1994).

3 Vgl. hierzu und zum folgenden Teichmann (1993), S. 186 f.; Fritsch/Wein/Ewers (1996), S. 7 ff.

Marktteilnehmer sowie Anregung des technischen Fortschritts. Diese können zu zwei zentralen ökonomischen Funktionen zusammengefaßt werden, nach denen der Wettbewerb eine effizienzorientierte Unternehmensselektion gewährleisten und eine Verbesserung der Marktergebnisse im Zeitablauf herbeiführen soll[1].

Wettbewerb wird folglich als ein dynamischer, kontinuierlicher Prozeß der Schaffung neuen Wissens verstanden, der die individuellen, dezentral und parallel entwickelten Vorschläge zur Lösung bestehender Probleme bewertet und selektiert[2]. Die Furcht vor einem Ausscheiden aus dem Markt, aber auch die Aussicht auf mögliche Vorsprungsgewinne stellen dabei aus Sicht der Anbieter die Anreize dar, ihre Leistungen permanent durch Innovationen und Imitationen zu verbessern[3]. Letztlich kommt es hierdurch zu den angesprochenen Selektionsprozessen und zu einer besseren Versorgung der Nachfrager. Erfüllt der Wettbewerb diese Funktionen nicht, so soll im folgenden von Wettbewerbsversagen gesprochen werden.

Ihren verschiedenen Aufgaben entsprechend können Markt und Wettbewerb unterschiedliche Funktionsstörungen aufweisen. Allerdings ist das Vorliegen eines Markt- oder Wettbewerbsversagens wie erwähnt keine hinreichende Begründung für den Einsatz forschungs- und technologiepolitischer Instrumente. Hierfür muß zusätzlich nachgewiesen werden, daß die betreffenden Ziele mit Hilfe staatlicher Unterstützung besser erreichbar sind und somit kein Staatsversagen droht. Diese Prüfung erfolgt unter III.2. Im folgenden werden zunächst die einzelnen, aus Sicht der Forschungs- und Technologiepolitik relevanten Fälle des Marktversagens (vgl. unter 1.2.2.) und des Wettbewerbsversagens (vgl. 1.2.3.) genauer betrachtet.

1.2.2. Fälle von Marktversagen

Untersucht werden im folgenden drei konkrete Fälle des (totalen) Marktversagens, aus denen sich Implikationen für die Forschungs- und Technologiepolitik ableiten lassen: Das Auftreten preisbezogener Koordinationslücken, die insbesondere für kleine und mittlere Unternehmen eine Gefahr darstellen können (vgl. 1.2.2.1.), externe Effekte von Forschung, Entwicklung und Diffusion (vgl. 1.2.2.2.) sowie die Problematik der planmäßigen Bereitstellung öffentlicher Güter (vgl. 1.2.2.3.).

---

1 Vgl. Eickhof (1993), S. 209.
2 Vgl. Kerber (1998a), S. 325.
3 Vgl. Kerber (1997), S. 41.

1.2.2.1. Preisbezogene Koordinationslücken

Eine preisbezogene Koordinationslücke liegt vor, wenn der Höchstpreis, den die Nachfrager zu zahlen bereit sind, geringer ist als der niedrigste Preis, zu dem ein Gut kostendeckend produziert und angeboten werden kann. Graphisch bedeutet dies, daß sich Angebots- und Nachfragefunktion in einem Preis-Mengen-Diagramm nicht schneiden und damit kein Marktaustausch erfolgt (vgl. Abbildung III-1).

Abbildung III-1: Preisbezogene Koordinationslücke

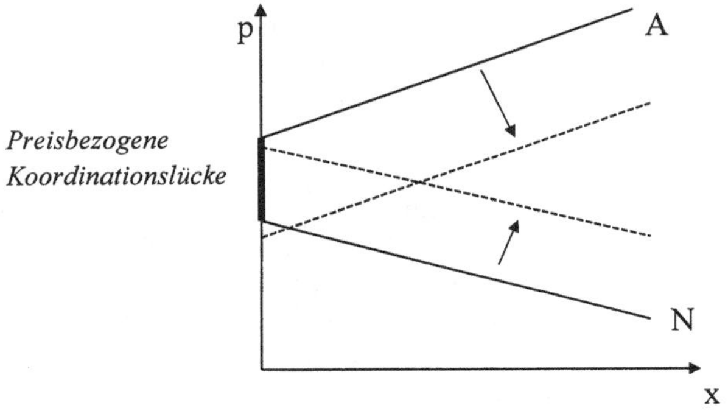

Quelle: In Anlehnung an Eickhof (1993), S. 211.

Ein derartiges Marktversagen tritt in Zusammenhang mit der „Entwicklung neuer, zunächst noch kostspieliger Produkte ... verhältnismäßig häufig“[1] auf. Nur in wenigen Ausnahmefällen ist damit zu rechnen, daß sich eine Innovation unmittelbar durchsetzt und es in der Folgezeit zu einer raschen und umfassenden Ausbreitung kommt. Bereits die Marktphasentheorie geht von einem zunächst langsamen Wachstum des Marktvolumens im Anschluß an die Einführung einer Neuerung - d.h. in der Experimentierungsphase - aus[2], und auch spätere Arbeiten bestätigen diese Überlegungen[3]. Diffusionsprozesse folgen allgemein einem logistischen Kurvenverlauf, wobei die Dauer der einzelnen Phasen und die Ge-

[1] Eickhof (1993), S. 211. Die weiteren dort diskutierten Fälle marktlicher Koordinationshindernisse spielen als Begründungen für die Forschungs- und Technologiepolitik keine Rolle und werden daher vernachlässigt.

[2] Vgl. zur Marktphasentheorie grundlegend Heuss (1965). Als weitere Phasen werden die Expansionsphase, die Ausreifungsphase sowie die Phase des unterproportionalen Wachstums, der Stagnation und der Rückbildung unterschieden.

[3] Vgl. beispielsweise Rogers (1983).

schwindigkeit der Ausbreitung in Abhängigkeit von der konkreten Innovation variieren (vgl. Abbildung III-2).

Abbildung III-2: Schematische Verläufe von Diffusionsprozessen[1]

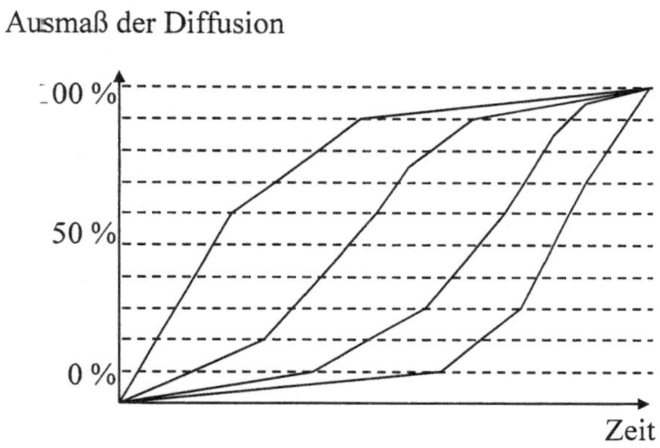

Quelle In Anlehnung an Rogers (1983), S. 11.

Vom Beginn der Forschungs- und Entwicklungstätigkeit über die Markteinführung einer Neuerung bzw. die Anwendbarkeit eines innovativen Verfahrens bis hin zur umfassenden Ausbreitung vergeht somit eine mehr oder weniger lange Zeitspanne. Aus der Perspektive eines einzelnen Unternehmens bedeutet dies, daß den anfallenden Kosten zunächst keine Erlöse gegenüberstehen - vor der Markteinführung können keine Gewinne erzielt werden - und sich Forschungs- und Entwicklungsinvestitionen zumeist erst nach Jahren amortisieren. Welche forschungs- und technologiepolitischen Schlußfolgerungen sind nun aus dem Vorliegen preisbezogener Koordinationslücken und dem beschriebenen zeitlichen Auseinanderfallen von Aufwendungen und Erträgen zu ziehen? Welche Ansatzpunkte zur Überwindung dieser Probleme bieten sich den Unternehmen, und wo verbleibt gegebenenfalls ein konkreter staatlicher Handlungsbedarf?

Zunächst ist festzustellen, daß die Anbieter selbst einerseits durch die Senkung der Produktionskosten über Möglichkeiten zur Beeinflussung der Angebotskurve verfügen. Auf der anderen Seite können sie die Zahlungsbereitschaft der Nachfrager für das betreffende Gut durch gezielte Marketingmaßnahmen erhöhen. Die endogene Beseitigung auftretender Koordinationslücken durch Akti-

[1] Eine Diffusion von 100 % bedeutet nicht, daß eine Innovation von allen Individuen genutzt wird, sondern gibt ihre erst ex post zu ermittelnde maximale Ausbreitung an.

vitäten der Unternehmen kann als Normalfall bezeichnet werden, in dem ein staatliches Eingreifen nicht erforderlich ist (vgl. auch die gestrichelten Linien in Abbildung III-1).

Für einzelne Anbieter können lange Forschungs- und Entwicklungsphasen und temporäre Koordinationslücken jedoch ernstzunehmende Bedrohungen darstellen. Dies ist beispielsweise der Fall, wenn ein Existenzgründer versucht, einen neuen Markt zu erschließen. Aber auch kleine und mittlere Unternehmen sind teilweise nicht in der Lage, einen längeren Zeitraum mit den Erträgen anderer Produkte zu überbrücken. Darüber hinaus wird ein interner Risikoausgleich durch die geringe Zahl der von ihnen angebotenen Erzeugnisse und parallel durchgeführten Forschungsvorhaben erschwert[1].

Schließlich können kleinere Marktteilnehmer aufgrund ihrer mangelhaften Ausstattung mit Eigenkapital und des erschwerten Zugangs zu Fremdkapital sowie durch ihre geringen Produktionskapazitäten oftmals keine ausreichenden Maßnahmen zur Senkung der Stückkosten ergreifen. So reduzieren kleine Produktionsvolumina die Möglichkeiten zur Ausnutzung von Größenvorteilen, Finanzierungsengpässe verkürzen zudem die Zeit zur Erzielung von Lernkurveneffekten. Andererseits sind auch das Ergreifen von Werbemaßnahmen zur Anregung der Nachfrage sowie der Aufbau eines Vetriebsnetzes und einer guten Reputation mit zusätzlichen Kosten verbunden. Dies gilt insbesondere für innovative, kleine und junge Unternehmen, die noch nicht über einen festen Kundenstamm und bekannte Absatzwege für ihre Produkte verfügen.

Bestimmte Anbieter(gruppen) können auftretende Koordinationslücken möglicherweise nicht aus eigener Kraft schließen. Zunächst bietet hier jedoch die Gestaltung der Rahmenbedingungen vielfältige Ansatzpunkte. So sollten im Hinblick auf denkbare Finanzierungsengpässe die Möglichkeiten zur Bildung von Eigenkapital durch eine allgemeine Verringerung der Steuer- und Abgabenbelastung sowie die Zugangschancen von kleinen Unternehmen und Existenzgründern zu den Kapitalmärkten verbessert werden. Darüber hinaus ist eine Beschleunigung und Verbilligung von Genehmigungsverfahren anzustreben. Schließlich erscheint es wünschenswert, kleinen und mittleren Unternehmen Kooperationen bei Forschung und Entwicklung zu ermöglichen.

Aus Sicht der Forschungs- und Technologiepolitik i.e.S. kann die zuletzt angesprochene kartellrechtliche Freistellung gegebenenfalls durch eine staatliche Informationsbereitstellung unterstützt werden. Hierbei handelt es sich um eine allgemeine Infrastrukturmaßnahme, die die Anbahnungskosten einer Zusam-

---

[1] Vgl. Vogt (1997), S. 69.

menarbeit aus Sicht der Marktteilnehmer erheblich senkt. Darüber hinaus legen die beschriebenen Probleme gegebenenfalls weitere Hilfen nahe, wobei konkret eine Subventionierung von Forschung und Entwicklung in kleinen und mittleren Unternehmen sowie eine allgemeine Existenzgründungsförderung in Erwägung gezogen werden können.

1.2.2.2. Externe Effekte

1.2.2.2.1. Externe Effekte von Forschung und Entwicklung

(Technologische) externe Effekte sind Kosten oder Erträge, die durch die Produktion oder den Konsum von Gütern bei Dritten entstehen und für die am Markt keine monetäre Gegenleistung im Sinne einer Entschädigung vom Verursacher bzw. eines Entgelts vom Empfänger erzielbar ist[1]. Ferner sind im Forschungsbereich aber auch psychologische Externalitäten zu berücksichtigen. Diese liegen vor, wenn durch das Neuerungsverhalten einzelner Marktteilnehmer oder ganzer Branchen eine höhere Akzeptanz für Innovationen in der Gesellschaft und ein allgemein innovationsfreundliches Klima geschaffen werden[2].

Im Rahmen der (kommerziellen) Forschungs- und Entwicklungstätigkeit von Unternehmen treten positive externe Effekte als unbeabsichtigte Neben- oder Kuppelprodukte auf, die nach ihrer Bereitstellung als öffentliche Güter allen potentiellen Nutzern kostenlos zur Verfügung stehen[3]. Abgesehen von der marktlichen Verwertung der Forschungsergebnisse wird ihre Verbreitung insbesondere durch Konferenzen und Veröffentlichungen in Fachzeitschriften begünstigt[4]. Ist das neue Wissen branchenübergreifend nutzbar, so liegt ein interindustrieller externer Effekt vor. Kann es dagegen nur von Unternehmen derselben Branche angewendet werden, so handelt es sich um einen intraindustriellen externen Effekt[5].

---

1 Vgl. Eickhof (1995), S. 19; Teichmann (1993), S. 333; Streit (1991), S. 96.

2 Aufgrund der Entwertung „veralteter" Güter durch Innovationen kommt es ferner zu pekuniären Externalitäten und dabei insbesondere zu negativen Auswirkungen auf die Absatzchancen einzelner Unternehmen. Dieser Prozeß wird von Schumpeter (1993 - Originalausgabe 1942), S. 134 ff., als „schöpferische Zerstörung" beschrieben, vgl. auch Witt (1996a). Pekuniäre Externalitäten sind jedoch im Rahmen marktlicher Beziehungen normal und erwünscht, da die Veränderung der relativen Preise auf den Güter- und Faktormärkten eine wichtige Signal- und Anreizfunktion erfüllt. Ein Marktversagen liegt somit nicht vor. Vgl. auch Fritsch/Wein/Ewers (1996), S. 75.

3 Vgl. hierzu Eickhof (1995), S. 20.

4 Vgl. Wiekert (1996), S. 235.

5 Beiden Arten von externen Effekten kommt den empirischen Untersuchungen von Griliches (1992) zufolge eine große quantitative Bedeutung zu, wobei in Abhängigkeit von der

Positive externe Effekte führen allgemein dazu, daß der soziale den privaten Nutzen einer Tätigkeit übersteigt. Teile der Ergebnisse von Forschung und Entwicklung können von Dritten genutzt werden, ohne daß sich diese an den Kosten ihrer Bereitstellung beteiligen müssen. Aus allokationstheoretischer Sicht führt diese Abweichung zu suboptimalen Neuerungsaktivitäten der privaten Entscheidungsträger und damit zu einem Marktversagen. Allerdings ist hierbei zu berücksichtigen, daß praktisch jede wirtschaftliche Tätigkeit mit externen Effekten verbunden ist und dieser angebliche Fall des Marktversagens als ubiquitär angesehen werden muß[1]. Mit dem Auftreten von Externalitäten könnten permanente staatliche Eingriffe gerechtfertigt werden - eine Schlußfolgerung, die angesichts der beschriebenen Defizite des Ansatzes als verfehlt bezeichnet werden muß[2].

Neuere Untersuchungen lassen darüber hinaus grundsätzlich bezweifeln, ob es überhaupt zu der behaupteten suboptimalen Ressourcenallokation kommt, da die Unternehmen zur Sicherung ihrer langfristigen Wettbewerbsfähigkeit unabhängig vom Auftreten externer Effekte auf eigene Forschungs- und Entwicklungsaktivitäten angewiesen sind[3]. Schließlich ist zu berücksichtigen, daß externe Effekte nicht nur zu einer Verringerung von Anreizen führen, sondern im Gegenteil auch stimulierende Wirkungen aufweisen. Eine grundsätzlich unteroptimale Allokation kann offensichtlich nicht überzeugend begründet werden.

Allerdings liegt nun auch ein Fall des markttheoretischen, funktionsorientierten Marktversagens vor, da ein Markt für externe Effekte nicht existiert oder entsteht. Das betrachtete Gut Wissen ist aufgrund der unvollständig definierten Eigentumsrechte und der Schwierigkeit ihrer Durchsetzung nicht oder nur mit gravierenden Einschränkungen handelbar, so daß die Koordinationsleistung des Marktes ausbleibt. Dies gilt auch, wenn die Wirkungen deutlich oberhalb der „Spürbarkeitsschwelle“[4] liegen und damit durchaus relevant sind. Ein „Aus-

---

betrachteten Branche starke Unterschiede festzustellen sind. Eine umfassende Übersicht über empirische Studien zu inter- und intraindustriellen sowie zu internationalen Spillovers findet sich in Mohnen (1996), S. 43 ff.

1 Oberender/Rüter (1987), S. 149 sehen in positiven externen Effekten, die von einem Unternehmen ausgehen, eine normale Erscheinung in wettbewerblichen Marktprozessen, die keine besondere staatliche Förderung rechtfertigt. Ansatzpunkt ist hierbei zwar die regionale Bedeutung eines Unternehmens, dieser Spezialfall erscheint jedoch übertragbar auf die allgemeinen Marktbeziehungen zwischen Unternehmen.

2 Vgl. die Ausführungen unter III.1.2.1. Offensichtlich sind lediglich gravierende externe Effekte geeignet, einen staatlichen Handlungsbedarf zu begründen, vgl. Eickhof (1995), S. 20 f.

3 Vgl. hierzu und zum folgenden ausführlich III.1.6.2.2.

4 Bögelein (1990), S. 133.

tausch" erfolgt lediglich in Form eines zwar ungerichteten, in jedem Fall aber einseitigen Transfers, dem keine unmittelbare Gegenleistung entspricht.

In einer marktwirtschaftlichen Ordnung ist in einem ersten Schritt wiederum zu prüfen, ob und inwiefern die einzelnen Teilnehmer am Wirtschaftsprozeß selbst über Möglichkeiten verfügen, die Probleme - in diesem Fall das der Internalisierung der von ihnen verursachten positiven externen Effekte - zu lösen. Aus der Perspektive der Unternehmen steht das Bestreben im Vordergrund, sich die Erträge ihrer Forschungs- und Entwicklungstätigkeit anzueignen und andere von deren kostenloser Nutzung auszuschließen[1]. Hierzu stehen ihnen drei Handlungsalternativen zur Verfügung[2]: Zunächst können sie versuchen, das neue Wissen vor anderen Marktteilnehmern geheimzuhalten. Die Möglichkeiten dieser Strategie sind jedoch begrenzt, da insbesondere im Bereich der Produktinnovationen die Veräußerung das eigentliche Ziel darstellt und durch sie automatisch zusätzliches Wissen vermittelt wird[3]. Als relativ problemlos ist dagegen die Geheimhaltung von Verfahrensinnovationen anzusehen, wobei jedoch eine Informationsweitergabe im Zuge von Personalwanderungen droht[4].

Ferner ist durch Forschungs- und Entwicklungskooperationen zwischen einzelnen Unternehmen zumindest eine Reduzierung der externen Effekte möglich. Intraindustrielle externe Effekte sind zudem internalisierbar, indem Vorhaben von branchenweitem Interesse als gemeinsame Forschungsprojekte bzw. in gemeinsam finanzierten Forschungseinrichtungen durchgeführt werden. Hierdurch kommt es zu einer Verringerung der externen Effekte bei den verbleibenden Projekten der einzelnen Unternehmen. Das Auftreten positiver Externalitäten legt somit Maßnahmen im Bereich der Rahmenbedingungen nahe, konkret: eine kartellrechtliche Freistellung von Forschungs- und Entwicklungskooperationen[5].

---

1 Vgl. Kerber (1991), S. 31.

2 Vgl. zum folgenden Kern (1991), S. 24 ff.; Maas (1986b), S. 16 ff.

3 Nelson (1990), S. 19 f., stellt fest, daß Unternehmen lediglich vor einer Innovation bzw. ihrer Patentierung nach einer Geheimhaltung streben, die Forscher und Entwickler danach aber eher an einem aktiven Informationsaustausch mit anderen Firmen und den Anwendern interessiert sind.

4 Dieses Risiko besteht auch im Hinblick auf Produktinnovationen, wobei bereits das Wissen um die Existenz oder die Grundrichtung eines Forschungsvorhabens für die Konkurrenten eine wesentliche Information darstellen kann. Daher ist Paulenz (1978), S. 79, nicht zuzustimmen, der diesbezügliche Gefahren für vernachlässigbar gering hält, da einzelne Individuen jeweils nur mit Detailfragen und Teilaspekten eines Projekts befaßt seien.

5 Vgl. zu einer umfassenderen volkswirtschaftlichen Würdigung erneut Abschnitt III.2.2.4.

Eine dritte Aneignungsstrategie steht den Unternehmen schließlich mit der Inanspruchnahme des Patentschutzes zur Verfügung, dessen Anwendbarkeit weitgehend auf die anwendungs- bzw. marktnahen Phasen des Innovationsprozesses beschränkt ist. Obwohl auf diese der überwiegende Teil der unternehmerischen Forschungsaktivitäten entfällt, erscheint eine Internalisierung der Erträge mit Hilfe des Patentschutzes bislang nur in begrenztem Umfang durchsetzbar[1]. So reduziert die lange Dauer der Prüf- und Patenterteilungsverfahren seine Wirksamkeit in jungen, dynamischen Branchen mit kurzen Produktlebenszyklen[2]. Für kleine und mittlere Unternehmen ergeben sich zusätzliche Probleme durch die hohen Kosten der Erteilung und der Aufrechterhaltung der Schutzrechte. Sie müssen daher oftmals höhere positive externe Effekte zulassen als Großunternehmen[3].

Auch in diesem Fall wird somit ein staatlicher Handlungsbedarf in bezug auf die Gestaltung der Rahmenbedingungen begründet. Die Funktionsfähigkeit des Patentschutzes in bezug auf die Ergebnisse der angewandten Forschung und Entwicklung sollte primär durch eine Beschleunigung und Verbilligung der Verfahren verbessert werden. Eine Beseitigung aller bestehenden Funktionsmängel ist jedoch weder zu erwarten noch möglich. Insbesondere für die Resultate der Grundlagenforschung - in der die Unternehmen allerdings nur eine untergeordnete Rolle spielen - sind der Einführung und Durchsetzung von Eigentumsrechten enge Grenzen gesetzt[4].

Angesichts der gewünschten Produktion positiver Externalitäten wird über die bislang dargestellten Implikationen hinaus vielfach auch eine staatliche Subventionierung der Forschungs- und Entwicklungstätigkeit gefordert. Eine derartige Unterstützung kann einerseits allgemein erfolgen, beispielsweise durch Steuervergünstigungen in Form von Sonderabschreibungen oder durch eine unspezifische Forschungsförderung. Darüber hinaus werden Forschungs- und Entwicklungskooperationen einzelner Unternehmen und den Einrichtungen der industriellen Gemeinschaftsforschung allgemeine Zuschüsse gewährt. Andererseits ist auch eine selektive Subventionierung begründbar, wenn nachgewiesen werden kann, daß einzelne Vorhaben, Branchen oder Technologien höhere externe Effekte verursachen als andere. Diese Maßnahmen können sich ebenfalls

---

1 Vgl. ähnlich Meyer (1995), S. 45.

2 Dies kann dazu führen, daß ein Patent bei seiner Erteilung aufgrund technischer Weiterentwicklungen bereits obsolet ist, vgl. Maas (1986b), S. 25. Den nach wie vor bestehenden Handlungsbedarf verdeutlicht das Positionspapier des Bundesverbandes der Deutschen Industrie BDI (1996).

3 Vgl. Behrendt (1996), S. 23. Auch Eekhoff/Enste/Wehmeier (1997), S. 336 f., bemängeln den „hohen bürokratischen Aufwand für eine Patentierung".

4 Vgl. hierzu ausführlich unter III.1.2.2.3.

sowohl an Einzelunternehmen als auch an Kooperationen und Gemeinschaftseinrichtungen wenden.

Während der Staat durch eine kartellrechtliche Freistellung von Forschungs- und Entwicklungskooperationen und mit Hilfe des Patentschutzes lediglich den ordnungspolitischen Rahmen für die Unternehmen beeinflußt, ist die Gewährung von Subventionen der Forschungs- und Technologiepolitik im engeren Sinn zuzuordnen. Externe Effekte können somit auch zur Rechtfertigung diesbezüglicher Maßnahmen herangezogen werden. Die Vergünstigungen sollen dabei insbesondere die Anreize für Forschung und Entwicklung verstärken und die gewünschte Bereitstellung von neuem Wissen fördern. Darüber hinaus können sie aber auch als „zweitbeste" Lösung dem Ziel dienen, relative Benachteiligungen inventiver und innovativer Tätigkeiten im Steuersystem auszugleichen[1].

Schließlich soll, wie bereits angedeutet, nicht nur die Produktion und Bereitstellung externer Effekte angeregt, sondern auch deren Aufnahme und Nutzung erleichtert werden. Für die Erreichung dieses Ziels ist die Infrastruktur, insbesondere die Kommunikationsinfrastruktur, von zentraler Bedeutung. Sie begünstigt den Austausch neuerungsrelevanter Informationen zwischen den Unternehmen, aber auch deren Zusammenarbeit mit den öffentlichen Forschungseinrichtungen. Allgemeine staatliche Vorleistungen in diesem Bereich sind jedoch eher der Forschungs- und Technologiepolitik i.w.S. zuzuordnen.

Andererseits stehen der Wirtschaftspolitik wiederum Maßnahmen zur Verfügung, die unmittelbar auf ein rasches Aufgreifen externer Effekte und ihre Verwertung zielen. Zu nennen ist hier insbesondere die Einrichtung und (vorübergehende) Förderung von Technologieparks und Wissenschaftszentren[2], in denen junge, technologieorientierte Unternehmen und Existenzgründer unterschiedlicher Spezialisierung voneinander profitieren sollen. Verbleibende, nicht-internalisierbare Externalitäten können so als Synergieeffekte produktiv genutzt werden[3].

---

1 So wird beispielsweise der Wohnungsbau massiv durch Sonderabschreibungen begünstigt, weshalb eine Fehllenkung des vorhandenen (Risiko-)Kapitals zu befürchten ist. Vgl. hierzu bereits Streit (1984), S. 46.

2 Vgl. Eickhof (1998c), S. 476.

3 Die Vorteile einer räumlichen Konzentration von Forschungseinrichtungen und technologieorientierten Unternehmen werden auch von der neueren Innovationstheorie betont, vgl. unter III.1.6.2.3. Sternberg (1995) vergleicht die Entwicklung unterschiedlicher High-tech-Regionen.

1.2.2.2.2. Externe Effekte bei der Diffusion

Die bislang betrachteten Fälle der Entstehung externer Effekte beschäftigen sich ausschließlich mit der Produktion von neuem Wissen im Rahmen der Forschungs- und Entwicklungstätigkeit. (Positive) Externalitäten können aber auch bei der Diffusion bzw. ganz allgemein beim Gebrauch von Innovationen entstehen. Derartige Netzwerkexternalitäten[1] liegen vor, wenn der Nutzen eines Gutes für jeden einzelnen Anwender mit der Zahl der Teilnehmer ansteigt, zwischen diesen also Interdependenz im Konsum besteht[2].

Die „Veränderungen des Nutzens, die ein Nachfrager durch seinen Kauf bei anderen Nutzern desselben Produkts auslöst“[3], werden nicht über den Marktpreis abgegolten, so daß der soziale Nutzen der Anwendung größer ist als der jeweilige individuelle Nutzen. In der Expansionsphase einer neuen Technologie ist ferner von einem mit zunehmender Anwenderzahl steigenden Grenznutzen auszugehen[4]. Aus gesamtwirtschaftlicher Sicht wird aufgrund der (positiven) Netzwerkexternalitäten eine zu geringe - oder zumindest zu langsame - Ausbreitung der betreffenden Technologien befürchtet. Im Extremfall können sie sich überhaupt nicht durchsetzen.

Netzwerkexternalitäten treten einerseits im Zusammenhang mit physischen Netzwerken auf: Der Nutzen eines Kommunikationsnetzes steigt mit der Zahl der angeschlossenen Teilnehmer allein durch die Zunahme der möglichen Verbindungen[5]. Festzustellen ist andererseits aber auch, daß physische Netzwerke zwar eine hinreichende, nicht jedoch eine notwendige Voraussetzung für die Entstehung derartiger externer Effekte sind, denn „letztlich kann der gesamte Bereich technischer Normen und Standards ... als Netzwerkbereich aufgefaßt werden“[6].

---

1 Auch im Rahmen von Forschung und Entwicklung können positive Netzwerkexternalitäten in Form der angesprochenen Synergieeffekte entstehen, so daß sie zwar vorrangig, nicht jedoch ausschließlich bei der Nutzung auftreten. Vgl. hierzu Witt (1997), S. 753, sowie erneut unter III.1.6.2.3.

2 Vgl. Fritsch/Wein/Ewers (1996), S. 187; Thum (1995), S. 1. Die Anzahl der in einem Netz zusammengeschlossenen Anwender („Objekte“) beeinflußt somit dessen Gesamtnutzen, vgl. Steyer (1997), S. 206.

3 Röver (1997), S. 5, der mit dieser Definition auch negative Netzwerkexternalitäten - wie beispielsweise Staukosten im Straßenverkehr - erfaßt. Im folgenden sollen jedoch ausschließlich positive Wirkungen betrachtet werden.

4 Vgl. Welfens/Graack (1996), S. 51.

5 Thum (1995), S. 5 ff., spricht hier von direkten Netzwerkexternalitäten.

6 Klodt (1995), S. 11.

Steigt nun die Nachfrage nach einem bestimmten System, so können dessen Anbieter zunächst Größenvorteile realisieren. Im Zeitablauf profitieren sie darüber hinaus von dynamischen Lernkurveneffekten. Hierdurch sinkt aus der Sicht zukünftiger Nutzer nicht nur der Preis für das Produkt selbst, sondern auch für komplementäre Erzeugnisse[1]. Ferner ist mit einer steigenden Zahl von Anwendern eine Verbesserung von Serviceangebot und -leistung zu erwarten. Schließlich sinkt mit zunehmender Verbreitung auch die Unsicherheit bezüglich der langfristigen Herstellung des betreffenden Gutes und der erforderlichen Ersatzteile[2].

Sowohl für die Nachfrager als auch aus der Perspektive der Anbieter ist somit eine rasche und umfassende Ausbreitung der betreffenden netzwerkabhängigen Güter wünschenswert. Diese wird jedoch durch den Umstand erschwert, daß jeder zusätzliche Nutzer für die anderen Marktteilnehmer mit der positiven Netzwerkexternalität ein öffentliches Gut produziert, für das er keine entsprechende Gegenleistung erhält. Dennoch ist festzustellen, daß die Unternehmen selbst über Möglichkeiten verfügen, die Ausbreitung zu unterstützen. So kann die Diffusion einer Technologie durch eine Begünstigung der frühen Adopter im Rahmen einer zeitlichen Preisdifferenzierung beschleunigt werden. Dies gilt insbesondere für etwaige Anschlußgebühren an physische Netzwerke. Darüber hinaus können die Unternehmen durch selbstgeschaffene Normen und Standards auf eine Stabilisierung der langfristigen Konsumentenerwartungen hinwirken und damit die Investitions- und Kaufentscheidungen positiv beeinflussen. Staatliche Eingriffe sind hier nicht erforderlich.

Gelingt es den einzelnen Anbietern jedoch nicht, die Kompatibilität ihrer Produkte sicherzustellen, so kann in Einzelfällen eine Restregulierung in Form einer sogenannten „offenen Regulierung"[3] erforderlich sein. Diese geht von einer Aufspaltung der Netze in Basisfunktionen und anwendernahe Subsysteme aus. Mit Hilfe einer disaggregierten Betrachtung ist es nun möglich, die staatlichen Maßnahmen auf den erstgenannten, grundlegenden Bereich zu beschränken und bei den Anwendungsfunktionen Wettbewerb zuzulassen. Hierdurch wird zumindest dort die Nutzung von Innovationspotentialen gewährleistet und damit letztlich die dynamische Weiterentwicklung der betreffenden Technologie gesichert.

---

1 Beispiele hierfür sind die stark gesunkenen Preise für Videocassetten, nachdem sich ein einheitliches System durchgesetzt hatte, aber auch die Entwicklung von Computersoftware.

2 Die letztgenannten Effekte werden von Thum (1995), S. 8 ff., als indirekte Netzwerkexternalitäten bezeichnet. Vgl. zu den unterschiedlichen Arten von Netzwerkexternalitäten auch Freytag (1995), S. 35 ff.; Graumann (1993), S. 1334 f.

3 Vgl. zur Vorgehensweise bei der „offenen Regulierung" ausführlich Blankart/Knieps (1992); ferner Steyer (1997), S. 209 f.

Zur Beschleunigung der Diffusion sind über die genannten ordnungspolitischen Maßnahmen hinaus auch Subventionen zugunsten der Anbieter im Rahmen der Forschungs- und Technologiepolitik i.e.S. denkbar, die die neue Technologie verbilligen und damit ihre Attraktivität für potentielle Anwender erhöhen. Alternativ kann eine finanzielle Unterstützung auch in Form einer unmittelbaren Diffusionsförderung erfolgen, die den Anwendern zugute kommt[1].

Gleichwohl ist die behauptete zu geringe Investitionsbereitschaft - wie schon bei den „klassischen" externen Effekten - keineswegs unumstritten. Insbesondere die Einbeziehung langfristiger Überlegungen in die Entscheidungen der Nachfrager über den Einsatz einer bestimmten Technologie führt zu einer Angleichung von privatem und sozialem Nutzen. Eine Verzögerung der Ausbreitung ist nun nicht mehr zu erwarten[2]: Erweist sich eine Neuerung als einzelwirtschaftlich vorteilhaft oder ist ihre Anwendung zur langfristigen Sicherung der Wettbewerbsfähigkeit eines Unternehmens unbedingt erforderlich, so wird die Investition nicht aufgrund des Vorliegens positiver Netzwerkexternalitäten unterbleiben.

Voraussetzungen hierfür sind jedoch unter anderem vollkommene Informationen der Wirtschaftssubjekte und vollständige Markttransparenz. Diese liegen in der Realität nicht vor, so daß es zu verzögerten Diffusionsprozessen kommen kann. Derartige Friktionen sind vor allem in den Fällen zu erwarten, in denen unterschiedliche, inkompatible Güter auf einem Markt vertreten sind, Informationsdefizite bestehen und die Anwendung der betreffenden Technologien mit sehr hohen Investitionskosten verbunden ist. Aus diesen Gründen ist im weiteren Verlauf zu prüfen, wie die Erfolgschancen einer zwangsläufig selektiven staatlichen Diffusionsförderung zu beurteilen sind.

1.2.2.3. Öffentliche Güter

Öffentliche Güter weisen zwei zentrale Eigenschaften auf: Zunächst können sie ohne Rivalität konsumiert werden, d.h. ihre Inanspruchnahme durch ein Individuum schränkt die Nutzungsmöglichkeiten anderer Individuen nicht ein. Entscheidendes Kriterium für das Vorliegen eines Marktversagens ist jedoch, daß nach erfolgter Bereitstellung eines öffentlichen Gutes niemand mehr an dessen Inanspruchnahme gehindert werden kann und daher ein Ausschluß nicht mög-

---

1 Die beschriebenen Subventionen können auch als Instrumente zur Überwindung preisbezogener Koordinationslücken interpretiert werden, vgl. hierzu ausführlich unter III.1.2.2.1.

2 Vgl. zu dieser wohlfahrtsökonomischen Argumentation Klodt (1995), S. 13.

lich ist[1]. Im Unterschied zu den zuvor betrachteten externen Effekten liegt die Nicht-Ausschließbarkeit nun nicht mehr nur für ein unbeabsichtigtes Neben- oder Kuppelprodukt, sondern für das Hauptprodukt selbst vor[2].

Kann niemand von der Nutzung eines Gutes ausgeschlossen werden, so fehlen aus Sicht privater, erwerbswirtschaftlicher Unternehmen die erforderlichen Anreize zu dessen planmäßiger Produktion. Eine marktliche Verwertung ist nicht möglich, so daß keine Gewinne erzielbar sind. Die Nachfrager sind dagegen zwar grundsätzlich an einer Bereitstellung interessiert. Allerdings wird jedes Individuum bestrebt sein, als Trittbrettfahrer kostenlos in den Genuß des öffentlichen Gutes zu kommen[3]. Unterbleibt durch dieses Verhalten eine Produktion, so liegt ein eindeutiger Fall des (totalen) Marktversagens vor, eine Koordination von Angebot und Nachfrage kommt nicht zustande[4].

Im Forschungsbereich sind insbesondere die Ergebnisse der Grundlagenforschung als öffentliche Güter anzusehen, da hier ein Ausschluß technisch unmöglich, ökonomisch unzweckmäßig und politisch unerwünscht ist[5]. Gleiches gilt zum Teil auch für die Ergebnisse anwendungsorientierter Forschungsvorhaben, die beispielsweise in den Instituten der Fraunhofer-Gesellschaft erarbeitet werden[6]. Technisch quasi unmöglich ist ein Ausschluß zunächst aufgrund der Schwierigkeiten bei der Definition und Durchsetzung von Eigentums-, Handlungs- und Verfügungsrechten an Grundlagenwissen. Dessen Eigenschaften - vor allem die fehlenden Anwendungsperspektiven - verhindern eine sprachliche Konkretisierung der Ergebnisse im Rahmen eines Patenterteilungsverfahrens, die Feststellung von Eigentumsrechtsverletzungen im Fall späterer Anwendungen sowie mögliche Verhandlungen über Nutzungsentgelte[7].

---

1 Nicht-Rivalität im Konsum allein begründet noch kein Marktversagen, da hier das Ausschlußprinzip oftmals noch anwendbar ist und daher eine private Bereitstellung erfolgen kann. Vgl. Eickhof (1993), S. 210, sowie die dort angegebene Literatur.

2 Da nun auch für das Hauptprodukt kein Ausschluß mehr möglich ist, könnten öffentliche Güter als Extremfall externer Effekte angesehen werden. Die externen Effekte selbst stellen zwar öffentliche Güter dar. Der entscheidende Unterschied liegt jedoch in der Unplanmäßigkeit ihrer Bereitstellung. Vgl. etwa Donges (1988), S. 146, der positive externe Effekte als Unterfall öffentlicher Güter bezeichnet.

3 Vgl. zu diesem Freifahrerverhalten bei der Bereitstellung öffentlicher Güter beispielsweise Petersen (1993), S. 136 ff.; Peters (1992), S. 217 ff.

4 Auch im Rahmen wohlfahrtsökonomischer Überlegungen stellen öffentliche Güter einen Fall des Marktversagens dar. Hierauf soll jedoch nicht weiter eingegangen werden.

5 Vgl. Eickhof (1993), S. 210.

6 Dies verdeutlicht erneut die unter II.1.2.2. angesprochenen Abgrenzungsprobleme zwischen den einzelnen Phasen des Innovationsprozesses.

7 Vgl. zu den genannten Problemen und zum folgenden insbesondere Tanghe (1987), S. 167 ff. Vgl. ferner Streit (1991), S. 108. Eine gewisse Aneignung der Erträge ihrer Tätigkeit ist

Andererseits ist ein Ausschluß zusätzlicher Nutzer aus zwei Gründen ökonomisch unzweckmäßig: Einerseits verursacht die Implementierung und Durchsetzung von Eigentumsrechten an Grundlagenwissen aufgrund der erwähnten Konkretisierungs- und Nachweisprobleme zumindest extrem hohe Transaktionskosten, sofern ein solches Vorgehen überhaupt möglich ist. Andererseits ist aus gesamtwirtschaftlicher Sicht eine möglichst zügige Weiterentwicklung und umfassende Anwendung des neuen Wissens vorteilhaft, zumal zusätzliche Nutzer keine weiteren Kosten verursachen. Aufgrund der unbestrittenen Bedeutung der vorhandenen Wissensbasis für die Innovationstätigkeit und die wirtschaftliche Entwicklung ist ein Ausschluß letztlich auch politisch nicht erwünscht.

Angesichts der Unwirksamkeit des Patentschutzes und der nicht vorhandenen Möglichkeiten zu einer Aneignung der Gewinne bestehen für private Unternehmen normalerweise keine Anreize, in die Grundlagenforschung zu investieren[1]. Wird aus politischen und wirtschaftlichen Gründen die planmäßige Bereitstellung von Grundlagenwissen gewünscht, sind staatliche Eingriffe unabdingbar.

Diese Feststellung beinhaltet zunächst keine Aussage darüber, wer die Bereitstellung des öffentlichen Gutes Grundlagenwissen übernimmt, wie hoch das optimale Angebot ist[2] und auf welche Art die Förderung erfolgen soll. Der Staat wird in der Regel das Wissen nicht selbst produzieren, sondern diese Aufgabe an Universitäten, Forschungsorganisationen und -einrichtungen sowie in geringerem Umfang auch an private Unternehmen übertragen. Die Subventionierung der erstgenannten Institutionen kann allgemein, d.h. indirekt über Trägerorganisationen, oder aber direkt durch die Gründung spezieller Forschungsinstitute erfolgen. Selektive Maßnahmen sind dabei von besonderer Bedeutung, wenn der Staat die Erarbeitung von Grundlagenwissen in bestimmten Forschungsfeldern und über bestimmte Technologien fördern will oder selbst als Nachfrager Informationen aus den betreffenden Bereichen benötigt[3].

---

aus Sicht der (Grundlagen-)Forscher durch den Aufbau einer guten Reputation, wissenschaftliche Veröffentlichungen und Vortragsveranstaltungen möglich, vgl. Kerber (1998a), S. 333 f.

1 Unter III.1.6.2.2. wird gezeigt, daß eine eigene Grundlagenforschung auch für private Unternehmen vorteilhaft sein kann, wenn hierdurch langfristige Wissens- und Erfahrungsvorsprünge erzielt oder gesichert werden können. Hierbei handelt es sich dann aber wiederum um eine unplanmäßige Produktion positiver externer Effekte, nicht um die planmäßige Bereitstellung öffentlicher Güter.

2 Auf dieses Problem weisen beispielsweise Berg/Schmidt (1994), S. 11, hin. Eine Darstellung unterschiedlicher Verfahren zur Ermittlung der optimalen Angebotsmenge öffentlicher Güter findet sich in Frey/Kirchgässner (1994), S. 381 ff.

3 Dies ist in Deutschland beispielsweise bei der sogenannten Ressortforschung der Fall. Vgl. hierzu ausführlich unter III.2.2.1.

Darüber hinaus ist es denkbar, daß der Staat von nicht-erwerbswirtschaftlichen oder gemeinnützigen Organisationen unterstützt wird[1], die aufgrund eigener Zielsetzungen bestimmte Forschungsvorhaben durchführen und deren Ergebnisse als öffentliche Güter kostenlos zur Verfügung stellen. Im Forschungsbereich ist hier beispielsweise an Umweltschutzorganisationen zu denken, die bei auftretenden Schädigungen eigene Ursachenforschung betreiben und so grundlegende Erkenntnisse bereitstellen[2]. Von großer Bedeutung sind auch die Forschungseinrichtungen einzelner Industriezweige, die jeweils für eine gesamte Branche relevante Vorhaben durchführen und hierdurch ebenfalls gezielt zu einer Erhöhung der allgemeinen Wissensbasis beitragen.

Die planmäßige Versorgung mit öffentlichen Gütern ist eine Aufgabe, deren Erfüllung der neueren Theorie des Markt- und Wettbewerbsversagens zufolge unstrittig eine staatliche Finanzierung erfordert. Dies gilt im speziellen Fall der Bereitstellung neuen Wissens um so mehr, als dieses von entscheidender Bedeutung für die wirtschaftliche Entwicklung ist. Eine Schaffung ausreichender Anreize für private Unternehmen, sich das zukünftig benötigte Grundlagenwissen selbst zu erarbeiten, erscheint mit Hilfe des Patentschutzes zumindest aus heutiger Sicht nicht möglich.

1.2.2.4. Fazit

Die Auswirkungen der betrachteten Fälle des (totalen) Marktversagens sind höchst unterschiedlich. So handelt es sich beim Auftreten von preisbezogenen Koordinationslücken zunächst um völlig normale, zumeist temporäre Erscheinungen, die vorrangig ordnungspolitische Maßnahmen nahelegen. Lediglich für kleine Unternehmen und Existenzgründer können sich hieraus ernsthafte Bedrohungen ergeben, so daß im folgenden die Zweckmäßigkeit und die Erfolgschancen diesbezüglicher staatlicher Hilfen zu prüfen sind.

Ähnliche Schlußfolgerungen ergeben sich für die unplanmäßige Produktion positiver externer Effekte im Rahmen der kommerziellen, unternehmerischen Forschungs- und Entwicklungstätigkeit. Die Ubiquität dieses Marktversagens legt wiederum insbesondere Verbesserungen der Rahmenbedingungen nahe, die den Unternehmen selbst eine möglichst weitgehende Internalisierung ermöglichen. Darüber hinausgehende Subventionen sind jedoch angesichts der positiven

---

1 Vgl. Eickhof (1998c), S. 477; Bögelein (1990), S. 231 f.; auch Weimann (1996), S. 89.

2 Die Ergebnisse dieser Forschung werden größtenteils sogar gezielt der Politik und der Wirtschaft zur Verfügung gestellt, um von den Organisationen angestrebte Ziele zu erreichen und bestimmte Entwicklungen zu fördern.

Wirkungen externer Effekte auf die Innovationsaktivitäten anderer Marktteilnehmer ebenfalls denkbar.

Unverzichtbar sind Finanzhilfen des Staates schließlich zur Aufrechterhaltung der planmäßigen Bereitstellung öffentlicher Güter im Rahmen der Grundlagenforschung, weil die für eine ausreichende private Produktion erforderlichen Anreize auch durch eine umfassende Weiterentwicklung des Patentschutzes nicht geschaffen werden können. Hier ist unter III.2. vor allem die Frage nach dem angemessenen Ausmaß der Einflußnahme staatlicher Stellen auf die Richtung der Forschungsaktivitäten zu beantworten.

1.2.3. Fälle von Wettbewerbsversagen

Liegt Wettbewerbsversagen vor, so erfüllt zwar der Markt seine Koordinationsaufgabe, allerdings kommt es weder zu einer effizienzorientierten Selektion der Unternehmen noch zu einer Verbesserung der Marktergebnisse im Zeitablauf. Betrachtet werden im folgenden vier für die Forschungs- und Technologiepolitik relevante Fälle des Wettbewerbsversagens: Zunächst können Unteilbarkeiten für kleine und mittlere Unternehmen ein unüberwindliches Markteintrittshindernis darstellen (vgl. unter 1.2.3.1.). Darüber hinaus wird vor dem Hintergrund sich verkürzender Produktlebenszyklen die Gefahr einer ruinösen Innovationskonkurrenz gesehen (vgl. 1.2.3.2.). Hohe Transaktionskosten können schließlich einerseits verhindern, daß Innovationen kleinerer Anbieter und Existenzgründer von den Nachfragern überhaupt wahrgenommen werden. Andererseits sind sie mitverantwortlich für die mangelnde Funktionsfähigkeit der Kapitalmärkte (vgl. 1.2.3.3.).

1.2.3.1. Unteilbarkeiten als Markteintrittshindernis

Unteilbarkeiten in Forschung und Entwicklung liegen vor, wenn die Kapazitäten der erforderlichen Anlagen „aufgrund technologischer Besonderheiten .. nur in großen Sprüngen variiert werden können“[1]. Sind hiermit im Verhältnis zum Gesamtmarkt gravierende Mindestgrößen verbunden, so drohen Konzentrationsprozesse. Im Extremfall ist es möglich, daß die Kostenfunktion über den gesamten relevanten Bereich einen subadditiven Verlauf aufweist und damit ein natürliches Monopol vorliegt[2]. Kurzfristig führt nun bereits die Existenz von Wettbewerb zu einer Verschlechterung der Marktergebnisse. Aus dynamischer

---

[1] Berthold/Donges (1996), S. 490.
[2] Vgl. Fritsch/Wein (1994), S. 336.

Sicht ist jedoch in der Regel nicht von einem Wettbewerbsversagen auszugehen, da ein natürliches Monopol im Zeitablauf durch neue technische Entwicklungen oder Nachfragesteigerungen verschwinden kann[1]. Ein zusätzliches Problem tritt auf, wenn hohe versunkene Fixkosten eine mangelnde Angreifbarkeit des betreffenden Marktes bewirken und eine Disziplinierung des etablierten Anbieters durch potentielle Konkurrenz ausschließen[2].

Derartige natürliche Monopole sind in der Realität äußerst selten. Sie treten insbesondere in Verbindung mit leitungsgebundenen Transport- und Versorgungsnetzen auf. Im Forschungsbereich ist in diesem Zusammenhang dagegen an extrem aufwendige Großforschungseinrichtungen zu denken, wie sie teilweise zur Untersuchung grundlegender physikalischer Gesetzmäßigkeiten benötigt werden. Wettbewerb findet hier lediglich zwischen den betreffenden Institutionen in unterschiedlichen Ländern statt, gegebenenfalls kommt es sogar zu supranationalen Zusammenschlüssen.

Von den wenigen denkbaren Ausnahmefällen kann offensichtlich nicht auf ein generelles, unteilbarkeitsbedingtes Wettbewerbsversagen geschlossen werden. Allerdings ist der Anteil der versunkenen Kosten an den Ausgaben für Forschung und Entwicklung relativ hoch, da eine alternative Verwendung der Anlagen in der Regel nicht möglich sein wird. Selbst wenn Mindestgrößen sowie Größen- und/oder Verbundvorteile bei Forschung und Entwicklung kein natürliches Monopol begründen, erscheinen sie nun grundsätzlich geeignet, Markteintrittsbarrieren zu verursachen, Existenzgründungen zu behindern und Expansionsbestrebungen kleinerer Unternehmen zu erschweren. Unteilbarkeiten könnten in diesem Fall zu den befürchteten Konzentrationsprozessen und zu einer mangelnden Flexibilität des betreffenden Marktes führen. Zu prüfen ist daher, ob sie eine Schwächung des Wettbewerbs, konkret: eine Behinderung der Innovationskonkurrenz erwarten lassen.

Gravierende Markteintrittsbarrieren aufgrund von Mindestinvestitionen sind nun aber aus mehreren Gründen unwahrscheinlich. Zwar ist der Anteil der versunkenen Kosten an den gesamten Ausgaben für Forschung und Entwicklung hoch. In Relation zu den Kosten der Produktion und absolut sind diese jedoch zumeist gering[3], so daß auch eine Existenzgefährdung in der Regel ausgeschlos-

---

1 Vgl hierzu ausführlich Eickhof (1995), S. 22 ff.

2 Vgl. Fritsch/Wein (1994), S. 338 ff.; Knieps (1995), S. 618.

3 Vgl. Rahmeyer (1995), S. 40; Kern (1991), S. 31; Oberender (1987), S. 14; Scherer (1984), S. 4. Tendenziell sollen sich die Aufwendungen der Industrie für Forschung, Entwicklung und Produktion „wie 1 zu 10 zu 100 verhalten" - Frühwald in SDW (1997a), S. 33. Im Gegensatz hierzu vermutet Henze (1992), S. 40, „hohe Fixkosten ... in der Phase der Inventi-

sen werden kann. Bestätigt wird diese Vermutung durch jüngere technologische Entwicklungen. Seit den 70er Jahren hat die Bedeutung „dezentraler“ Technologien wie der Informations-, Kommunikations- und Biotechnologie stark zugenommen, die oftmals nur einen geringen Ressourceneinsatz in der Forschung erfordern[1]. Ferner verfügen kleinere Marktteilnehmer aufgrund ihrer Flexibilität und der größeren Freiräume für kreatives Handeln über Vorteile im Innovationsprozeß[2].

Darüber hinaus ist es kleinen und mittleren Unternehmen möglich, durch die Zusammenlegung ihrer Ressourcen in Forschungs- und Entwicklungskooperationen oder durch die Gründung von Gemeinschaftseinrichtungen selbst ihr Risiko zu verringern. Die Nutzung von Synergieeffekten erhöht die Erfolgswahrscheinlichkeit der betreffenden Vorhaben und trägt damit zur Vermeidung existenzgefährdender Situationen ebenso bei wie zur Reduzierung von Markteintrittsbarrieren. Bislang nicht finanzierbare Forschungsprojekte lassen sich auf diese Art realisieren. Angesichts der großzügigen wettbewerbsrechtlichen Behandlung dieser Kooperationen sowohl in Deutschland als auch in Europa ist zu erwarten, daß entsprechende Formen der Zusammenarbeit gefunden werden[3]. Aus Unteilbarkeiten bei Forschung und Entwicklung resultierende Konzentrationsprozesse und Verkrustungen von Märkten sind somit unwahrscheinlich.

Schließlich kann der Staat durch die Bereitstellung entsprechender Informationen die Kosten der Anbahnung von Kooperationsvorhaben übernehmen oder zumindest verringern. Zur Überwindung eventueller Markteintrittsbarrieren ist zudem eine finanzielle Unterstützung kleiner und mittlerer Unternehmen, von Existenzgründern sowie von Kooperationen und Gemeinschaftseinrichtungen denkbar. Die Erfolgsaussichten einer derartigen Wettbewerbsförderungspolitik, die auf die Erhöhung der „Leistungsfähigkeit neuerungsbereiter, aber leistungsschwacher Unternehmen“[4] zielt, sind jedoch umstritten.

---

on“, und auch die Modelle der neuen Außenhandelstheorie gehen von hohen Forschungs- und Entwicklungsausgaben aus, vgl. unter III.1.5.

[1] Vgl. Blair (1972), S. 114 ff., zu weiteren Beispielen.

[2] Vgl. hierzu auch unter III.1.6.1.2.

[3] Vgl. auch Streit (1991), S. 134.

[4] Eickhof (1982), S. 195. Zum Begriff der Wettbewerbsförderungspolitik vgl. ferner Bögelein (1990), S. 259; Ewers (1971), S. 104 ff.; Hoppmann (1967), S. 172 f.

1.2.3.2. Ruinöse Innovationskonkurrenz

Ruinöse Konkurrenz liegt vor, wenn aufgrund eines zu starken Wettbewerbsdrucks entweder mehr Anbieter einen Markt verlassen müssen als langfristig erwünscht oder die Selektion nicht effizienzorientiert erfolgt, d.h. leistungsfähigere vor weniger leistungsfähigen Unternehmen zum Ausscheiden gezwungen sind. Zu beantworten ist daher die Frage, ob der Forschungs-, Entwicklungs- und Innovationswettbewerb zu stark werden bzw. ruinöse Formen annehmen kann.

Ruinöse Konkurrenz tritt allerdings vorrangig in späten Marktphasen und auch dort nur unter bestimmten Voraussetzungen auf. Neben unternehmerischen Immobilitäten sind insbesondere hohe Marktaustrittshindernisse aufgrund hoher versunkener Kosten für das Unterlassen der rechtzeitigen Strukturanpassungen und damit für die Überkapazitäten verantwortlich[1]. Auf jungen, dynamischen Märkten kann jedoch weder von Immobilitäten noch von Überbesetzungen ausgegangen werden. Ein intensiver Innovationswettbewerb ist darüber hinaus als normal und wünschenswert anzusehen. Diese Beurteilung verändert sich auch dann nicht, wenn ineffiziente Unternehmen, die mit der technischen Entwicklung nicht Schritt halten können, durch einen zunehmenden Selektionsdruck zum Ausscheiden aus einem Markt gezwungen werden.

Eine hohe Innovationsdynamik kann nun aber zu einer drastischen Verkürzung der Produktlebenszyklen führen, die den Unternehmen die zwischenzeitliche Amortisation ihrer Investitionen unmöglich macht[2]. Die Kostenbelastung durch permanente Forschungs- und Entwicklungs- oder auch Patentrennen[3] ist auf Dauer nicht tragbar, so daß ruinöse Konkurrenz in diesem Fall offensichtlich nicht durch eine zu geringe, sondern durch eine zu hohe Mobilität der Unternehmen entsteht. Insbesondere hohe versunkene Kosten von Forschung und Entwicklung können einzelne Unternehmen, aber auch ganze Branchen in eine Beschleunigungs- oder „Innovationsfalle“[4] führen. Neuerungsaktivitäten beschäftigen sich in der Regel mit Produktgenerationen, die erst einige Jahre später zur Marktreife gelangen. Wenn geplante Folgeinnovationen auf einem am Markt gescheiterten Produkt aufbauen, können die entsprechenden Rückkopp-

---

1 Eine derartige Situation wird auch als Branchen- oder Strukturkrise bezeichnet, vgl. Eickhof (1993), S. 217.

2 Die Frage, ob die Innovationsgeschwindigkeit in den vergangenen Jahren tatsächlich spürbar zugenommen hat, wird in SdW (1997b) kontrovers diskutiert. In jedem Fall ist eine nach Branchen differenzierte Betrachtung erforderlich.

3 Vgl. zum Patentrennen in der industrieökonomischen Literatur beispielsweise Tirole (1995), S. 881 ff. Vgl. ferner die Darstellung in Stadler (1993), S. 164 ff.

4 Deutsch (1995), S. 36, in Anlehnung an Braun (1995).

lungen und Signale nicht mehr berücksichtigt werden. Die Unmöglichkeit einer rechtzeitigen Kurskorrektur bewirkt in diesem Fall einen für das Unternehmen existenzgefährdenden „Dominoeffekt“[1].

Dieses Szenario ist jedoch an eine Reihe von Voraussetzungen - unter anderem kurze Produktlebenszyklen, intensiver Wettbewerb und hohe Aufwendungen für Forschung und Entwicklung - gebunden und stellt daher nur für eine geringe Zahl von Unternehmen und Branchen überhaupt eine mögliche Bedrohung dar. Die hohe Innovationsdynamik ist zudem eindeutig eine Herausforderung, die von den einzelnen Unternehmen, vor allem von der strategischen Unternehmens- und Geschäftsfeldplanung und vom (Forschungs- und Entwicklungs-) Controlling bzw. allgemein vom Innovationsmanagement zu bewältigen ist[2]. Großunternehmen sind schließlich aufgrund ihrer vielfältigen Produktpalette in der Lage, durch interne Subventionierung eine Existenzbedrohung zu vermeiden. Ein Scheitern kleiner und mittlerer Unternehmen in der Experimentierungs- oder der frühen Expansionsphase ist hingegen ein alltäglicher Vorgang, der an sich noch keine Interventionen begründet. Nicht auszuschließen ist zwar, daß es hierbei teilweise zu nicht-effizienzorientierten Selektionsvorgängen kommt. Dieses Problem ist jedoch mit Hilfe staatlicher Eingriffe nicht lösbar.

1.2.3.3. Transaktionales Wettbewerbsversagen

Transaktionales Wettbewerbsversagen wird durch hohe Transaktions-, insbesondere Informationskosten verursacht. Diese können dazu führen, daß innovative Leistungen kleinerer Unternehmen und Qualitätsvorteile von Neuerungen im Vergleich zu etablierten Produkten und Verfahren nicht unmittelbar von den Nachfragern wahrgenommen und damit auch nicht entscheidungsrelevant werden. Probleme treten hier konkret bei Erfahrungsgütern auf, deren Qualität vor einem Kauf oder einer Investition nicht feststellbar ist. Dagegen können die Eigenschaften von Such- bzw. Inspektionsgütern bereits vor Vertragsschluß vollständig beobachtet und erfaßt werden, so daß ein transaktionales Wettbewerbsversagen nicht auftritt[3].

---

1 Deutsch (1995), ebenda. Vgl. auch Staudt (1993), S. 566, der von einer „Reifezeit zwischen Forschungsinitiative und konkreter Innovation von zehn bis 15 Jahren“ ausgeht. Hierbei bestehen aber deutliche Unterschiede in Abängigkeit von der Branche, der Technologie und vom Produkt.

2 Vgl. auch Balderjahn u.a. (1996), S. 300.

3 Vgl. zur Unterscheidung von Such- und Erfahrungsgütern Fritsch/Wein/Ewers (1996), S. 213.

Wie bereits im Marktversagensfall der preisbezogenen Koordinationslücken ist es nun aber erneut grundsätzlich eine unternehmerische Aufgabe, mit Hilfe absatzfördernder Maßnahmen die Qualität von Erfahrungsgütern bekannt zu machen, die Informationskosten aus Sicht der Nachfrager zu senken und damit letztlich Märkte zu erschließen[1]. Die hiermit verbundenen zusätzlichen Aufwendungen und der zu überbrückende Zeitraum bis zu einem (möglichen) Markterfolg können für kleine und mittlere Unternehmen zwar existenzbedrohend werden. Mit Hilfe des forschungs- und technologiepolitischen Instrumentariums i.e.S. sind diese Probleme jedoch kaum lösbar. Eine deutliche Senkung der Transaktionskosten kann dagegen beispielsweise durch die finanzielle Unterstützung der Informationsbereitstellung über neue Güter erreicht werden[2]. Darüber hinaus ist eine Förderung der Teilnahme an Messen und Ausstellungen im In- und Ausland denkbar. Hierbei handelt es sich dann aber um eine Maßnahme der allgemeinen Wirtschaftsförderung, auf die im folgenden nicht weiter eingegangen werden soll.

Darüber hinaus können hohe Transaktionskosten auch die Beschaffung von Informationen über aktuelle Forschungsergebnisse und neue technische Möglichkeiten verhindern oder zumindest verzögern. Kleinen und mittleren Unternehmen erwächst hieraus ein unter Umständen gravierender Wettbewerbsnachteil, zumal sie aufgrund ihrer begrenzten eigenen Forschungskapazitäten stärker auf die Resultate von Vorhaben der öffentlich finanzierten Einrichtungen angewiesen sind als Großunternehmen.

Aufgrund der spezifischen Eigenschaften des Gutes Wissen ist nur partiell die Herausbildung von transaktionskostensenkenden Informationsmärkten zu erwarten. Die Wissensübermittlung zwischen Forschungseinrichtungen und Unternehmen erfolgt in der Regel durch langfristig angelegte Kooperationen und gewachsene, oftmals personenbezogene Beziehungen. Ein einfaches „Marktmodell des Technologietransfers greift (offensichtlich) zu kurz“[3], so daß die Einrichtung von Transferstellen bei Hochschulen und staatlichen Forschungsin-

[1] Als konkrete Maßnahmen sind Werbung, die Gewährung von Garantieleistungen sowie der langfristige Aufbau eines „guten Rufs“ und guter Kundenbeziehungen zu nennen.

[2] Eickhof (1993), S. 219, erwartet die Herausbildung spezifischer Informationsmärkte, schließt aber auch ein Marktversagen nicht aus, da Informationen über neue Produkte und Verfahren ebenso wie neues Wissen öffentliche Güter darstellen können. In Deutschland werden aus diesem Grund die Stiftung Warentest und Verbraucherzentralen einerseits staatlich unterstützt, andererseits erzielen sie aber auch eigene Einnahmen durch den Verkauf von Informationen.

[3] Beise/Licht/Spielkamp (1995), S. 79. Dagegen hält Clapham (1994) grundsätzlich eine private Bereitstellung der Forschungsergebnisse für möglich.

stituten notwendig und sinnvoll ist[1]. Darüber hinaus sollten Informationen über laufende Vorhaben und bereits erzielte Ergebnisse in allgemein zugänglichen Datenbanken oder im Internet zur Verfügung gestellt werden. Die genannten Maßnahmen weisen als infrastrukturelle (Vor-)Leistungen einen technologieunspezifischen Charakter auf und sind somit dem indirekten Instrumentarium zuzuordnen.

Hohe Transaktionskosten sind schließlich auch in hohem Maße für die mangelnde Funktionsfähigkeit der Kapitalmärkte verantwortlich. Die unverkennbaren Schwierigkeiten von Existenzgründern sowie von kleinen und mittleren Unternehmen bei der Kapitalbeschaffung bzw. ihre Benachteiligung am Kapitalmarkt können dazu führen, daß Marktzutritte und Expansionsbestrebungen be- oder sogar verhindert werden[2]. Letztlich kommt es zu nicht-effizienzorientierten Selektionsprozessen, eine Verbesserung der Marktergebnisse im Zeitablauf bleibt aus.

In Deutschland stellen die Kreditinstitute nach wie vor die dominierende externe Finanzierungsquelle für Unternehmen dar[3]. Dies hat zunächst den positiven Effekt langfristiger, partnerschaftlicher Geschäftsbeziehungen. Andererseits kommt es im Bereich neuer Technologien oftmals zu einer Diskriminierung von riskanten Innovationen, da insbesondere junge Unternehmen und Existenzgründer nicht in der Lage sind, die von den Banken geforderten Sicherheiten zu bieten[4]. Erforderlich erscheint vor diesem Hintergrund eine verstärkte Bereitstellung von privatem Risikokapital.

Ein zentrales Problem auf Risikokapitalmärkten besteht jedoch in den erwähnten hohen Transaktionskosten. Diese bewirken, daß die durchaus vorhandenen privaten Investoren oftmals keine geeigneten Anlagemöglichkeiten finden[5]. Die

---

1 Vgl. ähnlich Eickhof (1998c), S. 476.

2 Vgl. Dicke (1995), S. 67, der feststellt, daß die „Schwäche der kleinen und mittleren Unternehmen bei der Finanzierung ... seit langem erkannt" ist. Auch Welfens u.a. (1998), S. 161 ff., betonen die Probleme, mit denen sich Existenzgründer und Unternehmen mit neuen Ideen bei der Kapitalbeschaffung konfrontiert sehen, und sehen die Gefahr struktureller Verkrustungen. Behrendt (1996), S. 26, relativiert dagegen grundsätzlich die Bedeutung des Finanzierungsproblems. Tippelskirch (1997) sieht in der Beschaffung von Risikokapital nur eines von vielen Problemen, mit denen sich innovative Jungunternehmen konfrontiert sehen.

3 Vgl. hierzu und zum folgenden Tippelskirch (1997); Welfens (1997); Tylecote (1994); Seidenfus (1987).

4 Eickhof (1998c), S. 475, spricht hier von „neuerungstypischen Unsicherheiten und Informationsasymmetrien", die eine Kreditaufnahme erschweren.

5 Von knappem Risikokapital kann „keine Rede mehr sein", so die Bayerische Beteiligungs-GmbH laut FAZ (1998e), S. 19. Vgl. auch BZ (1998), S. 34; FAZ (1998c), S. 15.

Bereitstellung von und der Wettbewerb um Risikokapital werden insbesondere durch hohe Informations- und Kontrollkosten behindert. Zwar zeichnet sich immer stärker die Bildung eines funktionierenden Marktes für derartige Investitionen und Beteiligungen ab[1]. Voraussetzung für eine dynamische Weiterentwicklung dieser ersten Ansätze ist allerdings die Schaffung und Durchsetzung geeigneter Rahmenbedingungen durch den Staat. In diesem Zusammenhang stellt das 3. Finanzmarktförderungsgesetz von 1997 einen wesentlichen Fortschritt dar, da es die Handlungsmöglichkeiten von Unternehmensbeteiligungsgesellschaften beispielsweise durch die Verkürzung der Fristen für die Wiederanlage von Veräußerungsgewinnen verbessert hat. Darüber hinaus wurde die Beratungs- und Prospekthaftung modernisiert[2]. Nicht zuletzt sollte auch die Bildung von Eigenkapital in den jungen Unternehmen durch entsprechende steuerliche Regelungen erleichtert werden.

Als Schlußfolgerung ergibt sich folglich in erster Linie die Notwendigkeit institutioneller Reformen auf den Kapitalmärkten und im Bereich des Steuersystems. Ein weiterer Lösungsansatz besteht in der Unterstützung von kleinen und mittleren Unternehmen sowie von Existenzgründungen durch öffentliche Beteiligungs- und Wagnisfinanzierungsgesellschaften. Hierdurch nimmt jedoch der Reformdruck bei den eigentlichen Ursachen der Fehlentwicklungen zumindest vorübergehend ab. Darüber hinaus besteht die Gefahr, daß private Anbieter von Risikokapital verdrängt werden und sich die Entwicklung der betreffenden Märkte verzögert. Lediglich symptomorientierte Maßnahmen des Staates sind vor diesem Hintergrund ambivalent zu beurteilen.

1.2.3.4. Fazit

Im Hinblick auf ihre Durchsetzungsfähigkeit im Wettbewerbsprozeß sehen sich kleine und mittlere Unternehmen sowie Existenzgründer mit teilweise gravierenden Problemen konfrontiert. Aus den betrachteten Fällen des Wettbewerbsversagens - mit Ausnahme des unternehmensintern zu lösenden Problems der ruinösen Innovationskonkurrenz - lassen sich im wesentlichen drei Handlungsempfehlungen für die Forschungs- und Technologiepolitik ableiten.

---

1 In Deutschland existieren derzeit etwa 130 private Beteiligungsgesellschaften, vgl. ZEW/FhG-ISI (1998), S. 15. Ferner beginnen Großunternehmen wie Bayer und Daimler-Benz, kleine Unternehmen sowie Existenz- und Ausgründungen in der Hoffnung auf spätere Kooperationspartner zu finanzieren. Vgl. zum Begriff des „Corporate Venturing" Daum (1997), S. 89 f.

2 Vgl. BMWi (1997), S. 2 f., sowie ausführlich BMWi (1996). Vgl. ferner ZEW/FhG-ISI (1998), S. 31 ff.

Zunächst wird die zentrale Bedeutung der ordnungspolitischen Rahmenbedingungen bestätigt. Konkret kann die kartellrechtliche Freistellung von Forschungs- und Entwicklungskooperationen kleinen und mittleren Unternehmen die Durchführung gemeinsamer Vorhaben ermöglichen, die die Kapazitäten der einzelnen Marktteilnehmer übersteigen. Andererseits sollte durch institutionelle Reformen auf den Kapitalmärkten ein Abbau der derzeit vorhandenen Hemmnisse bei der Kapitalbeschaffung angestrebt werden.

Des weiteren erscheint es gerade aus Sicht kleiner, relativ kapitalschwacher Unternehmen wünschenswert, daß der Staat die in den öffentlichen Forschungseinrichtungen erarbeiteten Ergebnisse den potentiellen Nutzern kostenlos und umgehend zur Verfügung stellt. Neben institutionalisierten Formen des Technologietransfers ist hierbei auch der Aufbau einer allgemeinen Informationsinfrastruktur denkbar, sofern ein privates Angebot ausbleibt. Mit Hilfe derartiger Datenbanken ließen sich zudem Kooperationen initiieren und erleichtern, die ansonsten wegen prohibitiv hoher Transaktionskosten nicht entstehen könnten.

Schließlich bieten die betrachteten Fälle des Wettbewerbsversagens auch Begründungsansätze für eine unmittelbare finanzielle Unterstützung der Forschungs- und Entwicklungstätigkeit von Einzelunternehmen, Unternehmenskooperationen und Gemeinschaftseinrichtungen. Allerdings sind nun wiederum die Zweckmäßigkeit und die Erfolgsaussichten der Fördermaßnahmen kritisch zu hinterfragen.

1.3. Vermeintliche Marktmängel

Die folgenden, vermeintlichen Marktmängel stellen keine theoretisch begründeten Fälle von Markt- oder Wettbewerbsversagen im Sinne von Abschnitt 1.2. dar. Sie bilden lediglich Versuche, die Behauptung einer gesamtwirtschaftlich zu geringen Forschungs- und Entwicklungstätigkeit zu begründen. Als Bezugssystem dient dabei zumindest implizit das Optimierungskalkül der neoklassischen Wohlfahrtsökonomik. Konkret werden insbesondere zwei Aspekte genannt, die sich im Hinblick auf ihre Stichhaltigkeit und gegebenenfalls ihre Implikationen untersuchen lassen: Zum einen die aus volkswirtschaftlicher Sicht angeblich suboptimale Risiko- und Neuerungsbereitschaft privater Unternehmen, die letztlich eine zu geringe Innovationsaktivität bewirke (vgl. unter 1.3.1.), andererseits die behauptete Zukunftsblindheit des Marktes. Diese beinhaltet die These von der Unfähigkeit marktwirtschaftlicher Systeme, künftige gesellschaftliche Bedürfnisse und Erfordernisse zu erkennen und ihnen Rechnung zu tragen (vgl. 1.3.2.).

1.3.1. Suboptimale Risikobereitschaft privater Unternehmen

Oftmals wird die Auffassung vertreten, daß sich die Unsicherheit über zukünftige Entwicklungen aus Sicht der Unternehmen in einem höheren ökonomischen Risiko von Neuerungsaktivitäten im Vergleich zu einer ausschließlich reproduzierenden, konventionellen Tätigkeit auswirke[1]. Hier existiert aufgrund der bereits erprobten Produkte und Verfahren kein technisches Risiko, der Markterfolg erscheint angesichts der vertrauten Nachfrage- und Absatzsituation gesichert und, zumindest für die nähere Zukunft, prognostizierbar[2]. Private Unternehmen hätten daher eine „Präferenz für das Bekannte"[3] und seien folglich auch nur in suboptimalem Umfang bereit, die Risiken von Neuerungsvorhaben zu übernehmen. Gegen diese Argumentation sind allerdings verschiedene Einwände zu erheben.

Zunächst ist festzustellen, daß höheren Risiken normalerweise auch höhere Gewinnchancen gegenüberstehen, so daß auch vergleichsweise unsichere Projekte für erwerbswirtschaftliche Unternehmen prinzipiell interessant sind. Darüber hinaus bestehen aus Sicht der Marktteilnehmer durchaus Möglichkeiten zur Risikostreuung und -verringerung. Großunternehmen sichern sich dabei durch die parallele Durchführung unterschiedlicher Projekte ab. Kleine und mittlere Unternehmen können sich dagegen zu Forschungs- und Entwicklungskooperationen zusammenschließen oder Vorhaben von allgemeinem Interesse in den Instituten der Branchenvereinigungen durchführen lassen.

Vor allem aber ist das Unterlassen von Innovationen mittel- bis langfristig viel gefährlicher als die Durchführung von Neuerungsvorhaben. Passives Verhalten wird existenzbedrohend, wenn ein Unternehmen nicht mehr in der Lage ist, konkurrenzfähige Produkte anzubieten und effiziente Verfahren einzusetzen. Ohne eigene Forschungs- und Entwicklungsanstrengungen droht folglich der Verlust der Wettbewerbsfähigkeit bzw. die Selektion durch den Wettbewerb[4].

---

1 So beispielsweise Fritsch (1993), S. 8, der von „entsprechenden Risikoabschlägen auf die zu erwartenden Erträge" ausgeht. In die Berechnung der „zu erwartenden Erträge" geht das Risiko allerdings bereits ein, so daß ein zusätzlicher Abschlag nicht plausibel erscheint.

2 Vgl. zur Unterscheidung von technologisch bedingter und Marktunsicherheit Stadler (1993), S. 161.

3 Hauff/Scharpf (1975), S. 48.

4 Neumann (1991), S. 279, spricht vom „Selbstinteresse" der Unternehmen, das den technischen Fortschritt permanent antreibt. Aus diesem Grund ist nicht davon auszugehen, daß Unternehmen grundsätzlich nur in Krisensituationen innovativ tätig werden, wie dies eine empirische Studie von Perlitz/Löbler (1985) nahelegt - eine These, die sich in ähnlicher Form bereits bei Schumpeter findet. Kritisch hierzu Leder (1989), S. 18 f. Vgl. aus betriebswirtschaftlicher Sicht ferner Balderjahn u.a. (1996), S. 300; Albach (1989), S. 1338 f.

Zwar kann auch das Scheitern einzelner Vorhaben ein Ausscheiden aus einem Markt erzwingen[1]. Mit Sicherheit werden jedoch konservative und immobile Unternehmen verdrängt[2], die sich auf ihre Routinetätigkeit beschränken und aufgrund von Risikoaversion den Anschluß an die neuere technische Entwicklung verlieren.

Die Behauptung, private Unternehmen wiesen generell eine zu geringe Risikoneigung auf, erscheint offensichtlich nicht plausibel. Ohnehin ist die optimale, volkswirtschaftlich erwünschte Bereitschaft zur Risikoübernahme nicht bestimmbar[3]. Von einem systemimmanenten Innovationsdefizit kann insgesamt keine Rede sein. Gelegentlich zu beobachtende Starrheiten bei Großunternehmen werden durch das Auftreten neuer Wettbewerber kompensiert, wenn die Märkte offen und angreifbar sind[4]. In stark regulierten oder abgeschotteten Branchen besteht dagegen durchaus die Gefahr dauerhafter Verkrustungen[5]. Eine Begründung forschungs- und technologiepolitischer Maßnahmen mit dem Argument einer angeblich suboptimalen privaten Risikobereitschaft ist somit nicht möglich. Vielmehr zeigt sich erneut die Bedeutung der Rahmenbedingungen für die Innovationstätigkeit.

Angesichts der Untersuchungen zum Ausgabeverhalten politischer Entscheidungsträger im Wahlzyklus[6] und der Erkenntnisse der Neuen Politischen Ökonomie[7] ist zudem grundsätzlich zu bezweifeln, ob von einem längeren Planungshorizont des Staates im Vergleich zum Markt ausgegangen werden kann. Politiker und Mitarbeiter von Bürokratien verhalten sich in der Regel keineswegs risikofreudiger als private Unternehmer. Lediglich bei öffentlichkeitswirksamen Prestigeprojekten weisen sie tendenziell eine höhere Risikobereitschaft auf, da von diesen ein unmittelbarer politischer Nutzen in Form von

---

1 So stellt Rosenberg (1996), S. 334, fest „that innovating firms have, historically, experienced high failure rates".

2 Vgl. zu den einzelnen Unternehmertypen Heuss (1965).

3 Vgl. Streit (1991), S. 133 f.

4 Beispielsweise hat IBM lange Zeit die Bedeutung der Personalcomputer unterschätzt. Das entstehende „Vakuum" führte zur Gründung einer Vielzahl von kleinen Unternehmen und in Verbindung mit anderen Faktoren letztlich zu einer bis heute andauernden, rasanten technischen Entwicklung.

5 Beispielhaft hierfür ist die Entwicklung der Telekommunikationsmärkte vor und nach ihrer Öffnung für den Wettbewerb, vgl. ausführlich Welfens/Graack (1996).

6 Vgl. zum „politischen Konjunkturzyklus" Nordhaus (1975) sowie die Darstellung in Frey/Kirchgässner (1994), S. 152 ff. und 299 ff.

7 Vgl. zur ökonomischen Theorie der Demokratie die Arbeit von Downs (1968 - Originalausgabe 1957), zur Bürokratietheorie Niskanen (1971).

Wählerstimmen erwartet wird[1]. Auf diese und andere Fragen im Zusammenhang mit den staatlichen Handlungsmöglichkeiten wird unter III.2. noch einzugehen sein.

1.3.2. Zukunftsblindheit des Marktes

Wie die bisherigen Ausführungen gezeigt haben, kann nicht von einer grundsätzlich suboptimalen Risikobereitschaft privater Unternehmen ausgegangen werden. Daher ist im allgemeinen keine zu geringe Innovationstätigkeit zu befürchten. Behauptet wird allerdings, der Markt sei nicht in der Lage, zukünftige gesellschaftliche Bedürfnisse zu erkennen. Der Staat müsse daher zielgerichtet eingreifen, um die notwendigen Vorhaben von der Bereitstellung des erforderlichen Grundlagenwissens über die anwendungsnahe Forschung bis hin zur Marktreife zu unterstützen. Diagnostiziert wird somit ein „Defizit an vorausschauender Technologieentwicklung“[2] in bezug auf spezielle Erfordernisse.

In Abschnitt III.1.2.2.3. wurde festgestellt, daß nicht mit einer planmäßigen Bereitstellung öffentlicher Güter durch private Unternehmen gerechnet werden kann. Aufgrund der mangelnden Anreize ist in der Tat von einer Zukunftsblindheit des Marktes im Hinblick auf die Versorgung mit Grundlagenwissen auszugehen, so daß ein eindeutiger staatlicher Handlungsbedarf vorliegt. Im Mittelpunkt der obigen Argumentation steht jedoch die behauptete Vernachlässigung der angewandten Forschung in konkreten Forschungsfeldern. Hierzu zählen insbesondere Gebiete wie die Umwelttechnologien und die Gesundheitsforschung, aber auch eine Reihe weiterer „zukunftswichtiger“ Technologien.

Im erstgenannten Bereich müssen bei der Bestimmung des Handlungsbedarfs zunächst die Ursachen einer möglichen Fehlentwicklung identifiziert werden. So ist beispielsweise die Entwicklung umweltschädlicher Technologien oder gesundheitsgefährdender Produkte dann zu erwarten, wenn diese durch falsche Anreize und unzureichende Kontrollmechanismen begünstigt oder zumindest nicht unterbunden wird. Umgekehrt werden Umweltinnovationen eingeführt, wenn sie einzelwirtschaftlich sinnvoll und rentabel erscheinen. Unternehmen reagieren hierbei äußerst sensibel auf Änderungen der relativen und absoluten Preise. Konkret werden sie einerseits versuchen, verteuerte Produktionsfaktoren zu substituieren oder ihre Inanspruchnahme durch Verfahrensinnovationen zu

---

1 Henze (1992), S. 39, spricht in diesem Zusammenhang von einer „eher politischen denn marktgeleiteten Rationalität“ als Grundlage der staatlichen Entscheidungen. Vgl. auch Eickhof/Strecker (1999b).

2 Hauff/Scharpf (1975), S. 48.

verringern. Auf der anderen Seite ist aber auch die Entwicklung neuer Produkte zu erwarten, die unter den veränderten Rahmenbedingungen größere Gewinnchancen versprechen[1].

Werden die entsprechenden Anreize geschaffen, kann die permanente Suche nach Innovationen im Markt-Wettbewerbs-Prozeß offensichtlich zu der erwünschten nachhaltigen Wirtschaftsentwicklung führen[2]. Ursache einer etwaigen Zukunftsblindheit des Marktes ist somit nicht primär ein Versagen der marktlichen Selbststeuerung, sondern vielmehr ein Versagen des Staates bei der Schaffung geeigneter Rahmenbedingungen[3]. Dann aber ist es äußerst fragwürdig, dieses Staatsversagen durch gezielte Forschungssubventionen kompensieren zu wollen. Eine derartige Förderung stellt lediglich eine zweitbeste Strategie im Vergleich zur erstbesten Lösung einer unmittelbaren Bekämpfung der Ursachen dar. Im vorliegenden Fall besteht diese in einer Verbesserung der allgemeinen Umweltpolitik durch eine stärkere Nutzung marktwirtschaftlicher Anreize[4].

Darüber hinaus findet sich in der Literatur teilweise die Forderung, der Staat müsse diejenigen Technologien identifizieren und unterstützen, die für die wirtschaftliche Entwicklung von zentraler Bedeutung seien[5]. Diese Argumentation ähnelt derjenigen der strategischen Industriepolitik, die auf der neuen Außenhandelstheorie basiert und in 1.5. behandelt wird. Eine genauere Untersuchung der ordnungspolitischen Problematik dieser Vorgehensweise erfolgt unter III.2.2.2.

---

1 Vgl. Ekins (1998), S. 48 und 62. Vgl. zum Zusammenhang von Umweltpolitik und Innovationstätigkeit allgemein auch Hemmelskamp (1997); Kreienbaum/Wacker-Theodorakopoulos (1997); dies. (1994). Hemmelskamp (1998), S. 34, kommt in einer empirischen Studie zu dem Ergebnis, daß der Einsatz umweltpolitischer Instrumente nur einen von vielen Einflußfaktoren auf das (Umwelt-)Innovationsverhalten von Unternehmen darstellt.

2 Vgl. zum Konzept der „Nachhaltigkeit durch Wettbewerb" Gerken/Renner (1996).

3 So stellen NIW u.a. (1997), S. 63 f., fest, daß sich gerade in der Umweltpolitik eine Orientierung am Potential der Technik als förderlich für die Innovationstätigkeit erweist. In der Praxis beziehen sich die Maßnahmen dagegen zumeist auf den aktuellen Stand der Technik und können hierdurch keine Anreize für Weiterentwicklungen schaffen.

4 So bietet beispielsweise die Mineralölsteuer „die Möglichkeit zur Verfolgung umweltpolitischer Lenkungsziele" - Müller/Nagel/Petersen (1996), S. 7. Vgl. auch ausführlich Franke (1997), insbesondere S. 162 ff. Marktwirtschaftliche Anreize sind auch einer gezielten Subventionierung erneuerbarer Energien vorzuziehen, vgl. Kreikenbaum (1998), S. 48 f.

5 So beispielsweise Gemper (1993), S. 61 ff., der eine Industriepolitik fordert, die „den Strukturwandel konzeptionell gestaltet" (S. 63). Als Beispiel für eine umfassende, industriepolitisch motivierte staatliche Förderung von der Grundlagenforschung bis zur (erhofften) Marktreife läßt sich die Entwicklung der Magnetschwebebahn Transrapid nennen.

1.3.3. Fazit

Die behaupteten Marktmängel sind entweder unzutreffend oder auf falsch gesetzte Rahmenbedingungen zurückzuführen. Im letztgenannten Fall sollte die Bekämpfung eventueller unerwünschter Folgen an den Ursachen der Fehlentwicklungen ansetzen. Aus Sicht der Forschungs- und Technologiepolitik i.e.S. ergeben sich lediglich Schlußfolgerungen in bezug auf die Bereitstellung öffentlicher Güter, da hier aufgrund fehlender Anreize kein privates Angebot erfolgt und daher von einem „echten“ Versagen des Marktes auszugehen ist. Eine darüber hinausgehende Subventionierung der angewandten Forschung und Entwicklung kann mit diesem Argument nicht begründet werden[1].

1.4. Neue Wachstumstheorie

1.4.1. Ausgangspunkt und Grundgedanken

Die neue Wachstumstheorie beschäftigt sich mit der Bedeutung des technischen Fortschritts für den Prozeß der wirtschaftlichen Entwicklung und ist daher von unmittelbarer Relevanz für die Forschungs- und Technologiepolitik. Sie entstand aufgrund der Erkenntnis, daß die empirisch festgestellten enormen Produktivitätsfortschritte mit Hilfe der traditionellen neoklassischen und postkeynesianischen Modelle nicht zufriedenstellend erklärt werden können[2]. Zentrales Defizit der neoklassischen Ansätze[3] ist die unzureichende Berücksichtigung und Erfassung des technischen Fortschritts, der lediglich als exogen vorgegebener „Effizienz- oder Produktivitätsparameter“[4] berücksichtigt wird. Eine genauere ökonomische Untersuchung ist daher nicht möglich.

Bereits in den 30er und 40er Jahren entstanden die grundlegenden Modelle der postkeynesianischen Wachstumstheorie[5], die auf einer Dynamisierung des key-

---

1 Ausnahmen bilden lediglich diejenigen Fälle, in denen der Staat selbst als Nachfrager auftritt. Hier kann aber nicht von einer Subventionierung gesprochen werden.

2 Vgl. hierzu beispielsweise Hanusch (1995), S. 15 ff. Vgl. zum folgenden Eickhof/Strecker (1999a).

3 Grundlagen der traditionellen neoklassischen Wachstumstheorie sind die Arbeiten von Solow (1956) und Swan (1956). Die neue Wachstumstheorie steht jedoch trotz teilweise modifizierter Annahmen - so herrscht beispielsweise keine vollkommene Konkurrenz mehr, da Innovatoren (vorübergehend) Monopolmacht besitzen - unverkennbar in der Tradition der Neoklassik, wie die Suche nach gleichgewichtigen Steady-state-Wachstumspfaden und die Orientierung am paretianischen Wohlfahrtsoptimum belegen.

4 Cantner (1995), S. 35.

5 Hierbei handelt es sich um die Arbeiten von Harrod (1939) und Domar (1946), nach denen die postkeynesianische Wachstumstheorie auch als Harrod-Domar-Theorie bezeichnet

nesianischen Systems basieren und in denen die Nachfrage die entscheidende Rolle spielt. Die Wachstumsrate einer Volkswirtschaft wird von den Investitionen bzw. der Sparquote bestimmt, der technische Fortschritt tritt wiederum lediglich als exogen vorgegebener Faktor auf. Gerade diese, sowohl in den traditionellen neoklassischen als auch in den postkeynesianischen Ansätzen vernachlässigte Größe muß empirischen Studien zufolge jedoch als die entscheidende Determinante des Wirtschaftswachstums angesehen werden. Die seit Mitte der 80er Jahre entwickelten Modelle der neuen Wachstumstheorie streben daher eine endogene Erfassung des technischen Fortschritts an[1].

Produktivitätsfortschritte und der Prozeß des wirtschaftlichen Wachstums werden in der neuen Wachstumstheorie durch die Akkumulation der Produktionsfaktoren Wissen und Humankapital erklärt. Dementsprechend lassen sich zwei grundlegende Modelltypen unterscheiden: Einerseits diejenigen Ansätze, die die Erarbeitung von Wissen und Innovationen durch Forschung und Entwicklung simulieren (dargestellt unter 1.4.2.), andererseits die sogenannten Humankapitalmodelle, in denen das Bildungs- und Qualifikationsniveau der Arbeitskräfte die entscheidende Rolle spielt (vgl. 1.4.3.)[2].

Die Vertreter der neuen Wachstumstheorie stützen ihre Argumentation im wesentlichen auf positive externe Effekte, die in Zusammenhang mit der privaten Neuerungsaktivität auftreten bzw. mit einem hohen durchschnittlichen Bildungsniveau der Bevölkerung eines Landes verbunden sind. Das allgemeine Wissen, das als Nebenprodukt der unternehmerischen Forschungs- und Entwicklungstätigkeit entsteht, kann als öffentliches Gut von allen Marktteilnehmern kostenlos genutzt werden. Auf der anderen Seite führt die Verfügbarkeit von qualifiziertem Humankapital zu einer verbesserten Nutzung der anderen Produktionsfaktoren. Positive externe Effekte ermöglichen auf der gesamtwirtschaftlichen Ebene steigende Skalenerträge und liefern damit eine endogene Erklärung für dauerhafte Wachstumsprozesse im Steady-state-Gleichgewicht.

---

wird. Vgl. zu diesen Modellen und zum folgenden Gabisch (1995), S. 355 ff., sowie König (1968).

1 Als Ausgangspunkte der neuen Wachstumstheorie gelten die Arbeiten von Romer (1986) und Lucas (1988). Umfassende Überblicke über unterschiedliche Ansätze bieten Barro/Sala-i-Martin (1995); Grossman/Helpman (1992). Vgl. auch Arnold (1995); Stolpe (1995), S. 24 ff.

2 Ramser (1993), S. 121, bezeichnet die erstgenannten Forschungs- und Entwicklungsmodelle auch als „Innovationsmodelle". Jäger (1996), S. 111, führt ebenso wie Ramser als dritte Variante die Modelle „reiner" Kapitalakkumulation an. Vgl. auch Ruschinski (1996), S. 55 ff.

Die einzelnen Unternehmen produzieren dagegen mit konstanten Skalenerträgen[1].

Im Rahmen der wohlfahrtsökonomischen Analysen der neuen Wachstumstheorie führen externe Effekte jedoch auch zu dem Ergebnis, daß die dezentralen Entscheidungen der Marktteilnehmer über ihre Forschungs- und Entwicklungsausgaben bzw. über die Zeit, die sie für Bildung verwenden, zwar individuell rational, bei gesamtwirtschaftlicher Betrachtung aber suboptimal sind. In der Regel ergibt sich eine zu geringe gleichgewichtige Wachstumsrate, das bestmögliche Gesamtergebnis wird verfehlt. Als Vergleichsmaßstab dient die optimale Aufteilung der verfügbaren Ressourcen aus volkswirtschaftlicher Sicht, die ein allwissender und wohlmeinender Diktator vornehmen würde. Das festgestellte allokative Marktversagen läßt sich jedoch modelltheoretisch durch geeignete Eingriffe des Staates beseitigen[2].

1.4.2. Forschungs- und Entwicklungsmodelle

In den Forschungs- und Entwicklungsmodellen bewirken die externen Effekte ein Auseinanderfallen der wohlfahrtsoptimalen und der tatsächlichen Neuerungsaktivität der Unternehmen, die sich bei einer dezentralen Aufteilung der Ressourcen auf Produktion sowie auf Forschung und Entwicklung ergibt. Verantwortlich für die festgestellte Diskrepanz sind drei Arten von Externalitäten[3].

Die Markteinführung einer beliebigen (Produkt-)Innovation erweitert durch die Zunahme der Produktvielfalt die Wahlmöglichkeiten der Nachfrager. Im Zuge der kommerziellen Verwertung der Neuerung können die Unternehmen zwar eine materielle Gegenleistung in Form von (Pionier-)Gewinnen erzielen. Für den Nutzenzuwachs, der aus der Bereitstellung neuer Handlungsalternativen resultiert, werden sie jedoch nicht entlohnt. Tendenziell bewirkt dieser positive

---

[1] Vgl. Solow (1991), S. 7 f. Ruschinski (1996), S. 57, spricht hier von externen und internen Skalenerträgen. Die steigenden Skalenerträge sind aus Sicht der einzelnen Firma extern, da sie nicht von ihnen profitieren kann, auf der aggregierten Ebene aber intern.

[2] Diese Definition des Marktversagens wurde bereits unter III.1.2.1. kritisiert, da hier ein utopischer „Idealzustand" mit der Realität verglichen wird und der Markt gemessen daran zwangsläufig stets suboptimale Ergebnisse hervorbringen muß.

[3] Vgl. zum folgenden insbesondere Erber/Hagemann/Seiter (1998), S. 73 ff.; Grossman/Helpman (1992), S. 70, sowie Aghion/Howitt (1992), S. 338 f. Andere Autoren berücksichtigen außerdem das Problem der (temporären) Monopolstellung eines Innovators, vgl. Barro/Sala-i-Martin (1995), Abschnitte 6 und 7; Romer (1990). Je kürzer ein Monopol besteht, desto ausgeprägter sind die entstehenden positiven externen Effekte und desto geringer sind entsprechend die Innovationsanreize. Vgl. auch die folgenden Ausführungen.

externe Effekt, der als Konsumenteneffekt bezeichnet wird, volkswirtschaftlich zu geringe Investitionen in Forschung und Entwicklung[1].

Jede Innovation zerstört andererseits in gewissem Umfang bestehende Renten. Die resultierenden Gewinneinbußen führen zu Verdrängungsprozessen, in deren Verlauf bisherige Anbieter Marktanteile verlieren oder ganz aus dem Markt ausscheiden müssen. Im Zuge dieses normalen Markt-Wettbewerbs-Prozesses geht ein Teil des in einer Volkswirtschaft vorhandenen Wissens verloren. Eine Kompensation hierfür erfolgt jedoch nicht, so daß ein negativer externer Effekt infolge gesamtwirtschaftlich zu hoher Forschungs- und Entwicklungsaufwendungen diagnostiziert wird (Produzenteneffekt)[2].

Im Rahmen der auf kommerzielle Ziele ausgerichteten Forschungs- und Entwicklungstätigkeit von Unternehmen entsteht schließlich nicht nur spezifisches, für die Hervorbringung einer bestimmten Produkt- oder Verfahrensinnovation erforderliches Know-how, sondern als unplanmäßiges Nebenprodukt auch allgemeines (Grundlagen-)Wissen[3]. Dieses kann anschließend als öffentliches Gut von allen anderen Marktteilnehmern kostenlos genutzt werden. Aufgrund der Nicht-Anwendbarkeit des Ausschlußprinzips sind die forschenden Unternehmen nicht in der Lage, die Erträge ihrer Tätigkeit vollständig zu internalisieren.

Diese intertemporalen positiven externen Effekte[4] führen zu einer kontinuierlichen Zunahme des insgesamt verfügbaren Wissens, das wie erwähnt unbegrenzt akkumuliert werden kann. Hierdurch steigt die Produktivität der Forschung bzw. der Wissensproduktion in der Zukunft an. Forschungsaktivitäten bauen in der Regel aufeinander auf, so daß mit zunehmender Wissensbasis die Kosten der Bearbeitung neuer Fragestellungen und der Suche nach zusätzlichen An-

---

1 Stolpe (1995), S. 30, führt den beschriebenen positiven externen Effekt auf den Umstand zurück, daß die gesamte Zahlungsbereitschaft der Konsumenten aufgrund der Nachfrageelastizitäten höher ist als der Marktpreis. Damit entspricht die Externalität der Konsumentenrente.

2 Dieser Aspekt wird auch von Witt (1996a) untersucht. Zu unterscheiden ist offensichtlich zwischen einer technologischen und einer pekuniären Externalität, die über den Markt-Preis-Mechanismus erfaßt und weitergegeben wird.

3 Vgl. Romer (1990), insbesondere S. 73 ff. Teilweise erfolgt die Erarbeitung neuen Wissens auch in einem eigenständigen Forschungssektor. Vgl. ebenda, S. 79, zur Dreiteilung in „research“, „intermediate-goods“ und „final-goods sector“. Die Modelle gehen insgesamt nur zum Teil von getrennten Sektoren aus, viele betrachten die Forschungs- und Entwicklungsaktivitäten von produzierenden Unternehmen.

4 Vgl. zum folgenden insbesondere Romer (1990), ferner Grossman/Helpman (1990), S. 799. Kritisch zur Überschätzung der Bedeutung externer Effekte im Rahmen der neuen Wachstumstheorie Tichy (1991), S. 106.

wendungen sinken (Wisseneffekt)[1]. Aufgrund der unvollkommenen Internalisierungsmöglichkeiten droht gesamtwirtschaftlich betrachtet erneut eine zu geringe Neuerungsaktivität.

Entscheidend für das Vorliegen einer Unter- oder Überinvestition in Forschung und Entwicklung ist aus volkswirtschaftlicher Sicht letztlich die relative Bedeutung der drei beschriebenen Arten von Externalitäten. Im Bereich der Forschungs- und Entwicklungsmodelle können wiederum zwei komplementäre Ansätze unterschieden werden: Einerseits wird versucht, eine Zunahme der absoluten Anzahl der verfügbaren Technologien, Produkte und Verfahren zu simulieren. Auf der anderen Seite sind Modelle entwickelt worden, die Verbesserungen der Qualität bereits existierender Güter bei gegebener, konstanter Vielfalt abbilden. Diese beiden Ansätze werden im folgenden genauer betrachtet. Von herausragender Bedeutung ist ferner die Grundlagenforschung, auf die daher gesondert eingegangen wird.

1.4.2.1. Zunahme der Produktvielfalt

In den Modellen der neuen Wachstumstheorie wird die Entwicklung und Einführung grundlegender Basisinnovationen - d.h. neuer Technologien, die eine Vielzahl von Folgeinnovationen nach sich ziehen und so die Entstehung neuer Industriezweige anregen - mit Hilfe einer Erhöhung der Produktvielfalt dargestellt. Derartige Neuerungen stehen in keiner unmittelbar substitutiven Beziehung zu bereits bekannten Gütern, so daß es zunächst nur in relativ geringem Umfang zu einer Verdrängung etablierter Anbieter und zur Zerstörung vorhandener Wissenspotentiale kommt.

Von Grossman und Helpman (1992) wird untersucht, ob die Unternehmen im sich ergebenden Marktgleichgewicht in ausreichendem Umfang in Forschung und Entwicklung investieren. Als Vergleichsmaßstab dient erneut die optimale Innovations- und Wachstumsrate der Volkswirtschaft. Hierbei zeigt sich, daß es im Steady-state-Gleichgewicht aufgrund der intertemporalen positiven externen Effekte grundsätzlich zu einer Unterinvestition kommt. Diese sind nun allein

---

[1] Erber/Hagemann/Seiter (1998), S. 74, stellen fest, daß „künftige Forschergenerationen .. von den Forschungsanstrengungen ihrer Vorgänger" profitieren. Dies schließt selbstverständlich nicht aus, daß die absoluten Kosten zukünftiger Forschungsvorhaben aufgrund komplexerer Fragestellungen höher sein können. Bereits bekannte Zusammenhänge müssen jedoch nicht erneut untersucht werden, so daß Einsparungen möglich sind. Der Gedanke, daß das vorhandene Wissen die Produktivität bei der Erzeugung neuen Wissens erhöht, findet sich bereits bei Arrow (1962), S. 618. Vgl. zum kumulativen Charakter des Fortschritts auch die Ausführungen zur neueren Innovationstheorie unter III.1.6.2.4.

ausschlaggebend, da sich der positive Konsumenteneffekt und der negative Produzenteneffekt im Modell genau kompensieren[1]. Die Inventions- und Innovationstätigkeit kann jedoch theoretisch durch die Gewährung von Forschungs- und Entwicklungssubventionen auf das gesamtwirtschaftlich erwünschte Niveau angehoben werden, die optimale Wachstumsrate läßt sich durch staatliche Maßnahmen herbeiführen[2].

Der Ansatz von Barro und Sala-i-Martin (1995) basiert dagegen auf einer Dreiteilung in Forschungs-, Investitionsgüter- und Konsumgütersektor[3]. In ihrem Modell wird die zunehmende Produktvielfalt durch einen Anstieg der Zahl der Zwischenprodukte bzw. Investitionsgüter abgebildet, deren Einsatz entweder die Herstellung neuer Konsumgüter oder die billigere Produktion bereits bekannter Erzeugnisse ermöglicht. Der Anreiz für den Innovator besteht in der Erlangung einer temporären, gegebenenfalls durch ein Patent geschützten Monopolstellung. Diese erodiert zwar im Zeitablauf, ermöglicht ihm aber zunächst die Erzielung von Gründergewinnen.

Gleichwohl entspricht auch in diesem Modell der private nicht dem sozialen Nutzen der Forschungs- und Entwicklungstätigkeit. Der Unterschied ist dabei um so größer, je schneller der Innovator seine Monopolstellung durch Imitationen konkurrierender Anbieter wieder verliert. Dem dauerhaften Nutzen, der der Volkswirtschaft aus dem intertemporalen positiven externen Effekt erwächst, stehen die lediglich vorübergehenden Gewinnerzielungsmöglichkeiten des Innovators gegenüber[4]. Somit besteht ein Trade-off zwischen der Schaffung der erforderlichen Innovationsanreize und der gesamtwirtschaftlich erwünschten sofortigen Anwendung der Neuerung in allen denkbaren Einsatzgebieten. Ebenso wie im Modell von Grossman und Helpman läßt sich die Forschungs- und Entwicklungstätigkeit jedoch mit Hilfe einer Subvention auf das optimale Niveau anheben. Zur Vermeidung von Wohlfahrtsverlusten muß darüber hinaus die Produktion der monopolisierten Zwischenprodukte gefördert werden[5].

---

1 Vgl. zu diesem Ergebnis Grossman/Helpman (1992), S. 72.

2 Die Modelle der neuen Wachstumstheorie gehen in der Regel von einer deterministischen Input-Output-Relation aus, d.h. ein bestimmter Forschungsaufwand führt zu einem bestimmten Innovationserfolg.

3 Vgl. zum folgenden Barro/Sala-i-Martin (1995), Abschnitt 6, insbesondere S. 223 ff.

4 Auch der Innovator hat jedoch einen dauerhaften Nutzen in Form von Lernkurvenvorsprüngen, die ihm bei eventuellen Weiterentwicklungen Vorteile verschaffen.

5 Vgl. zu diesem Ergebnis Barro/Sala-i-Martin (1995), S. 226. Romer (1990), S. 95 ff., kommt zu einer ähnlichen Schlußfolgerung. Konkret stellt er fest, daß eine Subventionierung des Humankapitals im Forschungssektor zu einer Steigerung der Innovations- und Wachstumsrate führt.

Die bei zunehmender Produktvielfalt auftretenden Probleme werden offensichtlich in den einzelnen Modellen unterschiedlich beurteilt und gewichtet. Gemeinsam ist den Ansätzen jedoch, daß es aufgrund der intertemporalen positiven externen Effekte zu einer Unterinvestition in Forschung und Entwicklung kommt, die durch entsprechende Subventionen kompensiert werden kann[1]. Für den Staat ergeben sich somit eindeutige Handlungsempfehlungen in bezug auf die Forschungs- und Technologiepolitik i.e.S.. Hierdurch unterscheiden sich die bisher betrachteten Ansätze von den Modellen mit steigender Produktqualität, die im folgenden dargestellt werden.

1.4.2.2. Verbesserung der Produktqualität

Inkrementale Innovationen werden in der neuen Wachstumstheorie durch eine schrittweise Erhöhung der Produktqualität ohne gleichzeitige Zunahme der Vielfalt abgebildet. Entsprechend dem Schumpeterschen Prozeß der schöpferischen Zerstörung[2] stehen diese Neuerungen von Beginn an in einer substitutiven Beziehung zu althergebrachten Gütern, verringern deren Marktanteil und verdrängen sie im Zeitablauf völlig. Die bis zur Markteinführung der Innovation beste Technologie wird obsolet[3].

Innovierende Unternehmen erlangen im Modell von Barro und Sala-i-Martin wiederum eine temporäre Monopolstellung[4]. Diese wird nun jedoch nicht mehr nur durch potentielle Imitatoren gefährdet, sondern zusätzlich durch die drohende, bezüglich ihres Zeitpunkts aber ungewisse Markteinführung eines überlegenen Produkts durch einen etablierten Konkurrenten[5]. Die einsetzenden Ver-

---

1 Grundsätzlich können auch gezielte Subventionen zugunsten einzelner Technologien und Projekte gerechtfertigt werden, wenn diese höhere positive externe Effekte verursachen als andere. Vgl. hierzu beispielsweise Lau (1997), S. 22 f.; Klodt (1995), S. 107. Dies wird insbesondere in sogenannten Schlüssel- bzw. Querschnittstechnologien vermutet.

2 Dieser Prozeß wird in Schumpeter (1993 - Originalausgabe 1942), S. 134 ff., beschrieben. Ein Modell des Wachstums durch schöpferische Zerstörung entwickeln Aghion/Howitt (1992). Die negativen Folgen der resultierenden Verdrängungsprozesse betrachten Gahlen/Stadler (1997), die sogar zu dem angesichts der weitverbreiteten Innovationseuphorie überraschenden Ergebnis kommen, daß eine stärkere Zurückhaltung des Staates bei der Technologieförderung angebracht wäre (S. 106).

3 Vgl. Stadler (1993), S. 169.

4 Vgl. zum folgenden Barro/Sala-i-Martin (1995), Abschnitt 7.

5 Grossman/Helpman (1991), S. 43, verdeutlichen die schrittweisen Verbesserungen durch die Stufen einer „Qualitätsleiter“. In den Modellen wird davon ausgegangen, daß das jeweils technologisch führende Unternehmen keine weiteren Innovationsanstrengungen unternimmt, d.h. nicht bestrebt ist, seinen Vorsprung auszubauen. Vgl. auch Stadler (1993), S. 170 ff.

drängungsprozesse können eine Amortisation der Forschungs- und Entwicklungsausgaben verhindern, wenn die Zeit zur Erzielung von Gründergewinnen zu kurz ist. Aus Sicht der Unternehmen sind die Innovationsanreize vor diesem Hintergrund erneut zu gering, Forschung und Entwicklung bleiben hinter dem gesamtwirtschaftlichen Optimum zurück.

Andererseits wird der im Fall steigender Produktqualität gravierende Produzenteneffekt von den Innovatoren nicht berücksichtigt[1]. Die aus der Zerstörung bestehenden Wissens resultierende Abweichung des privaten vom sozialen Nutzen bewirkt eine zu hohe Neuerungsaktivität der Unternehmen. Überoptimale Investitionen in Forschung und Entwicklung lassen sich nun selbst dann nicht ausschließen, wenn die intertemporalen positiven externen Effekte durch die dauerhafte Erhöhung der Wissensbasis mit in die Betrachtung einbezogen werden. Dies führt dazu, daß die Modellimplikationen nicht mehr eindeutig sind.

Auch Grossman und Helpman zeigen, daß die marktbestimmte Innovationsrate aus gesamtwirtschaftlicher Sicht unter Berücksichtigung aller drei Arten von Externalitäten sowohl zu gering als auch zu hoch sein kann[2]. Entscheidend ist letztlich der Wissensverlust der Volkswirtschaft bzw. die Höhe der finanziellen Einbußen, die anderen Produzenten durch den Prozeß der schöpferischen Zerstörung entstehen. Staatliches Eingreifen kann jedoch theoretisch erneut die langfristig optimale Forschungs- und Entwicklungstätigkeit herbeiführen. In der Regel ist hierzu die Gewährung einer Subvention zur Steigerung der Innovationsaktivität erforderlich. Unter Umständen läßt sich nach Meinung der Autoren aber auch die Erhebung einer Steuer zur Reduzierung der Neuerungstätigkeit begründen.

Allgemeingültige Handlungsempfehlungen können aus den Modellen mit steigender Produktqualität offensichtlich nicht abgeleitet werden. Zwar ist es nun grundsätzlich möglich, daß die dezentrale Marktlösung auch ohne staatliche Eingriffe zu einem optimalen Ergebnis führt. Hierbei handelt es sich jedoch um eine seltene Ausnahme. Wahrscheinlicher ist eine gesamtwirtschaftlich suboptimale Neuerungsaktivität der privaten Unternehmen. In der überwiegenden Mehrzahl der Fälle ist von zu geringen Forschungs- und Entwicklungsaufwendungen auszugehen, teilweise kommt es aber auch zu einer zu hohen Innovationstätigkeit.

---

1 Barro/Sala-i-Martin (1995), S. 261 f., prüfen in diesem Zusammenhang die Möglichkeit einer Kompensation der verdrängten Marktteilnehmer durch den Innovator im Coase´schen Sinne, verwerfen diesen Ansatz jedoch zurecht als nicht praktikabel.

2 Vgl. Grossman/Helpman (1991), sowie darauf aufbauend dies. (1992), Abschnitt 4. Zu diesem Modell auch Stolpe (1995), S. 30 ff.

1.4.2.3. Grundlagenforschung

Die bisherigen Betrachtungen haben sich ausschließlich mit den (positiven) externen Effekten beschäftigt, die im Zuge der angewandten Forschung und Entwicklung von privaten Unternehmen als unplanmäßige Nebenprodukte entstehen. Diese Externalitäten können als öffentliche Güter von allen Marktteilnehmern kostenlos genutzt werden, sobald sie einmal bereitgestellt worden sind. Von besonderer Bedeutung ist ferner die planmäßige Produktion von allgemeinem Wissen im Rahmen der marktfernen Grundlagenforschung, deren Ergebnisse aufgrund der Nicht-Anwendbarkeit des Ausschlußprinzips insgesamt öffentliche Güter darstellen[1]. Welche der beschriebenen Arten von Externalitäten spielen in diesem Fall eine Rolle?

Ergebnisse der Grundlagenforschung können nicht unmittelbar in marktfähige Produkte umgesetzt werden. Kurzfristig kommt es somit weder zu einer Zunahme der Wahlmöglichkeiten aus Sicht der Verbraucher noch zu einer unmittelbaren Verdrängung etablierter Anbieter. Eine Zerstörung bisheriger Renten und vorhandenen Wissens findet nicht statt, so daß nun weder der Konsumenten- noch der Produzenteneffekt relevant sind. Auf der anderen Seite ist der Wissenseffekt jetzt besonders hoch, da nicht nur einzelne Erkenntnisse, sondern deren Gesamtheit zu einer Erhöhung der zukünftigen Forschungsproduktivität in privaten Unternehmen und öffentlichen Forschungseinrichtungen führt.

Von der Grundlagenforschung gehen im Analyserahmen der neuen Wachstumstheorie somit ausschließlich positive externe Effekte aus. Da die Erträge aus der Produktion öffentlicher Güter nicht internalisiert werden können, ist nicht nur eine Unterinvestition in Grundlagenwissen, sondern sogar ein völliges Ausbleiben privater Aktivitäten zu erwarten[2]. Wird die Bereitstellung von Grundlagenwissen aber aufgrund seines eindeutig positiven Einflusses auf die Wirtschaftsentwicklung gewünscht, so sind staatliche Eingriffe zwingend erforderlich. Eine genauere Abgrenzung des Handlungsbedarfs ist allerdings mit Hilfe der neuen Wachstumstheorie nicht möglich.

---

1 Vgl. zu einer wachstumstheoretischen Betrachung der Grundlagenforschung Arnold (1997), S. 197 ff.

2 In der Realität investieren jedoch auch erwerbswirtschaftliche Unternehmen in Vorhaben der Grundlagenforschung, vgl. Rosenberg (1990) sowie die Ausführungen unter III.1.6.2.2.

1.4.3. Das Humankapitalmodell von Lucas

Das grundlegende Humankapitalmodell der neuen Wachstumstheorie wurde von Lucas entworfen, der Überlegungen von Uzawa aus den 60er Jahren weiterentwickelt und in den neuen Modellrahmen eingefügt hat[1]. Von zentraler Bedeutung sind nun die positiven externen Effekte des Humankapitals bzw. eines hohen Bildungsniveaus.

Die einzelnen Individuen können entweder in der Produktion tätig sein oder in ihre Aus- und Weiterbildung investieren. Im letztgenannten Fall erhöht sich ihre zukünftige Leistungsfähigkeit[2]. Die Produktivität des Bildungssystems ist dabei insbesondere vom bereits vorhandenen Humankapital abhängig. Im Vergleich zu den Forschungs- und Entwicklungsmodellen, bei denen die Unternehmen die Entscheidung zwischen Produktion und Forschung zu treffen haben und die Produktivität der Forschung vom bereits verfügbaren Wissen determiniert wird, weist dieser Ansatz somit eine ähnliche Grundstruktur auf. Allerdings ist das Humankapital im Gegensatz zum Produktionsfaktor Wissen nicht unbegrenzt akkumulierbar[3].

Zwischen der Qualifikation der einzelnen Individuen und ihrer Produktivität besteht eine positive Korrelation. Die erreichbare Güterproduktion einer Volkswirtschaft insgesamt ist zusätzlich vom durchschnittlichen Humankapital abhängig, da eine Steigerung des Bildungsniveaus der Bevölkerung gleichzeitig die Produktivität der anderen Produktionsfaktoren erhöht. Beispielsweise wird davon ausgegangen, daß eine hohe allgemeine Qualifikation den Erfahrungsaustausch zwischen den Arbeitskräften intensiviert und damit die Entstehung neuen Wissens anregt. Ferner nimmt die Nachfrage nach Innovationen tendenziell mit dem Bildungsniveau zu. Entsprechend unterscheidet Lucas zwischen einem internen Effekt des Humankapitals, den sich die Individuen über ihre höhere Produktivität und das erzielbare höhere Einkommen aneignen können, und einem externen Effekt, der über das durchschnittliche Bildungsniveau die Produktivität der Volkswirtschaft insgesamt erhöht und damit letztlich die Wohlfahrt steigert und die Wachstumschancen verbessert[4].

---

1 Vgl. Lucas (1988), S. 17 ff.; Uzawa (1965).

2 Humankapital entsteht nicht nur durch Aus- und nebenberufliche Weiterbildung, sondern auch im Rahmen der praktischen Berufstätigkeit, vgl. Stadler (1993), S. 180. Der letztgenannte „Learning-by-doing“-Ansatz wird in Lucas (1988), S. 27 ff., dargestellt.

3 Arnold (1995), S. 420 f., zeigt jedoch, daß auch eine unbegrenzte Humankapitalakkumulation konsistent modelliert werden kann. Vgl. auch ders. (1997), S. 221 ff.

4 Vgl. Lucas (1988), S. 18, sowie Erber/Hagemann/Seiter (1998), S. 70.

Allerdings läßt sich nun erneut eine Unterinvestition nachweisen, da die beschriebene positive Externalität von den Individuen bei der Aufteilung ihres Zeitbudgets auf Produktion und Bildung nicht berücksichtigt wird[1]. Das sich bei dezentralen Entscheidungen ergebende durchschnittliche Humankapital der Bevölkerung und damit die gleichgewichtige Wachstumsrate sind aus gesamtwirtschaftlicher Sicht zu gering. Durch entsprechende Subventionen zugunsten des Bildungssystems kann der Staat auch in diesem Modell den Optimalzustand herbeiführen, indem er vorrangig die Entwicklung derjenigen Fähigkeiten unterstützt, von denen starke externe Effekte ausgehen. Deren genaue Höhe ist zwar wiederum praktisch nicht zu ermitteln[2]. Dennoch ist davon auszugehen, daß insbesondere eine solide (schulische und berufliche) Grundausbildung die Voraussetzungen für weitere Lernprozesse der Individuen schafft und ihr daher eine besondere Bedeutung zukommt[3].

Das Wissen und die Fähigkeiten der Menschen erweisen sich im Modell von Lucas als die zentralen Determinanten des wirtschaftlichen Wachstums. Allerdings kann Bildung allein bei einem Fehlen der entsprechenden Leistungsanreize keine prosperierende Entwicklung gewährleisten[4]. Dies lenkt den Blick auf die Rahmenbedingungen. Ihre Bedeutung in den Modellen der neuen Wachstumstheorie wird im folgenden Abschnitt dargestellt.

1.4.4. Die Bedeutung der Rahmenbedingungen

Bereits die bisherigen Ausführungen haben gezeigt, daß sich aus der neuen Wachstumstheorie keineswegs nur Schlußfolgerungen für die Forschungs- und Technologiepolitik im engeren Sinn und die Bildungspolitik[5] ableiten lassen. So können auch Reformen im Bereich des Patentschutzes die unzureichenden Aneignungsmöglichkeiten verbessern und damit eine Erhöhung der unternehmerischen Forschungs- und Entwicklungstätigkeit bewirken.

---

1 Negative Externalitäten, die - vergleichbar dem oben beschriebenen Produzenteneffekt - durch die Entwertung bisheriger Fähigkeiten entstehen, werden hier ausgeklammert.

2 Vgl. Arnold (1995), S. 419, der feststellt, daß seriöse Schätzungen nicht vorliegen.

3 Vgl. auch Hanusch (1995), S. 24 ff., zur Rolle und zur Ausgestaltung der Bildungspolitik. Vgl. auch unter III.1.6.2.5.

4 Vgl. Becker (1996), S. 220 ff.

5 Die Bildungspolitik spielt dabei nicht nur im Rahmen der Humankapitalmodelle eine entscheidende Rolle, vgl. beispielsweise die Ergebnisse bei Romer (1990); ferner Hanusch (1995), S. 24 ff.

Über die Betonung der allgemeinen Anreizstrukturen[1] hinaus findet sich in den Modellen noch eine Reihe weiterer Implikationen in bezug auf die Gestaltung der Rahmenbedingungen, die infolge der Konzentration der Diskussion auf die externen Effekte oftmals nur wenig beachtet werden. Zu nennen ist hier insbesondere der Hinweis auf die Bedeutung angreifbarer und international offener Märkte[2], die den Innovatoren einerseits ein entsprechendes Absatzvolumen und damit die Erzielung von Gewinnen ermöglichen, sie andererseits aber auch dem notwendigen Druck des Wettbewerbs aussetzen. Relevant sind ferner Aspekte wie die Erleichterung des Zugangs zu den Kapitalmärkten[3], die allgemeine Steuergesetzgebung[4] und damit die Möglichkeiten zur Bildung von Eigenkapital sowie die Sicherung makroökonomischer Stabilität[5].

Eine Reduzierung der Handlungsempfehlungen der neuen Wachstumstheorie auf die Gewährung von Subventionen aufgrund der positiven externen Effekte - oder eine Besteuerung von Forschung und Entwicklung im seltenen Fall eines Übergewichts der negativen Externalitäten - würde den Modellen offensichtlich nicht gerecht. Dies gilt vor allem angesichts der Bedenken ihrer Vertreter gegenüber derartigen Staatseingriffen, die konkret mit Problemen bei der Messung der externen Effekte und der Bestimmung der optimalen Subventionshöhe begründet werden[6].

1.4.5. Fazit

Die Aussagen der neuen Wachstumstheorie erweisen sich insgesamt betrachtet als äußerst vielfältig. Da der staatliche Handlungsbedarf primär mit dem Auf-

---

[1] Zu den Auswirkungen der vorhandenen Anreizstrukturen auf die Berufswahl und die sich hieraus ergebenden (positiven oder negativen) Wachstumswirkungen vgl. Murphy/Shleifer/Vishny (1991).

[2] Vgl. beispielsweise das Modell von Segerstrom/Anant/Dinopoulos (1990), ferner Sachs/Warner (1997), S. 187, sowie die Zwei-Länder-Analysen bei Grossman/Helpman (1992) und Barro/Sala-i-Martin (1995). Eine umfassende empirische Studie zum Zusammenhang von Produktivitätswachstum und dem Grad der Offenheit einer Volkswirtschaft findet sich bei Edwards (1998).

[3] Vgl. Murphy/Shleifer/Vishny (1991), S. 518.

[4] Zu diesem Aspekt beispielsweise Haas (1995), S. 79 f.; Rebelo (1991), S. 511 f.

[5] Vgl. Klump (1996), S. 114. Dieser kommt zu dem Ergebnis, daß die neue Wachstumstheorie die „Rolle von Wirtschaftsordnung und Wirtschaftspolitik als maßgebliche Determinanten des Wirtschaftswachstums (wieder-)entdeckt“ (S. 116) hat. In diesem Zusammenhang sei auch auf die Bedeutung der „Konstanz der Wirtschaftspolitik“ - Eucken (1990 - Originalausgabe 1952), S. 285 - verwiesen, durch die den Unternehmen erst die Bildung stabiler Erwartungen ermöglicht wird.

[6] So beispielsweise Barro/Sala-i-Martin (1995), S. 237.

treten positiver externer Effekte begründet wird, bestätigen die Modelle die unter III.1.2.2.2. abgeleiteten Implikationen: Führen die dezentral getroffenen Entscheidungen der Marktteilnehmer zu einer Unterinvestition in Forschung und Entwicklung, so sollte der Staat die Innovationsaktivitäten der Unternehmen entsprechend subventionieren und damit die diesbezüglichen Ausgaben erhöhen. Als Alternative besteht auch hier wiederum die Möglichkeit einer Verbesserung der Rahmenbedingungen, insbesondere des Patentschutzes.

Aus Sicht der Forschungs- und Technologiepolitik i.e.S. legt die neue Wachstumstheorie zunächst eine allgemeine finanzielle Unterstützung nahe, da wegen der Ubiquität externer Effekte von jeglicher Forschungs- und Entwicklungstätigkeit positive gesamtwirtschaftliche Wirkungen erwartet werden können[1]. Empirische Studien zeigen jedoch, daß von den Neuerungsaktivitäten verschiedener Unternehmen und Branchen tendenziell unterschiedlich hohe externe Effekte ausgehen. Zur Erreichung der optimalen Wachstumsrate der Volkswirtschaft müssen sämtliche entstehenden Externalitäten vollständig internalisiert werden, so daß in den Modellen letztlich eine differenzierte und damit selektive Subventionierung erforderlich ist.

1.5. Neue Außenhandelstheorie

1.5.1. Ausgangspunkt und Grundgedanken

Die neue Außenhandelstheorie analysiert die internationalen Handelsströme und diskutiert die Möglichkeiten der Staaten zu ihrer Beeinflussung. Ein zentraler Ansatzpunkt ist hierbei die gezielte Subventionierung von Forschung und Entwicklung im Rahmen einer strategischen Industriepolitik. Ähnlich wie bei der neuen Wachstumstheorie steht auch am Beginn der neuen Außenhandelstheorie die Feststellung, daß eine Reihe empirischer Beobachtungen mit Hilfe der traditionellen Erklärungsmuster nicht oder zumindest nicht zufriedenstellend erfaßt werden kann. Bestimmte Erscheinungsformen des internationalen Güteraustausches - wie beispielsweise die große Bedeutung des intrasektoralen Handels in einigen Branchen - widersprechen den Implikationen der klassischen Außenhandelstheorie. Diese geht davon aus, daß sich die einzelnen Länder auf diejenigen Branchen spezialisieren, in denen sie über komparative Kostenvorteile verfügen. Intrasektoraler Handel ist hiermit ausgeschlossen. Durch Modifikationen zentraler Annahmen wird vor diesem Hintergrund seit den 80er Jah-

[1] Die Ubiquität externer Effekte führt dazu, daß privater und sozialer Nutzen prinzipiell auseinanderfallen.

ren versucht, die theoretische Modellwelt der empirisch beobachteten Realität anzunähern[1].

Die Modelle der neuen Außenhandelstheorie gehen von steigenden Skalenerträgen sowie in deren Folge von oligopolistisch strukturierten Weltmärkten mit hohen Markteintrittsbarrieren aus[2]. Sie betrachten damit zwar nur einen Teil des Güterspektrums, der jedoch im Rahmen des internationalen Warenaustausches über eine große Bedeutung verfügt[3]. Die steigenden Skalenerträge bzw. die sinkenden Durchschnittskosten werden auf der einen Seite durch hohe (versunkene) Fixkosten von Forschung und Entwicklung sowie bei der Produktion verursacht. Diese Fixkosten können in einzelnen Branchen und Technologien eine Höhe erreichen, die selbst den finanziellen Handlungsspielraum eines Großunternehmens übersteigt, und stellen damit gravierende Marktzutrittsbarrieren dar. Andererseits können die sinkenden Stückkosten auch auf dynamische Skalenerträge zurückgeführt werden. Derartige Lernkurveneffekte liegen vor, wenn „mit steigenden kumulierten Stückzahlen die Erfahrung in Produktion, Organisation und Absatz wächst“[4]. Im Ergebnis kommt es zu Preisvorteilen etablierter Anbieter bzw. von (ehemaligen) Pionierunternehmen bei der Produktion des betreffenden Gutes.

Im Gegensatz zu den Implikationen der klassischen Außenhandelstheorie, bei der die Ausschöpfung der komparativen Kostenvorteile die Wohlfahrt aller beteiligten Länder erhöht[5], führt Freihandel aus nationaler Sicht nun nicht mehr zum gesamtwirtschaftlichen Optimum. Vielmehr kann der Staat den bzw. dem einheimischen Unternehmen Wettbewerbsvorteile auf denjenigen Märkten verschaffen, auf denen die obigen Bedingungen erfüllt sind, und damit „die nationale Wohlfahrt noch über das bei Freihandel erreichbare Niveau hinaus“[6] erhöhen. Konkret können Renten zugunsten des Inlands umgelenkt („rent shifting“ durch die Eroberung bestehender Märkte) oder sogar neu geschaffen werden („rent creation“ durch die Begründung und Erschließung neuer Märkte)[7].

---

1 Vgl. auch Wiekert (1996), S. 238 f.

2 Vgl. zum folgenden Eickhof/Strecker (1999b). Einen Überblick über verschiedene Ansätze bietet Freytag (1995), S. 28 ff. Vgl. zu den Annahmen der neuen Außenhandelstheorie Hilpert u.a. (1994), S. 38 ff.; Siebert (1988), S. 552 f.

3 Beispiele sind insbesondere der Flugzeugbau und die Halbleiterindustrie.

4 Kösters (1994), S. 119. Vgl. auch ders. (1992).

5 Eine Ausnahme bildet lediglich das Schutzzollargument für sich erst entwickelnde „Industrien in den Kinderschuhen“, das auf Friedrich List zurückgeht. Zitat nach Siebert (1988), S. 551. Vgl. auch Cowling/Sugden (1998), S. 340 ff.; Holzem (1995), S. 125; Donges (1994), S. 183; Bletschacher/Klodt (1991), S. 5.

6 Kösters (1992), S. 50. Vgl. auch Dunn (1995), S. 167.

7 Eickhof (1997), S. 445, spricht in diesem Zusammenhang von „Chancen des Marktes .., die durch *strategische* Maßnahmen ... erschlossen werden“ sollen (Hervorhebung im Original).

Hierfür stehen insbesondere zwei Instrumente zur Verfügung: Die gezielte Gewährung von Exportsubventionen für die betreffenden Güter sowie eine technologie- oder projektspezifische Förderung von Forschung und Entwicklung. Nur die letztgenannte Maßnahme ist dabei der Forschungs- und Technologiepolitik i.e.S. zuzuordnen. Ohnehin wird die Vergabe von Exportsubventionen im Zuge der Weiterentwicklung der Welthandelsordnung mehr und mehr eingeschränkt[1]. Die weiteren Ausführungen konzentrieren sich daher auf die Förderung von Forschung und Entwicklung im Rahmen einer strategischen Industriepolitik, wie sie von Brander und Spencer modelltheoretisch dargestellt wird.

1.5.2. Das Modell von Spencer und Brander

Spencer und Brander (1983) betrachten in ihrem Modell zwei Unternehmen, von denen eines im Inland, das andere im Ausland angesiedelt ist[2]. Zwischen beiden besteht auf dem oligopolistisch strukturierten Weltmarkt eine enge Reaktionsverbundenheit, so daß die Entscheidungen des einen Unternehmens das Verhalten seines Konkurrenten unmittelbar beeinflussen. Im Rahmen eines zweistufigen Spiels legen die Marktteilnehmer zunächst ihre Ausgaben für Forschung und Entwicklung fest. Anschließend treffen sie die Entscheidung über die zu produzierende Gütermenge, die vollständig in Drittländer exportiert wird. Ziel ist die Maximierung des Gewinns, der gleichzeitig die Wohlfahrt der Bevölkerung im Inland widerspiegelt.

Annahmegemäß führen Forschung und Entwicklung zur Hervorbringung von Verfahrensinnovationen, die einen Rückgang der Grenzkosten bewirken[3]. Neuerungen erhöhen die Effizienz und die Leistungsfähigkeit eines Unternehmens, das somit die eigenen Absatzchancen verbessern sowie seinen Output und Marktanteil zu Lasten des ausländischen Anbieters steigern kann. Graphisch läßt sich dies anhand der Output-Reaktionskurven R_1 und R_2 der Marktteilnehmer verdeutlichen. Diese werden jeweils von der als gegeben angenommenen Produktionsmenge des Konkurrenten und der eigenen Kostensituation bestimmt (vgl. Abbildung III-3).

Zu Beginn produzieren die beiden Unternehmen die Mengen Y_1^0 bzw. Y_2^0. Durch die Prozeßinnovation kommt es zu einer Verschiebung der Output-Reak-

1 Vgl. Koopmann (1996). Zu den Wirkungen einer Exportsubventionierung im Rahmen einer strategischen Industrie- und Handelspolitik vgl. Brander/Spencer (1985).

2 Vgl. zum folgenden Spencer/Brander (1983), insbesondere S. 711 ff., sowie die Darstellung bei Siebert (1988), S. 563 ff.

3 Die von den beiden Unternehmen produzierten Güter stellen enge Substitute dar, Produktinnovationen werden daher im Modell ausgeschlossen.

tionskurve des neuerungsaktiven (inländischen) Anbieters nach außen von R_1^0 auf R_1^1. Die von ihm produzierte Gütermenge steigt auf das Niveau Y_1^1, diejenige seines Konkurrenten geht hingegen auf Y_2^1 zurück. Insgesamt kommt es zu einer Rentenumlenkung und zu einer Zunahme des Gewinns des einheimischen Unternehmens, die zugleich eine Erhöhung der inländischen Wohlfahrt auf Kosten des Auslands bewirkt[1].

Abbildung III-3: Die Output-Reaktionskurven der Unternehmen im Modell von Spencer und Brander

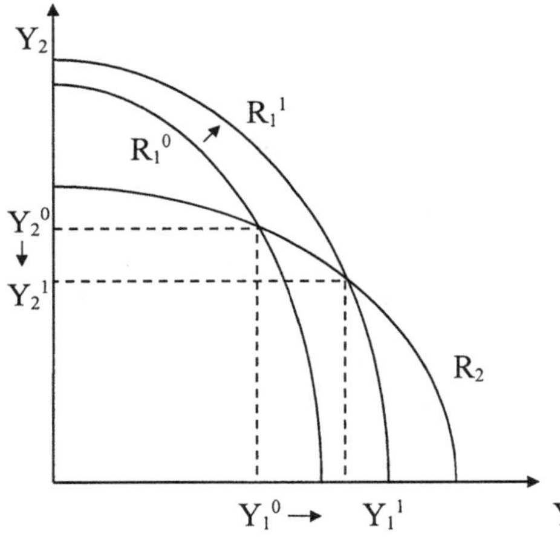

Quelle: In Anlehnung an Spencer/Brander (1983), S. 709.

Die von den Anbietern produzierte und anschließend im internationalen Wettbewerb abgesetzte Gütermenge ist vom Verlauf der Grenzkostenkurve abhängig. Dieser wird wiederum von der Einführung neuer, kostensenkender Produktionsverfahren und letztlich von den Forschungs- und Entwicklungsausgaben der Unternehmen bestimmt. Auf der ersten Stufe des betrachteten Spiels legen die Marktteilnehmer folglich die Mittel fest, die für Neuerungsaktivitäten zur Verfügung stehen sollen.

Naheliegende Versuche eines Unternehmens, durch die Ausweitung des eigenen Forschungs- und Entwicklungsbudgets einen Rückgang der Güterproduktion seines Konkurrenten zu erzwingen, sind jedoch nicht zu erwarten. Verläßt ein

[1] Konkret steigt der Gewinn des einheimischen Unternehmens auf ein Niveau, das demjenigen des Mengenführers im Stackelberg-Oligopolmodell entspricht. Vgl. Freytag (1995), S. 26 ff., sowie grundlegend Varian (1991), S. 423 ff.

Unternehmen den stationären Gleichgewichtszustand, so kommt es zu einer instabilen Situation, in der sowohl eine Steigerung als auch ein Rückgang seiner Gewinne möglich ist. Die Folgen einer Verhaltensänderung können nicht mit Sicherheit prognostiziert werden. Modifiziert hingegen der Staat durch die glaubhafte Zusage einer Forschungssubvention die Rahmenbedingungen für das einheimische Unternehmen, so kann er es zu einer Erhöhung seiner Forschungsausgaben veranlassen. Gleichzeitig wird der ausländische Konkurrent abgeschreckt, der die politischen Vorgaben in seine eigenen Entscheidungen einbezieht. Die beschriebenen Wirkungen lassen sich wiederum graphisch verdeutlichen. Abbildung III-4 stellt die Forschungs-Reaktionskurven R_1 und R_2 der beteiligten Unternehmen dar.

Abbildung III-4: Die Forschungs-Reaktionskurven der Unternehmen im Modell von Spencer und Brander

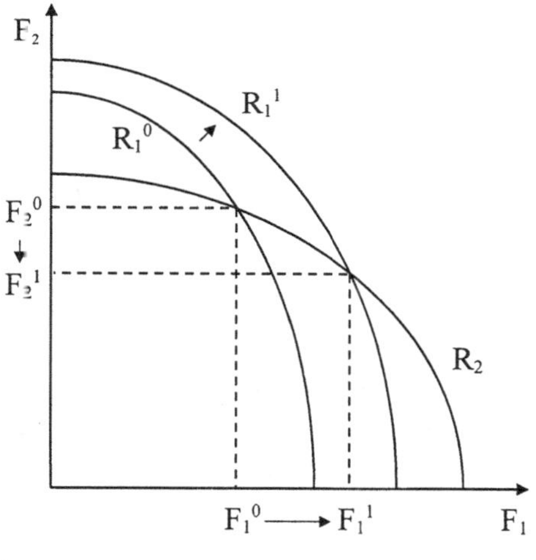

Quelle: In Anlehnung an Spencer/Brander (1983), S. 714.

Die Forschungs- und Entwicklungsbudgets der Unternehmen belaufen sich zunächst auf F_1^0 bzw. F_2^0. Subventionen führen zu einer Verschiebung der Forschungs-Reaktionskurve des begünstigten Unternehmens nach außen von R_1^0 auf R_1^1. Im Ergebnis intensiviert sich seine Neuerungsaktivität, was sich in einem Anstieg der Forschungsausgaben auf F_1^1 widerspiegelt, wogegen die Anstrengungen seines Konkurrenten auf F_2^1 zurückgehen.

Im Modell besteht ein deterministischer Zusammenhang zwischen den Forschungs- und Entwicklungsaktivitäten eines Unternehmens, der Hervorbringung kostensenkender Verfahrensinnovationen und seinem Output. Durch eine Subventionierung kann der Staat folglich indirekt zu einer Erhöhung der im Inland produzierten Gütermenge und zu einer Steigerung der dortigen Wohlfahrt beitragen. Offensichtlich besteht für die politischen Akteure ein starker Anreiz zur Unterstützung von Forschung und Entwicklung[1].

Das beschriebene, aus Sicht des Inlands positive Ergebnis kann jedoch nur unter einer Vielzahl äußerst restriktiver Voraussetzungen erreicht werden. Zu nennen sind insbesondere die Annahmen bezüglich der Marktstruktur und des Marktverhaltens, der ausschließliche Konsum des betreffenden Gutes in Drittländern, die Lösung der Informations- und Bewertungsprobleme der staatlichen Entscheidungsträger bei der Ermittlung der optimalen Subventionshöhe sowie die Abwesenheit von Retorsionsmaßnahmen. Beispielsweise führt eine gleichgerichtete Politik des Auslands zu einem Rückgang der Wohlfahrt aller Beteiligten im Vergleich zum Ausgangszustand bzw. zur Freihandelssituation, in der keinerlei finanzielle Unterstützung von Forschung und Entwicklung erfolgt. Angesichts der vielfältigen Probleme kommen Spencer und Brander schließlich zu dem Ergebnis, daß eine politische Umsetzung der im Modell zunächst erfolgversprechenden Subventionspolitik nicht wünschenswert ist[2].

1.5.3. Die Bedeutung der Rahmenbedingungen

Auch andere Vertreter der neuen Außenhandelstheorie warnen vor den Folgen, falls sich die Wirtschaftspolitik die dargestellten Implikationen zu eigen macht[3]. Die Rolle des Staates wird allerdings nicht von allen Autoren derart kritisch betrachtet. So modellieren Eaton und Grossman (1986) zwar die Wohlfahrtsverluste, die durch Gegenmaßnahmen des Auslands entstehen, zweifeln jedoch nicht an den grundsätzlichen Erfolgschancen strategischer Maßnahmen und abstrahieren von den gravierenden Informations- und Bewertungsproblemen. Allgemeingültige Handlungsempfehlungen können aber auch aus diesem Mo-

---

[1] Das wohlfahrtsoptimale Ergebnis im beschriebenen Modell stellt zwar die Gewährung einer Exportsubvention bei gleichzeitiger Besteuerung von Forschung und Entwicklung dar. Diese Lösung wird jedoch aus den bereits erwähnten Gründen nicht betrachtet.

[2] Die Bedenken der Begründer der neuen Außenhandelstheorie werden in der Sekundärliteratur teilweise nicht erwähnt, vgl. beispielsweise Meyer (1995).

[3] Vgl. Dixit (1984), S. 15, der die Gefahr eines Mißbrauchs der Modelle mit dem Ziel einer Durchsetzung politischer bzw. politökonomischer Interessen betont. Ähnlich Krugman (1987), S. 136 und insbesondere S. 138 ff. Siebert (1988), S. 575 f., sieht die theoretisch abgeleiteten Resultate durch die ökonomische Theorie der Politik relativiert. Rent-seeking-Aktivitäten von Lobbyisten verringern darüber hinaus die erreichbare nationale Wohlfahrt, vgl. Freytag (1995), S. 42. Kritisch zu den Implikationen und ihrer praktischen Umsetzbarkeit insbesondere auch Dunn (1995), S. 170 ff.; Klodt (1995), S. 81 ff.

dell nicht abgeleitet werden. Ist beispielsweise ein Marktzutritt weiterer inländischer Firmen zu erwarten, so wird die nationale Wohlfahrt nicht mit Hilfe einer Forschungssubvention maximiert, sondern im Gegenteil durch die Erhebung einer Steuer[1].

Insgesamt erweisen sich zumindest die frühen Modelle der neuen Außenhandelstheorie als wenig robust gegenüber Änderungen der zugrundeliegenden Annahmen[2]. Neueren Ansätzen gelingt es zwar teilweise, eindeutige Politikempfehlungen abzuleiten. Grundsätzlich besteht jedoch weiterhin die Gefahr kollektiver Dilemmasituationen.

Das Modell von Spencer und Brander hat gezeigt, daß Forschungs- und Entwicklungssubventionen dann nicht zu Wohlfahrtssteigerungen führen, wenn realistischerweise entsprechende Reaktionen des Auslands berücksichtigt werden. Sie münden dann vielmehr in ein Gefangenendilemma, das zu gravierenden Wohlfahrtsverlusten in allen beteiligten Ländern führt und nur durch kooperative internationale Vereinbarungen wieder lösbar ist.

Vor diesem Hintergrund ergeben sich weitere zentrale Implikationen, die sich nun aber auf die Rahmenbedingungen beziehen. Von großer Bedeutung sind konkret die Forderung nach einem internationalen Subventionsabbau sowie die Feststellung, daß eine Öffnung der Märkte für die Wohlfahrt aller beteiligten Nationen vorteilhaft ist. Deutlich wird insbesondere die Notwendigkeit einer „internationalen Wirtschaftsordnung und zugehöriger Institutionen, die Regeln und (Vergeltungs-)Mechanismen schaffen, mit denen die einzelstaatlichen Anreize für handelspolitisches Eingreifen zur Rentenumlenkung eliminiert werden“[3]. Auch unter den geänderten Modellannahmen der neuen Außenhandelstheorie bleibt Freihandel folglich die optimale ordnungspolitische Grundentscheidung[4]. Dieser Tatsache waren sich auch die meisten ihrer Vertreter bewußt[5].

---

1 Vgl. zu diesem Ergebnis auch Eaton/Grossman (1986), S. 398 und 402.

2 Vgl. auch Bletschacher/Klodt (1992), S. 16 ff.; dies. (1991), S. 6 ff. Die Handlungsempfehlungen ändern sich auch dann grundlegend, wenn das betreffende Gut zusätzlich im Inland nachgefragt wird. Vgl. ferner Donges (1994), S. 186, sowie die Übersicht bei Freytag (1995), S. 28 ff., und dessen Fazit auf S. 49 f.

3 Welzel (1998), S. 371.

4 Zu dieser Schlußfolgerung kommt auch Klodt (1995), S. 91, der feststellt, daß der „traditionelle Konsens ..., nach dem Freihandel zur besten aller möglichen Welten führt, ... durch die Theorie der strategischen Handelspolitik zwar ins Wanken, aber keineswegs zum Einsturz gebracht worden“ ist.

5 Baldwin (1992), S. 826, stellt fest: „The new trade theorists are very much aware of the practical limitations of their arguments, and they believe that, as a role of thumb, free trade is the best policy for countries to follow.“ Kritisch hierzu Cowling/Sugden (1998), S. 351

Abschließend ist somit festzustellen, daß die neue Außenhandelstheorie in speziellen Fällen durchaus Argumente für selektive Maßnahmen der Forschungs- und Technologiepolitik i.e.S. liefern kann. Theoretisch läßt sich mit Hilfe strategischer Forschungssubventionen teilweise eine Umlenkung von Renten in das Inland erreichen. Gleichwohl greift eine Reduzierung der Handlungsempfehlungen auf diesen Einzelaspekt zu kurz, zumal ebenso wie bei der neuen Wachstumstheorie der erklärende Charakter der Modelle im Vordergrund steht.

1.5.4. Fazit

Die Schlußfolgerungen aus den Modellen der neuen Außenhandelstheorie sind nicht nur vielfältig, sondern gerade in bezug auf die Forschungs- und Technologiepolitik i.e.S. auch äußerst heterogen. Dies erschwert zunächst die Ableitung allgemeingültiger Aussagen. Dennoch sollen im weiteren Verlauf der Arbeit die Erfolgsaussichten gezielter Staatseingriffe, konkret strategischer Subventionen und damit selektiver Maßnahmen zugunsten einzelner Branchen, Technologien und Unternehmen betrachtet werden.

Ein solches Vorgehen erscheint angesichts der vielfältigen Versuche gerechtfertigt, die neue Außenhandelstheorie zur Legitimation und zur vermeintlichen wissenschaftlichen Fundierung einer selektiven Forschungsförderung heranzuziehen[1]. Zwar ist die „Irrelevanz dieser Ansätze für die Wirtschaftspolitik“[2] aufgrund der erwähnten Kritikpunkte und Umsetzungsprobleme bekannt. Dessenungeachtet sehen insbesondere die Befürworter der seit langem unter Ökonomen umstrittenen Steuerungsversuche im Bereich der anwendungsnahen Forschungsförderung in den neuen Modellen eine willkommene Begründung und Rechtfertigung.

Darüber hinaus ist zu beobachten, daß sich diese Bestrebungen keineswegs nur auf diejenigen Güter und Technologien beschränken, für die die eingangs erwähnten Charakteristika und Modellannahmen gelten. Vielmehr steht die Sicherung der internationalen Wettbewerbsfähigkeit - und damit letztlich auch die Erlangung von Wettbewerbsvorteilen - allgemein im Mittelpunkt der europäischen Forschungs- und Technologie- bzw. Industriepolitik.

---

ff., die auf die Gefahr einer Instrumentalisierung des freien Welthandels durch multinationale Konzerne hinweisen.

[1] Vgl. zu dieser Beobachtung auch Cowling/Sugden (1998), S. 341.

[2] Eekhoff/Enste/Wehmeier (1997), S. 334.

1.6. Ergebnisse der Innovationstheorie

Die Innovationstheorie beschäftigt sich seit den Arbeiten Schumpeters mit den Quellen und den grundlegenden Charakteristika des wissenschaftlich-technischen Fortschritts sowie mit der Dynamik der wirtschaftlichen Entwicklung. Diese wird durch die „laufende Schaffung neuen Wissens“[1] und die Durchsetzung von Neuerungen im Rahmen evolutionärer, zukunftsoffener Marktprozesse vorangetrieben. Deren Ergebnisse sind jedoch grundsätzlich nicht antizipierbar oder prognostizierbar. Hiermit wendet sich die Innovationstheorie gegen das neoklassisch-statische Denken in Gleichgewichten, das genau „jenen Zustand als bereits bestehend annimmt, den ... der Prozeß des Wettbewerbs erst schaffen soll“[2]. Im Mittelpunkt steht vielmehr die Identifikation derjenigen Determinanten, die das Neuerungsverhalten von Individuen und Unternehmen begünstigen und damit Wettbewerbsprozesse anstoßen.

Von den Ergebnissen der Innovationstheorie können daher offensichtlich Rückschlüsse auf erforderliche und erfolgversprechende Maßnahmen der Forschungs- und Technologiepolitik erwartet werden. Im folgenden sollen die Implikationen traditioneller und neuerer Ansätze dargestellt werden, wobei letztere bereits dazu beitragen, bisherige Subventionsargumente zu widerlegen und den staatlichen Handlungsbedarf zu konkretisieren.

1.6.1. Ansätze der traditionellen Innovationstheorie

Die traditionelle Innovationstheorie untersucht einerseits den Einfluß angebots- und nachfrageseitiger Faktoren auf die Innovationstätigkeit von Unternehmen (vgl. unter 1.6.1.1.). Auf der anderen Seite beschäftigen sich die Neo-Schumpeter-Hypothesen mit den Fragen, inwiefern die Neuerungsaktivität der Marktteilnehmer von der Unternehmensgröße und der Marktstruktur bzw. dem Konzentrationsgrad abhängig ist. Die theoretischen Aussagen dieser Hypothesen wurden mittlerweile in einer Vielzahl empirischer Studien überprüft (vgl. 1.6.1.2. und 1.6.1.3.).

---

1 Kerber (1991), S. 10. Vgl. zum folgenden auch ders. (1998a), S. 324 f.
2 Hayek (1976 - Originalausgabe 1946), S. 122. Vgl. auch bereits unter III.1.2.1.

1.6.1.1. Wissensdruck und Nachfragesog

Die relative Bedeutung angebots- und nachfrageseitiger Faktoren für die Inventions- und Innovationstätigkeit von Unternehmen war lange Zeit Gegenstand kontroverser Diskussionen. Heute wird allgemein von einem komplementären Erklärungsgehalt der beiden Determinanten ausgegangen, die in Abhängigkeit von der betrachteten Branche und der konkreten Innovation über unterschiedliches Gewicht verfügen. Ihre Bedeutung ist zudem in einer Vielzahl empirischer Studien bestätigt worden[1].

Der „Wissensdruck"- oder auch „Technology-push"-Hypothese zufolge wird die Neuerungsaktivität der Unternehmen vom wissenschaftlichen Fortschritt in der Grundlagenforschung und vom Bestand an verfügbarem Wissen bestimmt. Hierbei stellen die Wissensbasis und ihre Entwicklung exogen vorgegebene, von ökonomischen Abläufen, Gesetzmäßigkeiten und Anreizen kaum beeinflußbare Größen dar[2]. Die „Technology-push"-Hypothese behandelt den wissenschaftlichen und demzufolge auch den technischen Fortschritt als eine Art „black box"[3]. Aus ihrer Sicht stellt er zwar die entscheidende Größe für die wirtschaftliche Entwicklung dar, seine Entstehung und Verbreitung werden jedoch nicht thematisiert und bleiben letztlich unerklärt.

Die Vorstellung, daß die naturwissenschaftliche Forschung „immer den sicheren Boden des technischen Fortschritts"[4] bildet, reicht bis ins 19. Jahrhundert zurück. Allerdings lassen sich gerade aus frühindustrieller Zeit Beispiele für Innovationen anführen, deren wissenschaftliche Grundlagen erst ex post und teilweise deutlich später erklärt werden konnten[5]. Zudem ist heute eine Vielzahl technisch durchaus funktionsfähiger Anwendungen bekannt, die dennoch nicht in marktfähige Produkte umgesetzt werden. Vor diesem Hintergrund ist die (empirisch nicht haltbare) Auffassung, daß neues Wissen automatisch und zwingend zu einer Zunahme der unternehmerischen Neuerungstätigkeit führt, vor allem als Reaktion auf einige spektakuläre naturwissenschaftliche Durchbrüche des 20. Jahrhunderts und die hieraus resultierenden Innovationsschübe zu verstehen.

In der beschriebenen Form macht die „Wissensdruck"-Hypothese eine staatliche Förderung der Grundlagenforschung unabdingbar. Aufgrund des Fehlens ökonomischer Anreize in diesem Bereich bleiben private Aktivitäten weitgehend

---

1 Vgl. Stadler (1997), S. 28.

2 Vgl. Leder (1989), S. 30; Dosi (1988a), S. 1141 f.; ders. (1982), S. 148.

3 So der Titel einer Arbeit von Rosenberg (1982).

4 Werner von Siemens im Jahr 1883, Zitat nach Großmann (1993), S. 14.

5 Vgl. Elßer (1993), S. 47, der als konkretes Beispiel die Dampfmaschine nennt.

aus[1]. Die notwendigen Voraussetzungen für Innovationen können daher nur durch staatliche Eingriffe in Form einer Bereitstellung von wissenschaftlich-technologischem Grundlagenwissen geschaffen werden. Auch wenn an der Allgemeingültigkeit der „Wissensdruck"-Hypothese sowohl aufgrund theoretischer Überlegungen als auch vor dem Hintergrund empirischer Studien erhebliche Zweifel angebracht sind, liegt hierin ihre zentrale Implikation. Von entscheidender Bedeutung ist darüber hinaus, daß das erarbeitete Wissen den potentiellen Anwendern und Nutzern durch eine leistungsfähige Transferinfrastruktur zugänglich gemacht wird.

Im Rahmen des „Wissensdruck"-Ansatzes spielen ökonomische Faktoren offensichtlich nur eine untergeordnete Rolle. Neues Wissen wird unmittelbar und unabhängig von marktbezogenen Faktoren in Innovationen umgesetzt, sobald es verfügbar ist. Die Vertreter der „Nachfragesog"- bzw. „Demand-pull"-Hypothese betonen dagegen, daß die Marktteilnehmer erst dann eigene Forschungs- und Entwicklungsaktivitäten entfalten, wenn sie eine bislang unbefriedigte Nachfrage und damit eine Möglichkeit zur Erzielung von Gewinnen identifiziert haben[2]. Die innovative Tätigkeit erwerbswirtschaftlicher Unternehmen ist damit ausschließlich von den bestehenden ökonomischen Anreizstrukturen abhängig[3], die Marktsignale werden zur alleinigen Determinante der Neuerungsaktivitäten.

Das verfügbare Wissen bildet dagegen keine Restriktion mehr, da bei entsprechenden Gewinnerwartungen zusätzliche Forschungsvorhaben angeregt und durchgeführt werden. Die Wissens- und Technologiebasis einer Volkswirtschaft reagiert nahezu unendlich elastisch auf Änderungen der Nachfrage und paßt sich dieser flexibel an[4]. Schmookler geht davon aus, daß der Stand des Wissens aufgrund der Fülle der bereits vorhandenen Erkenntnisse den inventiven und innovativen Bemühungen der Unternehmen kaum noch Beschränkungen auferlegt[5].

---

1 Vgl hierzu ausführlich unter III.1.2.2.3.

2 Die „Nachfragesog"-Hypothese geht insbesondere auf die Arbeit von Schmookler (1966) zurück. Schon Nelson (1959b), S. 101, stellt jedoch fest: „... invention is strongly motivated by perceived profit opportunities", und Grossman/Helpman (1992), S. 5 f., sehen vergleichbare Erklärungsansätze bereits in den Arbeiten Schumpeters.

3 Vgl Staudt (1988), S. 216.

4 Vgl Elßer (1993), S. 44.

5 Vgl Schmookler (1966), S. 210. Auch Schumpeter geht bereits von permanent in ausreichendem Umfang vorhandenen technischen Möglichkeiten bzw. Inventionen aus, die lediglich von Pionierunternehmern durchgesetzt werden müssen, vgl. Witt (1987), S. 37 f. Der technische Fortschritt ist damit auch hier eine „black box", vgl. Dosi (1982), S. 147.

Welche Schlußfolgerungen lassen sich hieraus für die Forschungs- und Technologiepolitik ziehen? Zur Sicherung einer ausreichenden Nachfrage nach innovativen Leistungen ist zunächst die Beseitigung von Handelshemmnissen und damit eine Vergrößerung der Absatzmärkte angezeigt. Darüber hinaus ergeben sich weitere Ansatzpunkte bei der Gestaltung der Rahmenbedingungen, wobei die Aneignungsmöglichkeiten und Gewinnaussichten der Unternehmen insbesondere durch die patentrechtlichen und steuerlichen Vorschriften beeinflußt werden.

Wie bereits angedeutet, sind die beiden Hypothesen eher als komplementäre denn als konkurrierende Erklärungsansätze für die Entwicklung des technischen Fortschritts anzusehen[1]. Durchbrüche in der Grundlagenforschung sind demzufolge von zentraler Bedeutung für Basisinnovationen, die Suche nach neuen Anwendungsmöglichkeiten sowie inkrementalen Verbesserungen bestehender Produkte und Verfahren wird dagegen primär von den Anforderungen der Nachfrager bestimmt. Vor diesem Hintergrund stellen die dargestellten Implikationen sich gegenseitig ergänzende Handlungsempfehlungen, nicht konkurrierende Alternativen dar.

Abschließend ist jedoch festzustellen, daß sowohl der „Wissensdruck"- als auch der „Nachfragesog"-Ansatz der Realität nicht annähernd gerecht werden können. Sie sind als monokausale Hypothesen nicht in der Lage, die komplexen Quellen des wissenschaftlichen und technischen Fortschritts zu erklären und verallgemeinern die nach Technologien, Branchen und Unternehmen höchst unterschiedlichen Innovationsbedingungen in unzulässiger Weise. In beiden Modellen entstehen Innovationen zudem ausschließlich als Reaktionen der Unternehmen auf die exogen vorgegebenen Faktoren Wissen bzw. Marktnachfrage. Dagegen wird die Möglichkeit eines aktiven, leistungsmotivierten Handelns der Individuen vernachlässigt[2].

---

1 Vgl. Kamien/Schwartz (1982), S. 64 und 217, die die Wechselwirkungen zwischen ökonomischen (Gewinn-)Möglichkeiten sowie der Ausbeutung und Entstehung neuer technologischer Möglichkeiten betonen. Vgl. zum folgenden ferner Fischer (1995), S. 146 f.; Freeman (1994b), S. 479; Rahmeyer (1987), S. 10.

2 Auf Fragen der Leistungsmotivation und des individuellen Anspruchsniveaus wird unter 1.6.2.1. eingegangen.

1.6.1.2. Unternehmensgröße und Innovation

Der Zusammenhang zwischen der Größe eines Unternehmens und seiner Forschungs- und Entwicklungs- bzw. Innovationstätigkeit ist Gegenstand der Neo-Schumpeter-Hypothese I[1]. Konkret wird hierbei von einer positiven Korrelation der beiden Faktoren, also von einer mit zunehmender Größe steigenden Neuerungsaktivität ausgegangen. Begründet wird diese Vermutung mit speziellen Vorteilen, über die Großunternehmen verfügen. Insbesondere sind dies mögliche Größenvorteile bei Forschung und Entwicklung, bessere Möglichkeiten zur Risikostreuung und Diversifizierung sowie zur Informationsbeschaffung und -verarbeitung, ein leichterer Zugang zu den Kapitalmärkten, größere Marketingressourcen sowie schließlich die erforderlichen Kapazitäten für eine Massenproduktion nach der Innovation und damit die Chance zur Realisierung von Gründergewinnen[2].

Diesen begünstigenden Faktoren stehen allerdings gravierende Nachteile gegenüber, die umgekehrt auch als Vorteile kleiner und mittlerer Unternehmen im Innovationsprozeß angesehen werden können. Zu nennen sind nun die Gefahr der Überorganisation und hieraus resultierende Starrheiten, mangelnde Kundenorientierung, eingeschränkte Freiräume für Kreativität und unternehmensinterne Widerstände gegen bahnbrechende Neuerungen, Umsetzungsdefizite sowie Ineffizienzen beim Überschreiten bestimmter Optimalgrößen im Forschungsbereich. Kleine und mittlere Unternehmen weisen im Gegensatz zu den „material advantages“ (Ressourcenvorteile in finanzieller, technischer und personeller Hinsicht) der Großunternehmen eindeutige „behavioral advantages“ (Verhaltens- oder Organisationsvorteile) auf[3].

Aus theoretischen Überlegungen können offensichtlich keine eindeutigen Aussagen über einen Zusammenhang von Unternehmensgröße und Innovationstätigkeit getroffen werden. Darüber hinaus ist zu berücksichtigen, daß die Unternehmensgröße endogen im Markt-Wettbewerbs-Prozeß bestimmt wird. Angesichts der vielfältigen Wechselwirkungen zwischen Neuerungsverhalten und Effizienz auf der einen sowie Unternehmensentwicklung und -wachstum auf der

---

[1] Die Hypothese ist in der hier dargestellten Form eher Galbraith als Schumpeter zuzuschreiben, vgl. Schmidt/Elßer (1990), S. 557; Kamien/Schwartz (1982), S. 22. Scherer (1992), S. 1417 stellt fest, daß sich zumindest in früheren Arbeiten Schumpeters Größe sowohl als Vorteil wie auch als Nachteil erweisen kann.

[2] Vgl. hierzu und zum folgenden Dicke (1995), S. 64 ff.; Elßer (1993), S. 59 f.; Reichardt/Wimmers (1992), S. 8 ff.; Scherer/Ross (1990), S. 652; Rahmeyer (1987), S. 19 f. Eine ausführliche tabellarische Übersicht findet sich bei Rothwell (1989), S. 53.

[3] Vgl. zu den genannten Begriffen Rothwell (1989), S. 52. Vgl. ferner Behrendt (1996), S. 20.

anderen Seite erscheinen Versuche zur Ableitung einfacher Kausalbeziehungen wenig erfolgversprechend.

Empirische Studien sehen sich zunächst mit dem grundsätzlichen Problem der Auswahl eines geeigneten Indikators für die Neuerungsaktivität konfrontiert[1]. Die Ergebnisse der durchgeführten Untersuchungen können die Neo-Schumpeter-Hypothese I jedoch gleichfalls nicht bestätigen[2]. Vielmehr zeigt sich, daß der Anteil der Ausgaben für Forschung und Entwicklung an den Gesamtausgaben der Unternehmen weniger von deren Größe als von der Branche, der Technologie sowie der Marktphase bzw. der Dynamik des Marktes und seinem Volumen abhängig ist[3].

Gleiches gilt für den relativen Beitrag großer und kleiner Unternehmen zu den gesamten Innovationen eines Industriezweiges. Von zentraler Bedeutung für die Neuerungsaktivität sind darüber hinaus die Unternehmensorganisation sowie die Kreativität und Motivation der Mitarbeiter[4]. In diesem Zusammenhang ist auch auf die Bemühungen großer Unternehmen zu verweisen, durch flexiblere und weniger hierarchische Organisationsstrukturen vorhandene innovative Potentiale besser zu nutzen. Die Unternehmensgröße kann daher nicht als alleiniger oder entscheidender Bestimmungsgrund - und erst recht nicht als eindeutig förderlich - für die Innovationstätigkeit angesehen werden.

Sowohl theoretische Überlegungen als auch empirische Studien führen insgesamt betrachtet zu dem Ergebnis, daß kleine und große Unternehmen im Innovationsprozeß über unterschiedliche, spezifische Vor- und Nachteile verfügen. Aufgrund dieser komplementären Funktionen[5] ist aus gesamtwirtschaftlicher

---

1 Beispiele für input-, output- und marktorientierte Indikatoren finden sich bei Audretsch (1995), S. 33 ff.; Arvanitis/Hollenstein (1994); Schmidt/Elßer (1990).

2 Überblicke über bisherige Studien finden sich bei Elßer (1993), S. 66 ff.; Frisch (1993), S. 22 ff.; Eickhof (1982), S. 154 ff. Vgl. ferner Dunn (1995), S. 174; Leder (1989), S. 26 f. Untersuchungen des Zusammenhangs von Unternehmensgröße und Innovationstätigkeit sind jedoch mit erheblichen Meßproblemen verbunden, vgl. Schmidt/Elßer (1990), S. 557 f.

3 Vgl. Rothwell/Dodgson (1994), sowie erneut Blair (1972), S. 114 ff., demzufolge neuere technologische Entwicklungen kleinere Unternehmen tendenziell begünstigen und ihre Wettbewerbschancen durch die Reduzierung von Mindestbetriebsgrößen erhöhen. Vgl. auch Dicke (1995), S. 65; Freeman (1994a), S. 83; Geroski (1994), S. 26 ff.

4 Vgl. Stadler (1997), S. 27; Eickhof (1982), S. 164 ff. und 183 ff. Vgl. ferner die Ausführungen unter 1.6.2.1.

5 Vgl. bereits Kaufer (1979), S. 7; Mansfield (1968), S. 217. Zu den „dynamischen Komplementaritäten“ zwischen kleinen und großen Unternehmen auch Rothwell/Dodgson (1994), S. 318 ff. Ein empirischer Überblick über die Stellung kleiner und mittlerer Unternehmen im Innovationsprozeß findet sich bei Harhoff/Licht u.a. (1996).

Sicht von der Vorteilhaftigkeit einer differenzierten Unternehmensgrößenstruktur auszugehen[1]. Ihre Flexibilität verschafft kleinen und mittleren Unternehmen Vorteile in jungen, sich dynamisch entwickelnden Märkten sowie in spezialisierten Marktnischen, aber auch bei der Hervorbringung von Innovationen, der Suche nach neuen Anwendungsmöglichkeiten und bei der Diffusion. Günstige Ausgangsbedingungen bieten sich ihnen grundsätzlich in humankapitalintensiven Branchen, in denen aufgrund niedriger Anfangsinvestitionen nur geringe Markteintrittsbarrieren bestehen[2].

Großunternehmen spielen demgegenüber die dominierende Rolle bei der kommerziellen Verwertung einer Innovation und ihrer planmäßigen, schrittweisen Verbesserung und Weiterentwicklung. Eine umfassende Durchsetzung der oftmals noch unvollkommenen Erstinnovationen ist ohne die Möglichkeit zur Ausnutzung von Skalenerträgen im Rahmen einer Massenproduktion und die hierdurch erreichbare Verbilligung der Neuerungen zumeist nicht denkbar[3]. Kleine Unternehmen werden im Zuge dieser Entwicklung entweder verdrängt, übernommen oder suchen sich spezielle Marktnischen - wenn sie nicht durch starkes Wachstum selbst zu Großunternehmen werden.

Als vorteilhaft für die Innovationstätigkeit erweist sich nicht nur eine differenzierte Unternehmensgrößenstruktur innerhalb einer Branche, sondern auch eine diversifizierte Struktur der gesamten Volkswirtschaft, durch die Synergieeffekte zwischen einzelnen (verwandten) Industrien besser genutzt und realisiert werden können[4]. Leistungsfähige Zulieferer lassen sich zudem im Sinne des „Wissensdruck"-Ansatzes als neuerungswirksamer Inputfaktor interpretieren. Anspruchsvolle Abnehmerindustrien sorgen entsprechend der „Nachfragesog"-Theorie für den notwendigen Wettbewerbs- und Innovationsdruck.

---

1 Vgl. Eickhof (1992), S. 180; ders. (1982), S. 161. Gerybadze (1991), S. 128 f., stellt fest, daß eine „geeignete Ausdifferenzierung der Industriestruktur" vorteilhaft ist: Einerseits sollen auf einem Markt multinationale Großunternehmen und flexible mittelständische Firmen existieren, andererseits sollen Neugründungen von Unternehmen mögliche Starrheiten verhindern. Vgl. auch Van de Loo (1993), S. 288 ff., zur sogenannten Größenvielfaltshypothese, die die unterschiedlichen Vorteile größerer und kleinerer Unternehmen im Innovationsprozeß sowie „komplementäre und interaktive Beziehungen" zwischen ihnen betont.

2 Vgl. Rothwell/Dodgson (1994), S. 313 und 315.

3 Frisch (1993), S. 127, sieht durch die Struktur von Großunternehmen eher das „planmäßige, gut organisierbare Erreichen vorgegebener technologischer Ziele" und die „systematische Ausschöpfung des Potentials einmal eingeschlagener Forschungspfade" begünstigt, warnt aber dennoch vor einer Unterschätzung ihrer Rolle im kreativen Innovationsprozeß.

4 Vgl. Erdmann (1993), S. 80 f.; Porter (1993), S. 124 ff.

Größenvielfalt wirkt sich insgesamt positiv auf die Neuerungstätigkeit aus, gerade weil keine bestimmte Unternehmensgröße als innovationsoptimal oder auch nur -überlegen anzusehen ist[1]. Aus diesem Ergebnis lassen sich zwar zunächst keine unmittelbaren Schlußfolgerungen für forschungs- und technologiepolitische Maßnahmen ableiten. Diese Beurteilung verändert sich jedoch, wenn Nachteile kleinerer Unternehmen bei der Kapitalbeschaffung oder der Markterschließung nachweisbar sind, durch die diese in ihren Innovationsaktivitäten behindert werden und somit auch ihre gesamtwirtschaftliche Funktion nur unzureichend erfüllen können.

Bestehen derartige Probleme, so sind beispielsweise Maßnahmen wie die Erleichterung von Forschungs- und Entwicklungskooperationen[2] oder institutionelle Reformen auf den Kapitalmärkten mit dem Ziel einer Verbesserung der Möglichkeiten zur Risikokapitalbeschaffung in Erwägung zu ziehen. Darüber hinaus können die Zusammenarbeit von Unternehmen und die Nutzung von Synergieeffekten durch die Einrichtung von Technologie- und Gründerzentren verbessert werden. Denkbar ist schließlich auch eine allgemeine Subventionierung von Forschung und Entwicklung in kleinen und mittleren Unternehmen.

1.6.1.3. Marktstruktur und Innovation

Die Überlegungen zum Zusammenhang von Marktstruktur und Innovationstätigkeit beschäftigen sich mit dem Einfluß vorhandener bzw. potentieller Marktmacht auf das Neuerungsverhalten von Unternehmen. In Anlehnung an die Arbeiten Schumpeters wird konkret vermutet, daß sich eine Monopolstellung - oder zumindest ein hoher Konzentrationsgrad - hierbei als förderlich er-

---

[1] Dementsprechend ist nicht nur die Neo-Schumpeter-Hypothese I unzutreffend, sondern auch die Gegenthese eines „small is beautiful", die die höhere Innovationsaktivität kleiner Unternehmen propagiert. Vgl. Rothwell/Dodgson (1994), S. 310.

[2] Hierbei ist wiederum nicht nur an die kartellrechtlichen Vorschriften zu denken, sondern insbesondere bei internationalen Kooperationen auch an eine Übernahme der Anbahnungskosten durch den Staat.

weist[1]. Die behauptete Kausalität wird daher auch als Neo-Schumpeter-Hypothese II bezeichnet[2].

Sowohl theoretisch unumstritten als auch empirisch bestätigt ist zunächst, daß eine erwartete, möglicherweise sogar durch ein Patent abgesicherte Monopolstellung die Neuerungsaktivität anregt[3]. Die Aussicht auf die Erzielung von Gründergewinnen schafft aus Sicht der Unternehmen die erforderlichen Anreize für eine Übernahme der Innovationsrisiken. Auf diesen Aspekt soll daher im folgenden nicht weiter eingegangen werden.

Wesentlich kontroverser wurde und wird dagegen die Frage diskutiert, ob eine bereits etablierte Monopolstellung gleichermaßen positive Auswirkungen auf die Neuerungsaktivität des betreffenden Unternehmens hat. Aus theoretischer Sicht ist dabei eine Vielzahl von Argumenten zur Unterstützung, aber auch zur Widerlegung dieser These vorgebracht worden[4]. Auf der einen Seite wird ein Monopolist bzw. ein marktmächtiges Unternehmen als innovativer angesehen, weil es aufgrund seiner überragenden Marktstellung über bessere Möglichkeiten zur Aneignung der Gründergewinne, eine größere Planungssicherheit, eine wegen der bisher erzielten Monopolrenten höhere Finanzkraft sowie über einen besseren Zugang zu besonders innovativen und kreativen Mitarbeitern verfügt. Andererseits sind die Innovationsanreize aufgrund der bereits vorhandenen Monopolstellung und des fehlenden Wettbewerbsdrucks geringer. Darüber hinaus ist für den Monopolisten nur die zusätzliche Rente, d.h. die Differenz von bisheriger Monopolrente und erwarteter Innovationsrente entscheidungsrelevant[5]. Die Abwesenheit von Konkurrenten führt schließlich im Zeitablauf zu Ineffizienzen beim Monopolisten selbst[6].

---

1 Vgl. Schumpeter (1993 - Originalausgabe 1942), S. 165 f.: „In Wirklichkeit stehen .. dem Monopolisten überlegene Methoden zur Verfügung, die der Menge der Konkurrenten entweder nicht oder nicht so rasch zur Verfügung stehen.“ Und weiter S. 172: „Die Einführung neuer Produktionsmethoden und neuer Waren ist bei einer von Anfang an vollkommenen - und ganz sofortigen - Konkurrenz kaum denkbar. ... Falls etwas Neues eingeführt wird, wird stets ... die vollkommene Konkurrenz teilweise aufgehoben.“ Monopole sind jedoch bei Schumpeter kein dauerhafter Zustand, sie treten vielmehr zyklisch auf und werden durch neue Erfindungen wieder aufgebrochen.

2 Hagedoorn (1989), S. 64, und Scherer (1984), S. 170, bezeichnen die Neo-Schumpeter-Hypothesen I und II als durch Schumpeter inspiriert bzw. angeregt.

3 Vgl. Geroski (1994), S. 43; Nelson/Winter (1982), S. 279. Elßer (1993), S. 61, spricht von „Ex-post-Marktmacht als Voraussetzung für technischen Fortschritt“.

4 Vgl. zum folgenden insbesondere Kamien/Schwartz (1982), S. 27 ff.

5 Vgl. Schmidt/Elßer (1990), S. 560.

6 Der von Leibenstein (1966) geprägte Begriff der X-Ineffizienz besagt, daß der mangelnde Wettbewerbsdruck auf monopolisierten Märkten zu Anreiz- und Motivationsproblemen, zu ineffizienten Organisationsformen sowie zum Einsatz suboptimaler Produktionstechnolo-

Theoretisch ist die Frage nach einer höheren Innovationsaktivität von Monopolunternehmen somit nicht eindeutig zu beantworten. Die genannten Argumente lassen allerdings zumindest starke Zweifel an der Allgemeingültigkeit der Hypothese aufkommen[1]. Darüber hinaus wird aus theoretischer Sicht die Einseitigkeit der Kausalbeziehung kritisiert, da die Vorstellung einer die Innovationstätigkeit bestimmenden Marktstruktur die vorhandenen Wechselwirkungen ignoriert[2]. Vielmehr sind Marktstruktur und Konzentrationsgrad ebenso wie die Unternehmensgröße als endogene Größen anzusehen, die im Wettbewerbsprozeß unter anderem vom Neuerungsverhalten der einzelnen Marktteilnehmer determiniert werden[3]. Effizientere Unternehmen wachsen auf Kosten ihrer weniger innovativen Konkurrenten, denkbare Konzentrationstendenzen werden in offenen, angreifbaren Märkten in der Regel durch Marktzutritte verhindert bzw. kompensiert.

Empirische Studien konnten bislang unabhängig vom gewählten Indikator nur äußerst selten eine Bestätigung für die Neo-Schumpeter-Hypothese II nachweisen. Selbst in diesen Fällen lag lediglich eine schwache Korrelation zwischen Marktmacht und Innovationsaktivität vor[4]. Von größerer Bedeutung als die Konzentration waren das vorhandene Wissen und die technologischen Grundlagen der betrachteten Branche, die Höhe und Elastizität der Nachfrage sowie die Möglichkeiten zur Aneignung der Gewinne. Angesichts der Vielzahl der Einflußfaktoren erscheint es grundsätzlich verfehlt, von einer etwaigen positiven Korrelation von Konzentrationsgrad und Neuerungsaktivität auf eine eindeutige Kausalbeziehung zwischen diesen beiden Größen zu schließen[5]. Unter diesen Voraussetzungen existiert keine innovationsoptimale Marktstruktur.

Die Innovationstätigkeit der Unternehmen kann weder theoretisch noch empirisch mit Hilfe von Marktstruktur und Konzentrationsgrad überzeugend erklärt werden. Neuere Erkenntnisse weisen im Gegenteil auf die Vorteilhaftigkeit eines ausreichenden Wettbewerbsdrucks und offener Märkte für die Neuerungs-

---

gien führt und sich letztlich in einer geringeren Produktivität äußert. Vgl. auch Schmidt/Schmidt (1996).

1 So stellt Weigand (1996), S. 98, fest: „Von Marktmacht können .. stimulierende und hemmende Effekte auf die Innovation ausgehen." Allerdings „scheinen dabei die hemmenden Einflüsse zu dominieren, so daß ... man davon ausgehen (muß), daß Konzentration und Marktmacht den Innovationswettbewerb behindern."

2 Vgl. Kaufer (1980), S. 604. Zum folgenden insbesondere Rahmeyer (1987), S. 23 ff.

3 Vgl. auch Stadler (1993), S. 166.

4 Vgl. Geroski (1994), S. 59; Scherer (1984), S. 197. Stadler (1997), S. 27, stellt fest, sich „kein robuster Einfluß der Marktkonzentration auf die Innovationstätigkeit" ergibt. Übersichten über empirische Studien bieten Symeonidis (1996), S. 39 ff.; Elßer (1993), S. 74 ff.; Scherer/Ross (1990), S. 630 ff.; Cohen/Levin (1989); Eickhof (1982), S. 138 ff.

5 Zu diesem Ergebnis kommt Symeonidis (1996), S. 59.

aktivität hin und widerlegen somit die eingangs formulierte Hypothese[1]. Staatliche Aufgaben sind daher vorrangig im Bereich der allgemeinen Wettbewerbspolitik zu sehen, nicht in einer Politik zur Förderung oder Erhaltung bestimmter Marktstrukturen. Regulierungen, Markteintrittsbarrieren und Handelsbeschränkungen sollten abgebaut, Vermachtungen verhindert sowie Existenzgründungen erleichtert und gegebenenfalls im Rahmen einer Wettbewerbsförderungspolitik unterstützt werden.

Aus den traditionellen Ansätzen der Innovationstheorie und ihren Weiterentwicklungen ergeben sich zwar zunächst vielfältige Implikationen für die Forschungs- und Technologiepolitik im engeren und weiteren Sinn. Konkrete und eindeutige Handlungsempfehlungen können und sollten jedoch angesichts der beschriebenen Defizite nicht abgeleitet werden. Insbesondere fehlt in sämtlichen Ansätzen eine Erklärung, warum und unter welchen Voraussetzungen es überhaupt zu technischem Fortschritt kommt. Im folgenden werden nun zentrale Überlegungen der neueren Innovationstheorie und ihre Implikationen dargestellt.

1.6.2. Ansätze der neueren Innovationstheorie

Im Gegensatz zu den traditionellen Ansätzen versucht die neuere Innovationstheorie, die Quellen der Entstehung von Wissen und Innovationen zu identifizieren. Hierbei stehen nicht mehr einzelne, isolierte Determinanten der Neuerungsaktivität im Vordergrund, sondern das Verständnis grundlegender Zusammenhänge. Anliegen der neueren Innovationstheorie ist daher zunächst eine individualistische, verhaltenswissenschaftliche Fundierung des Innovationsverhaltens (vgl. unter 1.6.2.1.). Zudem beschäftigt sie sich mit den Eigenschaften des Gutes Wissen und den hieraus resultierenden Aneignungsmöglichkeiten aus Sicht privater Unternehmen (vgl. 1.6.2.2.) sowie mit regionalen Aspekten der Innovationstätigkeit, insbesondere Agglomerationsvorteilen (vgl. 1.6.2.3.). Darüber hinaus wird die durch den kumulativen Charakter des wissenschaftlichen und technischen Fortschritts hervorgerufene Pfadabhängigkeit von Entwicklungen untersucht (vgl. 1.6.2.4.). Schließlich wendet sich die neuere Innovationstheorie verstärkt den institutionellen Rahmenbedingungen zu und betrachtet die Bedeutung des Wettbewerbs (vgl. 1.6.2.5.).

---

[1] Vgl Eickhof (1992), S. 181. Porter (1993), S. 141 ff., sieht in einem „scharfe(n) Inlandswettbewerb" die entscheidende Voraussetzung für die internationale Wettbewerbsfähigkeit von Unternehmen. Eine entsprechende Konkurrenzsituation auf dem Weltmarkt kann gegebenenfalls dieselbe Funktion erfüllen.

1.6.2.1. Individualistische Erklärung der Innovationstätigkeit

Der Versuch, die Innovationstätigkeit mit Hilfe bestimmter Persönlichkeitsmerkmale zu erklären, findet sich bereits bei Schumpeter. In seiner „Theorie der wirtschaftlichen Entwicklung" von 1912 stellt er fest, daß nur wenige, kreative, initiative und dynamische Pionierunternehmer in der Lage sind, neue Kombinationen durchzusetzen und neue Märkte zu erschließen. Statische Wirte können die wirtschaftliche Entwicklung dagegen nicht vorantreiben[1]. Heuss verfeinert diese Überlegungen in seiner „Allgemeinen Markttheorie" von 1965, in der er vier Unternehmertypen unterscheidet: Zu den initiativen Unternehmern zählen neben den Schumpeterschen Pionierunternehmern auch spontan imitierende Unternehmer, die neue Märkte zwar nicht erschließen, aber flexibel und risikobereit „in die vom Pionierunternehmer geschlagene Bresche nachrücken"[2]. Von den initiativen Unternehmern grenzt Heuss die konservativen Unternehmer ab, die sich nicht aktiv gestaltend verhalten. Sie reagieren entweder nur unter Druck bzw. rein defensiv oder sind sogar völlig immobil.

Schumpeter und Heuss gehen bei ihren Unternehmertypologien jedoch ausschließlich von den Ergebnissen des individuellen Handelns aus. Im Rahmen dieser Ex-post-Betrachtungen bleiben die eigentlichen Auslöser und Bestimmungsgründe innovativer Verhaltensweisen unerklärt[3]. Die Frage, warum manche Individuen zu Pionierunternehmern werden und versuchen, neue Märkte zu schaffen, läßt sich auf diese Art nicht beantworten.

Die Schumpeterschen Ideen wurden andererseits auch im Rahmen verhaltenspsychologisch und evolutorisch orientierter Ansätze wieder aufgegriffen und weiterentwickelt[4]. Im Mittelpunkt stehen nun die Fragen nach der Motivation innovativer Aktivität und nach den erforderlichen Leistungsanreizen. Suchanstrengungen werden durch die Unzufriedenheit eines Individuums mit einer bestehenden Situation ausgelöst, in der sein persönliches Anspruchsniveau verletzt ist[5]. Die Motivation zum Handeln resultiert somit aus der Abweichung des

---

1 Vgl. Schumpeter (1993 - Originalausgabe 1912), S. 110 ff.

2 Heuss (1965), S. 9.

3 Vgl. zu dieser Kritik Eickhof (1982), S. 184 f.

4 Vgl. beispielsweise das Konzept des „findigen" Unternehmers von Kirzner, dargestellt bei Witt (1987), S. 71 ff., das im Unterschied zu Schumpeter nicht nur bahnbrechende Neuerungen, sondern auch inkrementale „Allerweltsinnovationen" berücksichtigt. Vgl. auch Knight (1967), S. 481, der die Eigenschaften kreativer, innovativer Individuen beschreibt.

5 Vgl. Simon (1955). Dieser geht von „satisficing"-Bestrebungen beschränkt-rationaler Wirtschaftssubjekte aus, die auf die Erfüllung eines bestimmten individuellen Anspruchsniveaus zielen. Vgl. hierzu und zum folgenden auch Grupp (1997), S. 74 f.; Erdmann (1993), S. 100 ff.; Witt (1987), S. 139 ff.; Röpke (1977), S. 93 f.

beobachteten Ist-Zustands von einem gewünschten Soll-Zustand, wobei zwischen intrinsischen und extrinsischen Faktoren unterschieden werden kann. Intrinsische oder Leistungsmotivation liegt vor, wenn ein Individuum nach „Erfolg um des Erfolges willen“[1] strebt bzw. „eine Tätigkeit um ihrer selbst willen ausübt“[2]. Von extrinsischen Anreizen wird dagegen gesprochen, wenn eine Suchanstrengung unternommen wird, um eine Gegenleistung in Form eines Entgelts oder sozialer Anerkennung zu erhalten. Die Tätigkeit dient hier als Mittel zum Zweck der Bedürfnisbefriedigung.

Wenn nicht alle relevanten Informationen verfügbar und die Ergebnisse der Handlungsalternativen nicht exakt prognostizierbar sind, erfolgt die Suche nach Verbesserungen in Form eines iterativen Prozesses durch Versuch und Irrtum[3]. Allerdings handelt es sich nur in den seltensten Fällen um ein rein zufälliges Vorgehen. Der Suchprozeß verläuft vielmehr in der Regel bewußt und zielgerichtet, indem beispielsweise auf bisher gesammelte Erfahrungen zurückgegriffen wird[4]. Handlungsweisen, die sich in der Vergangenheit als wenig erfolgreich erwiesen haben, werden abgelegt, neue, aussichtsreichere Ansätze ausprobiert oder von anderen Individuen übernommen[5].

Innerhalb eines Wirtschaftssystems kommt es nun zu unterschiedlichen Formen gemeinsamen Handelns. Einzelne Individuen gründen Unternehmen, wenn die Transaktionskosten einer marktlichen Tauschbeziehung höher sind als die unternehmensinternen Organisationskosten[6]. Diese Unternehmen stellen im Rahmen der evolutorischen Innovationstheorie die Hauptakteure dar[7]. Es wird angenommen, daß jede Firma über bestimmte, unterschiedlich produktive Verhaltens- und Suchroutinen verfügt, die als Parameter über seine Innovationsfähigkeit und damit letztlich über Erfolg oder Scheitern im Wettbewerb entscheiden. Im Zuge dieses Prozesses kommt es einerseits zu Mutationen, wenn weniger effiziente Unternehmen versuchen, effizientere Konkurrenten zu imitieren oder sie durch eigene kreative Neuerungen zu überholen. Andererseits erfolgt durch das Ausscheiden ineffizienter Anbieter eine Selektion, so daß es im End-

---

1 Eickhof (1982), S. 185. Vgl. zur Theorie der Leistungsmotivation grundlegend McClelland (1966). Vgl. auch Welfens (1988), S. 5, sowie ausführlich Witt (1987), S. 164 ff.
2 Frey/Osterloh (1997), S. 308.
3 Vgl. Dosi (1988b), S. 222.
4 Vgl. zu dieser Einschätzung auch Stadler (1993), S. 184, der sich auf das Innovationsverhalten von Unternehmen bezieht.
5 Vgl. Cantner/Hanusch (1997), S. 783; Witt (1995), S. 389. Nelson/Winter (1982) bezeichnen diese Handlungsweisen als „Routinen“, ein Begriff, der in ähnlicher Form auch schon bei S. Winter (1971), S. 239, verwendet wird. Vgl. auch die folgenden Ausführungen.
6 Vgl. hierzu Coase (1937); ders. (1960), S. 16. Vgl. ferner Eickhof (1993), S. 210.
7 Vgl. Nelson (1995), S. 68.

effekt zu einer Steigerung der durchschnittlichen Effizienz der Marktteilnehmer kommt[1].

Um im Wettbewerb bestehen zu können, sind die Unternehmen dann aber vor allem gezwungen, schnell auf bestehende Anreize zu reagieren, permanent die Neuerungsbestrebungen ihrer Konkurrenten zu verfolgen sowie eine kreativitäts- und motivationsfördernde, innovationsfreundliche Organisationsstruktur aufzubauen, die ihren Mitarbeitern die notwendigen Entfaltungsspielräume bietet[2]. Hiermit zeigt sich aber, daß die unmittelbaren praktischen Schlußfolgerungen aus einer individualistischen Fundierung der Innovationstätigkeit für die Forschungs- und Technologiepolitik i.e.S. relativ gering sind. Risikofreude, Leistungsmotivation und (angeborene) individuelle Begabungen sind dem staatlichen Einfluß weitestgehend entzogene Größen[3], gleiches gilt für den Aufbau leistungsfähiger Organisationsstrukturen in den einzelnen Unternehmen.

Andererseits verdeutlicht die verhaltenswissenschaftliche Perspektive auch die zentrale Bedeutung, die den Anreizen im Rahmen der Neuerungstätigkeit zukommt. In diesem Zusammenhang verfügt der Staat beispielsweise durch die Ausgestaltung des Patentschutzes oder die allgemeine Steuergesetzgebung über Ansatzpunkte zu einer Stärkung der extrinsischen Motivationsfaktoren[4]. Darüber hinaus zeigt sich die Vorteilhaftigkeit eines mittleren marktlichen Herausforderungsgrades und eines angemessen hohen Wettbewerbsdrucks, der die Unternehmen permanent zu Verbesserungen ihrer Effizienzposition durch Innovationen und Imitationen zwingt. Hiermit ist erneut die Frage der Offenheit und Angreifbarkeit von Märkten angesprochen.

1.6.2.2. Disaggregierte Betrachtung von (technologischem) Wissen

Die neuere Innovationstheorie beschäftigt sich explizit mit der Bedeutung und den Eigenschaften des Produktionsfaktors Wissen, der in der ökonomischen

---

1 Vgl. hierzu erneut die Charakterisierung von Wettbewerbsprozessen als Zusammenspiel von Innovations- und Transfermechanismus bei Downie (1958), S. 60 ff.

2 Vgl. hierzu beispielsweise Corsten (1989); Witte (1988).

3 Erlernte Fähigkeiten können jedoch im Rahmen der Bildungspolitik beeinflußt werden, vgl. unter 1.6.2.5.

4 Anreize gehen nicht nur von den Aneignungsmöglichkeiten aus. Auch Änderungen der relativen Preise - die gegebenenfalls durch die Erhebung spezieller Steuern künstlich verursacht werden können - und unterschiedliche Wachstumsraten von Märkten lösen Suchanstrengungen aus, vgl. Dosi (1997), S. 1533 ff. Schließlich können Fortschritte in der Grundlagenforschung stimulierend wirken, vgl. Ruttan (1997), S. 1521.

Theorie lange Zeit als exogen vorgegeben angesehen und daher vernachlässigt wurde[1]. Ausgangspunkt ist die Feststellung, daß (technologisches) Wissen aus Sicht der Unternehmen sowohl die Eigenschaften eines öffentlichen als auch diejenigen eines privaten Gutes aufweisen kann[2]. Die Ergebnisse einer solchen disaggregierten Betrachtung haben gravierende Konsequenzen für die Ausgestaltung vieler Maßnahmenbereiche der Forschungs- und Technologiepolitik.

Wissen mit den Eigenschaften eines öffentlichen Gutes wird als generisches (technologisches) Wissen bezeichnet. Es beinhaltet zunächst die Ergebnisse der Grundlagenforschung als theoretisch oder experimentell abgeleitete, allgemeingültige Aussagen. Diese sind keiner unmittelbaren marktlichen Verwertung zugänglich, eine Umsetzung in innovative Produkte oder Verfahren ist bestenfalls langfristig zu erwarten und zumindest zu Beginn der Forschungsvorhaben weder abzusehen noch planbar.

Darüber hinaus sind auch die Resultate der angewandten Forschung teilweise als öffentliche Güter anzusehen[3]. So stellen beispielsweise das Verständnis grundlegender Wirkungsweisen einer Technologie[4] und das Wissen um entscheidende Erfolgsfaktoren eines Entwicklungsprojekts unabdingbare Voraussetzungen für Neuerungen auf einem bestimmten Gebiet dar. Hierbei handelt es sich um Kenntnisse, die für die Durchführung von spezifischen Forschungsvorhaben in den einzelnen Unternehmen erforderlich sind. Dieses Wissen basiert nur teilweise auf den Ergebnissen der Grundlagenforschung, sondern entsteht vor allem im Zuge der anwendungsnahen und praxisorientierten, kommerziell ausgerichteten Tätigkeit von Unternehmen.

Ein Ausschluß Dritter von der Nutzung - und damit eine Aneignung der Erträge - ist dennoch aus einer Vielzahl von Gründen lediglich kurzfristig zu erwarten. Zu nennen sind unter anderem das Interesse der Forscher am Austausch von Informationen und Erfahrungen mit Anwendern und anderen Unternehmen sowie die vielfältigen Möglichkeiten einer kostengünstigen Weitergabe des Wissens[5]. Hieraus folgt, daß auch diese Kenntnisse als Teil des generischen (tech-

---

1 Vgl. hierzu auch die Ausführungen zur neuen Wachstumstheorie unter III.1.4.1.

2 Vgl. zum folgenden insbesondere Nelson (1990). Vgl. ferner Cantner (1995), S. 30 f.; Kerber (1991), S. 31 ff.

3 Harabi (1997), S. 15, stellt fest, daß empirische Studien den wichtigen Beitrag von Forschungsvorhaben der Industrie zum Stand des allgemeinen naturwissenschaftlichen Grundlagenwissens belegen.

4 Alternativ kann auch von einem allgemeinen, grundlegenden Stand der Technik gesprochen werden, vgl. Cantner/Pyka (1995), S. 5.

5 Nelson (1990), S. 14, spricht in diesem Zusammenhang von einem „expressly public context for generic technological knowledge". Weitergabe und Diffusion der Informationen er-

nologischen) Wissens anzusehen sind und daher den Charakter eines öffentlichen Gutes aufweisen[1].

Die meisten der im Rahmen von angewandter Forschung und Entwicklung gewonnenen Erkenntnisse stellen indes private Güter dar. Spezifische Produkte und Verfahren können - wenn überhaupt - von Konkurrenten oftmals nur unter hohem finanziellen und personellen Aufwand imitiert werden. Ursachen sind einerseits „natürliche“[2] Hemmnisse wie Wissensvorsprünge, Lernkurveneffekte, Besonderheiten jedes einzelnen Unternehmens und die Personengebundenheit neuen Wissens, das zumeist „in impliziter Form in einer Organisation vorliegt“[3].

Auf der anderen Seite können der Diffusion künstliche Beschränkungen auferlegt werden. Hierzu zählen bewußte strategische Verhaltensweisen der Unternehmen in Form flankierender Maßnahmen zur Markterschließung und -absicherung sowie Versuche zur Geheimhaltung des neuen Wissens. In diesem Zusammenhang schaffen auch die ordnungspolitischen Rahmenbedingungen, konkret der Patentschutz, notwendige Voraussetzungen für eine weitgehende private Aneignung innovativer Erträge.

Während es somit nahezu ausgeschlossen ist, den Nutzen generischer Komponenten des (technologischen) Wissens zu internalisieren, ist dies für die spezifischen Ergebnisse der angewandten Forschung und Entwicklung zumindest für einen längeren Zeitraum zu erwarten[4]. Was folgt nun aus dieser disaggregierten Betrachtung für die Forschungs- und Technologiepolitik?

---

folgen jedoch mit einer gewissen zeitlichen Verzögerung, weshalb er diese auch als „latent“ öffentliche Güter bezeichnet (S. 1 f. und 11 f.).

1 Das tatsächliche Ausmaß und die Geschwindigkeit der Diffusion sind jedoch vom Grad der Allgemeinheit bzw. dem Spezifitätsgrad des Wissens abhängig, vgl. Domrös (1994), S. 28. Neue Erkenntnisse jeglicher Art werden sich um so umfassender ausbreiten, je größer die Zahl der Unternehmen oder Branchen ist, für die sie relevant sind. So stellt Erdmann (1993), S. 80, fest, daß positive externe Effekte „nicht globaler Natur“ sind und sich „auf solche Fremdtechnologien und Märkte beschränken, die sich für eine leichte Übertragung der gewonnenen Forschungserkenntnisse und Erfahrungen eignen“.

2 Cantner (1995), S. 31. Vgl. hierzu und zum folgenden auch Kerber (1998a), S. 333; ders. (1998b), S. 126 f.; Chung (1998), S. 145 ff.; Herb (1988), S. 181 f. Selbst innerhalb eines Unternehmens werden nur etwa 40 % des vorhandenen Wissens wirtschaftlich genutzt, vgl. FAZ (1999b), S. 16. Der Anteil der nach außen diffundierenden Erkenntnisse ist daher äußerst gering.

3 Weckwerth (1999), S. 129.

4 Dunn (1995), S. 169, spricht im letztgenannten Fall von inkrementalem oder graduellem technischem Fortschritt.

Grundsätzlich gilt, daß der Staat die Bereitstellung öffentlicher Güter - falls diese erwünscht ist - finanzieren muß, da erwerbswirtschaftliche Unternehmen hierzu aufgrund der mangelnden Zahlungsbereitschaft der Nachfrager und der fehlenden Gewinnanreize nicht bereit sind[1]. Dies gilt unmittelbar jedoch nur für die Grundlagenforschung[2]. Für die angewandte Forschung und Entwicklung legen die obigen Ausführungen dagegen eine differenzierte Beurteilung nahe. Entscheidend ist nun die Frage, ob die Unternehmen aufgrund der positiven externen Effekte weniger in Forschung und Entwicklung investieren und versuchen, als Trittbrettfahrer in den Genuß des generischen (technologischen) Wissens zu gelangen.

Sowohl theoretische Überlegungen als auch empirische Studien zeigen jedoch, daß ein solches Verhalten nicht zu erwarten ist. Zunächst stellt die Aussicht auf Gründergewinne unabhängig vom Auftreten externer Effekte einen starken Innovationsanreiz dar. Wissens- und Erfahrungsvorsprünge sichern einem Pionierunternehmen für unbestimmte Zeit eine führende Position bei der Entwicklung einer Technologie, der Anwendung eines neuen Verfahrens oder der Veräußerung einer Produktinnovation[3].

Ferner sind die Unternehmen zur Sicherung ihrer langfristigen Wettbewerbsfähigkeit auf eigene Forschung und Entwicklung angewiesen, da selbst imitierende Tätigkeiten ohne eine ausreichende interne Wissensbasis nicht möglich sind. Ist diese nicht vorhanden, so können die positiven externen Effekte weder aufgenommen noch verarbeitet, erst recht aber nicht gewinnbringend genutzt werden[4]. Auch die Fähigkeit zur Kooperation mit anderen Marktteilnehmern und öffentlichen Forschungseinrichtungen erfordert eigene Forschungsanstrengun-

---

1 Wie bereits angesprochen, ist es jedoch denkbar, daß sich auch andere nicht-erwerbswirtschaftliche Institutionen an der Bereitstellung öffentlicher Güter beteiligen.

2 Rosenberg (1990) zeigt jedoch, daß eine eigene Grundlagenforschung auch für private Unternehmen durchaus attraktiv sein kann, wenn auf diese Art Lernkurvenvorsprünge und damit langfristige Wettbewerbsvorteile bei einer Umsetzung der gewonnenen Erkenntnisse erzielbar sind.

3 Vgl. Dunn (1995), S. 169. Auch wenn nicht davon auszugehen ist, daß „technologische Nachzügler" unbedingt alle „Phasen der Anwendung" nachvollziehen müssen, resultieren hieraus für das innovierende Unternehmen gute Chancen zu einer Aneignung des Nutzens der (inkrementalen) Neuerung. Vgl. auch Fritsch (1993), S. 3.

4 Vgl. Harhoff/König (1993), S. 57. Auch Wright (1997), S. 1565 und Mohnen (1996), S. 57, betonen, daß die Aufrechterhaltung der eigenen technologischen Kapazität für ein Unternehmen unerläßlich ist. Audretsch (1996), S. 120, stellt fest, daß Forschung und Entwicklung zwei Zielen dienen: Einerseits der Schaffung von neuem Wissen, andererseits aber auch der Verbesserung der Fähigkeit zur Aufnahme und Nutzung von vorhandenem Wissen.

gen[1]. Diese und das (extern) verfügbare generische Wissen sind folglich keine Substitute, sondern stehen in einer komplementären Beziehung[2]. Dies führt dazu, daß externe Effekte und die behauptete mangelnde Aneigenbarkeit der Erträge von Forschung und Entwicklung als Argumente für eine Subventionierung an Bedeutung verlieren bzw. nicht mehr tragfähig sind.

In diesem Zusammenhang ist schließlich zu berücksichtigen, daß externe Effekte nicht unbedingt zu einer Verringerung von Anreizen führen müssen, sondern im Gegenteil sogar die Induzierung zusätzlicher Forschungs- und Entwicklungsaktivitäten erwarten lassen. Diese stimulierenden Effekte und der Nutzen des frei verfügbaren Wissens kompensieren die ohnehin zweifelhaften negativen Wirkungen der unvollständigen Aneigenbarkeit der Erträge zumindest weitgehend. Positive Externalitäten sind vor allem als ein „belebendes Element"[3] anzusehen, das zwar unplanmäßig produziert wird, dessen Bereitstellung aber aufgrund der entstehenden Anreize für Imitationen und Folgeinnovationen durchaus erwünscht ist.

Zu geringe Forschungs- und Entwicklungsaufwendungen der Unternehmen können insgesamt vor diesem Hintergrund keineswegs zwingend begründet werden[4]. Für die Forschungs- und Technologiepolitik bedeutet dies als zweite zentrale Implikation neben der notwendigen Finanzierung der Grundlagenforschung, daß positive Externalitäten der anwendungsnahen Forschung als Argument für eine Subventionierung äußerst kritisch zu beurteilen sind.

---

1 Vgl. Staudt in SdW (1997b), S. 41, der feststellt, daß die Unternehmen in Kooperationen „etwas zum Tauschen" anbieten müssen. Die „Währung für High-Tech-Wissen ist (dabei) nicht Geld, sondern wiederum High-Tech-Wissen". Vgl. auch Beise/Licht/Spielkamp (1995), S. 78.

2 Vgl. Nelson (1990), S. 8 und 20; Dosi (1988a), S. 1126.

3 Hanusch/Cantner (1993), S. 34. Hanusch (1995), S. 22 f., spricht von einer „Chance", da die Unternehmen die Spillovers als komplementär zu ihren eigenen technologischen Bemühungen ansehen. Bei starken Spillovers zwischen Branchen können ferner sogenannte „technologische Netzwerke" oder „Innovationssysteme" entstehen. Dunn (1995), S. 169, betont ebenfalls, daß den möglicherweise zu geringen Innovationsanreizen der Produzenten positive Anreize auf Seiten der Empfänger der Externalitäten gegenüberstehen. Koopmann/Kreienbaum/Borrmann (1997), S. 73, zufolge ermutigen „spillover pools" die empfangenden Unternehmen zu eigener Forschungsaktivität. Vgl. auch unter 1.6.2.3.

4 Vgl. Tichy (1991), S. 106, der unter Bezugnahme auf Arbeiten von Dasgupta und Stiglitz feststellt, daß unter Berücksichtigung des Wettbewerbs zwischen den Firmen nicht mehr von einer generellen Unterinvestition in Forschung und Entwicklung aufgrund externer Effekte ausgegangen werden kann. Kerber (1998b), S.127, betont, daß „es auch theoretisch gut fundierte Argumente für die gegenteilige These einer Überinvestition ... gibt". Dosi (1997), S. 1533, beklagt die insgesamt (zu) große Aufmerksamkeit, die den Aneignungsmöglichkeiten zuteil geworden ist.

1.6.2.3.Regionale Aspekte der Innovationstätigkeit

Eigene Forschungs- und Entwicklungsaktivitäten der Unternehmen und positive externe Effekte, die in Form generischen (technologischen) Wissens aufgenommen werden, stehen den bisherigen Ergebnissen zufolge in einer komplementären Beziehung. Die Intensität der Spillovers und die Ausbreitungsgeschwindigkeit von neuem Wissen sind dabei von der Entfernung zwischen Verursacher und Empfänger abhängig.

Zwar lassen sich Informationen mit Hilfe neuer Kommunikationsmedien schnell und entfernungsunabhängig übertragen. Wissen ist jedoch wesentlich immobiler, da es oftmals nur von Person zu Person vermittelt werden kann, sprachlich teilweise nur schwer umsetzbar ist und individuelle, teilweise langwierige Lernprozesse erfordert[1]. Aufgrund der räumlichen „Begrenztheit der externen Innovationswirkungen“[2] müssen regionale Aspekte der Innovationstätigkeit sowie mögliche Agglomerationsvorteile berücksichtigt werden, die auch und gerade im globalen (Standort-)Wettbewerb von zentraler Bedeutung sind.

Synergieeffekte[3] können insbesondere dann erzielt werden, wenn geographische Nähe und technologische Komplementaritäten zwischen Unternehmen und Branchen zusammentreffen. In diesem Fall ist der Anteil des frei diffundierenden Wissens, der von anderen Marktteilnehmern sinnvoll genutzt werden kann, aufgrund der direkteren und besseren Interaktions- und Kommunikationsmöglichkeiten besonders hoch. Darüber hinaus erleichtert die räumliche Konzentration von Unternehmen, die in verwandten Technologiefeldern tätig sind, die Durchführung gemeinsamer Forschungs- und Entwicklungsprojekte.

---

1 Vgl. zur Unterscheidung von Informationen und Wissen Weckwerth (1999), S. 128 ff.; Audretsch (1996), S. 122 ff.; Tunzelmann (1995), S. 4 ff. Pfähler/Hoppe (1997), S. 47, sind dagegen der Ansicht, daß auch „technische und wissenschaftliche Informationen - trotz dramatisch gesunkener Raumüberwindungskosten ... - nur innerhalb gewisser Distanzen transferiert werden können“. Regionale Nähe ermöglicht den Unternehmen in jedem Fall (zeitliche) Wissensvorsprünge und damit die Erlangung von Wettbewerbsvorteilen. Vgl. auch Cohen/Noll (1996), S. 317, die feststellen, daß die Kosten des Wissenstransfers mit der Entfernung ansteigen.

2 Erdmann (1993), S. 80. Neues Wissen steht vielfach nur innerhalb gewisser Distanzen als öffentliches Gut zur Verfügung, vgl. Nerlinger (1998), S. 91 und 270.

3 Synergieeffekte können auch als positive Netzwerkexternalitäten bei Forschung und Entwicklung angesehen werden. Konkret kommt es hier zu positiven lokalen, d.h. räumlich begrenzten Wechselwirkungen zwischen den Aktivitäten der einzelnen Unternehmen, vgl. ähnlich Witt (1997), S. 753.

Mögliche Spillovers innerhalb des industriellen Sektors stellen jedoch nur eine Determinante der Attraktivität einer Region dar[1]. Die Standortqualität wird nämlich von einer Vielzahl weiterer Faktoren bestimmt, wobei zunächst die Nähe zu wissenschaftlichen Forschungseinrichtungen sowie die regionale Verfügbarkeit von qualifiziertem Personal und von (Risiko-)Kapital zu nennen sind[2]. Ferner begünstigen regionale Netzwerke aus produktiven Wettbewerbern, innovativen Zulieferern und anspruchsvollen, kaufkräftigen Nachfragern die Neuerungsaktivität. Von besonderer Bedeutung ist darüber hinaus eine leistungsfähige Kommunikations- und Verkehrsinfrastruktur, die einerseits eine kostengünstige Übermittlung von Informationen und eine schnelle Umsetzung neuer Erkenntnisse in marktfähige Güter ermöglicht, andererseits aber auch die Absatz- und Markterschließungschancen in weiter entfernten Regionen verbessert[3]. Bestimmend für eine Ansiedlungsentscheidung sind schließlich weitere Faktoren wie die steuerliche Belastung, die Komplexität von Genehmigungsverfahren sowie die Flexibilität der Arbeitszeitregelungen.

Viele der angesprochenen Determinanten werden nun aber weniger von der Forschungs- und Technologiepolitik im engeren Sinn als vielmehr durch die Gestaltung der allgemeinen Rahmenbedingungen bestimmt[4]. Dies gilt insbesondere für die Ansiedlung von forschungsintensiven, innovativen Unternehmen und damit für die erzielbaren Synergieeffekte[5]. Staatliche Aufgaben sind vor diesem Hintergrund zunächst die Implementierung eines einfachen und neuerungsfreundlichen Steuersystems, die Entbürokratisierung und Beschleunigung rechtlicher Entscheidungsabläufe und Genehmigungsverfahren, die Schaffung geeigneter Aus- und Weiterbildungskapazitäten sowie der Aufbau einer geeig-

---

[1] Vgl. zum folgenden Pfähler/Hoppe (1997), S. 46; Gehrig (1996), S. 6; Pett (1994), S. 6; Fischer (1989), S. 58 f. Vgl. zum folgenden auch die Ausführungen zum Standortwettbewerb unter IV.1.2. und IV.2.2.

[2] Die Bedeutung der Wissenschaftsbindung ist jedoch stark technologie- und branchenabhängig, vgl. Nerlinger (1998), S. 90 f. und 103; Meyer-Krahmer/Schmoch (1993), S. 207 ff. Aus Sicht der pharmazeutischen Industrie erweisen sich öffentliche Forschungseinrichtungen beispielsweise als zentrale Determinanten für die Standortwahl, in der Telekommunikation steht dagegen der Kontakt zu führenden Anwendern im Vordergrund, vgl. NIW u.a. (1997), S. 48 f.

[3] Gerade innovative Jungunternehmen weisen oftmals eine überregionale und internationale Ausrichtung auf, vgl. Nerlinger (1998), S. 95 f.

[4] Hierbei sind die Kompetenzen der regionalen Entscheidungsträger oftmals begrenzt. Die im folgenden genannten Aspekte werden durch die nationale oder europäische Politik zumindest mitbestimmt.

[5] Die Ansiedlung kann zudem als selbstverstärkender Prozeß angesehen werden, da mit jedem neuen „technologisch relevanten“ Unternehmen das in einer Region bzw. an einem Standort verfügbare Wissen und damit die möglichen Synergieeffekte zunehmen. Vgl. auch Beise (1998), S. 34.

neten Infrastruktur. Darüber hinaus ist aus Sicht der Forschungs- und Technologiepolitik i.e.S. eine Stärkung der vorhandenen wissenschaftlichen Potentiale durch die Finanzierung hochwertiger Forschungseinrichtungen anzustreben[1]. Schließlich kann die Ansiedlung von Unternehmen durch die Bereitstellung günstiger Gewerbeflächen im Rahmen von Technologie- und Gründerzentren erleichtert und gefördert werden.

1.6.2.4. Kumulative Prozesse, technologische Paradigmen und Trajektorien sowie pfadabhängige Entwicklungen

Die Ausführungen dieses Abschnitts beschäftigen sich mit der Frage, wie das aktuell vorhandene Wissen und die verfügbaren Güter die weitere wissenschaftliche Entwicklung und die Richtung des technischen Fortschritts beeinflussen. Die Suche nach Neuigkeit ist dabei keineswegs ein ausschließlich oder auch nur in erster Linie zufallsgeleiteter Prozeß. Vielmehr führen in der Regel bewußte, zielgerichtete Entscheidungen und Aktivitäten der handelnden Individuen zu neuen Erkenntnissen, auch wenn die Ergebnisse dieser zukunftsoffenen Entwicklung definitionsgemäß nicht planbar sind.

Individuelle Such- und Forschungsanstrengungen werden in ihrer Richtung insbesondere durch das verfügbare Wissen sowie durch den Bestand und die Qualität existierender Produkte und Verfahren bestimmt[2]. Sowohl in der Grundlagen- als auch in der angewandten Forschung versuchen die Akteure, verbliebene oder neu aufgeworfene Fragestellungen zu beantworten. Darüber hinaus streben sie nach neuen Anwendungsmöglichkeiten für bestehende Technologien sowie nach qualitativen Weiterentwicklungen von Produkten und Verfahren. Schließlich wird versucht, produktivere, effizientere Neuerungen von Konkurrenten zu imitieren.

Sämtlichen genannten Aktivitäten ist gemeinsam, daß sie entweder auf vorhandenem Wissen oder auf bekannten Gütern aufbauen. Andererseits erhöht jedes Forschungsvorhaben wiederum den Bestand an allgemein verfügbarem (technologischem) Wissen, entweder gezielt wie im Fall der Grundlagenforschung oder als Nebenprodukt der angewandten Forschung. Selbst im Zuge von Imitationsversuchen und bei der praktischen Anwendung von Innovationen entstehen zusätzliche, neue Informationen[3]. Mit der zunehmenden Verbreiterung der Wis-

---

[1] Diese Institute sind darüber hinaus von großer Bedeutung für Qualifizierung und Bildung, vgl. unter IV.2.2.1.1.

[2] Die Intensität der Suche ergibt sich wiederum aus der Abweichung von Ist-Zustand und individuellem Anspruchsniveau (Soll-Zustand), vgl. unter 1.6.2.1.

[3] Vgl. Witt (1987), S. 19.

sensbasis sinken aber auch die Kosten zukünftiger Forschungsaktivitäten, da bereits allgemein bekannte Zusammenhänge keiner erneuten Erforschung bedürfen[1]. Der wissenschaftlich-technologische Fortschritt erweist sich somit als ein kumulativer Prozeß[2].

Einzelne Ergebnisse sind möglicherweise so grundlegend, daß sie technologie- und branchenübergreifend genutzt werden können. Wahrscheinlicher und entsprechend häufiger ist jedoch der Fall, daß der Fortschritt vorrangig innerhalb eines technologischen „Paradigmas" oder sogar nur auf einer speziellen technologischen „Trajektorie" kumulativ ist, d.h. Forschungsvorhaben auch nur in bestimmten Bereichen aufeinander aufbauen. Dies schließt Wechselwirkungen und Spillovers mit anderen Technologiefeldern und Entwicklungspfaden keineswegs aus.

Ein technologisches Paradigma wird durch die Gesamtheit des Wissens über eine bestimmte Technologie unter Einbeziehung ihrer Anwendungsmöglichkeiten und Entwicklungsperspektiven definiert[3]. Innerhalb eines solchen Technologiefeldes kommt es im Zuge der kumulativen Entwicklung zur Ansammlung eines Bestandes an Problemlösungskapazitäten, der weitere Forschungsvorhaben erleichtert, sie gleichzeitig aber auch in eine bestimmte Richtung lenkt. Negativ formuliert kann die Etablierung eines technologischen Paradigmas möglicherweise die Erforschung alternativer Lösungsansätze verhindern. Beispiele für derartige Technologiefelder bzw. Paradigmen sind die Nuklear- oder die Gentechnologie.

Demgegenüber handelt es sich bei einer technologischen Trajektorie um eine spezielle Entwicklungslinie innerhalb eines Paradigmas, auf der technische Fortschritte erfolgen[4]. Auch die Festlegung auf eine konkrete Trajektorie hat selektive Wirkungen, da ihr kumulativer Charakter die Zielrichtung zukünftiger Neuerungsaktivitäten zumindest mitbestimmt[5]. In den Vereinigten Staaten kon-

---

[1] Die steigende Produktivität zukünftiger Forschung aufgrund der Zunahme des generischen Wissens ist auch eine Grundannahme der neuen Wachstumstheorie, vgl. unter III.1.4.

[2] Vgl. Cantner/Hanusch (1997), S. 783; Hanusch (1995), S. 25. Der kumulative Charakter des Fortschritts wird in Form inkrementaler Qualitätsverbesserungen bestehender Verfahren bereits bei Nelson/Winter (1982), S. 294 und 337, berücksichtigt.

[3] Der Begriff des technologischen Paradigmas geht zurück auf Dosi (1982). Vgl. zum folgenden ferner ders. (1997), S. 1534; ders. (1988a), S. 1128. Nach Dose (1988), S. 101, ist ein technologisches Paradigma eine „eigenständige Entwicklungslinie von revolutionärer Bedeutung", die auf die „Entdeckung eines völlig neuen wissenschaftlichen Zusammenhangs" zurückgeht. Vgl. zum folgenden auch Köppen (1998), S. 88 ff.; Grupp (1997), S. 81. Rosenberg (1996), S. 343, spricht von „technologischen Regimen".

[4] Vgl. erneut Dosi (1982), ferner ders. (1988a), S. 1128 ff.

[5] Vgl. Cantner/Hanusch (1997), S. 783.

zentrieren sich die Forschungsanstrengungen im Bereich der Nukleartechnologie beispielsweise auf die Verbesserung der Leichtwasserreaktoren[1].

Bislang wurde deutlich, daß die technologische Entwicklung in der Regel pfadabhängig verläuft. Ursache hierfür ist insbesondere die Zunahme des generischen Wissens über eine bestimmte Forschungsrichtung und damit die Möglichkeit zur Erzielung von dynamischen Skalenerträgen bzw. Lernkurveneffekten. Pfadabhängigkeit ist vor dem Hintergrund zunehmender Wissensakkumulation zunächst als normale, unproblematische und sogar wünschenswerte Eigenschaft von Entwicklungsprozessen anzusehen. Neue Paradigmen oder Trajektorien entstehen insbesondere dann, wenn sich durch wissenschaftliche Fortschritte in der Grundlagenforschung ein Feld bislang unbekannter Möglichkeiten eröffnet oder aber die Entwicklungsperspektiven ihrer jeweiligen Vorgänger erschöpft sind.

Unter bestimmten Bedingungen kann die Pfadabhängigkeit der Entwicklung jedoch zu Festsetzungs- oder Lock-in-Effekten führen. Dies ist der Fall, wenn über die angesprochenen Lernkurveneffekte hinaus positive Netzwerkexternalitäten zur Herausbildung selbstverstärkender Prozesse führen[2]. Letztere treten in Form von Häufigkeitsabhängigkeitseffekten auf und werden durch die Entstehung komplementärer Güter und Dienste verstärkt. Zudem können zufällige Ereignisse in der Anfangsphase[3] die weitere Richtung des Fortschritts „endgültig" determinieren[4]. Die Schwierigkeit, einen einmal eingeschlagenen Pfad wieder zu verlassen, stellt nun ein Problem dar, wenn in der Frühphase einer Entwicklung ein inferiorer Lösungsansatz gewählt wird. Gleiches gilt, wenn es im Zeitablauf zur Entdeckung neuer, überlegener Alternativen kommt, die sich dann aber nicht mehr gegen die etablierte Technologie durchsetzen können[5].

Das wohl bekannteste Beispiel für eine derartige inferiore Festsetzung ist die Anordnung der Buchstaben auf der Tastatur einer Schreibmaschine bzw. eines

---

1 Diese Festlegung wird von Arthur (1989), S. 126 f., auch als Beispiel für ein inferiores Lock-in auf einem bestimmten Pfad genannt, da mit dem gasgekühlten Reaktortyp eine technisch und wirtschaftlich überlegene, aber nicht genutzte Alternative zur Verfügung steht. Vgl. auch die folgenden Ausführungen.

2 Steigende Skalenerträge sind hierbei eine notwendige, aber keine hinreichende Voraussetzung für Festsetzungseffekte, vgl. Ruttan (1997), S. 1523, sowie insbesondere das Modell von Arthur (1989). Vgl. zu Häufigkeitsabhängigkeitseffekten Witt (1995), S. 394 ff.

3 David (1985), S. 332, bezeichnet diese Zufälle als „historical accidents".

4 Vgl. zu den genannten Einflußfaktoren Wright (1997), S. 1564; Leipold (1996), S. 95 f.; Nelson (1995), S. 73; Arthur (1989).

5 Kann sich die neue Technologie ebenfalls durchsetzen, so bilden sich unterschiedliche „Netzinseln" - Leipold (1996), S. 96. Vgl. zur „Netzzersplitterung" auch Röver (1997), S. 197 f.

Computers[1]. Technische Probleme zu Beginn der Entwicklung - konkret: die Gefahr, daß sich die einzelnen Buchstaben bei schneller Bedienungsfolge ineinander verhaken - führten im Jahr 1873 zum bis heute gültigen „QWERTY“- bzw. „QWERTZ“-System. Dieses entwickelte sich binnen weniger Jahre zum Standard, obwohl bereits früh effizientere Alternativen vorhanden waren[2]. Als Ursachen für dieses Lock-in auf einem inferioren Pfad nennt David - abgesehen von einer anfänglichen Zufallskomponente - insbesondere komplementäre Innovationen, steigende Skalenerträge sowie bereits erfolgte Investitionen in Humankapital. Mit zunehmender Dauer des Prozesses wurde eine Änderung der Anordnung somit immer unwahrscheinlicher[3].

Sowohl theoretische Überlegungen als auch empirische Studien zeigen jedoch, daß es sich bei langfristigen und inferioren technologischen Lock-in-Effekten um seltene Ausnahmefälle handelt[4]. Die Charakterisierung der industriellen Entwicklung als Prozeß der schöpferischen Zerstörung verdeutlicht, daß im Zuge der permanenten Suche nach neuem Wissen früher oder später bessere Lösungen gefunden und entwickelt werden. Erweist sich eine dieser Alternativen als hinreichend überlegen und wird sie von einer genügend großen Anzahl von Individuen angewendet, so ist das Erreichen bzw. die Überwindung derjenigen (technologiespezifischen) kritischen Masse möglich, die für die Verlagerung des Prozesses hin zu einem neuen Lock-in auf höherem Niveau erforderlich ist. Entscheidend für die Verdrängung des bisherigen Produktes oder Verfahrens ist letztlich die relative Überlegenheit der neuen Lösungsmöglichkeit, die sich gegen eine etablierte Technologie bzw. einen etablierten Standard durchsetzen

---

1 Zur Darstellung der „Basic QWERTY-Nomics“ vgl. David (1985).

2 Insbesondere das - allerdings erst 1932 patentierte - DSK-System (Dvorak Simplified Keyboard nach seinem Entwickler A. Dvorak) ermöglicht eine Erhöhung der Schreibgeschwindigkeit um 20-40 %, die Umschulungskosten bei einer Einführung würden sich innerhalb von 10 Tagen amortisieren. Vgl. David (1985), S. 332. Leipold (1996), S. 96, spricht von einer anfangs bewußt reduzierten Schreibgeschwindigkeit zur Umgehung technischer Schwierigkeiten. Freeman (1994b), S. 485, bezeichnet ein gewisses Lock-in aufgrund der Vorteilhaftigkeit der Setzung von Normen und Standards in manchen Bereichen als unvermeidbar.

3 Nach Arthur (1989), S. 120 f., ist die Umkehrung eines pfadabhängigen Prozesses bei steigenden Skalenerträgen nur so lange möglich, wie bestimmte „absorbierende Grenzen“ im Sinne von Nutzeranteilen bzw. -häufigkeiten noch nicht erreicht sind. Diese Situation ähnelt einem Gefangenendilemma, da die Wahl einer (der) anderen Alternative aus individueller Sicht zu einer Verschlechterung führt, ein Wechsel aller Anwender jedoch den Gesamtnutzen erhöhen würde.

4 Vgl. zum folgenden Witt (1997), S. 762 ff.

muß[1]. Diese Überlegungen führen zu dem Ergebnis, daß Festsetzungseffekte immer nur vorübergehender Natur sein können. Das Verlassen eines Lock-in wird hierdurch zu einer Frage der Zeit, bis hinreichend überlegene Alternativen zur Verfügung stehen[2].

Welche forschungs- und technologiepolitischen Implikationen ergeben sich nun aus den dargestellten Beobachtungen? Zunächst führt der kumulative Charakter des Fortschritts dazu, daß die Innovationsfähigkeit einer Volkswirtschaft bzw. der dort ansässigen Unternehmen insbesondere vom Umfang, der Qualität und der Aktualität des zur Verfügung stehenden generischen (technologischen) Wissens abhängt. Letztlich macht die Zielsetzung, den Anschluß an die jeweils neuesten (technischen) Entwicklungen sicherzustellen, eine Beherrschung der zugrundeliegenden Paradigmen erforderlich. Dies legt zunächst erneut eine Förderung der Grundlagenforschung nahe, wobei angesichts der zentralen Bedeutung der Verfügbarkeit und Beherrschung von Querschnittstechnologien auch eine gezielte Setzung von Forschungsschwerpunkten in Erwägung gezogen werden kann[3].

Eine Unterinvestition im Bereich der angewandten Forschung ist dagegen normalerweise nicht zu erwarten. Dennoch kann der Staat angesichts der Pfadabhängigkeit von Entwicklungen auch hier bestrebt sein, ex ante diejenigen Paradigmen und Trajektorien zu identifizieren, die langfristig die größten Chancen bieten, und diese entsprechend unterstützen. Hierzu ist dann eine gezielte, direkte Subventionierung der betreffenden Technologien und einzelner Projekte erforderlich. Ein derartiges Vorgehen ähnelt den Überlegungen, die im Rahmen strategischer Maßnahmen der neuen Außenhandelstheorie angestellt werden. Im Vordergrund steht nun nicht mehr nur der Versuch, mit dem Stand der Technik Schritt zu halten, sondern die bewußte Umlenkung oder Schaffung von Renten durch die Erzielung technologischer Vorsprünge und die Verdrängung von (ausländischen) Konkurrenten.

---

1 Das Ende eines Festsetzungseffekts kündigt sich aktuell beispielsweise in der Automobilindustrie an, wo in zunehmendem Maße Alternativen zu den seit über 100 Jahren dominierenden Verbrennungsmotoren erforscht werden.

2 Bezogen auf das Beispiel von QWERTY würde dieser Ansatz die Vermutung nahelegen, daß die bisherigen Alternativen sich unter Berücksichtigung aller Einflußfaktoren noch nicht als hinreichend überlegen erweisen. Da dies nicht überzeugend belegt werden kann, scheint die Durchsetzung eines neuen Standards am Fehlen einer „kollektiven Aktion" zu scheitern. Vgl. zur Rolle des „diffusion agent" Witt (1997), S. 768 ff.

3 Vgl. NIW u.a. (1997), S. 68, die abgesehen von einer Schwerpunktsetzung im Bereich der Grundlagenforschung auch die Stärkung von technologischen Netzwerken aus Wissenschaft, Forschung und Industrie fordern. Die Frage, wer über die zu fördernden Kernbereiche entscheiden soll, bleibt jedoch unbeantwortet.

Schließlich kann der kumulative Charakter des technischen Fortschritts auch als Begründung für Maßnahmen zur Diffusionsförderung herangezogen werden. Insbesondere kleine und mittlere Unternehmen sollen so in die Lage versetzt werden, den Anschluß an die neuesten Entwicklungen zu halten. Hiermit verbindet sich nicht nur die Hoffnung auf einen wettbewerbsfähigen Mittelstand, erwartet werden darüber hinaus insbesondere Folgeinnovationen. Konkret wird in Deutschland im Rahmen der indirekt-spezifischen Förderung die Anwendung neuer Technologien und Verfahren unterstützt, wobei die Maßnahmen notwendigerweise selektiv ausgestaltet sind.

Bezüglich der Gefahr eines inferioren Lock-in haben dagegen sowohl theoretische Überlegungen als auch empirische Studien gezeigt, daß etwaige Festsetzungen durch Markt-Wettbewerbs-Prozesse im Zeitablauf quasi „von selbst" wieder verschwinden. Auf mögliche Implikationen soll angesichts der mangelnden Stichhaltigkeit der zugrundeliegenden Argumentation nicht weiter eingegangen werden[1].

1.6.2.5. Institutionen, Standortfaktoren und Rahmenbedingungen

Die Ausführungen unter 1.6.2.1. - 1.6.2.4. haben sich unmittelbar mit den Determinanten des Innovationsverhaltens, den Eigenschaften des wissenschaftlich-technologischen Fortschritts sowie mit seinen Quellen beschäftigt. Im folgenden stehen nun die Rahmenbedingungen im Vordergrund, unter denen Forschung und Entwicklung in einer Volkswirtschaft stattfinden.

Unter dem Begriff Institutionen werden sämtliche formellen und informellen Regeln für das menschliche Verhalten in einer Gemeinschaft sowie deren Durchsetzungsmechanismen zusammengefaßt[2]. Formelle Regeln beinhalten die Gesamtheit der rechtlichen Rahmenbedingungen, beginnend mit den Grundrechten bis hin zu einfachen Verwaltungsvorschriften. Im Gegensatz hierzu stellen gewachsene Normen, Sitten, Konventionen und Traditionen in einem Kulturkreis informelle, nicht-kodifizierte Regeln dar. Der institutionelle Rah-

---

[1] Diskutiert wird beispielsweise, ob der Staat selbst die langfristig überlegene Technologie ermitteln und durch eine selektive Förderung unterstützen sollte. Denkbar wäre auch ein zeitlich befristetes Offenhalten des Prozesses mit Hilfe einer gezielten Subventionierung aussichtsreicher Alternativen. Vgl. hierzu Röver (1997), S. 198 ff.; Arthur (1989), S. 127 f. Diese Implikationen sind jedoch abgesehen von ihrer mangelnden Fundierung mit schwerwiegenden Problemen verbunden, vgl. auch unter III.2.2.2.1.

[2] Vgl. zu dieser Definition Nelson (1995), S. 80 f.; North (1994), S. 360. Letzterer spricht von formellen und informellen Beschränkungen („constraints") des menschlichen Handelns.

men grenzt einerseits die Handlungsmöglichkeiten der einzelnen Individuen unter Androhung negativer Sanktionen ein. Auf der anderen Seite können aber auch positive Anreize für bestimmte Verhaltensweisen geschaffen werden.

Werden nun konkret die von bestimmten Institutionen ausgehenden Forschungs- und Innovationsanreize betrachtet, so läßt sich zunächst eine Reihe von positiven Einflußfaktoren nennen, deren Gewährleistung in kapitalistischen Systemen westlicher Prägung selbstverständlich ist. Beispiele hierfür sind die wirtschaftlichen Freiheitsrechte, insbesondere die Institutionen des Privateigentums und der Vertragsfreiheit[1]. Allerdings zeigen sich bei der Ausgestaltung dieser Grundrechte teilweise deutliche Unterschiede zwischen den einzelnen Ländern. Darüber hinaus können sie nicht immer vollständig definiert und durchgesetzt werden. So verdeutlicht die Diskussion um die Schaffung geistiger Eigentumsrechte die Schwierigkeiten, die mit der Aneignung der Erträge aus der Produktion neuen Wissens verbunden sind[2].

Dennoch bildet die Aufrechterhaltung, Weiterentwicklung und Durchsetzung der institutionellen, konkret der formellen Rahmenbedingungen die zentrale Aufgabe des Staates[3]. Die Handlungen der Individuen sowie der von ihnen gegründeten und geleiteten Organisationen[4] werden entscheidend davon bestimmt, wie gut die politischen Entscheidungsträger diese Vorleistung - die letztlich die Grundvoraussetzung jeglicher wirtschaftlichen Tätigkeit ist - erfüllen. Behindern beispielsweise eine hohe Regelungsdichte und langwierige Genehmigungsverfahren die Durchführung von Forschungsvorhaben, so ist entweder mit einem Erlahmen der Innovationstätigkeit oder aber mit einer Abwanderung kreativer, neuerungswilliger Unternehmen zu rechnen[5]. Gleiches gilt, wenn Gründergewinne durch überhöhte Steuern unmittelbar wieder entzogen werden.

---

1 Vgl. Pejovich (1983). Bereits Dietzel (1922), S. 31 ff., untersucht die Bedeutung der „"Grundrechte" des wirtschaftenden Individuums“ für die technische Entwicklung.

2 Vgl. Kerber (1998b), S. 126 ff.; Lamberton (1994); Tanghe (1987), S. 167 ff., sowie bereits die Ausführungen unter III.1.2.2.3.

3 Auch die institutionelle Entwicklung verläuft hierbei im wesentlichen pfadabhängig, vgl. Leipold (1996) zu unterschiedlichen Erklärungsansätzen. Nelson (1995), S. 81 f., sieht die Entwicklung von Institutionen gleichfalls als einen evolutorischen Prozeß. Vgl. auch Streit (1995a), S. 18.

4 Organisationen bestehen aus Individuen, die sich zur Erreichung eines bestimmten Ziels zu einer Gruppe zusammengeschlossen haben. Vgl. zu dieser weiten Definition - die auch privatwirtschaftliche Unternehmen sowie Bildungs- und Forschungseinrichtungen umfaßt - North (1994), S. 361.

5 Vgl. Hamm (1994), S. 9 ff.

Darüber hinaus üben die informellen Rahmenbedingungen als Ergebnisse eines kollektiven Lernprozesses[1] einen nicht zu unterschätzenden Einfluß auf das individuelle Neuerungsverhalten aus. Dieses ist nicht nur von den Anreizen durch umfassende Aneignungs- und Gewinnerzielungsmöglichkeiten abhängig, sondern auch von der Wertschätzung für kreatives Handeln in einer Gesellschaft und der Akzeptanz innovativer Produkte und Verfahren[2]. Ein möglicher Ansatzpunkt für staatliche Maßnahmen besteht nun in der Schaffung eines allgemein innovationsfreundlichen Klimas, insbesondere durch Information und objektive Aufklärung der Bevölkerung über Chancen und Risiken neuer technologischer Entwicklungen.

Die Auswirkungen der Rahmenbedingungen auf die Forschungs- und Entwicklungstätigkeit von Individuen und Unternehmen in einer Volkswirtschaft sind jedoch nicht nur unmittelbarer Natur. Im folgenden wird der mittelbare Einfluß der institutionellen Gegebenheiten auf das Innovationsverhalten verdeutlicht, den sie beispielsweise über die Qualität der Standortfaktoren und die Wettbewerbssituation ausüben[3].

Von zentraler Bedeutung sind zunächst die Rahmenbedingungen im Bereich der Bildungspolitik, die die Qualität des Humankapitals wesentlich bestimmen. Durch Maßnahmen der Aus- und Weiterbildung sorgt der Staat dafür, daß die Unternehmen und Forschungseinrichtungen auf qualifizierte Mitarbeiter zurückgreifen können. Nicht zuletzt fördert ein hohes Bildungs- und Qualifikationsniveau auch die Bereitschaft zur Übernahme und Anwendung von Neuerungen und trägt damit zum erwünschten innovationsfreundlichen Klima bei[4]. Im Rahmen von 1.6.2.1. wurde zwar festgestellt, daß der Staat die angeborenen individuellen Begabungen und Charaktereigenschaften nicht beeinflussen kann. Dies gilt allerdings nicht für erlernbare Fähigkeiten. Hierzu zählt in begrenztem Umfang auch die (technologische) Kreativität, die unter anderem vom individuellen Kenntnisstand abhängt[5]. Ursache hierfür ist der beschriebene kumulative Charakter von Wissensentstehung und technischem Fortschritt.

---

1 Zu Beschreibungen dieses Prozesses vgl. Hayek (1994 - Erstausgabe 1967), S. 144 ff.; ders. (1991 - Erstausgabe 1960), S. 30 ff. und 65 ff.

2 Formelle und informelle Regeln beeinflussen sich im Zeitablauf zudem wechselseitig, vgl. North (1994), S. 364. Zur geschichtlichen Bedeutung des Ordnungsrahmens für die wirtschaftliche Entwicklung in unterschiedlichen Ländern und Kulturkreisen vgl. ausführlich ders. (1992); Kaufer (1994); sowie die Beiträge in Bernholz/Streit/Vaubel (1998).

3 Vgl. für eine Übersicht auch Becher (1995), S. 341 ff.

4 Porter (1993), S. 646, bezeichnet die Bildungspolitik als den „vielleicht bedeutendste(n) langfristige(n) Einzelansatz ... zur Aufwertung der Industrie". Vgl. auch Hamm (1994), S. 10 f.

5 Vgl. zum folgenden Hanusch (1995), S. 24 ff.

Wenn Neuerungen jeglicher Art aufeinander aufbauen, kommt einer Ausbildung, die auf dem neuesten Stand von Wissenschaft und Technik basiert, praxisorientiert und auf Eigeninitiative ausgerichtet ist und die Fähigkeit zum Lernen vermittelt, große Bedeutung zu[1]. Sie versetzt die Individuen in die Lage, neue Fragen zu erkennen, aufzugreifen und zu beantworten sowie bestehende Produkte und Verfahren weiterzuentwickeln. Abgesehen von der Wissensvermittlung im speziellen Arbeitsgebiet erweist sich insbesondere eine umfassende Erstausbildung als wesentliche Voraussetzung für die Fähigkeit und die Bereitschaft zur ständigen Verbesserung der Qualifikation.

Ein weiterer wichtiger Ansatzpunkt sind die ebenfalls bereits angesprochenen Regelungen auf den Kapitalmärkten. Insbesondere kleine und mittlere Unternehmen sowie Existenzgründer sehen sich bei der Beschaffung von (Risiko-) Kapital oftmals mit erheblichen Schwierigkeiten konfrontiert und sind hierdurch nicht in der Lage, im erwünschten Umfang am Wettbewerbsprozeß teilzunehmen. Institutionelle Reformen können nun dazu beitragen, die Dynamik des Innovationswettbewerbs und der technischen Entwicklung zu erhöhen.

Besonderen Einfluß übt in diesem Zusammenhang die Wettbewerbspolitik aus. Dies wird beispielsweise bei der wettbewerbsrechtlichen Behandlung von Forschungs- und Entwicklungskooperationen deutlich, deren Freistellung vom Kartellverbot auch kleinen und mittleren Unternehmen die Durchführung aufwendigerer Vorhaben ermöglicht. Einerseits sind sie hierdurch in der Lage, mit größeren Wettbewerbern auf einem Markt zu konkurrieren. Auf der anderen Seite wird aus gesamtwirtschaftlicher Sicht eine Vielfalt der Unternehmensgrößen gefördert, die sich aufgrund der unterschiedlichen Stärken und komplementären Funktionen im Innovationsprozeß als vorteilhaft erwiesen hat. Die Behandlung von Forschungs- und Entwicklungskooperationen im Kartellrecht stellt jedoch nur einen speziellen Teilaspekt der Wettbewerbspolitik dar.

Grundsätzlicher sind Überlegungen, die sich mit den Funktionen des Wettbewerbs in einer marktwirtschaftlichen Ordnung beschäftigen. Im Vordergrund steht jetzt die Schaffung von Anreizen für die Suche nach und die Adaption von neuem Wissen[2]. Hierbei haben sich individuelle Entscheidungskompetenz und dezentrale Koordination im Vergleich mit zentralstaatlichen Planungsmodellen als förderlicher für die Innovationsaktivität erwiesen. Der Wettbewerb als Entdeckungsverfahren stellt die eindeutig überlegene institutionelle Alternative dar. In den Mittelpunkt des Interesses rücken daher die zum Schutz des Wettbewerbs erforderlichen Maßnahmen und die Offenheit von Märkten.

---

1 Vgl. auch Staudt in SdW (1997b), S. 44.
2 Vgl. auch Dunn (1995), S. 173.

Konkret stellt sich die Frage, welchen Beitrag der Staat zu einem aus der Perspektive der Marktteilnehmer hinreichend großen Schwierigkeitsgrad der marktlichen Herausforderungen leisten kann[1]. Der Wettbewerbsdruck soll einerseits so stark sein, daß die Unternehmen gezwungen sind, entweder ihr Neuerungspotential auszuschöpfen und innovative Anpassungen vorzunehmen oder bestehende Effizienzrückstände durch konservative Anpassungen abzubauen[2]. Auf der anderen Seite dürfen die Anforderungen eine gewisse Höhe nicht übersteigen, um resignative Erscheinungen zu vermeiden. Den Unternehmen muß zudem eine Amortisation ihrer Forschungs- und Entwicklungsinvestitionen möglich sein.

Zwar ist es nicht möglich, die Wettbewerbsintensität zu planen oder einen bestimmten Schwierigkeitsgrad der marktlichen Herausforderungen an die Unternehmen künstlich herbeizuführen. Dennoch verfügt der Staat über eine Vielzahl von rahmenorientierten Ansatzpunkten zur Schaffung „angemessener" Innovationsanreize. Zu nennen sind insbesondere Maßnahmen zum Schutz des Wettbewerbs mit Hilfe externer Kontrollorgane und die Öffnung der Märkte im Rahmen einer Wettbewerbsförderungspolitik[3]. Letztere beinhaltet sowohl den Abbau überflüssiger Regulierungen im Inland - die positiven Auswirkungen eines solchen Vorgehens verdeutlicht die rasante Entwicklung der Telekommunikation in den letzten Jahren[4] - als auch eine weitere Liberalisierung des Welthandels, die den Unternehmen zudem die Erschließung zusätzlicher Nachfragepotentiale im Ausland ermöglicht.

Über nationale und internationale Marktöffnungen hinaus gehören noch weitere Maßnahmen zur Wettbewerbsförderungspolitik. Diese zielen auf eine Verbesserung der Wettbewerbsposition kleiner und mittlerer Unternehmen. Konkret handelt es sich um die Zulassung von Forschungs- und Entwicklungskooperationen auf deutscher und europäischer Ebene, die Förderung der industriellen Gemeinschaftsforschung sowie die Einrichtung von Technologie- und Gründerzentren. Darüber hinausgehende Subventionen zugunsten einzelner Unternehmen lassen sich mit den Erkenntnissen der neueren Innovationstheorie nur begründen, wenn für kleine und mittlere Unternehmen Nachteile bestehen, die sie nicht aus eigener Kraft beseitigen können.

---

1 Vgl. Eickhof (1992), S. 181 f.

2 Vgl. Witt (1996b) zum Unterschied von „innovativen" und „konservativen" Anpassungsstrategien der Unternehmen an marktliche Herausforderungen und Markteingriffe des Staates.

3 Vgl. auch Oberender/Fricke (1993), S. 343.

4 Vgl. erneut Welfens/Graack (1996). Allgemeine Untersuchungen zum Zusammenhang von Regulierung und Innovation finden sich bei Becher (1995); Horst (1988); Maas (1986a).

1.6.3. Fazit

Die Aussagen der traditionellen Innovationstheorie zum Zusammenhang von Marktstruktur, Unternehmensgröße und Neuerungsaktivität sind mittlerweile durch theoretische Überlegungen und eine Vielzahl empirischer Studien widerlegt. Auf der anderen Seite verdeutlichen die „Wissensdruck"- und die „Nachfragesog"-Hypothese zwar die Bedeutung wichtiger neuerungsrelevanter Einflußfaktoren, können aber die Quellen des technischen Fortschritts nicht befriedigend erklären. Aufgrund dieser Defizite sind die Ansätze kaum zur Fundierung staatlicher Eingriffe geeignet.

Aus den Ergebnissen der neueren Innovationstheorie können dagegen vielfältige Schlußfolgerungen für die Forschungs- und Technologiepolitik im engeren und weiteren Sinn abgeleitet werden. Zudem tragen sie bereits teilweise zu einer Konkretisierung des staatlichen Handlungsbedarfs bei. Insbesondere verlieren positive externe Effekte als traditionelles volkswirtschaftliches Standardargument für eine Subventionierung von Forschung und Entwicklung massiv an Bedeutung. Mit Hilfe einer disaggregierten Betrachtung des Produktionsfaktors Wissen läßt sich zeigen, daß eine Unterinvestition privater Unternehmen im anwendungsnahen Bereich praktisch ausgeschlossen werden kann. Weiter sind die folgenden Implikationen zu nennen:

Zunächst zeigt sich erneut die zentrale Bedeutung der institutionellen Rahmenbedingungen sowie der Qualität der Standortfaktoren für die unternehmerische Forschungs- und Entwicklungstätigkeit. Bezogen auf die Forschungs- und Technologiepolitik i.e.S. wird ferner die Notwendigkeit einer Finanzierung der Grundlagenforschung in Verbindung mit dem Aufbau einer leistungsfähigen Forschungs- und Transferinfrastruktur bestätigt.

Darüber hinaus werden der kumulative Charakter und die Pfadabhängigkeit der wissenschaftlichen und technischen Entwicklung teilweise als Begründungen für eine direkte Förderung einzelner Schlüssel- oder Querschnittstechnologien herangezogen. Abgesehen von Schwerpunktsetzungen in der Grundlagenforschung sind nun auch gezielte Maßnahmen zugunsten der anwendungsnahen Forschung sowie zur Diffusionsförderung denkbar[1]. Schließlich wurde festgestellt, daß kleine und mittlere Unternehmen im gesamtwirtschaftlichen Innovationsprozeß eine wichtige Funktion erfüllen. Andererseits verfügen sie oftmals

---

[1] Hierbei handelt es sich angesichts der erwarteten ausreichenden privaten Aktivitäten nicht um eine unmittelbare oder eindeutige Handlungsempfehlung der neueren Innovationstheorie. Andererseits werden derartige Eingriffe auch nicht explizit ausgeschlossen oder abgelehnt.

nicht über die notwendigen finanziellen und personellen Ressourcen, um aufwendige Forschungsvorhaben durchführen zu können. Lassen sich diesbezüglich eindeutige Defizite nachweisen, so ist der Einsatz spezieller Maßnahmen in Erwägung zu ziehen.

1.7. Die Implikationen im Überblick

Im Rahmen von III.1. wurden unterschiedliche Argumente, Modelle und Begründungsversuche für forschungs- und technologiepolitische Maßnahmen dargestellt. Aus diesen lassen sich äußerst vielfältige Implikationen ableiten, die systematisiert und zu fünf zentralen Handlungsempfehlungen an den Staat zusammengefaßt werden können:

- Verbesserung der institutionellen Rahmenbedingungen

Als zentrale Implikation einer Vielzahl der betrachteten Ansätze erweist sich die Verbesserung der institutionellen Rahmenbedingungen sowie der Qualität der Standortfaktoren. Maßnahmen im Bereich dieser Forschungs- und Technologiepolitik im weiteren Sinn umfassen beispielsweise die Wettbewerbspolitik und die Ausgestaltung des Patentrechts, die allgemeine Steuergesetzgebung und die Organisation der Kapitalmärkte, die Dauer und die Kosten von Genehmigungsverfahren sowie nicht zuletzt die Bildungspolitik[1]. Grundlage dieser Handlungsempfehlungen sind insbesondere die Ergebnisse der neueren Innovationstheorie. Aber auch die Theorie des Markt- und Wettbewerbsversagens - vor allem das Auftreten externer Effekte - und die neue Wachstumstheorie verdeutlichen die Bedeutung der Voraussetzungen, unter denen Forschung und Entwicklung in einer Volkswirtschaft stattfinden.

Die Errichtung, Weiterentwicklung und Durchsetzung einer geeigneten Rahmenordnung stellt offensichtlich eine unabdingbare Notwendigkeit dar, nicht nur in bezug auf die Innovationstätigkeit, sondern für das wirtschaftliche und gesellschaftliche Leben insgesamt. Auf eine kritische Würdigung diesbezüglicher Verbesserungen im Rahmen von III.2. wird daher verzichtet, zumal die Maßnahmen nicht der Forschungs- und Technologiepolitik i.e.S. zuzurechnen sind.

---

[1] Vgl. auch NIW u.a. (1997), S. 47, die eine „Durchforstung der Rahmenbedingungen" fordern, da „Deregulierung und Flexibilisierung maßgeblich zur Stärkung des FuE-Standorts Deutschland" beitragen würden.

- Bereitstellung öffentlicher Güter, insbesondere staatliche Finanzierung der Grundlagenforschung

Öffentliche Güter werden, wie von der Theorie des Markt- und Wettbewerbsversagens gezeigt, aufgrund der Nicht-Anwendbarkeit des Ausschlußprinzips von privaten, erwerbswirtschaftlichen Unternehmen nicht angeboten. Die Bedeutung, die der Bereitstellung von allgemeinem Grundlagenwissen für die wirtschaftliche Entwicklung zukommt, ist jedoch unbestritten - ein Zusammenhang, den sowohl die neue Wachstumstheorie als auch die (traditionelle und neuere) Innovationstheorie nachdrücklich bestätigen.

Um die aus gesamtwirtschaftlicher Sicht erwünschte Bereitstellung von Grundlagenwissen zu gewährleisten, ist somit ein staatliches Eingreifen in Form einer öffentlichen Finanzierung erforderlich. Allerdings muß unter III.2.2.1. die (ordnungspolitische) Frage beantwortet werden, ob und unter welchen Bedingungen politische Entscheidungsträger Schwerpunkte bei der Gründung von Forschungseinrichtungen und bei der Durchführung von Forschungsvorhaben setzen sollten.

- Selektive Förderung der unternehmerischen Forschung und Entwicklung sowie der Diffusion

Selektive Maßnahmen zugunsten einzelner Unternehmen, Branchen, Märkte oder Technologien werden einerseits mit Hilfe der neuen Außenhandelstheorie begründet. Eine gezielte Forschungsförderung ist aber auch den Modellen der neuen Wachstumstheorie zufolge denkbar, wenn unterschiedlich hohe positive externe Effekte produziert werden. Darüber hinaus zeigt die neuere Innovationstheorie, daß die Beherrschung von Schlüsseltechnologien angesichts des kumulativen Charakters und der Pfadabhängigkeit ihrer Entwicklung wünschenswert und aus Unternehmenssicht sogar unbedingt erforderlich ist, um im internationalen Wettbewerb bestehen zu können.

Sowohl für selektive Maßnahmen im Bereich von Forschung und Entwicklung als auch bei der Diffusion wird daher im Rahmen der folgenden, vergleichenden Institutionenanalyse zu untersuchen sein, ob politische Institutionen das erforderliche Lenkungswissen besitzen und ob eine staatliche Steuerung damit bessere Ergebnisse verspricht als die dezentralen Entscheidungen der Marktteilnehmer.

- Indirekte Förderung der unternehmerischen Forschung und Entwicklung

Indirekte Fördermaßnahmen zugunsten von privaten Unternehmen werden aus theoretischer Sicht insbesondere mit dem Auftreten positiver externer Effekte begründet. Die traditionelle Argumentation aus der Theorie des Markt- und Wettbewerbsversagens wird dabei zunächst durch die Modelle der neuen Wachstumstheorie bestätigt. Allerdings läßt sich diese Implikation bereits mit Hilfe der Ergebnisse der neueren Innovationstheorie entkräften. Eine generelle Unterinvestition der Marktteilnehmer in Forschung und Entwicklung ist angesichts der Notwendigkeit eigener, komplementärer Aktivitäten sowie der Anreizwirkung möglicher Pioniergewinne nicht zu erwarten.

Eine allgemeine Forschungsförderung könnte jedoch mit dem pragmatischen Argument gerechtfertigt werden, daß eine zahlreiche andersartige Investitionen ebenfalls steuerlich begünstigt werden. Aus diesem Grund ist auch die indirekte Förderung der unternehmerischen Forschungs- und Entwicklungstätigkeit im folgenden genauer zu betrachten. Hierbei steht die Frage im Vordergrund, ob die Subventionen insgesamt zu einer Erhöhung der Ausgaben und zu einer Intensivierung der privaten Anstrengungen führen.

- Spezielle Maßnahmen zugunsten von kleinen und mittleren Unternehmen

Eine finanzielle Unterstützung von Forschung und Entwicklung in Großunternehmen ist theoretisch nur in Ausnahmefällen begründbar. Darüber hinaus erscheinen diesbezügliche Maßnahmen angesichts der Relation von öffentlichen Forschungsbudgets und Forschungsausgaben großer Konzerne überflüssig[1]. Andererseits übernehmen kleine und mittlere Unternehmen bedeutende Funktionen bei der Entwicklung und Ausbreitung neuer Technologien. Die Vorteilhaftigkeit einer differenzierten Unternehmensgrößenstruktur wird dabei sowohl durch theoretische Überlegungen als auch durch empirische Studien bestätigt und kann als allgemein anerkannt gelten.

Zwar verfügen kleinere Marktteilnehmer aufgrund ihrer Flexibilität über eindeutige Vorteile im Innovationsprozeß. Teilweise sehen sie sich jedoch gerade bei riskanten Forschungs- und Entwicklungsvorhaben mit gravierenden Hemmnissen konfrontiert, die insbesondere auf ihre oftmals geringe Eigenkapitalaus-

[1] Vgl. Meyer (1995), S. 69 f. So beliefen sich die Forschungs- und Entwicklungsausgaben der Siemens AG im Jahr 1997 auf rund 8,2 Mrd. DM, diejenigen der damaligen Daimler-Benz AG auf 5,7 Mrd. DM, vgl. Kuhn (1998), S. 101. Die Bayer AG gibt jährlich circa 4 Mrd. DM für Forschung und Entwicklung aus, vgl. SdW (1997b), S. 35. Im Vergleich hierzu betrugen die gesamten Forschungs- und Entwicklungsausgaben des Bundes im Jahr 1997 lediglich knapp 16,3 Mrd. DM, vgl. BMBF (1998), S. 384 f.

stattung, den erschwerten Zugang zu Fremdkapital und fehlendes Personal zurückzuführen sind.

Zur Lösung der genannten Probleme sind unterschiedliche Ansatzpunkte denkbar, wobei zunächst wiederum auf die Verbesserung der Rahmenbedingungen zu verweisen ist. Darüber hinaus kann der Staat jedoch beispielsweise Forschungs- und Entwicklungskooperationen nicht nur grundsätzlich erlauben, sondern sie durch eine Übernahme der Anbahnungskosten auch wesentlich erleichtern. Ferner bilden die Förderung der vorwettbewerblichen industriellen Gemeinschaftsforschung sowie die Stärkung technologischer Netzwerke durch die Einrichtung von Technologie- und Gründerzentren erfolgversprechende Ansatzpunkte für die Überwindung von Mindestgrößen bzw. die Nutzung von Synergieeffekten. Schließlich können eine staatliche Bereitstellung von Risikokapital und eine allgemeine indirekte Förderung von kleinen und mittleren Unternehmen in Erwägung gezogen werden[1].

Abschließend ist somit festzustellen, daß eine Vielzahl unterschiedlicher Maßnahmen der Forschungs- und Technologiepolitik i.e.S. theoretisch begründet werden kann. Die abgeleiteten Implikationen erfahren nunmehr eine kritische Würdigung unter ordnungstheoretischen Gesichtspunkten. Das Ausmaß des staatlichen Handlungsbedarfs läßt sich weiter konkretisieren, indem die Erfolgsaussichten der Maßnahmen im Fall einer praktischen Umsetzung untersucht werden.

2. Kritische Würdigung der Implikationen

2.1. Einführung - die Kriterien im Überblick

Die theoretischen Begründungsversuche in III.1. haben zu fünf zentralen Handlungsempfehlungen geführt, von denen vier der Forschungs- und Technologiepolitik im engeren Sinn zuzuordnen sind. An einigen Stellen wurde jedoch bereits angedeutet, daß diese Implikationen keineswegs immer eindeutig und zudem im Hinblick auf ihre praktischen Umsetzungsmöglichkeiten teilweise äußerst umstritten sind[2]. Daher wird nun im Rahmen einer vergleichenden Institutionenanalyse anhand unterschiedlicher Kriterien geprüft, ob die erhofften

---

[1] Die Begründung einer allgemeinen Subventionierung von kleinen und mittleren Unternehmen erfolgt nun nicht über positive Externalitäten, sondern über bestehende Finanzierungsprobleme.

[2] Dies gilt insbesondere für die Ableitung von konkreten Handlungsempfehlungen aus der neuen Außenhandelstheorie. Ein solches Vorgehen wird wie gezeigt auch von ihren Vertretern selbst weitgehend abgelehnt, vgl. unter III.1.5.

positiven Wirkungen staatlicher Eingriffe nicht nur theoretisch möglich, sondern auch in der Realität erreichbar sind.

2.1.1. Zielkonformität

Im Zusammenhang mit der Zielkonformität eines Staatseingriffs sind zwei Aspekte zu berücksichtigen: Als zielkonform werden alle Maßnahmen bezeichnet, die einerseits prinzipiell zur Erreichung eines angestrebten Zieles beitragen können[1]. Auf der anderen Seite ist zu prüfen, ob durch ihren Einsatz ein im Vergleich zum Ausgangszustand höherer Grad der Zielverwirklichung zu erwarten ist[2].

In der Forschungs- und Technologiepolitik sind die angestrebten Ziele jedoch nicht objektiv vorgegeben, sondern werden im Zuge politischer Entscheidungsprozesse festgelegt und oftmals sehr allgemein formuliert[3]. Beispiele sind unter anderem die Erhöhung der allgemeinen Wissensbasis, die zunehmende Verbreitung neuer Technologien oder die Verbesserung der Wettbewerbschancen kleiner und mittlerer Unternehmen. Im Rahmen der direkten Projektförderung erfolgen dagegen genauere Zielvorgaben. Dies gilt insbesondere, wenn sie sich auf anwendungsnahe Vorhaben bezieht[4]. Eine Beurteilung der Zielkonformität muß sich jedoch grundsätzlich an den selbstgesetzten Zielen der Entscheidungsträger orientieren. Vielfach können dabei lediglich Tendenzaussagen getroffen werden, da konkrete Zieldefinitionen nicht vorhanden sind.

2.1.2. Ordnungskonformität

Die Wirtschaftsordnung in Deutschland basiert auf einer ordnungspolitischen Grundentscheidung zugunsten wettbewerblicher Marktprozesse, durch die die individuellen, dezentral getroffenen Entscheidungen koordiniert und sanktioniert werden[5]. Hierbei dient der Markt der Zusammenführung von Angebot und

---

1 Vgl. Gutmann (1980), S. 137, demzufolge wirtschaftspolitischen Maßnahmen Zielkonformität bescheinigt werden kann, „wenn sie zur Erreichung gesetzter Ziele (technisch) geeignet sind".

2 Vgl. Berg/Cassel (1995), S. 208.

3 Vgl. zu den resultierenden Problemen bei der Beurteilung der Zielkonformität Kuhlmann/Meyer-Krahmer (1995), S. 9.

4 Ein Beispiel hierfür ist die staatliche Förderung des Transrapid.

5 Vgl. Gutmann (1986), S. 55. Starbatty/Vetterlein (1998), S. 712, sprechen vom „Leitbild des wettbewerblichen Marktprozesses". Diesem fühlt sich auch die Europäische Union verpflichtet.

Nachfrage, der Wettbewerb fungiert als nicht-autoritäres Kontrollverfahren[1]. Zur Prüfung der Frage der Ordnungskonformität kann somit im Rahmen einer „disaggregierten" Betrachtung auf die Kriterien Markt- und Wettbewerbskonformität zurückgegriffen werden.

Als marktkonform sind grundsätzlich alle wirtschaftspolitischen Maßnahmen anzusehen, die den Markt-Preis-Mechanismus nicht außer Kraft setzen und damit die marktliche Selbststeuerung nicht aufheben. Allerdings sind durchaus marktkonforme Maßnahmen vorstellbar, die die Kontrolle durch den Wettbewerb beschränken oder sogar völlig ausschalten[2]. Aus diesem Grund ist eine Erweiterung der Marktkonformität zur Wettbewerbskonformität erforderlich, die dann als „Kriterium für die Beurteilung der Ordnungskonformität"[3] dienen kann. Grundsätzlich gelten alle Maßnahmen als wettbewerbskonform, die mit der Wettbewerbsfreiheit der Marktteilnehmer vereinbar sind, d.h. die die notwendigen Voraussetzungen für einen freien Leistungswettbewerb schaffen, diesen fördern oder ihn zumindest nicht beeinträchtigen[4].

Das Kriterium der Ordnungskonformität zielt folglich auf die Sicherstellung der marktlichen Koordination sowie auf den Schutz und die Förderung des freien Leistungswettbewerbs als Kontroll- und Entdeckungsverfahren. Vor diesem Hintergrund sollten beispielsweise wettbewerbsverzerrende oder konzentrationsfördernde Maßnahmen des Staates vermieden werden. Allerdings sind sämtliche abgeleiteten Implikationen für die Forschungs- und Technologiepolitik i.e.S. mit Subventionen verbunden, so daß im folgenden insbesondere die zu erwartenden Diskriminierungen zwischen den Marktteilnehmern beachtet werden müssen.

In diesem Zusammenhang ist daran zu erinnern, daß die Überlegenheit des Wettbewerbs als Verfahren zur Ermittlung der besten Lösungsvorschläge gerade auf der Vorteilhaftigkeit der dezentralen Wissensverwertung durch die Individuen basiert. Das Kriterium der Ordnungskonformität verlangt somit auch, daß Entscheidungskompetenzen nicht unnötig von den einzelnen Marktteilnehmern hin zu staatlichen Instanzen verlagert werden. Dann aber sind Maßnahmen kritisch zu beurteilen, die eine „Anmaßung von Wissen"[5] seitens der politischen

---

1 Auf die unterschiedlichen Funktionen von Markt und Wettbewerb wurde bereits eingegangen, vgl. unter III.1.2.1.

2 Streit (1991), S. 270, nennt als Beispiel die Erhebung eines Prohibitivzolls.

3 Gutmann (1980), S. 190.

4 Gutmann (1980), S. 191 f., spricht hier von wettbewerbsnotwendigen, -fördernden und -adäquaten Maßnahmen. Vgl. auch Streit (1991), S. 268 f.

5 Hayek (1975), S. 12.

Entscheidungsträger über zukünftige Entwicklungen und vermeintliche Handlungsnotwendigkeiten beinhalten.

2.1.3. Organisatorische Effizienz

Wirtschaftspolitische Entscheidungen und Instrumente sollten grundsätzlich dem ökonomischen Prinzip genügen, so daß die (selbst-)gesetzten Ziele jeweils zu den geringstmöglichen Kosten erreicht werden. Von zentraler Bedeutung sind zunächst die mit einer Maßnahme verbundenen administrativen Transaktionskosten, konkret die entstehenden Verwaltungs-, Durchführungs- und Kontrollkosten. Diese können in Abhängigkeit von der gewählten Handlungsalternative höchst unterschiedlich sein. Untrennbar mit den Kosten ist auch die administrative Praktikabilität einer Maßnahme verbunden.

Darüber hinaus muß der Aufwand aus Sicht der Unternehmen berücksichtigt werden. Die Bearbeitung von Anträgen auf Forschungsförderung erfordert teilweise den Einsatz hoher finanzieller und personeller Ressourcen. Auch hierbei lassen sich deutliche Unterschiede zwischen den einzelnen Handlungsoptionen feststellen.

2.1.4. Dynamische Anreizwirkungen

Anhand der dynamischen Anreizwirkungen - oder auch der ökonomisch-dynamischen Effizienz - wird normalerweise geprüft, inwiefern eine bestimmte Maßnahme Anreize für innovatives Verhalten schafft[1]. Ein derartiges Vorgehen erscheint hier jedoch nicht ausreichend, da die Förderung des wissenschaftlichen und technischen Fortschritts das eigentliche Ziel der Forschungs- und Technologiepolitik im engeren Sinn ist. Die Untersuchung entspräche lediglich einer erneuten Prüfung der Zielkonformität.

Grundsätzlich gilt, daß durch Subventionen Anreize geschaffen, aber auch verzerrt werden. Zu untersuchen ist daher, inwiefern durch die staatliche Förderung die Innovations- und Leistungsanreize aus Sicht der Unternehmen möglicherweise sogar abnehmen und sich eine Rent-seeking-Mentalität einstellt. In diesem Fall richtet sich das Interesse der Subventionsempfänger weniger auf die rasche Erzielung von Forschungsergebnissen als vielmehr auf eine dauerhafte

---

[1] Vgl. beispielsweise Franke (1997), S. 143.

Sicherung der Zuwendungen[1]. Auch die beschriebenen Anreizwirkungen haben zwar unmittelbaren Einfluß auf die Zielkonformität einer Maßnahme. Dennoch erscheint hier eine getrennte Betrachtung zweckmäßig, da nun nicht mehr nur die eher kurzfristige Frage der Zielerreichung, sondern insbesondere die langfristigen Auswirkungen auf die Anreizstrukturen betrachtet werden. Aus der Perspektive der öffentlichen Forschungseinrichtungen stehen in diesem Zusammenhang die Probleme im Vordergrund, die sich aus der Grundfinanzierung der Institute - die quasi einer staatlichen Bestandsgarantie entspricht - ergeben.

Die genannten Kriterien werden nun unter 2.2. auf die forschungs- und technologiepolitischen Implikationen i.e.S. angewendet. Ausgangspunkt der folgenden Betrachtungen sind die unterschiedlichen Ansatzpunkte einer staatlichen Finanzierung der Grundlagenforschung.

2.2. Überprüfung der Handlungsempfehlungen für die Forschungs- und Technologiepolitik i.e.S.

2.2.1. Direkte versus indirekte Förderung der Grundlagenforschung

Die zentrale Bedeutung der wissenschaftlich-theoretischen Grundlagenforschung für die technische und wirtschaftliche Entwicklung sowie der abgeleitete staatliche Handlungsbedarf sind weitgehend unumstritten. Zu beantworten ist allerdings noch die Frage, wie die Förderung konkret ausgestaltet sein sollte, d.h. die Frage nach der institutionellen Struktur der Forschungslandschaft. Hierbei kann zwischen direkter und indirekter Förderung unterschieden werden. Erstere beinhaltet die Gründung und Unterhaltung spezieller Institute (direkte institutionelle Förderung) sowie die Durchführung bestimmter, vom Staat ausgewählter Projekte. Die letztgenannte indirekte Förderung bezeichnet dagegen die Grundfinanzierung der intermediären Wissenschafts- bzw. Trägerorganisationen (indirekte institutionelle Förderung)[2].

Beide Förderungsarten sind zunächst als zielkonform im Hinblick auf die angestrebte Erweiterung der Wissensbasis anzusehen. Durch die Erforschung bislang unbekannter wissenschaftlicher Zusammenhänge wird der Bestand an verfügbarem Wissen vergrößert und damit zugleich ein höherer Grad der Zielverwirklichung erreicht. Auch können sowohl die direkte als auch die indirekte

---

[1] Derartige Verhaltensänderungen werden von Starbatty/Vetterlein (1990a), S. 125, als Elemente eines „dynamischen Marktkonformitätskriteriums“ untersucht.

[2] Vgl. bereits unter II.1.2. Die folgenden Betrachtungen beziehen die Fraunhofer-Gesellschaft als anwendungsorientierte bis -nahe Trägerorganisation ausdrücklich mit ein.

Förderung der Grundlagenforschung prinzipiell als ordnungskonform bezeichnet werden, da durch die Bereitstellung öffentlicher Güter ein Marktversagenstatbestand beseitigt wird und sich die Voraussetzungen für wettbewerbliche Aktivitäten der Unternehmen verbessern. Die Wettbewerbsfreiheit der Marktteilnehmer bleibt erhalten. Dennoch erscheint eine differenzierte Betrachtung erforderlich.

Das verfügbare Wissen schafft der neueren Innovationstheorie zufolge Anreize für weitere Forschungsvorhaben, so daß der Staat durch entsprechende Schwerpunktsetzungen in der Grundlagenforschung mittelbaren Einfluß auf die Richtung der Suchanstrengungen privater Unternehmen ausüben kann. Dann aber sind selektive Subventionen auch im marktfernen Bereich nicht uneingeschränkt wettbewerbsneutral, da einige Branchen stärker von den neuen Erkenntnissen profitieren als andere[1]. Eine gezielte Mittelvergabe ist in der Grundlagenforschung offensichtlich nur gerechtfertigt, wenn der Staat selbst als Nachfrager des betreffenden Wissens und der zu produzierenden Güter auftritt. Hier lassen sich insbesondere die Militär- und Verteidigungstechnik, teilweise aber auch die Raumfahrtforschung nennen[2].

Darüber hinaus wird in einigen Forschungsgebieten Wissen über grundlegende (natur-)wissenschaftliche Zusammenhänge zur Fundierung politischer Entscheidungen benötigt, die oftmals mit dem Schutz oder der Bereitstellung öffentlicher Güter zusammenhängen[3]. Zu denken ist nun beispielsweise an die Umwelt-, Verkehrs- und Gesundheitsforschung sowie an wirtschafts- und sozialwissenschaftliche Untersuchungen. Derartige Schwerpunktsetzungen erfolgen nicht aufgrund einer Anmaßung von Wissen, da der Staat selbst als Nachfrager der neuen Erkenntnisse auftritt. Allerdings ist der staatliche Informationsbedarf keineswegs eindeutig definiert, so daß den politischen Entscheidungsträgern diskretionäre Handlungsspielräume eröffnet werden.

In Forschungsfeldern, auf die die genannten Merkmale nicht zutreffen, sollte eine Förderung der Grundlagenforschung dagegen aus ordnungspolitischer

---

1 Dagegen vertreten Kantzenbach/Pfister (1996), S. 283, die Auffassung, daß die gesamte institutionelle Förderung wettbewerbsneutral ist.

2 Die Förderung erstreckt sich hier über die angewandte Forschung und Entwicklung bis zur Innovation. Auf die normative Frage, inwiefern eine staatliche Nachfrage gerechtfertigt ist, soll im Rahmen dieser Arbeit nicht eingegangen werden.

3 Die Gründung von Forschungseinrichtungen und die Finanzierung einzelner Vorhaben hängen zumeist „mehr oder weniger direkt mit den Aufgaben der sie finanzierenden Stellen, vor allem Bundes- und Landesministerien“ - Reger/Kuhlmann (1995), S. 13 - zusammen. Es ist jedoch durchaus erwünscht, daß das erarbeitete Wissen auch privaten Unternehmen zugute kommt oder gar die Entwicklung neuer Industriezweige anregt.

Sicht möglichst indirekt, d.h. ohne politische Schwerpunktsetzungen erfolgen[1]. Die Aufgabe einer Forschungsförderung nach wissenschaftsimmanenten Kriterien wird in Deutschland von den Hochschulen und Trägerorganisationen erfüllt. Diese sorgen für eine Verteilung der Mittel unabhängig von kurzfristigen politischen Einflüssen und gewährleisten damit die notwendige Kontinuität der Finanzierung. Im beschriebenen institutionellen Rahmen ist auch eine begrenzte Förderung der anwendungsorientierten Forschung denkbar[2]. Diese Funktion wird vor allem von der Fraunhofer-Gesellschaft und ihren Instituten übernommen. Allerdings darf es hierbei nicht zu einer Verdrängung privater Anbieter von Forschungsleistungen kommen[3]. Ferner sollte versucht werden, den Anteil industrieller Drittmittel an der Finanzierung der betreffenden Einrichtungen zu erhöhen[4].

Grundsätzlich muß gewährleistet sein, daß alle potentiellen Nutzer die Möglichkeit haben, sich über die Ergebnisse der für sie relevanten Forschungsvorhaben zu informieren. Begünstigt wird deren Verbreitung zunächst durch die in Deutschland traditionell als „gut ausgebaut (und) institutionell sehr differenziert“[5] geltende Forschungslandschaft. Hochschulen, Wissenschaftsorganisationen und staatliche Forschungsinstitute ergänzen die privaten Aktivitäten der Unternehmen.

Im Rahmen dieser symbiotischen Beziehung profitieren alle Beteiligten von positiven Wechselwirkungen und gegenseitigen Anregungen. Zudem existiert eine Vielzahl von Kooperationsprojekten. Diese finden jedoch vorrangig zwischen öffentlichen Forschungseinrichtungen und Großunternehmen statt, weshalb letztere auch als „Insider“[6] in bezug auf die vom Staat finanzierte Forschungslandschaft bezeichnet werden. Insbesondere für kleine und mittlere Unternehmen erscheint daher eine Senkung der Suchkosten bei der Erlangung relevanter Forschungsergebnisse wünschenswert. Hierzu sind der Aufbau einer leistungs-

---

1 Vgl. Kommission Grundlagenforschung (1991), S. 12 ff. Vor diesem Hintergrund ist eine Unterstützung bestimmter technologischer Paradigmen kritisch zu beurteilen, vgl. auch unter 2.2.2.1.

2 Abgesehen von den unter II.1.2.2. beschriebenen Abgrenzungsproblemen ist es kaum realistisch, daß sich der Staat unmittelbar und vollständig aus der Finanzierung zurückziehen kann, sobald der Gedanke an eine mögliche langfristige Nutzung erzielter Forschungsergebnisse aufkommt.

3 Vgl. Beise/Licht/Spielkamp (1995), S. 75 f.

4 So erzielt die FhG einen signifikanten Teil ihrer Einkünfte durch die Übernahme von Forschungsaufträgen privater Unternehmen, vgl. Kantzenbach/Pfister (1996), S. 277.

5 Reger/Kuhlmann (1995), S. 11. Vgl. auch Fabisch (1996); Beise/Licht/Spielkamp (1995), S. 71 f.; Kommission Grundlagenforschung (1991), S. 1.

6 NIW u.a. (1997), S. 28.

fähigen Infrastruktur in Form von Transferstellen und eine Bereitstellung des Wissens in öffentlich zugänglichen Datenbanken oder im Internet erforderlich[1].

Unter dem Gesichtspunkt der administrativen Kosten erscheinen zunächst sowohl die direkte als auch die indirekte institutionelle Förderung der Grundlagenforschung der Projektförderung überlegen. Die Grundfinanzierung einzelner Forschungseinrichtungen sowie der Wissenschaftsorganisationen läßt sich mit vergleichsweise geringem administrativen Aufwand durchführen. Dagegen ist die Selektion einzelner Vorhaben der Grundlagenforschung durch teilweise langwierige Verfahren gekennzeichnet, die sich in entsprechend höheren Kosten niederschlagen. Bei langfristiger Betrachtung ist jedoch zu berücksichtigen, daß die direkte institutionelle Förderung zu teilweise gravierenden Starrheiten in der Forschungslandschaft führt. Eine Schließung nicht mehr benötigter bzw. erforderlicher Institute ist oftmals kaum durchsetzbar. Spezifische Einrichtungen sollten daher vor allem dann gegründet werden, wenn ein dauerhafter staatlicher Informationsbedarf vorliegt. Handelt es sich dagegen um einmalig auftretende Fragestellungen, so ist die Vergabe von gezielten Forschungsaufträgen vorzuziehen.

Im Rahmen der indirekten institutionellen Förderung werden die administrativen Kosten der direkten Projektförderung auf die Trägerorganisationen übertragen. Der Staat bleibt zwar über die Grundfinanzierung letztlich der Träger der Kosten, wird aber von Aufgaben entlastet. Darüber hinaus bestehen in den Wissenschaftsorganisationen stärkere Anreize zu kostenminimierendem Verhalten als bei Ministerien und anderen staatlichen Stellen. Je effizienter sie ihre Selbstverwaltung organisieren, desto höher sind die Mittel, die für die wissenschaftliche Forschung verwendet werden können[2].

In bezug auf die dynamischen Anreize kann schließlich zwischen den Wirkungen der staatlichen Grundfinanzierung von Forschungseinrichtungen - und damit der angesprochenen Bestandsgarantie - und denjenigen einer projektbezogenen Mittelvergabe unterschieden werden. Ist der Anteil der vom Staat oder den Trägerorganisationen gewährten Grundfinanzierung am gesamten Finanzierungsbedarf eines Instituts hoch, so sind aufgrund schwach ausgeprägter Leistungsanreize Probleme zu befürchten, die mit der innerbetrieblichen X-

---

[1] Vgl. Beise/Licht/Spielkamp (1995), S. 78 ff.; Hanusch (1995), S. 23. Auch Cohen/Noll (1996), S. 332, betonen, daß die Forschungsergebnisse allgemein verfügbar gemacht werden müssen. Vgl. auch bereits unter III.1.2.2.3.

[2] Erber (1998), S. 9 f., erwartet, daß auch in den öffentlich finanzierten Einrichtungen „moderne Formen des Forschungsmanagements" angewendet werden, wenn ein ausreichender Wettbewerbsdruck herrscht.

Ineffizienz vergleichbar sind[1]. Konkret kann es unter anderem zu einem mangelnden Kostenbewußtsein bei Ausstattungsfragen und der Einstellung von Verwaltungspersonal sowie zu Motivationsproblemen bei den Mitarbeitern kommen, ferner besteht die Gefahr der Überorganisation[2].

Andererseits ist ein Mindestmaß an Kontinuität und langfristiger Planungssicherheit für die Forschungseinrichtungen unabdingbar, zumal Fortschritte in der Grundlagenforschung nicht planbar sind[3]. Eine Reduzierung des Anteils der Grundausstattung zugunsten der Projektfinanzierung beläßt den Instituten zwar die Möglichkeit zu einer Verbesserung ihrer finanziellen Ausstattung durch eigene Vorschläge. Die so geschaffenen positiven Anreize gehen jedoch auf Kosten der Planungssicherheit und können eine Gefahr für die Freiheit der Forschung darstellen[4]. Darüber hinaus bestehen im Fall einer staatlichen Selektion aus ordnungspolitischer Sicht gravierende Informations- und Bewertungsprobleme bei der Identifikation der förderungswürdigen Vorhaben, sofern kein Wissen zur Fundierung politischer Entscheidungen erarbeitet werden soll.

Offensichtlich besteht hier eine Dilemma-Situation bzw. ein Trade-off. Eine begrenzte Gewichtsverlagerung zugunsten der Projektförderung in der Grundlagenforschung ist allerdings ebensowenig ausgeschlossen wie Versuche, durch eine stärker wettbewerbliche Vergabe der Mittel zusätzliche Anreize zu implementieren[5]. Ziel muß es letztlich sein, „ein gesundes, ausgewogenes Verhältnis

---

1 Vgl. hierzu Leibenstein (1966).

2 In jüngerer Zeit ist die Effizienz der öffentlichen Forschungseinrichtungen zunehmend kritisch hinterfragt worden, vgl. beispielsweise Böndel/Dürand (1995), S. 60 ff. Vgl. auch Staudt (1998), S. 173 f., der den negativen Einfluß der langfristigen Mittelbindung betont. Zu einer positiven Beurteilung der erzielten Forschungsergebnisse und ihrer Verwertungsrelevanz kommen dagegen NIW u.a. (1997), S. 25 ff. Allerdings sind Effizienzüberlegungen gerade im Bereich der Grundlagenforschung ambivalent zu beurteilen, vgl. Hüttl/Semmel (1998), S. 182.

3 Vgl. auch Kommission Grundlagenforschung (1991), S. 16 f., die eine „Kontinuität über wenigstens 5 bis 10 Jahre" fordert, bei „großen Aufgabenfeldern von erheblicher Bedeutung" sogar 12 bis 15 Jahre.

4 Umstritten ist auch die Forderung, daß sich die öffentlichen Forschungseinrichtungen vermehrt durch sogenannte Drittmittel aus der Industrie finanzieren sollen. Eine Orientierung an den Bedürfnissen der Unternehmen ist zwar teilweise durchaus positiv zu sehen. Es besteht jedoch die Gefahr, daß die Tendenz zu einer stärkeren Anwendungsorientierung eine Vernachlässigung der „zweckfreien" Grundlagenforschung bewirkt. Vgl. hierzu beispielsweise Altenmüller (1994); Kommission Grundlagenforschung (1991), S. 17 und 88 ff.

5 Vgl. zu diesbezüglichen Vorschlägen beispielsweise das Positionspapier des BDI (1997); Eekhoff/ Enste/Wehmeier (1997), S. 336; Beise/Licht/Spielkamp (1995), S. 74 f. Auch die DFG (1998), S. 2 ff., betont die Tendenz zu einer stärker leistungsbezogenen Mittelvergabe an Hochschulen und außeruniversitäre Forschungseinrichtungen.

zwischen institutioneller Förderung und Flexibilisierung des Systems zu entwickeln"[1]. Ansatzpunkte sind beispielsweise eine regelmäßige Evaluierung der Forschungseinrichtungen, aber auch eine Aufwertung von Hochschulen und Trägerorganisationen, die ihr Budget stärker nach wissenschaftlichen Qualitätskriterien aufteilen.

Kontrovers wird in diesem Zusammenhang die relative Effizienz der beiden letztgenannten Institutionen diskutiert. Vorteile der Universitäten bestehen insbesondere im permanenten Austausch zwischen den Lehrenden und Studierenden sowie in den hierdurch erzielbaren „Multiplikatoreffekten" der Förderung[2]. Ferner liegen in den Hochschulen günstigere Voraussetzungen für interdisziplinäre Forschungen vor. Zwischen den Fakultäten gibt es vielfach enge, kooperative Beziehungen, die durch die Einrichtung von interdisziplinären Sonderforschungsbereichen verstärkt werden können[3]. Die außeruniversitären Einrichtungen sind demgegenüber regional verteilt, gemeinsame Projekte werden selbst von den einzelnen Instituten der MPG kaum durchgeführt. Auf der anderen Seite existieren zahlreiche Kooperationen zwischen Hochschulen und Wissenschaftsorganisationen, die oftmals in einer komplementären Beziehung stehen[4].

Universitäten, Trägerorganisationen und sonstige öffentliche Forschungseinrichtungen weisen allerdings unverkennbare institutionelle Starrheiten auf[5]. Ein Aufbrechen verkrusteter Strukturen erscheint am ehesten möglich, wenn der Staat die Voraussetzungen für einen „fairen Institutionenwettbewerb"[6] unter der Regie unabhängiger Entscheidungsorgane schafft. Konkret müssen die genannten Einrichtungen in die Lage versetzt werden, ihre eigene Leistungsfähigkeit durch flexible Strukturen und innovative Methoden des Forschungsmanagements gestalten zu können. Entscheidend für die Förderentscheidungen sind dann die erzielten Ergebnisse, nicht formal korrekte Verwaltungsabläufe innerhalb einer bestimmten Organisationsform. Darüber hinaus sollten vergleichbare Ausgangsbedingungen gewährleistet werden. Ungerechtfertigt sind vor diesem Hintergrund beispielsweise die bessere finanzielle Ausstattung von MPG- und

---

1 Schipanski in SdW (1997a), S. 38.

2 Vgl. ähnlich Fritzsch (1998), der die außeruniversitäre Forschung sogar als „Standortnachteil" bezeichnet.

3 Die mit Hilfe der DFG eingerichteten Sonderforschungsbereiche sind in der Regel auf 12 bis 15 Jahre angelegt, vgl. Teufel (1995), S. 220.

4 Vgl. zu dieser Sicht Markl (1998). Erichsen spricht von einem „lange erfolgreichen klassischen Verbund" von Hochschulen und außeruniversitärer Forschung, vgl. SdW (1997a), S. 33.

5 Vgl. Staudt in SdW (1997b), S. 36, der in den genannten Einrichtungen beängstigend lange Zeitkonstanten konstatiert.

6 Erber (1998), S. 7. Vgl. zum folgenden auch dort, S. 6 ff.

FhG-Instituten sowie die flexibleren Rahmenbedingungen, von denen diese profitieren und die den Wettbewerb zu Lasten der Universitäten verzerren.

Die Finanzierung der Grundlagenforschung durch den Staat ist insgesamt aufgrund des festgestellten Marktversagens eindeutig erforderlich und sinnvoll. Darüber hinaus sind durch die Bereitstellung neuen Wissens positive Auswirkungen auf den nachgelagerten unternehmerischen Wettbewerb zu erwarten. Zwar sollte versucht werden, stärkeres Gewicht auf die von kurzfristigen politischen Interessen weitgehend unabhängige, indirekte institutionelle Förderung der Wissenschaftsorganisationen zu legen. Eine Abschaffung der direkten institutionellen Förderung und der Projektförderung in der Grundlagenforschung ist jedoch weder notwendig noch wünschenswert.

Direkte und indirekte Förderung der Grundlagenforschung sind letztlich als komplementäre Maßnahmen anzusehen, die in unterschiedlichen Bereichen eingesetzt werden sollten. Liegt ein unmittelbarer staatlicher Informationsbedarf vor, so ist die Gründung spezieller Institute oder auch die Vergabe konkreter Forschungsprojekte vorzuziehen. In allen anderen Fällen sollte jedoch auf eine politische Steuerung verzichtet werden (vgl. auch Abbildung III-5). Dies gilt insbesondere für eine Förderung im anwendungsorientierten Bereich.

Abbildung III-5: Prüfschema für die Finanzierung der Grundlagenforschung

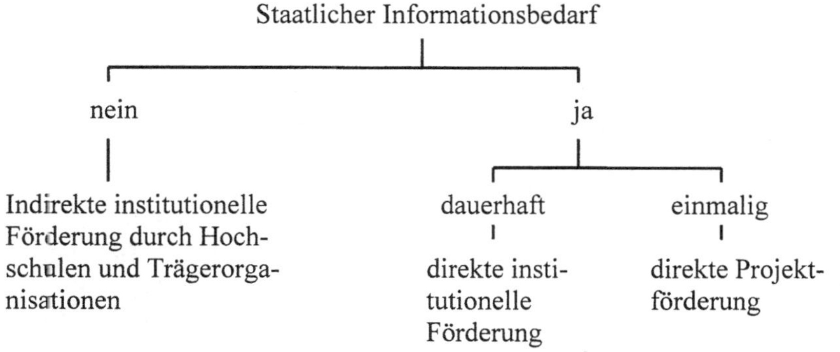

Während die Finanzierung der Grundlagenforschung nahezu unumstritten ist, werden die nunmehr unter 2.2.2. und 2.2.3. behandelten Maßnahmen zugunsten der angewandten Forschung in der Privatwirtschaft deutlich kritischer beurteilt. Ausgangspunkt der folgenden Betrachtungen sind die unterschiedlichen selektiven Förderinstrumente.

2.2.2. Selektive Maßnahmen zugunsten von Unternehmen

Die direkte Förderung zugunsten von Unternehmen kann sich einerseits auf die Phasen der angewandten Forschung und Entwicklung bis zur Invention beziehen (direkte Projektförderung, vgl. unter 2.2.2.1.). Andererseits wird die Anwendung und Ausbreitung neuer Technologien gezielt unterstützt (indirekt-spezifische Förderung, vgl. 2.2.2.2.).

2.2.2.1. Direkte Projektförderung der angewandten Forschung und Entwicklung

Ziel der direkten Projektförderung der unternehmerischen Forschung und Entwicklung ist letztlich die Hervorbringung von marktfähigen Produkt- und Verfahrensinnovationen. Die Schwerpunkte der Ausschreibungen liegen dabei im Bereich der sogenannten Zukunftstechnologien. Durch die finanzielle Unterstützung des Staates ist dieses Ziel zunächst grundsätzlich erreichbar. Ob die Maßnahmen auch im Hinblick auf die angestrebte Verbesserung gegenüber der Ausgangssituation zielkonform sind, erscheint dagegen zweifelhaft. Kommt es lediglich zu einer Förderung von Projekten, die auch ohne staatliche Hilfe durchgeführt worden wären, so handelt es sich um reine Mitnahmeeffekte[1]. Eine Erhöhung der Innovationstätigkeit bleibt aus, die Forschungs- und Entwicklungsausgaben verändern sich nicht oder steigen nur unterproportional an. Zielkonformität liegt somit nur vor, wenn zusätzliche Vorhaben angeregt und erfolgreich abgeschlossen werden.

Im letztgenannten Fall rückt die Frage nach der Ordnungskonformität der direkten Projektförderung in den Vordergrund. Zwar beinhalten selektive Forschungssubventionen keine Einschränkung der Wahl- und Wettbewerbsfreiheit der Unternehmen, da ihnen eine Beteiligung an den entsprechenden Programmen freigestellt ist. Die Anreizstrukturen werden jedoch verzerrt, wenn der Staat zugunsten einzelner Technologien oder Vorhaben in den Marktprozeß eingreift[2]. Der Wettbewerb kann seine Funktion als Kontroll-, Sanktions- und Entdeckungsverfahren nur noch eingeschränkt erfüllen, da die Selektion nicht ex post nach Effizienz und Leistung der Marktteilnehmer erfolgt, sondern vorab durch die Forschungsbürokratie vorgenommen wird. Konkret kommt es zu einer relativen Begünstigung der geförderten und zu einer Diskriminierung aller nicht-geförderten Technologien, Märkte, Branchen und Unternehmen. Verstärkt

---

[1] Mitnahmeeffekte liegen vor, wenn Unternehmen lediglich private durch öffentliche Mittel substituieren, vgl. Donges (1988), S. 154.

[2] Vgl. hierzu und zum folgenden Dunn (1995), S. 173.

wird dieses Problem noch durch das Beharrungsvermögen der Forschungs- und Technologiepolitik in bezug auf die subventionierten Bereiche[1].

Die Förderung einzelner Projekte führt darüber hinaus zu einer Benachteiligung von kleinen und mittleren gegenüber großen Unternehmen, da sie nicht über die notwendigen Ressourcen zur Bearbeitung der oft aufwendigen Antragsverfahren verfügen. Dagegen unterhalten Großunternehmen in der Regel eigene Abteilungen für die Akquirierung von Fördermitteln und werden daher von der Forschungsbürokratie als kompetente Gesprächs- und Verhandlungspartner geschätzt. Letztlich besteht hierdurch die Gefahr konzentrationsverstärkender Tendenzen[2].

Den zentralen Einwand gegen die direkte Projektförderung bilden jedoch die unüberwindlichen Informations- und Bewertungsprobleme, mit denen sich die staatlichen Entscheidungsträger konfrontiert sehen. Das für eine Ex-ante-Selektion erforderliche Lenkungswissen ist weder bei der Identifikation zukunftswichtiger und damit förderungswürdiger Technologiefelder, noch bei der Auswahl einzelner Vorhaben aus den eingereichten Projektvorschlägen verfügbar. Fehlen die notwendigen Informationen, stellen Steuerungsversuche des Staates eine ungerechtfertigte Anmaßung von Wissen dar.

Angesichts der Vorteilhaftigkeit der dezentralen Wissensverwertung ist in der Regel davon auszugehen, daß die einzelnen Teilnehmer am Wirtschaftsprozeß genauer abschätzen können, bei welchen Gütern und Diensten in der Zukunft mit einem Anstieg der Nachfrage zu rechnen ist[3]. Die einzelnen Individuen und Unternehmen stehen bei der Prognose offener Prozesse zwar grundsätzlich vor denselben Schwierigkeiten wie der Staat. Durch den permanenten Kontakt mit Zulieferern und Abnehmern sind sie aber näher an aktuellen Marktentwicklungen und können künftige Anforderungen genauer einschätzen. Zudem haften sie selbst für eventuelle Fehlentscheidungen, da sie unmittelbar durch den Wettbe-

---

1 Staudt (1998), S. 173, spricht von einer „weitgehend homogene(n) Forschungsförderung", die sich auf alte oder modische Forschungsfelder konzentriert.

2 Vgl. Eickhof (1998a), S. 96 f.; Meyer (1995), S. 141 ff. und 237; Starbatty (1987), S. 169 f.; Hamm (1979), S. 433 f. Bestätigt werden diese Überlegungen durch die Untersuchungen von Scientific Consulting (1993) im Auftrag der Deutschen Versuchsanstalt für Luft- und Raumfahrt e.V. (DLR) sowie von Spielkamp (1997b), S. 17 ff., der in diesem Zusammenhang auch den Einfluß der fördernden Ebene betrachtet.

3 Siebert/Koop (1994), S. 614, betonen, „daß Regierungen .. kaum bessere Informationen als private Unternehmen darüber haben, welche Sektoren in Zukunft zu Wachstumsbranchen .. werden".

werb sanktioniert werden. Dies ist bei staatlichen Entscheidungsträgern nicht der Fall[1].

Darüber hinaus schränkt eine Ex-ante-Selektion „erfolgversprechender" Vorhaben die Zahl der unterschiedlichen Lösungsversuche ein, während parallele wettbewerbliche Suchprozesse der einzelnen Marktteilnehmer der „zentrale(n) Bedeutung der Varietät für den Wissensfortschritt"[2] besser Rechnung tragen. Ein überlegenes Informationsniveau des Staates bezüglich der einzuschlagenden Forschungsrichtungen ist letztlich nur in den Fällen zu erwarten, in denen er selbst als Nachfrager von Gütern und Diensten in Erscheinung tritt.

Die Betrachtung der Kosten, die mit der direkten Projektförderung verbunden sind, führt zu einem ähnlich negativen Ergebnis. Einerseits muß die Forschungsbürokratie Technologiefelder festlegen und Programme ausschreiben, die eingehenden Anträge beurteilen und die zu fördernden Projekte auswählen, diese begleiten und kontrollieren sowie schließlich eine Evaluation der Maßnahmen durchführen[3]. Entsprechend hoch ist die Zahl der Beschäftigten, die in Deutschland und in der Europäischen Union mit diesen Aufgaben betraut sind. Über diese reinen Umverteilungskosten hinaus entstehen zusätzliche, indirekte Kosten durch Entzugseffekte und Wachstumseinbußen in anderen, nicht-geförderten Bereichen.

Auch für interessierte Unternehmen erweist sich die Teilnahme an diesen Programmen als äußerst kostspielig, da die Antragsverfahren oftmals sehr komplex und langwierig sind. Bereits die Einreichung einer ersten Projektskizze kann einen hohen finanziellen und personellen Ressourceneinsatz erfordern. Empirische Studien belegen zudem eine insgesamt vergleichsweise geringe Erfolgsquote, wobei die Anträge kleiner und mittlerer Unternehmen deutlich häufiger abgelehnt werden als diejenigen ihrer großen Mitbewerber. Insgesamt kann es nicht überraschen, daß beispielsweise im Rahmen des ESPRIT-Programms der

---

1 Vgl. zu diesem Problem Eickhof (1998c), S. 481. Letztlich drohen handelspolitische Konsequenzen in Form von Marktzutrittsschranken für ausländische Anbieter, wenn sich technologiepolitische Schwerpunktsetzungen eines Landes als Fehlschläge erweisen. Vgl. hierzu auch Kantzenbach/Pfister (1996), S. 285; Starbatty/Vetterlein (1990a), S. 150.

2 Kerber (1998a), S. 340.

3 Zur Identifikation zukunftswichtiger Technologiefelder werden oftmals Experten(gremien) herangezogen, die wiederum zusätzliche Kosten verursachen. Aus Sicht der politischen Entscheidungsträger ist ein solches Vorgehen auch deswegen attraktiv, weil sie sich bei möglichen Fehleinschätzungen auf die Urteile dieser Gremien berufen und damit die Verantwortung delegieren können. In diesen Zusammenhang ist auch die Berufung externer Beratergruppen für die Leitaktionen im 5. Rahmenprogramm durch die EU-Kommission einzuordnen.

EU den Fördermitteln in Höhe von 370 Mio. DM Aufwendungen für Antragstellung und Projektabwicklung von etwa 200 Mio. DM gegenüberstanden[1].

Bezüglich der dynamischen Anreizwirkungen verdeutlicht schließlich die bereits angesprochene Einrichtung spezieller Abteilungen zur Akquirierung von Fördermitteln in großen Unternehmen die Gefahren, die mit der direkten Projektförderung verbunden sind. Da es grundsätzlich möglich ist, auf diese Art die Qualität und damit die Erfolgschancen der Anträge zu erhöhen, droht die Entstehung einer Subventions- bzw. Rent-seeking-Mentalität bei den Adressaten der Maßnahmen[2]. Die Mittel, die für die hiermit verbundenen unproduktiven Tätigkeiten verwendet werden, stehen nicht mehr für Forschung und Entwicklung zur Verfügung. Angesichts der aufwendigen Antragsverfahren sind gravierende Mitnahmeeffekte eher unwahrscheinlich. Zu befürchten ist aber, daß die Unternehmen eigene Forschungsideen und Chancen der Märkte vernachlässigen, wenn diese nicht zu den öffentlichen Förderprogrammen und -richtlinien passen[3]. Damit rücken erneut die grundsätzlichen ordnungspolitischen Bedenken gegen selektive Maßnahmen in den Vordergrund.

Die direkte Projektförderung ist insgesamt betrachtet äußerst kritisch zu beurteilen, da sie zu vielfältigen Diskriminierungen und Wettbewerbsverzerrungen führt. Ferner sind selektive Forschungssubventionen allgemein mit gravierenden Informationsproblemen sowie hohen Kosten verbunden und lassen negative Auswirkungen auf die dynamischen Anreizstrukturen erwarten. Schließlich verdeutlicht die neuere Innovationstheorie die grundsätzliche Fragwürdigkeit einer Förderung der anwendungsnahen Forschung. Vorzuziehen sind daher Maßnahmen, die an den Rahmenbedingungen ansetzen und beispielsweise durch eine Verbesserung der Aneignungs- und Gewinnerzielungsmöglichkeiten die marktlichen Anreize stärker zur Geltung bringen.

---

1 Vgl. Haas (1995), S. 88. Die Daten beziehen sich auf das Jahr 1991.

2 Vgl. zu dieser Gefahr insbesondere Henze (1992), S. 71 ff.; ferner Donges (1994), S. 196 f.; Erlei (1993), S. 176 f.; Bletschacher/Klodt (1992), S. 43 ff. Verzerrte Anreize führen dabei zu einer Steigerung der Attraktivität des Lobbyismus. Vgl. speziell zur Politischen Ökonomie der Förderung der Weltraumfahrt Dubbermann (1994), S. 248 ff.

3 Vgl. Kerber (1998a), S. 339 und 344. Starbatty/Vetterlein (1990a), S. 138 f., zufolge kommt es entweder zu Mitnahmeeffekten oder zu einer staatlichen Investitionslenkung. Angesichts der Beteiligung der durchführenden Unternehmen und Forschungsinstitute am Entscheidungsprozeß über die Inhalte konkreter Programme erscheint diese strikte Trennung jedoch nicht gerechtfertigt. Vgl. auch dies. (1998), S. 682 f.

2.2.2.2. Indirekt-spezifische Förderung der Diffusion

Die indirekt-spezifische Förderung zielt bislang ausschließlich auf die rasche und umfassende Ausbreitung bereits vorhandener, nicht auf die Entwicklung neuer Technologien. Gerade kleinen und mittleren Unternehmen soll durch staatliche Subventionen der Einstieg in innovative und anfangs noch kostspielige Anwendungen erleichtert werden. Hiermit ist oftmals auch die Hoffnung auf Folgeinnovationen verbunden[1]. Da die Förderung zur Verbreitung neuer Technologien beitragen und Diffusionsprozesse beschleunigen kann, ist sie als zielkonform zu erachten.

Unter dem Gesichtspunkt der Ordnungskonformität zeigen sich Parallelen zwischen der direkten Projektförderung der angewandten Forschung und Entwicklung sowie der indirekt-spezifischen Förderung der Diffusion neuer Technologien. Der Staat ist auch hier keineswegs besser als die einzelnen Unternehmen in der Lage, die langfristige Überlegenheit bestimmter Anwendungen und Verfahren zu erkennen, so daß erneut von einer Wissensanmaßung gesprochen werden kann[2]. Ferner ist mit den Maßnahmen eine wettbewerbsverzerrende Diskriminierung aller nicht-geförderten Technologien verbunden. Konkurrierende Verfahren werden in ihrer Entwicklung behindert und verschwinden im Zeitablauf möglicherweise völlig vom Markt[3]. Zwar kommt es tendenziell zu einer Verbesserung der Wettbewerbschancen kleinerer Marktteilnehmer. Dennoch sind an der Ordnungskonformität der indirekt-spezifischen Diffusionsförderung zumindest erhebliche Zweifel angebracht.

Die Kosten werden wiederum einerseits vom administrativen Aufwand bestimmt, der bei der Selektion der zu fördernden Anwendungen entsteht. Hierbei ist zwar keine Auswahl konkreter Projekte durch die Forschungsbürokratie mehr erforderlich, da die Subventionierung innerhalb der Programme allgemein erfolgt. Allerdings muß in jedem Einzelfall sichergestellt werden, daß die Antragsteller die notwendigen Fördervoraussetzungen erfüllen. Darüber hinaus kann auch auf eine Ergebniskontrolle nicht verzichtet werden, wenngleich die Förderung in eng abgegrenzten Technologiefeldern gewährt wird und die Erfolge daher gut nachprüfbar sind.

---

1 Dies gilt sowohl für die Anwender der Technologie als auch für nachfrageinduzierte Weiterentwicklungen durch die Anbieter. Vgl. auch Welfens (1997), S. 1 f.

2 Vgl. ähnlich Meyer (1995), S. 84 f. Ein Informations- und Bewertungsproblem besteht nun aber lediglich bei der Auswahl der konkreten Technologiefelder auf der ersten Stufe.

3 Im Extremfall kann es durch die künstlich geschaffenen Anreize zu einem Lock-in-Effekt kommen.

Für die Unternehmen geht der Aufwand im Vergleich zur direkten Projektförderung zurück, da sie keine konkreten Vorschläge mehr erarbeiten müssen. Die einfacheren Antragsverfahren begünstigen indes Mitnahmeeffekte, die nun ein gravierendes Ausmaß aufweisen dürften. Der Zielgruppe wird die Erlangung von Fördermitteln erleichtert, zumal das Risiko einer Ablehnung gering ist. Die dynamischen Anreize sind wiederum eindeutig verzerrt.

In diesem Zusammenhang besteht ferner ein Dilemma bezüglich des Zeitpunkts der Förderung. Erfolgt die Subventionierung relativ spät, d.h. wenn die Diffusion schon relativ weit fortgeschritten ist, so werden die Mitnahmeeffekte angesichts der im Marktprozeß bereits erwiesenen Vorteilhaftigkeit der Technologie besonders hoch sein. Ein frühes Eingreifen des Staates führt dagegen zu einer Verschärfung des Informationsproblems, so daß erneut die Frage der Ordnungskonformität an Bedeutung gewinnt[1].

Angesichts der vielfältigen Probleme, die mit der indirekt-spezifischen Förderung verbunden sind, ist erneut eine stärkere Rückbesinnung auf die Rahmenbedingungen angezeigt. Insbesondere verbesserte Möglichkeiten zur Bildung von Eigenkapital - beispielsweise durch eine Steuersenkungspolitik - erweitern den Investitionsspielraum kleinerer Unternehmen und erleichtern ihnen die schnelle Übernahme und Anwendung neuer technischer Entwicklungen[2].

2.2.3. Indirekte Förderung der unternehmerischen Forschungs- und Entwicklungstätigkeit

Die Notwendigkeit einer allgemeinen Subventionierung der unternehmerischen Forschungs- und Entwicklungstätigkeit ist bereits vor dem Hintergrund innovationstheoretischer Überlegungen zweifelhaft. Das Ziel der Förderung, die Erhöhung der Neuerungsaktivität, kann zwar mit Hilfe einer Verbesserung der finanziellen Voraussetzungen grundsätzlich erreicht werden. Allerdings erscheint es wegen der zu erwartenden gravierenden Mitnahmeeffekte äußerst fraglich, ob es verglichen mit der Ausgangssituation zu einem signifikant höheren Grad der Zielverwirklichung kommt. Die indirekte Förderung von Forschung und Entwicklung in Unternehmen, die unter anderem durch steuerliche Hilfen, forschungsbezogene Investitionszulagen und Personalkostenzuschüsse erfolgt, ist daher nur sehr begrenzt zielkonform.

---

1 Vgl. Wengel/Lay/Dreher (1995), S. 96.

2 Gleiches gilt grundsätzlich auch für indirekt-spezifische Fördermaßnahmen zugunsten privater Haushalte, beispielsweise für die subventionierte Einführung des Katalysators oder Photovoltaik-Programme.

Im Gegensatz zu den selektiven Instrumenten werden die genannten Maßnahmen zumeist als ordnungskonform angesehen. Zunächst sei die „Dezentralität der Entscheidung über die Inhalte der Produktion neuen Wissens“[1] gewährleistet. Allerdings schränkt auch die direkte Projektförderung die grundsätzliche Handlungsfreiheit der Marktteilnehmer nicht ein, selbst wenn es wie gezeigt zu einer Verzerrung von Anreizen kommt. Darüber hinaus komme es nun nicht zu Wettbewerbsverzerrungen zwischen unterschiedlichen Technologien und Branchen, da keine inhaltlichen Schwerpunkte gesetzt werden[2].

Auch die indirekte Förderung von Forschung und Entwicklung ist bei genauer Betrachtung jedoch keineswegs frei von Diskriminierungen. Erfolgt die Unterstützung durch die Gewährung von Steuervergünstigungen, so kommt es zunächst zu Wettbewerbsverzerrungen zwischen etablierten Unternehmen und Marktneulingen, die noch keinen Gewinn erzielen. Dieser erste Einwand wird allerdings weitgehend durch die bestehende Möglichkeit des Verlustvortrags entkräftet[3].

Darüber hinaus werden Industriezweige mit hohen Forschungsaufwendungen - wie beispielsweise die chemische oder die pharmazeutische Industrie - die größten Nutznießer einer allgemeinen Subventionierung sein. Andere, weniger forschungsintensive Sektoren erhalten dagegen geringere Zuwendungen. Im Sinne einer allgemeinen Verbilligung von Forschung und Entwicklung könnte diese ungleiche Verteilung der Mittel zwischen den Branchen zwar erwünscht sein, da diejenigen Unternehmen, die höhere Forschungsaufwendungen aufweisen, auch entsprechend stärker entlastet werden. Dennoch sind indirekte Fördermaßnahmen hiermit nicht mehr strukturneutral[4].

Größenspezifische Diskriminierungen sind ferner mit Maßnahmen verbunden, die an die Existenz eigener Forschungs- und Entwicklungsabteilungen gekoppelt sind. So kommen diesbezügliche Personalkostenzuschüsse nur Unternehmen zugute, die über explizit ausgewiesene Mitarbeiter im Bereich von Forschung und Entwicklung verfügen. Dies ist gerade bei jungen Unternehmen oftmals nicht der Fall[5]. Schließlich führen die Schwierigkeiten bei der Ermitt-

---

1 Kerber (1998a), S. 341.

2 Vgl. beispielsweise Kantzenbach/Pfister (1996), S. 284.

3 Vgl. Stolpe (1997), S. 63, der eine Förderung von Forschung und Entwicklung mit Hilfe steuerlicher Vergünstigungen bei entsprechender Ausgestaltung positiv beurteilt.

4 Vgl. Rahmeyer (1995), S. 58 f.

5 Hasenritter (1982), S. 171 f., betont die prinzipiellen administrativen Probleme, die kleinen und mittleren Unternehmen beim Nachweis und der Abgrenzung forschungsrelevanter und nicht-forschungsrelevanter Tätigkeiten entstehen können. Dies wird insbesondere mit dem dort deutlich weniger institutionalisierten Ablauf der Innovationsprozesse begründet.

lung einer geeigneten Bemessungsgrundlage für die Subventionen auch dazu, daß „nicht-industrielle Innovationen vor allem auf dem Gebiet der Dienstleistungen und der Organisation ... (sowie) aus handwerklicher Betätigung“[1] nicht gefördert werden.

Die genannten Beispiele zeigen, daß auch die indirekte Förderung von Forschung und Entwicklung diskriminierende Wirkungen aufweist und die Gefahr konzentrationsverstärkender Tendenzen birgt. Wettbewerbsverzerrungen sind jedoch mit Blick auf die Ordnungskonformität auch dann problematisch, wenn sie nicht durch eine staatliche Ex-ante-Selektion herbeigeführt werden.

Unter Kostengesichtspunkten läßt sich eine eindeutige Überlegenheit der indirekten Förderung gegenüber selektiven Maßnahmen feststellen, da nun weder eine Ermittlung und Festlegung zukunftswichtiger Technologiefelder noch eine Auswahl besonders erfolgversprechender Projekte erforderlich ist. Der administrative Aufwand für die Bearbeitung der Anträge auf Fördergelder sowie der Steuererklärungen dürfte aber dennoch erheblich sein. Abgesehen von diesen reinen Umverteilungskosten bleibt das grundsätzliche Subventionsproblem der Entzugswirkungen und Wachstumseinbußen bestehen, so daß insgesamt ein negativer Nettoeffekt der Förderung befürchtet werden muß[2].

In bezug auf die dynamischen Anreizwirkungen ist angesichts des unkomplizierten Zugangs zu Fördermitteln schließlich von gravierenden Mitnahmeeffekten auszugehen[3]. Sind die Zuschüsse bzw. Abschreibungsmöglichkeiten relativ gering, so entstehen durch sie kaum zusätzliche Anreize für Forschung und Entwicklung. Subventionen, die nach dem Gießkannenprinzip auf die Unternehmen in einer Volkswirtschaft oder gar in der gesamten EU verteilt werden, sind für diese nicht entscheidungsrelevant und bewirken allenfalls eine unmerkliche Erhöhung der Innovationsaktivität[4]. Das eigentliche Ziel der Maßnahmen wird verfehlt.

Die indirekte Förderung führt zwar nicht zu einer Rent-seeking-Mentalität der Unternehmen, kann aber auch die erhofften Anreizwirkungen in der Praxis kaum entfalten. Wegen der hohen Umverteilungskosten und der eingeschränkten Ordnungskonformität erweisen sich erneut Maßnahmen als vorteilhaft, die

---

1 Streit (1984), S. 50.

2 Vgl. Eickhof (1998c), S. 478.

3 Meyer (1995), S. 129, stellt fest, daß „Mitnahmeeffekte bei der indirekten Förderung eine erhebliche Bedeutung“ haben. Vgl. zu einer empirischen Untersuchung der Bedeutung von Mitnahmeeffekten in diesem Bereich Kuntze/Hornschild (1995), insbesondere S. 46 ff.

4 Vgl. Rahmeyer (1995), S. 59. Hohe Fördersätze sind aufgrund der gravierenden Entzugseffekte abzulehnen.

auf eine Verbesserung der Rahmenbedingungen zielen. Beispielsweise stellen Sonderabschreibungen lediglich einen zweitbesten Lösungsansatz dar, da sie der notwendigen Vereinfachung des Steuersystems zuwiderlaufen. Die beste Lösung wäre eine allgemeine Entlastung der Unternehmen. Im Vergleich zu einer zwangsläufig willkürlichen Kompensation externer Effekte durch unspezifische Forschungssubventionen ist eine Verbesserung der Funktionsfähigkeit des Patentsystems vorzuziehen.

2.2.4. Spezielle Maßnahmen zugunsten von kleinen und mittleren Unternehmen

Kleine und mittlere Unternehmen übernehmen eine wichtige Funktion im gesamtwirtschaftlichen Innovationsprozeß, die sie jedoch teilweise nur unzureichend erfüllen können. Verantwortlich hierfür sind insbesondere Finanzierungsprobleme sowie personelle und Kapazitätsengpässe, aber auch ein erschwerter Zugang zu Wissen aus öffentlichen Forschungseinrichtungen sowie hemmende Genehmigungsverfahren, denen sie kaum durch eine Verlagerung von (Teil-)Aktivitäten ins Ausland entgehen können[1].

Eine Verbesserung der Wettbewerbsposition kleinerer Marktteilnehmer erscheint den bisherigen Ausführungen zufolge weder mit Hilfe selektiver Maßnahmen noch durch eine allgemeine Subventionierung von Forschung und Entwicklung möglich. Die direkte Projektförderung ist aufgrund des hohen Verwaltungsaufwands nur wenig attraktiv und wirkt eher konzentrationsverstärkend. Gleiches gilt in abgeschwächter Form auch für die indirekte Förderung, da die oftmals fehlende Bemessungsgrundlage und die zu erwartenden Verluste in der Gründungsphase die Inanspruchnahme der zugehörigen Maßnahmen für junge, kleine und mittlere Unternehmen erschweren.

Im folgenden ist daher zu untersuchen, ob mit Hilfe anderer Instrumente die Ziele einer umfassenderen Nutzung des Forschungs- und Entwicklungspotentials kleinerer Marktteilnehmer und ihrer stärkeren Einbindung in den gesamtwirtschaftlichen Innovationsprozeß (besser) erreicht werden können. Konkret werden die Förderung der vorwettbewerblichen industriellen Gemeinschaftsforschung, die Übernahme der Anbahnungskosten von Forschungs- und Entwicklungskooperationen sowie die Einrichtung von Technologie- und Gründerzentren betrachtet.

---

[1] Vgl. Eekhoff/Enste/Wehmeier (1997), S. 337; NIW u.a. (1997), S. 28 und 37; Kuntze/Hornschild (1995), S. 37.

Alle genannten Maßnahmen beinhalten bzw. ermöglichen in unterschiedlichen Formen und Intensitäten eine Zusammenarbeit der beteiligten Unternehmen[1]. Dies erscheint sinnvoll, da Marktteilnehmer mit geringen eigenen Forschungskapazitäten stärker auf externe Wissensquellen und -spillovers angewiesen sind. Von zentraler Bedeutung für die Beurteilung der Zielkonformität ist es daher, ob eine „Erweiterung" der Forschungskapazitäten kleiner und mittlerer Unternehmen erreicht wird, ob sie die vorhandenen externen Effekte besser aufnehmen können und ob die Nutzung von Synergieeffekten zu erwarten ist[2]. Alle drei betrachteten Instrumente sind geeignet, diesen Anforderungen zu genügen und die Forschungsmöglichkeiten der Unternehmen im Vergleich zu isolierten Aktivitäten zu verbessern[3]. Das Kriterium der Zielkonformität ist erfüllt.

In bezug auf die Ordnungskonformität kommt es zwar zu Wettbewerbsverzerrungen, da Großunternehmen nicht gefördert werden. Darüber hinaus beinhalten die Maßnahmen jedoch keine Steuerungsversuche des Staates und stellen daher keine Anmaßung von Wissen dar. So ist die Förderung der industriellen Gemeinschaftsforschung trotz ihrer Projektgebundenheit keine selektive Maßnahme im Sinne der vorliegenden Arbeit, da die Auswahl der subventionierten Vorhaben von den Branchenvereinigungen unter Beteiligung der Wissenschaft vorgenommen wird. Politische Entscheidungsträger spielen dagegen praktisch keine Rolle. Die Verbundforschung in Deutschland könnte vor diesem Hintergrund als institutionelle Förderung der Arbeitsgemeinschaft industrieller Forschungsvereinigungen interpretiert werden, die die Mittel dann nach eigenem Ermessen - quasi wissenschaftsimmanent - auf die einzelnen Projekte verteilt[4].

Die Übernahme der Anbahnungskosten von Forschungs- und Entwicklungskooperationen kann als eine technologieunspezifische (Vor-)Leistung des Staates angesehen werden[5]. Allerdings ist es denkbar, daß sich funktionierende private Informationsmärkte bilden und kooperationswillige Unternehmen für die Auf-

---

1 Aus diesem Grund sehen beispielsweise Kerber (1998a), S. 341, und Starbatty/Vetterlein (1998), S. 717 f., Gefahren für den Wettbewerbsprozeß. Vgl. auch die folgenden Ausführungen zur Ordnungskonformität.

2 Entscheidend sind somit Kooperationsvorteile in unterschiedlichen Ausprägungen.

3 Die Attraktivität von Forschungs- und Entwicklungskooperationen für die Unternehmen spiegelt sich auch in im rasanten weltweiten Anstieg ihrer Zahl wider, vgl. Chung (1998), S. 38 ff.

4 Ferner sind die durchgeführten Forschungen zumindest für die Unternehmen der betreffenden Branche von allgemeinem Interesse, so daß kollektive und teilweise öffentliche Güter bereitgestellt werden. Vgl. auch Wohlfahrt (1997b), S. 48.

5 Insbesondere auf europäischer Ebene bzw. bei internationalen Kooperationen ist von ansonsten prohibitiv hohen Transaktionskosten auszugehen.

nahme in entsprechende Datenbanken eine Gebühr entrichten. Nur wenn hiermit nicht gerechnet werden kann, sind staatliche Eingriffe gerechtfertigt.

Von Forschungs- und Entwicklungskooperationen werden teilweise negative Auswirkungen auf das Wettbewerbsverhalten der beteiligten Unternehmen und damit eine verringerte Intensität des Innovationswettbewerbs auf den betreffenden Märkten erwartet[1]. Durch die Zusammenarbeit könne es zu einer Beschränkung des aktiven oder potentiellen Wettbewerbs zwischen den Kooperationspartnern und zu einer Beeinträchtigung der Marktposition anderer Unternehmen kommen[2]. Konkrete Probleme werden beispielsweise in den genauen Kenntnissen gesehen, die die beteiligten Firmen voneinander erlangen. Ferner verbessern sich die Möglichkeiten zur Errichtung strategischer Markteintrittsbarrieren.

Im vorliegenden Fall sind diese grundsätzlich zweifellos vorhandenen Gefahren jedoch als gering einzuschätzen. Kleine und mittlere Unternehmen stehen normalerweise in intensiven Wettbewerbsbeziehungen mit großen, nationalen und internationalen Konkurrenten. Eine verzögerte Umsetzung gemeinsam erarbeiteter Ergebnisse würde binnen kürzester Zeit zu existenzgefährdenden Rückständen im Innovationswettbewerb führen, so daß ein derartiges Verhalten äußerst unwahrscheinlich ist.

Bei der Einrichtung von Technologie- und Gründerzentren handelt es sich schließlich um eine allgemeine Bereitstellung von Infrastruktur, die interessierten Unternehmen und Existenzgründern zu günstigen Konditionen zur Verfügung steht. Auch diese unspezifischen Vorleistungen des Staates können als ordnungskonform bezeichnet werden.

Unter Kostengesichtspunkten ist zunächst die Förderung der industriellen Gemeinschaftsforschung positiv zu beurteilen. Als quasi-institutionelle Maßnahme ist sie für staatliche Entscheidungsträger nur mit einem geringen Aufwand verbunden, die Forschungseinrichtungen selbst sind zudem stärker an ressourcensparenden internen Verwaltungsabläufen interessiert[3]. Auch die Anbahnung von Forschungs- und Entwicklungskooperationen mit Hilfe von Datenbanken kann relativ kostengünstig durchgeführt werden.

---

1 Vgl. zu einzel- und gesamtwirtschaftlichen Wirkungen von Forschungs- und Entwicklungskooperationen ausführlich Monopolkommission (1990), S. 337 ff.; Rotering (1990). Die folgenden Überlegungen gelten mit Einschränkungen auch für die industrielle Gemeinschaftsforschung, bei der allerdings keine unmittelbare Zusammenarbeit der Unternehmen, sondern lediglich eine gemeinsame Formulierung von Forschungsvorhaben und -anliegen erfolgt.

2 Vgl. Monopolkommission (1990), S. 349.

3 Vgl. aber die Ausführungen zu den Wissenschaftsorganisationen unter III.2.2.1.

Dagegen erfordert die Einrichtung von Technologie- und Gründerzentren hohe Infrastrukturaufwendungen. Um mögliche Fehlinvestitionen zu vermeiden, sollten von Anfang an private Betreiber mit in den Planungsprozeß einbezogen sowie vorhandene regionale Stärken und Schwächen berücksichtigt werden[1]. Auf diese Art läßt sich sicherstellen, daß die Zentren nach einer gewissen Übergangszeit selbständig Gewinne erwirtschaften und damit von staatlichen Subventionen unabhängig werden. Den Unternehmen verschafft eine Ansiedlung wiederum erhebliche Vorteile, da sie nicht nur von (technologischen) Synergieeffekten, sondern auch von den Erfahrungen anderer Firmen bei der Markterschließung unmittelbar profitieren können. Kritisch sind dagegen Versuche einer staatlichen Technologieberatung zu beurteilen, da diese die Gefahr einer gezielten Steuerung beinhaltet.

Die Betrachtung der dynamischen Anreizwirkungen zeigt, daß sich die nichtgeförderten Großunternehmen c.p. mit einem erhöhten Wettbewerbsdruck konfrontiert sehen. Ihre Innovationstätigkeit nimmt tendenziell zu. Für die Gruppe der Begünstigten bleiben die wettbewerblichen Anreize ebenfalls erhalten. So ist bei entsprechenden Rahmenbedingungen davon auszugehen, daß die Unternehmen die gemeinsam erarbeiteten Forschungsergebnisse zügig in marktfähige Produkte umsetzen. Von entscheidender Bedeutung ist hierbei der vorwettbewerbliche Charakter der Vorhaben. Darüber hinaus kann die Gründung von Scheinkooperationen zur Erlangung öffentlicher Mittel durch eine Begrenzung der Förderung auf die Anbahnungskosten einer Zusammenarbeit verhindert werden[2]. In Technologie- und Gründerzentren ist schließlich die Ansiedlungsdauer der Unternehmen zeitlich zu befristen, um der Herausbildung einer Subventionsmentalität entgegenzuwirken.

Verglichen mit der überwiegend positiven Beurteilung der bislang betrachteten Maßnahmen fällt die Würdigung von Förderinstrumenten ambivalent aus, die lediglich auf eine Unterstützung einzelner Unternehmen zielen[3]. Konkret gilt

---

1 Vgl. Beise (1998) sowie zu ersten kritischen Untersuchungen von Technologie- und Gründerzentren Behrendt (1996); Pett (1994). Vgl. auch Kutter (1997a); Beuthner/Rother (1995). Positiv dagegen FAZ (1997a), S. 17. Angesichts der Vielzahl bereits existierender Einrichtungen sollten Neuinvestitionen besonders kritisch geprüft werden.

2 Vgl. zu dieser Gefahr Starbatty/Vetterlein (1998), S. 719. Derartige Probleme treten im Zusammenhang mit der industriellen Gemeinschaftsforschung nicht auf.

3 Meyer (1995), S. 237, lehnt spezielle Förderprogramme zugunsten von kleinen und mittleren Unternehmen ab. Evaluationen kommen dagegen teilweise zu positiven Ergebnissen, vgl. Kuntze/Hornschild (1995), die die Wirkung von FuE-Personalkostenzuschüssen untersuchen. Die Autoren betonen, daß durch die Förderung Benachteiligungen kleiner Unternehmen im Rahmen der derzeitigen Forschungs- und Technologiepolitik ausgeglichen werden sollen. Dieses Ziel könnte aber auch mit Hilfe einer Reduzierung insbesondere der direkten Projektförderung erreicht werden.

dies abgesehen von der indirekten Förderung insbesondere für die Bereitstellung von Risikokapital. Gegen unternehmensgrößenspezifische, allgemein ausgestaltete Forschungssubventionen sprechen hierbei weitgehend die unter III.2.2.3. vorgebrachten Bedenken, so daß sie auf wenige Ausnahmen begrenzt werden sollten[1].

Der zentrale Einwand gegen eine staatliche Bereitstellung von Risikokapital ist ordnungspolitisch begründet. So sollte der Staat in einer marktwirtschaftlichen Ordnung nicht bestrebt sein, das Bankensystem zu ersetzen[2], zumal wie erwähnt in zunehmendem Maße private Risikokapital- und Beteiligungsgesellschaften entstehen[3]. Hiermit rückt erneut die Notwendigkeit der Schaffung geeigneter Rahmenbedingungen in den Vordergrund. Vorrangiges Ziel sollte neben dem Abbau von institutionellen Defiziten auf den Kapitalmärkten die Beseitigung von allgemeinen Gründungshemmnissen, beispielsweise langwierigen Genehmigungsverfahren sein. Gelingt dies, so ist ein Abbau der praktizierten, volkswirtschaftlich oftmals ineffizienten Subventionierung von Existenzgründungen möglich[4].

Abschließend ist festzustellen, daß vielfältige Ansatzpunkte für eine Verbesserung der Wettbewerbschancen und -position kleiner und mittlerer Unternehmen zur Verfügung stehen. Hierunter befinden sich auch Maßnahmen, die aus ordnungspolitischer Sicht weitgehend unproblematisch und zudem erfolgversprechend sind, da sie unmittelbar an den vorhandenen Problemen und Defiziten ansetzen. Darüber hinaus konzentrieren sie sich nicht einseitig auf finanzielle Hilfen, die nach dem Gießkannenprinzip verteilt werden, keine spürbare Verbesserung der Wettbewerbsfähigkeit bewirken und wichtige Zielgruppen nicht erreichen können. Auf derartige Eingriffe kann und sollte daher weitgehend verzichtet werden.

---

1 Ein Beispiel für eine sinnvolle Ausnahmeregelung ist die vorübergehende Förderung von Forschung und Entwicklung in kleinen und mittleren Unternehmen in den neuen Ländern. Vgl. zu dieser Einschätzung auch die empirische Studie von Spielkamp u.a. (1998), insbesondere S. 25 ff. Die Subventionen haben jedoch eine Höhe erreicht, die „dem Grundgedanken eines marktwirtschaftlichen Systems massiv widerspricht“ (S. 105).

2 Vgl. Eickhof (1998c), S. 475.

3 Problematisch sind hierbei wie erwähnt die hohen Transaktionskosten. Zu deren Senkung veranstaltet beispielsweise die staatliche Kreditanstalt für Wiederaufbau regelmäßige „Eigenkapitalbörsen“, die der Zusammenführung von Beteiligungsnehmern und -gebern dienen, vgl. FAZ (1998a), S. 16.

4 Vgl. hierzu ausführlich Nowak (1991), insbesondere S. 181 ff. und 223 ff. Existenzgründungshilfen stellen im Vergleich zur Schaffung funktionsfähiger Kapitalmärkte lediglich eine kompensatorische, zweitbeste Lösung dar.

2.3. Fazit

Die wirkungsvollste Form der Forschungs- und Technologiepolitik im engeren Sinn besteht offensichtlich in einer indirekten, gegebenenfalls auch direkten Subventionierung der wissenschaftlich-technologischen Grundlagenforschung. Darüber hinaus können in begrenztem Umfang anwendungsorientierte Trägerorganisationen gefördert werden. Die Ergebnisse der Forschungsvorhaben sollten anschließend allen potentiellen Nutzern zur Verfügung stehen[1]. Maßnahmen zur Förderung der angewandten Forschung und Entwicklung in den Unternehmen sind dagegen aus innovationstheoretischer Sicht fragwürdig und ordnungspolitisch teilweise äußerst problematisch. Hier ist eine spezielle Prüfung der einzelnen Instrumente erforderlich. Dem grundsätzlichen Fazit von Cohen und Noll (1996) ist nur wenig hinzuzufügen:

> „Additional incentives for applications research *can* be beneficial, but they are likely to be more effective if they are implemented through an indirect, broadly based program such as the R&D tax credit. Targeted subsidies for specific commercial applications *can* sometimes be effective, but only if they are limited to special cases where the government as a user or producer has a major stake in the product of research“[2].

Zusätzliche, anwendungsnahe Maßnahmen sollten - wenn überhaupt - möglichst allgemein ausgestaltet werden. Der Einsatz selektiver Förderinstrumente bedarf aufgrund ihrer mangelnden Ordnungskonformität, der mit ihnen verbundenen hohen Kosten sowie der negativen dynamischen Anreizwirkungen einer besonderen Rechtfertigung. Diese liegt insbesondere dann vor, wenn ein unmittelbarer staatlicher Informationsbedarf oder eine begründete Staatsnachfrage gegeben ist.

Eine spezielle Förderung von kleinen und mittleren Unternehmen erscheint insbesondere dann erfolgversprechend, wenn Kooperationsvorteile erzielt werden können. Dies ist insbesondere bei den Einrichtungen der vorwettbewerblichen industriellen Gemeinschaftsforschung der Fall. Positiv beurteilt wurde in diesem Zusammenhang ferner die Übernahme der Anbahnungskosten von Forschungs- und Entwicklungskooperationen, sofern keine private Informationsbereitstellung zu erwarten ist. Schließlich kann die Einrichtung einer begrenzten Anzahl von Technologie- und Gründerzentren unter Einbeziehung privater Träger sowie unter Berücksichtigung vorhandener regionaler Stärken und Strukturen sinnvoll sein.

---

1 Vgl auch Haas (1995), S. 91 und 93; H. Winter (1994), S. 109.

2 Cohen/Noll (1996), S. 332. Hervorhebungen nicht im Original.

Insgesamt ist es allerdings erforderlich, daß in Zukunft weniger die finanziellen Zuwendungen als vielmehr die Schaffung innovationsfreundlicher institutioneller Rahmenbedingungen und die Verbesserung der Qualität der Standortfaktoren in den Mittelpunkt der politischen Diskussion gerückt werden[1]. Hierbei kommt insbesondere der Bildungspolitik eine zentrale Bedeutung zu. Abgesehen von den genannten Maßnahmenbereichen zeigt sich somit, daß eine konsequente Wettbewerbs- und Ordnungspolitik als beste Form der Forschungs- und Technologiepolitik anzusehen ist.

3. Beurteilung der derzeitigen Forschungs- und Technologiepolitiken

Wie sind vor dem Hintergrund der abgeleiteten Ergebnisse nun die unter II.2. dargestellten Forschungs- und Technologiepolitiken Deutschlands und der Europäischen Union zu beurteilen? Im folgenden werden hierzu insbesondere die Verteilung der zur Verfügung stehenden Mittel auf selektive und allgemeine Maßnahmen, die Frage, ob die Finanzierung der Grundlagenforschung eine ihrer Bedeutung angemessene Rolle spielt, sowie der Anteil kooperationsbezogener Förderinstrumente betrachtet. Darüber hinaus sind die festgestellten inhaltlichen Schwerpunktsetzungen zu hinterfragen.

3.1. Bundesrepublik Deutschland

Die absolute Höhe der Wissenschaftsausgaben des Bundes hat sich in den vergangenen Jahren nicht wesentlich verändert[2]. Gleichwohl ist es in diesem Zeitraum zu deutlichen Gewichtsverlagerungen in bezug auf die Struktur der Maßnahmen gekommen[3].

Zunächst ist der Anteil der allgemeinen Maßnahmen seit 1989 kontinuierlich gestiegen. Gegenüber dem damaligen Tiefststand von 19,5 % bedeutet das Niveau von 28,4 % im Jahr 1998 eine Zunahme um nahezu die Hälfte. Die insbesondere aus ordnungspolitischer Sicht bedenklichen selektiven Maßnahmen haben demgegenüber relativ und absolut an Bedeutung verloren. Allerdings bean-

---

[1] Vgl. ähnlich Kerber (1998a), S. 345, der eine „ordnungspolitisch orientierte(n) Forschungspolitik im Sinne der Gestaltung von institutionellen Rahmenbedingungen" fordert. Eekhoff/Enste/Wehmeier (1997), S. 334 ff., und Kantzenbach/Pfister (1996), S. 304, sprechen sich ebenfalls für die Schaffung eines günstiges Umfelds für Forschung, Entwicklung und Investitionen aus.

[2] Unter Einbeziehung der Bundesländer, auf deren Maßnahmen hier nicht gesondert eingegangen wird, ergibt sich auf nationaler Ebene insgesamt ein leichter Anstieg.

[3] Vgl. zum folgenden auch die empirischen Bestandsaufnahmen unter II.2.

sprechen sie nach wie vor über 70 % der gesamten Wissenschaftsausgaben des Bundes, zudem weisen die Zuwachsraten der allgemeinen Förderinstrumente eine abnehmende Tendenz auf. Obwohl eine gezielte Förderung der Grundlagenforschung teilweise erforderlich und gerechtfertigt ist, wäre insgesamt eine Verstärkung und Beschleunigung der begonnenen Entwicklung wünschenswert.

Positiv hervorzuheben ist in diesem Zusammenhang der Ausbau der indirekten institutionellen Förderung von Hochschulen und Trägerorganisationen, auf die mittlerweile fast ein Viertel der Gesamtausgaben entfällt. Noch in den 80er Jahren lag ihr Anteil durchschnittlich nur bei etwa 16 %. Insgesamt zeigt sich eine wachsende Bedeutung der Förderung der Grundlagenforschung, deren Finanzierung wie gezeigt die Hauptaufgabe des Staates in der Forschungs- und Technologiepolitik i.e.S. darstellt.

Dem gestiegenen Anteil der Grundlagenforschung entspricht ein Bedeutungsverlust der marktnahen Technologie- und Innovationsförderung. Aus Sicht der neueren Innovationstheorie handelt es sich hierbei um eine begrüßenswerte Entwicklung, da eine Unterinvestition im Bereich der angewandten Forschung weitgehend ausgeschlossen werden kann und sich eine Subventionierung als weder erforderlich noch zweckmäßig erwiesen hat. Das immer noch zu hohe Niveau sollte folglich weiter reduziert und der Rückzug des Staates fortgesetzt werden.

Die grundsätzliche Fragwürdigkeit der anwendungsnahen Forschungsförderung wird zudem durch ihre überwiegend selektive Ausrichtung und die resultierenden Diskriminierungen verstärkt. Ein Abbau der betreffenden Maßnahmen erscheint nun auch aus ordnungspolitischer Sicht geboten. Indirekte Förderinstrumente zugunsten der marktnahen Forschung spielen dagegen nach wie vor nur eine geringe Rolle. Allerdings sollte hier von einer Ausweitung abgesehen werden, da andernfalls gravierende Mitnahmeeffekte zu erwarten sind.

Seit Mitte der 80er Jahre ist der Anteil von Gemeinschafts- bzw. Verbundprojekten deutlich gestiegen. Die Kooperationen erstrecken sich sowohl auf die Zusammenarbeit von Unternehmen untereinander als auch auf gemeinsame Vorhaben mit Forschungseinrichtungen und Hochschulen. Hierbei gehen die staatlichen Maßnahmen weit über die Übernahme der reinen Anbahnungskosten hinaus. Angesichts der grundsätzlichen Skepsis gegenüber einer finanziellen Unterstützung der angewandten Forschung und Entwicklung erscheint dieses

Vorgehen nicht gerechtfertigt. Angestrebt werden sollte vielmehr eine Konzentration auf die Erbringung infrastruktureller Vorleistungen[1].

Eine positive Beurteilung ergibt sich in diesem Zusammenhang für die institutionalisierte und damit kostensparende Form der vorwettbewerblichen industriellen Gemeinschaftsforschung durch die Arbeitsgemeinschaft industrieller Forschungsvereinigungen. Die Bereitstellung branchenspezifischer Kollektivgüter kommt insbesondere kleinen und mittleren Unternehmen zugute, die ihre begrenzten eigenen Kapazitäten folglich besser nutzen und ihre Wettbewerbsfähigkeit erhöhen können. Vor diesem Hintergrund ist entgegen der jüngsten Entwicklung eine Ausweitung der staatlichen Unterstützung der Verbundforschung wünschenswert[2].

Bei den thematischen Schwerpunktsetzungen fällt schließlich die zunehmende Konzentration der Mittel auf bestimmte Forschungsfelder auf. Erfreulich ist dabei zunächst der Bedeutungszuwachs derjenigen Gebiete, in denen ein staatlicher Informationsbedarf im Hinblick auf die Fundierung politischer Entscheidungen vermutet werden kann. Hierzu zählen insbesondere die Bereiche Umwelt- und Klimaforschung, die Wirtschafts- und Sozialwissenschaften sowie die Gesundheitsforschung, die derzeit gut 15 % der Wissenschaftsausgaben auf sich vereinigen können. Auf die „Daseinsvorsorge" insgesamt entfällt mittlerweile mehr als ein Fünftel der Forschungs- und Entwicklungsausgaben des Bundes. Darüber hinausgehende politische Schwerpunktsetzungen sind allerdings nicht gerechtfertigt. Die Verteilung der zur Verfügung stehenden Mittel auf diejenigen Forschungsfelder, an denen der Staat kein berechtigtes Eigeninteresse geltend machen kann, sollte daher in Zukunft verstärkt von den Trägerorganisationen vorgenommen werden.

Die angesprochenen, teilweise durchaus positiven Aspekte und Entwicklungstendenzen dürfen nicht über den nach wie vor bestehenden Reformbedarf in der bundesdeutschen Forschungs- und Technologiepolitik hinwegtäuschen. Trotz der bereits eingetretenen Veränderungen verfügen die selektiven Maßnahmen noch über einen Anteil von mehr als 70 % an den gesamten Wissenschaftsausgaben, auf die Grundlagenforschung entfallen je nach Abgrenzung lediglich zwischen 29 % und 35 % der eingesetzten Mittel, und die Bedeutung der Trä-

---

1 Die Würdigung einer allgemeinen Kooperationsförderung - die ohnehin nur eine geringe Rolle spielt - fällt jedoch aufgrund der erwarteten positiven Wettbewerbswirkungen ambivalent aus. Grundsätzlich abzulehnen ist wiederum eine selektive, projekt- oder technologiespezifische Ausrichtung diesbezüglicher Maßnahmen.

2 Derzeit können von der AiF rund 400 Projekte mangels öffentlicher Mittel nicht bearbeitet werden, vgl. Wohlfahrt (1997b), S. 48.

gerorganisationen ist immer noch zu gering. Die Umorientierung ist somit noch im Gange und sollte beschleunigt fortgesetzt werden.

3.2. Europäische Union

Anders als in Deutschland ist die Forschungs- und Technologiepolitik der EU bis in die jüngste Zeit durch eine äußerst dynamische Ausgabenentwicklung gekennzeichnet. Darüber hinaus haben sich in diesem auf europäischer Ebene noch jungen Politikbereich gravierende strukturelle und thematische Verschiebungen ergeben, die als Ausdruck noch nicht genau definierter Kompetenzen angesehen werden können. Gleichzeitig spiegeln die vielfältigen Aktivitäten den Gestaltungswillen der forschungs- und technologiepolitischen Akteure wider.

Zunächst dominieren auch in der Europäischen Union klar die selektiven, aufgrund ihres Steuerungs- und Diskriminierungspotentials äußerst problematischen Maßnahmen. Im Mittelpunkt stehen hierbei die indirekten Aktionen, auf die über 75 % der Gesamtausgaben für Forschung und technologische Entwicklung entfallen. Der Anteil der allgemeinen Instrumente hat sich seit dem 1. Rahmenprogramm zwar mehr als verzehnfacht, ist mit knapp 15 % aber nach wie vor sehr gering und geht im 5. Rahmenprogramm sogar wieder zurück.

Hinzu kommt, daß die Forschungsausgaben der EU überwiegend anwendungsnahen Vorhaben zugute kommen, wogegen die (ausschließlich selektiv geförderte) Grundlagenforschung mit einem Anteil von deutlich unter 20 % nur eine untergeordnete Rolle spielt. Die Marktnähe der Maßnahmen ist offensichtlich Bestandteil einer industriepolitischen Strategie, die auf die Sicherung der Wettbewerbsfähigkeit der europäischen Unternehmen im globalen Technologiewettlauf zielt[1]. Gerade im Bereich der anwendungsnahen Forschung kann jedoch aufgrund der weitgehenden Aneigenbarkeit der Erträge von ausreichenden Anreizen für private Investitionen ausgegangen werden. Die Bestrebungen der Europäischen Union, ihre Förderung in Zukunft noch marktnäher auszurichten, sind vor diesem Hintergrund eindeutig abzulehnen. Der Erfolg der bisherigen Maßnahmen ist zudem zweifelhaft[2].

Zentrale Voraussetzung für die anteilige Subventionierung eines Forschungsvorhabens im Rahmen der spezifischen Programme ist die Beteiligung von

---

1 Vgl. Fabisch (1996), S. 126, sowie die aktuellen Kommentare zum 5. Rahmenprogramm in Harf/ Wupperfeld (1999), S. 13, und Sentker (1999), S. 27.

2 Vgl. Eickhof (1998a), S. 99; Klodt/Stehn u.a. (1992), S. 108 f.

Partnern aus mindestens zwei Mitgliedstaaten der EU. Der Kooperationsgedanke ist zunächst grundsätzlich zu begrüßen. Allerdings können die erhofften positiven Wirkungen einer grenzüberschreitenden Zusammenarbeit - zu nennen sind hier insbesondere der kostenlose Technologietransfer in weniger entwickelte Mitgliedstaaten sowie positive externe Effekte in den beteiligten Ländern - erneut nur die Durchführung allgemeiner transaktionskostensenkender Maßnahmen begründen. In der Praxis werden dagegen projekt- und technologiespezifische Zuschüsse in Höhe von bis zu 50 % der insgesamt anfallenden Kosten gewährt, die weder innovationstheoretisch noch ordnungspolitisch gerechtfertigt sind.

Die Förderung von grenzüberschreitenden Forschungs- und Entwicklungskooperationen durch die Europäische Union sieht sich zudem mit dem Problem gravierender Mitnahmeeffekte konfrontiert. „Kooperationen werden oftmals nur zum Schein eingegangen, um an die begehrten Mittel heranzukommen; de facto arbeitet dann jede Partei für sich. Kein befragtes Unternehmen wendet wegen der finanziellen Anreize aus Brüssel mehr für F&E auf (eher weniger)“[1]. Die grundsätzliche Vorteilhaftigkeit einer Übernahme der Transaktionskosten - die nur von Unternehmen mit echtem Interesse an einer Zusammenarbeit in Anspruch genommen würde - wird in diesem konkreten Fall durch die zusätzliche Projektförderung sowie die hiermit verbundenen Antragskosten und verzerrten Anreize konterkariert[2]. Äußerst fragwürdig ist es in diesem Zusammenhang auch, wenn die EU versucht, die Teilnahme kleiner und mittlerer Unternehmen an den spezifischen Programmen mit Hilfe sogenannter Sondierungsprämien zu unterstützen. Obwohl hier gewisse Erfolge zu verzeichnen sind, verdeutlicht dieses Vorgehen vor allem die Konsequenzen verfehlter Maßnahmen, die immer neue Staatseingriffe nach sich ziehen.

Im Rahmen von EUREKA erleichtert die Europäische Union die internationale Zusammenarbeit von Unternehmen und Instituten, indem sie die Anbahnungskosten für gemeinsame Forschungs- und Entwicklungsprojekte übernimmt. Thematische Festlegungen erfolgen nicht. Die konkreten Forschungsvorhaben und -inhalte werden im Rahmen einer „Bottom-up“-Strategie von den Kooperationspartnern selbst bestimmt, so daß sich eine positive Beurteilung ergibt[3]. Problematisch ist jedoch die Gewährung zusätzlicher Subventionen für einzelne Vorhaben. In diesem Fall gilt entsprechend die Kritik an den indirekten Aktionen innerhalb der Rahmenprogramme.

---

1 Starbatty/Vetterlein (1998), S. 719.

2 Starbatty/Vetterlein (1990a), S. 141, kommen dennoch zu dem vergleichsweise positiven Ergebnis, daß „viele Unternehmen (erst) über solche Programme .. zu transnationalen Kooperationen als Handlungsoption gefunden haben“.

3 Vgl. ähnlich Kantzenbach/Pfister (1996), S. 300; Haas (1995), S. 91.

Die allgemeine Forschungsförderung der EU umfaßt konzertierte und horizontale Aktionen. Im Hinblick auf den erwünschten Zusammenschluß der europäischen Wissenschaft und Technik eindeutig vorteilhaft und bislang von zu geringer Bedeutung sind Subventionen, die die Mobilität von Forschern erhöhen sollen und den grenzüberschreitenden Austausch von Ergebnissen unterstützen. Sie spielen innerhalb der allgemeinen Maßnahmen zwar eine große Rolle, verfügen jedoch im 5. Rahmenprogramm nur über einen Anteil von 8,6 % an den Gesamtausgaben. Abzulehnen sind hingegen Versuche einer stärkeren Ex-ante-Koordination der einzelstaatlichen Aktivitäten. Die negativen Folgen dieser Strategie für den Wettbewerb in der Forschung werden unter IV.2.2. ausführlich diskutiert.

Die beobachteten starken Verschiebungen der inhaltlichen Schwerpunkte legen schließlich die Vermutung nahe, daß sich die Auswahl bestimmter, angeblich besonders förderungswürdiger Technologien vorrangig an kurzfristigen politischen Überlegungen orientiert. Zudem deuten die konkreten Forschungsfelder eher auf den angesprochenen, industriepolitisch motivierten Gestaltungswillen als auf einen Informationsbedarf der politischen Entscheidungsträger hin[1]. Für diese These spricht beispielsweise der mit 8,8 % geringe Anteil der Umweltforschung im 3. und 4. Rahmenprogramm, der im 5. Rahmenprogramm sogar auf 7,2 % sinkt[2]. Auch die gesellschaftspolitische Schwerpunktforschung stellt traditionell nur einen Nebenschauplatz der europäischen Aktivitäten dar. Auf der anderen Seite sind die thematischen Programme im 5. Rahmenprogramm sehr weit gefaßt und in zahlreiche Leitaktionen bzw. Einzelprogramme untergliedert, so daß sie in ihrer jetzigen Form vor allem der Schaffung von diskretionären Handlungsspielräumen dienen dürften[3].

Insgesamt zeigt sich, daß weite Teile der europäischen Forschungs- und Technologiepolitik sowohl unter ordnungspolitischen als auch unter innovationstheoretischen Gesichtspunkten äußerst problematisch sind. Die ergriffenen Maßnahmen lassen zum einen überwiegend eine gestalterische Absicht erkennen, zum anderen zielen sie zunehmend auf die angewandte Forschung und Entwicklung in privaten Unternehmen. Ansätze zu einer Umkehr dieser Fehlentwicklungen sind jedoch bislang nicht erkennbar.

Erschwert wird eine grundsätzliche Neuorientierung zudem durch die oftmals fehlenden institutionellen Voraussetzungen. Ein erster Schritt in Richtung einer

1 Vgl. zu dieser Einschätzung auch Wiekert (1996), S. 250.

2 Von einem „überdurchschnittlich hohen Anteil“ - Klodt/Stehn u.a. (1992), S. 102 - dieses Bereichs kann daher zumindest im Vergleich zur deutschen Forschungs- und Technologiepolitik nicht gesprochen werden.

3 Vgl. auch Sentker (1999), S. 27; FAZ (1998g), S. 28.

höheren Gewichtung der Grundlagenforschung wäre beispielsweise die von der Kommission Grundlagenforschung und vom Wissenschaftsrat geforderte Schaffung einer Institution der europäischen Wissenschaften nach dem Vorbild der deutschen Trägerorganisationen[1]. Durch die hiermit verbundene Verteilung der Mittel nach wissenschaftsimmanenten Kriterien könnte gleichzeitig der Anteil der selektiven Maßnahmen reduziert werden.

3.3. Zwischenergebnis

Der Vergleich der Forschungs- und Technologiepolitiken i.e.S. in Deutschland und Europa mit den theoretischen Handlungsempfehlungen macht deutlich, daß in beiden Fällen nach wie vor ein dringender Reformbedarf besteht. Unübersehbar sind aber auch die Unterschiede zwischen den Ebenen.

In Deutschland verfügen sowohl die selektiven als auch die anwendungsnahen Maßnahmen über einen deutlich geringeren Anteil als in Europa. Dies gilt insbesondere für die marktorientierte direkte Projektförderung. Entsprechend höher ist die Bedeutung der Grundlagenforschung. Darüber hinaus weisen die festgestellten Entwicklungstendenzen der vergangenen Jahre in eine erfreuliche Richtung, auch wenn die bislang erzielten Erfolge noch keineswegs ausreichend sind.

Im Gegensatz hierzu kann auf europäischer Ebene von einem bestenfalls schwach ausgeprägten Reformwillen gesprochen werden. Besonders deutlich wird dies in dem Bestreben, in Zukunft verstärkt auf die Bedürfnisse der Industrie einzugehen[2]. Eine Umorientierung setzt offensichtlich eine Abkehr von überkommenen „Machbarkeitsvorstellungen“ in bezug auf die Hervorbringung von Inventionen und die Durchsetzung von Innovationen voraus[3]. Darüber hinaus müßte der institutionelle Rahmen zugunsten einer stärkeren Einbeziehung der Wissenschaft in inhaltliche Fragen der Forschungsförderung umgestaltet werden. Insbesondere auf den letztgenannten Aspekt wird im folgenden Teil IV, der sich mit der Kompetenzverteilung zwischen den betrachteten Handlungsebenen beschäftigt, noch zurückzukommen sein.

---

[1] Vgl. hierzu ausführlich Wissenschaftsrat (1993); Kommission Grundlagenforschung (1991), S. 83 ff., sowie unter IV.3.2. Konkret ist insbesondere an eine Aufwertung der European Science Foundation zu denken. Vgl. ferner Trotha/Knorr (1996), S. 85 f.

[2] Vgl. Escritt (1996), S. 321. Henze (1992), S. 20, spricht hier von einer „Klientelorientierung“ der Forschungsförderung. Vgl. auch Meyer (1995), S. 105 ff.

[3] Sturm (1996), S. 45, spricht in diesem Zusammenhang von „einer veralteten Steuerungslogik, die das Gewicht öffentlicher Einflußnahme auf private Forschungs- und Technologieaktivitäten tendenziell überbewertet“.

TEIL IV: GRUNDLAGEN UND KRITISCHE WÜRDIGUNG DER KOMPETENZVERTEILUNG

1. Theoretische Grundlagen der Kompetenzverteilung

1.1. Einführung

Der Prozeß der europäischen Integration hat in den vergangenen Jahrzehnten zu starken Kompetenzverschiebungen zugunsten der supranationalen Ebene geführt. Beschleunigt hat sich diese Entwicklung durch den Vertrag von Maastricht, der der Europäischen Union weitreichende Befugnisse in einer Vielzahl von Politikbereichen zubilligt[1]. Hierzu zählt auch die Forschungs- und Technologiepolitik, die durch die Einfügung der Einheitlichen Europäischen Akte in den EG-Vertrag im Jahr 1987 aufgewertet und als Aufgabe der Gemeinschaft verankert wurde.

Vor dem Hintergrund dieser Entwicklung stellt sich die Frage, wie die Kompetenzverteilung zwischen nationaler und supranationaler Ebene in der Forschungs- und Technologiepolitik ausgestaltet sein sollte, damit eine bestmögliche Aufgabenerfüllung gewährleistet ist[2]. Konkret ist zu untersuchen, welches Ausmaß an Zentralisierung für die in Teil III erarbeiteten, wünschenswerten Maßnahmen jeweils geeignet erscheint.

Dezentrale Kompetenzen sind eine der Hauptvoraussetzungen für einen wirkungsvollen Wettbewerb zwischen den einzelnen Gebietskörperschaften. Von dessen Analyse können umgekehrt auch wesentliche Rückschlüsse für die wünschenswerte Aufgabenverteilung gezogen werden. Zunächst erfolgt daher eine Darstellung der Grundlagen des Standortwettbewerbs, seiner Voraussetzungen, der erhofften Wirkungen sowie behaupteter Gefahren (vgl. unter 1.2.). In den Abschnitten 1.3. und 1.4. werden mit dem Subsidiaritätsprinzip und dem Prinzip der fiskalischen Äquivalenz weitere zentrale theoretische Grundlagen der vertikalen Kompetenzverteilung in Mehrebenensystemen dargestellt. Darüber hinaus ist unter 1.5. ein neuerer Ansatz zur Weiterentwicklung des Föderalismus durch funktional gegliederte, konkurrierende und sich überlappende Juris-

---

1 Vgl insbesondere die Tätigkeitsfelder der Gemeinschaft gemäß Art. 3 EGV sowie die Generalermächtigung des Art. 235 EGV.

2 Die Betrachtung der wünschenswerten Kompetenzverteilung zwischen der EU und ihren Mitgliedstaaten beschränkt sich auf die Maßnahmen der Forschungs- und Technologiepolitik i.e.S. Darüber hinaus kommt jeder Ebene grundsätzlich die Aufgabe zu, die Rahmenbedingungen innerhalb ihrer Handlungsbefugnisse möglichst innovationsfreundlich auszugestalten.

diktionen zu berücksichtigen. Ein abschließender Überblick über die abgeleiteten Kriterien erfolgt in Abschnitt 1.6.

1.2. Grundlagen des Standortwettbewerbs

1.2.1. Standortwettbewerb als Kontrollmechanismus und Entdeckungsverfahren

Als Standortwettbewerb[1] wird allgemein die Konkurrenz unterschiedlicher geographischer Einheiten um die Ansiedlung international und -regional mobiler Produktionsfaktoren - wozu insbesondere Kapital und mit Einschränkungen Arbeit zählen - bezeichnet. Wettbewerbsparameter sind hierbei die immobilen, d.h. ortsgebundenen und nicht-transferierbaren Standortfaktoren - beispielsweise Infrastruktur, Steuer- und Abgabensätze, Subventionen, Umweltbedingungen sowie Regulierungen -, die maßgeblich von den jeweiligen Staaten beeinflußt werden[2].

Analog zum ökonomischen Wettbewerb zwischen Unternehmen wirkt auch der Standortwettbewerb einerseits als Kontroll- und Sanktionsmechanismus, andererseits als Entdeckungsverfahren[3]. Dies bedeutet zunächst, daß die Handlungsspielräume der politischen Entscheidungsträger in bezug auf die Gestaltung der immobilen Standortfaktoren bzw. der Rahmenbedingungen beschränkt werden. International nicht konkurrenzfähige „institutionelle Arrangements"[4] können bei offenen Grenzen nicht aufrechterhalten werden, da andernfalls mit evolutionären Selektionsprozessen zu rechnen ist. Diese bewirken eine Abwanderung des mobilen Teils der Arbeitskräfte und des Kapitals, speziell eine Standortverlagerung von Unternehmen.

Zuvor kommt es jedoch bereits zu Versuchen, die Entscheidungsträger durch die Artikulation von Wünschen und Forderungen zu einer Verbesserung der

---

1 Alternativ könnte auch von System-, Ordnungs- oder institutionellem Wettbewerb gesprochen werden, vgl. Kerber (1998a), S. 328. Der Grundgedanke des Wettbewerbs zwischen Gebietskörperschaften geht auf Tiebout (1956) zurück, der im Unterschied zur vorliegenden Arbeit jedoch rein wohlfahrtsökonomisch argumentiert.

2 Vgl. Siebert/Koop (1994), S. 611; dies. (1990), S. 442; Gäfgen (1994), S. 33. Vgl. ferner bereits Giersch (1989). Berthold (1996) und Gerken (1995a), S. 13, betrachten Arbeit als weitgehend immobilen Faktor, vgl. auch unter 1.2.3.

3 Vgl. zum folgenden insbesondere Monopolkommission (1998), S. 6 ff.; Streit (1996a), S. 13 f.; Vanberg (1996); Streit/Mussler (1995), S. 76 ff.; Gerken (1995a); ders. (1995c); Siebert/Koop (1990).

4 Hillebrand/Welfens (1998), S. 405. Vgl. ähnlich Seliger (1998), S. 263.

Rahmenbedingungen anzuregen[1]. Regierungen, die sich in einem starken institutionellen Wettbewerb befinden, können die Präferenzen ihrer Bürger besser erkennen und müssen diese in stärkerem Maße berücksichtigen. Sie werden somit in ihrer Macht begrenzt. Letztlich können hierdurch unter anderem eine effizientere Bereitstellung der gewünschten öffentlichen Leistungen und eine Verringerung der Steuer- und Abgabenbelastung erwartet werden[2].

Der Wettbewerb zwischen Standorten bewirkt darüber hinaus als Entdeckungsverfahren eine permanente Suche nach besseren institutionellen Lösungen, wobei die Konkurrenz zwischen einer Vielzahl alternativer Systeme das Problem des konstitutionellen Wissensmangels der einzelnen Akteure verringert[3]. In einem offenen Prozeß von Versuch und Irrtum werden neue Arrangements ausprobiert und in Abhängigkeit von den erzielten Ergebnissen beibehalten oder verworfen[4].

Innovative politische Entscheidungsträger können mit Hilfe einer überlegenen Ausgestaltung der immobilen Standortfaktoren in ihrem Hoheitsbereich, aber auch durch gezielte Begünstigungen der mobilen Produktionsfaktoren Wettbewerbsvorsprünge erzielen und einen Zustrom von Kapital herbeiführen. Da hierdurch c.p. die inländische Wohlfahrt und die Wiederwahlchancen der handelnden Politiker steigen, bestehen starke Anreize für ein derartiges institutionelles Neuerungsverhalten.

„Konservative"[5] Regierungen müssen nun versuchen, durch Verbesserungen der Rahmenbedingungen nachzuziehen und die entstandenen Standortnachteile auszugleichen. Hierbei sind reine Imitationen angesichts der besonderen Bedingungen und der gewachsenen Ordnungen in den einzelnen Gebietskörperschaften allerdings kaum möglich. Die Zurechnung einer positiven Entwicklung auf konkrete Regelungen bzw. einzelne Bestandteile der Ordnungen wird zudem

---

1 Hirschman (1970) bezeichnet die letztgenannte Handlungsalternative als „voice", die „Abstimmung mit den Füßen", den Grundgedanken des Tiebout-Modells, dagegen als „exit".

2 Vgl. Vanberg (1996), S. 91 f. Thomas (1997), S. 173, stellt fest, daß sich „im interregionalen Wettbewerb ... jene öffentlichen Leistungen durchsetzen, die (von den Bürgern, d. Verf.) als besser eingestuft werden".

3 Vgl. Hannowsky/Renner (1996), S. 27. Vgl. hierzu erneut die Vorteilhaftigkeit der dezentralen Wissensverwertung nach Hayek (1976 - Originalausgabe 1946).

4 Seliger (1998), S. 264, spricht hier von „institutionellem Lernen" der politischen Entscheidungsträger. Kerber (1998b), S. 118, bezeichnet neue Problemlösungen im Bereich staatlicher Leistungen als Entstehung von „Ordnungswissen".

5 „Konservativ" versteht sich hier im Sinne der Unternehmertypologie nach Heuss (1965).

durch deren Komplexität zumindest erschwert, so daß in der Regel spezifische Anpassungsleistungen erforderlich sind[1].

Zusammenfassend ergibt sich eine positive Beurteilung der Auswirkungen, die vom internationalen, aber - trotz geringerer Gestaltungsspielräume und Handlungskompetenzen der dortigen Entscheidungsträger - auch vom interregionalen Standortwettbewerb erwartet werden können. Dagegen führt eine „supranationale politische Monopollösung"[2] zu einem Verzicht auf die in dezentralen, föderalistischen Systemen erzielbaren, dynamischen Effizienzvorteile und Innovationsgewinne. Voraussetzung für die Nutzung der positiven Wirkungen ist jedoch die Schaffung einer geeigneten Rahmenordnung, die den Leistungswettbewerb zwischen den Gebietskörperschaften fördert und mögliche wettbewerbsbeschränkende Verhaltensweisen unterbindet[3]. Hierauf soll im folgenden näher eingegangen werden.

1.2.2. Voraussetzungen des Standortwettbewerbs

Die Begriffe Leistungswettbewerb und Wettbewerbsbeschränkungen charakterisieren die beiden grundsätzlichen Handlungsalternativen bzw. -strategien aus Sicht der politischen Akteure[4]. Beim Leistungswettbewerb stehen Versuche im Mittelpunkt, die Qualität des eigenen Standorts durch institutionelle Neuerungen, Deregulierungen und den Ausbau der öffentlichen Infrastruktur zu verbessern. Im Gegensatz hierzu dient wettbewerbsbeschränkendes Verhalten der Verringerung des Wettbewerbsdrucks auf die immobilen inländischen Standortfaktoren. Instrumente sind nun insbesondere protektionistische Maßnahmen, künstliche Mobilitätsbeschränkungen und Subventionen, aber auch die ange-

---

1 Streit (1996b), S. 227, stellt daher fest, daß „Wettbewerb zwischen Regelsystemen ... keineswegs zu einer "Harmonisierung von unten" führen" muß. Vielmehr ist zu erwarten, daß der Ordnungswettbewerb eine Vielzahl alternativer Lösungsmöglichkeiten hervorbringt, die langfristig nebeneinander bestehen können. Hierbei kommt es zu permanenten Weiterentwicklungen der einzelnen Systeme, die aufgrund der Ausgangsbedingungen pfadabhängig verlaufen, vgl. ausführlich Leipold (1996).

2 Welfens (1995), S. 2. Vgl. hierzu und zum folgenden auch Postlep/Döring (1996), S. 10.

3 Hannowsky/Renner (1996), S. 30, bezeichnen diese Rahmenordnung als „Ordnungswettbewerbsordnung", Gerken (1995c), S. 18, spricht von einer „Staatenwettbewerbsordnung". Weitgehend unbestritten ist, daß „der Wettbewerb zwischen Gebietskörperschaften selbst wieder unter Regeln stattfinden muß" - Kerber (1998a), S. 328. Seliger (1998), S. 265 f., hält die Chancen zur Durchsetzung eines freien Leistungswettbewerbs zwischen Staaten für gering und schlägt als zweitbeste Lösung eine gegenseitige Kontrolle der Ebenen in föderalen Systemen vor. Ähnlich auch Wenzler (1996), S. 82.

4 Vgl. zum folgenden Hannowsky/Renner (1998), S. 109 ff., die von Leistungs- und Behinderungswettbewerb sprechen, sowie Gerken (1995b); Kerber/Vanberg (1995), S. 51 ff.

sprochene Reduzierung von Wahlmöglichkeiten durch kartellähnliche internationale Vereinbarungen zwischen den Regierungen der einzelnen Gebietskörperschaften in Form von weitreichenden Harmonisierungen.

Die beschriebenen positiven Wirkungen des Standortwettbewerbs können nur genutzt werden, wenn sich die Teilnehmer als Leistungswettbewerber verhalten und Harmonisierungen auf ein erforderliches Mindestmaß beschränken[1]. Voraussetzung hierfür ist die Schaffung einer allgemeinverbindlichen Rahmenordnung, die aus Sicht der einzelnen Gebietskörperschaften ein öffentliches Gut darstellt und zur Vermeidung von Trittbrettfahrerverhalten von einer supranationalen Instanz durchgesetzt werden muß[2]. Diese Rahmenordnung hat insbesondere drei Aufgaben zu erfüllen.

Zunächst muß sie die ökonomischen Grundfreiheiten gewährleisten, damit die mobilen Produktionsfaktoren durch Zu- und Abwanderung die Qualität der bestehenden institutionellen Arrangements signalisieren können[3]. Private und staatliche Wettbewerbsbeschränkungen sowie Zentralisierungsbestrebungen sind zu unterbinden, da nur bei weitgehend dezentralen Regelungskompetenzen in ausreichendem Umfang Wahlmöglichkeiten bestehen. Die Anbieter institutioneller Arrangements müssen autonom handeln können[4]. Kommt es dagegen zu einer umfassenden Verlagerung von Entscheidungsbefugnissen auf übergeordnete Gebietskörperschaften, so werden die Handlungsalternativen der Individuen unnötig reduziert. In diesem Zusammenhang ist anzumerken, daß nur klar definierte und abgegrenzte Kompetenzen der einzelnen Ebenen eine zutreffende Beurteilung ihrer Leistungen durch die Bürger ermöglichen[5]. Schließlich setzt

---

1 Streit (1996b), S. 234, betont in diesem Zusammenhang die grundsätzliche „Nachrangigkeit der Harmonisierung“. Geboten ist ein solches Vorgehen lediglich, wenn der Standortwettbewerb versagt (vgl. zu dieser Gefahr den folgenden Abschnitt 1.2.3.), aber auch, wenn durch eine möglicherweise resultierende Rechtsunsicherheit hohe Kosten entstehen oder gravierende grenzüberschreitende Externalitäten vorliegen, vgl. Streit/Mussler (1995), S. 100.

2 Vgl. Eickhof (1998b), S. 20. Ähnlich auch Ehlermann (1995), S. 11 f.; Gerken (1995c), S. 7 f.; Giersch (1995), S. 36.

3 Hierbei handelt es sich um die in Art. 7 a des EG-Vertrags verankerte Freiheit des Waren-, Personen-, Dienstleistungs- und Kapitalverkehrs. Sie gewährleistet, daß die Nachfrager nach institutionellen Regelsystemen von ihrer Wahlfreiheit im Austauschprozeß Gebrauch machen können, vgl. Mussler/Wohlgemuth (1994), S. 17, in Anlehnung an Hoppmann.

4 Mussler/Wohlgemuth (1994), S. 17, sprechen hier von der Freiheit der Konkurrenten im Parallelprozeß.

5 Beispielsweise erschweren die enge Zusammenarbeit von Bund und Ländern in Deutschland und die vielfältigen gemeinsamen Kompetenzen die Beurteilung der jeweiligen Regierungen. Mit dem Zusammenhang von Subsidiarität und Systemwettbewerb beschäftigt sich Ehlermann (1995). Vgl. auch die Ausführungen unter 1.3. und 1.4.

ein funktionierender Standortwettbewerb die gegenseitige Anerkennung der jeweiligen nationalen Regulierungen bzw. einen Abbau derselben, soweit sie den Wettbewerb beschränken, voraus[1].

Sind diese Voraussetzungen erfüllt, so bewirkt die Konkurrenz zwischen unterschiedlichen Gebietskörperschaften aus ökonomischer Sicht durch Selektions- und Suchprozesse eine höhere Effizienz bei der Erstellung öffentlicher Leistungen sowie eine stärkere Orientierung an den Präferenzen der Bürger, konkret den Interessen der mobilen Produktionsfaktoren. Darüber hinaus begrenzt der institutionelle Wettbewerb die Macht der politischen Entscheidungsträger und führt zu verbesserten Kontrollmöglichkeiten[2]. Diese optimistische Sicht ist jedoch, wie im folgenden gezeigt wird, nicht unumstritten.

1.2.3. Die Gefahr des Standortwettbewerbsversagens

Teilweise wird argumentiert, daß der Standortwettbewerb in einigen Bereichen unwirksam sei oder sogar zu negativen Konsequenzen in Form von „Deregulierungs- und Unterbietungswettläufen bei der Steuer-, Sozial- und Regulierungspolitik“[3] führe. Hiermit drohe ein Versagen des Standortwettbewerbs. Das wohl bekannteste Beispiel für diese These ist die Umverteilungspolitik[4]. Insbesondere läßt die zunehmende Konkurrenz der Wirtschaftsstandorte im Zeitablauf eine Senkung der Steuer- und Abgabensätze auf den mobilsten Produktionsfaktor Kapital erwarten, so daß eine Einschränkung der finanziellen Handlungsspielräume der Gebietskörperschaften befürchtet wird[5].

---

1 Vgl. zu den genannten Aspekten Hannowsky/Renner (1996), S. 30 ff.; Streit (1996b), S. 228 ff.; Gäfgen (1994), S. 37 f.

2 S. Sinn (1992), S. 177, und Eichenberger (1994), S. 405, sehen im institutionellen Wettbewerb daher auch eine Chance zur „Zähmung“ des Hobbes´schen Leviathan.

3 Monopolkommission (1998), S. 10.

4 Vgl. H.-W. Sinn (1997); ders. (1995). Skeptisch auch Eser (1996), S. 115 und 117; Gäfgen (1994), S. 46 f. Dagegen halten der Sachverständigenrat (1997), S. 179; Berthold (1996) und Blankart (1996) Umverteilungsmaßnahmen auch im Standortwettbewerb grundsätzlich für möglich, ebenso Streit (1996b), S. 233, und Feld/Kirchgässner (1995). Vgl. auch bereits Musgrave (1959), S. 179 ff., der distributions- und stabilitätspolitische Aufgaben auf der zentralen Ebene ansiedelt. Hierauf soll jedoch im folgenden nicht weiter eingegangen werden.

5 Empirisch zeigt sich, daß auch die durchschnittlichen Einkommensteuersätze in der Europäischen Union seit Mitte der 70er Jahre bis 1989 von 47,21 % auf 42,33 % gesunken sind, vgl. Siebert/Koop (1990), S. 448. Vgl. zur Diskussion um die Gefahr einer ruinösen Standortkonkurrenz durch die Absenkung von Steuersätzen und Umweltstandards ferner Oates (1991), S. 11 ff., sowie die dort angegebene Literatur. Gebietskörperschaften, die aufgrund

Probleme werden aus diesem Grund ferner für die Bereitstellung bestimmter, insbesondere grenzüberschreitender öffentlicher Güter durch den Staat gesehen[1]. Hierzu ist zunächst auch die marktferne Grundlagenforschung zu zählen. Erwerbswirtschaftliche Unternehmen sind im allgemeinen nicht bereit, sich hier zu engagieren, da aufgrund der Nicht-Anwendbarkeit des Ausschlußprinzips keine Gewinnerzielung möglich ist. Ein privates Angebot kommt nicht zustande, so daß ein eindeutiger Fall des Marktversagens vorliegt. Durch den Rückgang der öffentlichen Einnahmen verringern sich nun aber auch die Handlungsspielräume des Staates. Im Fall grenzüberschreitender öffentlicher Güter können sich einzelne Gebietskörperschaften zudem als Trittbrettfahrer verhalten. Teilweise wird daher die Auffassung vertreten, der staatliche Wettbewerb funktioniere hier „genauso wenig, wie es ein privater Wettbewerb täte"[2], und führe letztlich zu einer Unterinvestition.

Angesichts dieser Befürchtungen ist darauf zu verweisen, daß die Versorgung mit öffentlichen Gütern ein wesentlicher Standortfaktor ist und eine ausreichende Bereitstellung im Eigeninteresse jeder Gebietskörperschaft liegt[3]. Insbesondere aber wird die Intensität des Standortwettbewerbs durch endogene Faktoren begrenzt. So führt das Beharrungsvermögen der gewachsenen Ordnungen dazu, daß sich die institutionellen Landschaften zwar kontinuierlich weiterentwickeln, jedoch weder eine Ex-post-Harmonisierung noch ausgeprägte Steuersenkungswettläufe zu erwarten sind.

Begünstigt wird diese Form der verzögerten Anpassung durch die „realen Funktionsbedingungen"[4] des Standortwettbewerbs. Selbst bei formal vollständig garantierter Freizügigkeit unterliegt der Produktionsfaktor Arbeit kulturell und sprachlich bedingten Mobilitätshemmnissen. Diese führen dazu, daß in der Europäischen Union nur fünf Prozent der Bürger dauerhaft außerhalb ihres Heimatlandes leben[5]. Eine erhöhte Abwanderungsbereitschaft ist lediglich „am oberen und am unteren Ende ... der Einkommensskala"[6] festzustellen. Aber auch

---

von niedrigen Steuer- und Abgabenbelastungen attraktiv sind, ziehen jedoch Kapital und Unternehmen an und können auf diese Art ihre Einnahmen wieder erhöhen.

1 Vgl. beispielsweise Hillebrand/Welfens (1998), S. 415; Homann/Kirchner (1995), S. 56.

2 H.-W. Sinn (1996), S. 93. Zur Gegenposition vgl. erneut Blankart (1996).

3 Vgl. hierzu ausführlich unter IV.2.2.1.2.

4 Streit (1996b), S. 231.

5 Vgl. Frey (1997), S. 24; Eichenberger (1994), S. 406. Auch Blankart (1996), S. 90, betont die „Seßhaftigkeit der Bürger", Maier/Tödtling (1995), S. 40, stellen fest, daß Arbeitskräfte „wenig mobil über längere Distanzen" sind. Entscheidend für eine Abwanderung ist letztlich die Frage der Beschäftigungschancen und Verdienstmöglichkeiten am angestammten Wohnort.

6 Monopolkommission (1998), S. 9. Siebert/Koop (1994), S. 611, ordnen zumindest die qualifizierte Arbeit den mobilen Faktoren zu.

der Faktor Kapital weist keine völlige Mobilität auf, da hohe Transaktions- bzw. Informationskosten gegen seine beliebige Transferierbarkeit sprechen. Investiertes Sachkapital ist schließlich zumindest zeitlich befristet an einen Produktionsstandort gebunden, die Mobilität beschränkt sich hier auf neue und zusätzliche Investitionsentscheidungen[1].

Diese natürlichen, immanenten Hemmnisse bewirken, daß die Möglichkeiten einer Kontrolle der institutionellen Rahmenbedingungen durch den Standortwettbewerb begrenzt sind. Den politischen Entscheidungsträgern verbleiben hierdurch gewisse Handlungsspielräume, beispielsweise auch für Umverteilungsmaßnahmen. Ruinöse Konkurrenz in Form einer Nullregulierung bzw. einer „Race-to-the-bottom"-Entwicklung ist somit unwahrscheinlich. Erforderlich wird es allerdings sein, die Aufgaben des Staates einer kritischen Überprüfung zu unterziehen und knappe Steuermittel effizienter als bisher zu verwenden[2].

Bezogen auf die Forschungs- und Technologiepolitik im engeren Sinn ist unter IV.2.2. zu untersuchen, ob Investitionen in Grundlagenwissen und die öffentlich finanzierte Forschungsinfrastruktur als wichtige Erfolgsfaktoren im Standortwettbewerb anzusehen sind und somit ausreichende Anreize für ein staatliches Engagement bestehen. Von zentraler Bedeutung wird hierbei sein, ob sich die Gebietskörperschaften die Erträge aneignen können. Ist dies nicht der Fall, so droht ein Standortwettbewerbsversagen, mit dem sich möglicherweise eine Zentralisierung der entsprechenden Kompetenzen rechtfertigen ließe. Auf der anderen Seite besteht die Gefahr internationaler Überbietungswettläufe bei der Subventionspolitik im Zusammenhang mit der Ansiedlung von Unternehmen.

Zuvor sollen jedoch weitere zentrale Grundlagen der vertikalen Kompetenzverteilung in Mehrebenensystemen dargestellt werden: Das bereits angesprochene Subsidiaritätsprinzip und seine Fundierung durch die Theorie des fiskalischen Föderalismus sowie das Prinzip der fiskalischen Äquivalenz.

---

1 Vgl. Monopolkommission (1998), S. 8. Vgl. zu mobilitäts- und informationsbedingten Grenzen der Abwanderung ferner Sauerland (1997), S. 117 ff.

2 Vgl. Giersch (1997); Siebert/Koop (1990), S. 449. In vielen Bereichen besteht unabhängig von der globalen Standortkonkurrenz ein offensichtlicher Handlungsbedarf.

1.3. Das Subsidiaritätsprinzip

1.3.1. Einführung

1.3.1.1. Geschichte und Grundaussagen

Die Wurzeln des Subsidiaritätsprinzips reichen zurück bis in die vorchristliche Zeit. Entsprechend vielfältig sind die Hinweise und Quellen, wobei diese ideengeschichtlich insbesondere zu zwei Gruppen zusammengefaßt werden können. Zu unterscheiden ist zwischen sozialphilosophischen und theologischen Ursprüngen des Subsidiaritätsgedankens[1].

Bereits die Schriften von Aristoteles (384 - 322 v. Chr.) beinhalten Überlegungen, die sich mit dem Verhältnis von Individuum und Gemeinschaft beschäftigen. Letztere verfügt über kein Eigenrecht, sondern dient lediglich der Verwirklichung von Zielen, die der einzelne allein nicht erreichen kann. Größere Zusammenschlüsse entstehen folglich immer dann, wenn „die bislang existierenden Formen an eine Grenze ihrer Leistungskraft stoßen"[2].

Im Mittelalter entwickelte hierauf aufbauend Thomas von Aquin (1225/26? - 1274) die Vorstellung, daß es einem Gemeinwesen abträglich sei, wenn seine einzelnen Bestandteile zu stark vereinheitlicht würden, und auch Dante Alighieri (1265 - 1321) betont die Eigentümlichkeiten jeder einzelnen Gruppe, denen am besten durch lokale Obrigkeiten Rechnung getragen werden könne. Lediglich Angelegenheiten von übergeordnetem, gemeinsamem Interesse sollten demnach durch zentrale Vorschriften geregelt werden. Ein Modell eines vielschichtigen Aufbaus von Staat und Gesellschaft entwickelte ferner Johannes Althusius (1557 - 1638). Hierbei wird die jeweils übergeordnete Ebene vom Volk - dem alleinigen Inhaber der Herrschaftsrechte - bzw. einer unteren Gebietskörperschaft zur Ausübung der Staatsgewalt legitimiert. Alexis de Tocqueville (1805 - 1859) zufolge sind föderale Strukturen zum Schutz der Demokratie und zur Verhinderung eines „bürokratischen Zentralismus"[3] erforderlich.

---

[1] Vgl. zum folgenden insbesondere Pieper (1994), S. 32 ff., der allerdings drei Gruppen - gesellschaftsphilosophische, staatstheoretische und theologische Ansätze - unterscheidet. Überblicke über die Entstehungsgeschichte und die unterschiedlichen Quellen des Subsidiaritätsgedankens finden sich ferner bei Gaster (1998), S. 21 f.; Callies (1996), S. 21 ff.; Höffe (1995), S. 123 ff.; Lecheler (1993), S. 29 ff.; Nell-Breuning (1990), S. 87 ff.

[2] Höffe (1995), S. 129. Die subsidiäre Funktion der Gemeinschaft bei Aristoteles spiegelt sich auch in der Aussage wider, daß die „geringere Einheit der größeren vorzuziehen" sei. Zitat nach Pieper (1994), S. 46.

[3] Sutter (1998), S. 204.

Zentrale Bedeutung erlangte das Subsidiaritätsprinzip im Zuge der stärkeren Trennung von Gesellschaft und Staat im 18. und vor allem im 19. Jahrhundert, die in Deutschland insbesondere mit den Namen Wilhelm von Humboldt (1767 - 1835), Immanuel Kant (1724 - 1804) und Robert von Mohl (1799 - 1875) verbunden ist. Vorrangige Ziele waren nun die Sicherung der bürgerlichen Freiheitsrechte durch eine Begrenzung der staatlichen Befugnisse, die Zuweisung von Handlungskompetenzen an die politischen Entscheidungsträger und letztlich die kritische Überprüfung der Berechtigung jeglicher Staatstätigkeit. Dem liberalen Staatsverständnis zufolge „liegt die Grundlage des Staates in seiner Subsidiarität“[1], so daß die Regierung sich überall dort nicht einzumischen hat, wo die Bürger ebenso gut selbst handeln können[2].

Die kirchlichen Ursprünge der Subsidiarität lassen sich bis ins Alte Testament zurückverfolgen[3]. Dort findet sich im Buch Exodus 18 eine Textstelle, die die Vorteilhaftigkeit föderaler Strukturen thematisiert, wenngleich hier die Entlastung übergeordneter Ebenen im Mittelpunkt steht[4]. Die klassische und wohl meistzitierte Formulierung des Subsidiaritätsgedankens entstammt jedoch der 1931 von Papst Pius XI. veröffentlichten und im wesentlichen von Oswald von Nell-Breuning erarbeiteten Sozialenzyklika „Quadragesimo anno“. Sie lautet wie folgt:

> „Wie dasjenige, was der Einzelmensch aus eigener Initiative und mit seinen eigenen Kräften leisten kann, ihm nicht entzogen und der Gesellschaftstätigkeit zugewiesen werden darf, so verstößt es gegen die Gerechtigkeit, das, was die kleineren und untergeordneten Gemeinwesen leisten und zum guten Ende führen können, für die weitere und übergeordnete Gemeinschaft in Anspruch zu nehmen ... Jedwede Gesellschaftstätigkeit ist .. ihrem Wesen nach subsidiär. Sie soll die Glieder des Sozialkörpers unterstützen, darf sie aber niemals zerschlagen oder aufsaugen. ...

---

1 Lecheler (1993), S. 35.

2 Vgl. zu dieser, auf Abraham Lincoln zurückgehenden Ansicht Feld/Kirchgässner (1995), S. 197; Nell-Breuning (1990), S. 88. Vergleichbare Vorstellungen finden sich bereits in den Arbeiten von Christian Freiherr von Wolff aus dem 18. Jahrhundert, vgl. Backhaus (1998), S. 84 ff.

3 Im Vergleich zu den Gesellschaftswissenschaften ist dabei ein „besondere(r) konfessionelle(r) Gehalt“ - Lecheler (1993), S. 33 - des Subsidiaritätsprinzips nicht erkennbar. Vgl. zu dieser Einschätzung auch Pieper (1993), S. 706.

4 Hierbei handelt es sich um einen Rat des Jetro an Moses: „... suche Dir aus allen Leuten tüchtige, gottesfürchtige und zuverlässige Männer aus, ... setze sie über jene als Vorsteher über je eintausend, über je einhundert, über je fünfzig und über je zehn! ... Nur alle wichtigen Sachen sollen sie vor Dich bringen, alles Geringfügige aber sollen sie selbst entscheiden! Entlaste also Dich selber und laß jene mit Dir die Verantwortung tragen!“

Angelegenheiten von untergeordneter Bedeutung ... soll die Staatsgewalt also den kleineren Gemeinwesen überlassen. Sie selbst steht dadurch nur um so freier, stärker und schlagfertiger da. Für diejenigen Aufgaben, die in ihre ausschließliche Zuständigkeit fallen, weil sie allein ihnen gewachsen ist."

Spätere Sozialenzykliken bekräftigen die Bedeutung des Subsidiaritätsprinzips, wobei sein Anwendungsbereich auf das Verhältnis zwischen einzelnen Staaten und supranationalen Organisationen ausgeweitet wird. So sollen „Fragen, die wegen ihres weit verflochtenen Zusammenhangs und wegen ihrer Dringlichkeit als zu schwierig angesehen werden müssen, als daß sie von den Lenkern der Einzelstaaten glücklich gelöst werden könnten"[1], von überstaatlichen Gemeinschaften behandelt und entschieden werden.

Wenn kleinere Einheiten allein eine Aufgabe nicht bewältigen können, so ist die jeweils übergeordnete Ebene zur Hilfeleistung verpflichtet (positive Interpretation der Subsidiarität)[2]. Gleichzeitig sind ihr jedoch unnötige Eingriffe in die Belange der nachgeordneten Hierarchiestufen untersagt (negative Interpretation), wobei letztere sowohl einzelne Individuen und „überschaubare Lebenskreise menschlicher Gemeinschaften"[3] als auch lokale, regionale oder gar nationale Gebietskörperschaften darstellen können.

Das Subsidiaritätsprinzip beinhaltet in seiner negativen Version somit einerseits den Vorrang privater vor staatlicher Aufgabenerfüllung, andererseits das Primat der untergeordneten Ebene bei der Kompetenzverteilung innerhalb hierarchischer, politisch-administrativer Strukturen. Grundsätzlich ist eine Dezentralisierung „möglichst bis zur untersten Ebene"[4] anzustreben, eine Zentralisierung sollte dagegen nur erfolgen, wenn für eine Übertragung der Verantwortlichkeit überzeugende Gründe vorliegen[5]. Anhand dieser Grundaussagen lassen sich die ökonomischen Implikationen verdeutlichen[6].

---

1 Auszug aus der 1963 erschienenen Sozialenzyklika „Pacem in terris", Ziffer Nr. 140. Zitat nach Lecheler (1993), S. 32.

2 Vgl. hierzu und zum folgenden Homann/Kirchner (1995), S. 48.

3 Döring (1994), S. 243.

4 Bartling/Hemmersbach (1995), S. 348.

5 Vgl. Thomas (1997), S. 164 f. Nach Sutter (1998), S. 204, ist zunächst zu prüfen, ob die untergeordneten Gebietskörperschaften durch Vorleistungen der höheren Ebene in die Lage versetzt werden können, ihre Probleme selbständig zu lösen. Eine „vorleistende Hilfe zur Entfaltung der Selbstverantwortlichkeit" - mit anderen Worten Hilfe zur Selbsthilfe - hat demzufolge Vorrang vor einer Zentralisierung.

6 Die bisherigen Ausführungen zeigen bereits, daß ökonomische Überlegungen bei der Formulierung des Subsidiaritätsprinzips von Beginn an eine zentrale Rolle gespielt haben. Oswald von Nell-Breuning, wie erwähnt der eigentliche Urheber von „Quadragesimo anno", war selbst Wirtschaftswissenschaftler und bezog sich auf die Theorien des National-

Die Abgrenzung von privaten und öffentlichen Aufgaben kann als wirtschaftsordnende Funktion des Subsidiaritätsprinzips bezeichnet werden[1]. Ein Eingreifen des Staates erscheint jetzt geboten, wenn eine private Lösung nicht erfolgen kann oder zu unerwünschten Ergebnissen führt. Gleiches gilt, wenn eine Koordination der privaten Wirtschaftspläne durch den Markt-Preis-Mechanismus ausbleibt[2]. Die Beantwortung der Frage, ob und unter welchen Voraussetzungen subsidiäre staatliche Maßnahmen erforderlich sind, führt letztlich zu der unter III.1.2. behandelten Theorie des Marktversagens.

Im Mittelpunkt von Teil IV steht dagegen nunmehr die staatsordnende Bedeutung des Subsidiaritätsprinzips[3]. Konkret geht es nun um die „Zuweisung von Verantwortlichkeiten"[4] auf unterschiedliche Hierarchiestufen in Mehrebenensystemen. Hierbei sollte jeweils der untersten Gebietskörperschaft die Handlungskompetenz zufallen, die noch zu einer sachgerechten Aufgabenerfüllung in der Lage ist. Zur Ermittlung des angemessenen Zentralisierungsgrades politischer Entscheidungsbefugnisse kann auf eine Reihe ökonomischer Kriterien aus der Theorie des fiskalischen Föderalismus zurückgegriffen werden, deren Darstellung unter 1.3.2. erfolgt. Zuvor ist jedoch auf die Verankerung des Subsidiaritätsprinzips im EG-Vertrag einzugehen[5].

1.3.1.2. Das Subsidiaritätsprinzip im EG-Vertrag

Das Subsidiaritätsprinzip hat als „grundsätzliches juristisches Kompetenzverteilungs- und Kompetenzausübungsprinzip"[6] Eingang in den EG-Vertrag gefunden. Die einschlägige Formulierung des Art. 3 b lautet:

ökonomen Heinrich Pesch, vgl. Mittendorfer (1995); Pieper (1993), S. 706. Vgl. zum folgenden Döring (1996), S. 294 ff.; ders. (1994); Teutemann (1992), S. 16.

1 Vgl. Starbatty/Vetterlein (1998), S. 705. Vgl. auch Laaser/Stehn (1996), S. 58; Wenzler (1996), S. 73 f.; Ziller (1995), S. 290.

2 Von der Notwendigkeit einer vergleichenden Institutionenanalyse sei an dieser Stelle abstrahiert.

3 Vgl. erneut Starbatty/Vetterlein (1998), S. 705.

4 Bartling/Hemmersbach (1995), S. 349. Vgl. auch Sturm (1996), S. 40.

5 Die Rolle des Subsidiaritätsprinzips im Grundgesetz der Bundesrepublik Deutschland kann hier nicht diskutiert werden. In bezug auf Angelegenheiten der Europäischen Union regelt der 1992 neu formulierte Art. 23 GG die Mitwirkungsmöglichkeiten der Länder. Art. 28 GG beinhaltet das Recht der Gemeinden, alle Angelegenheiten der örtlichen Gemeinschaft zu regeln, sowie das Selbstverwaltungsrecht der Gemeindeverbände. Vgl. ausführlich Brunner (1993), S. 8 ff.; sowie Gaster (1998), S. 23 f.; Pieper (1993), S. 707. Vgl. auch bereits unter II.2.4.1.

6 Mittendorfer (1995), S. 225.

„Die Gemeinschaft wird innerhalb der Grenzen der ihr in diesem Vertrag zugewiesenen Befugnisse und gesetzten Ziele tätig.

In den Bereichen, die nicht in ihre ausschließliche Zuständigkeit fallen, wird die Gemeinschaft nach dem Subsidiaritätsprinzip nur tätig, sofern und soweit die Ziele der in Betracht gezogenen Maßnahmen auf Ebene der Mitgliedstaaten nicht ausreichend erreicht werden können und daher wegen ihres Umfangs oder ihrer Wirkungen besser auf Gemeinschaftsebene erreicht werden können.

Die Maßnahmen der Gemeinschaft gehen nicht über das für die Erreichung der Ziele dieses Vertrages erforderliche Maß hinaus."

Absatz 1 wird auch als Prinzip der limitierten Einzelermächtigung, Abs. 3 als Verhältnismäßigkeitsprinzip bezeichnet. Von besonderer Bedeutung ist hier jedoch das in Abs. 2 festgeschriebene Subsidiaritätsprinzip im engeren Sinn, das drei zentrale Aussagen beinhaltet[1]:

- Die Anwendung des Subsidiaritätsprinzips beschränkt sich auf die Bereiche konkurrierender Zuständigkeit zwischen der Union und den Nationalstaaten. Politikfelder, in denen eine ausschließliche Zuständigkeit der Gemeinschaft besteht, sind hiermit ausgeschlossen.
- Notwendige Bedingung für ein Tätigwerden der Gemeinschaft ist, daß die Ziele der jeweiligen Maßnahmen auf der Ebene der einzelnen Mitglieder nicht ausreichend erreicht werden.
- Schließlich müssen die Ziele auf Gemeinschaftsebene besser zu verwirklichen sein, d.h. die Gemeinschaft muß als hinreichende Bedingung für eine Zentralisierung über eine größere Problemlösungskompetenz verfügen.

Art. 3 b EG-Vertrag ist zwar die zentrale, keineswegs jedoch die einzige Bestimmung in den europäischen Vetragswerken, die den Grundsatz der Subsidiarität berührt. So findet sich in der Präambel zum Vertrag über die Gründung der Europäischen Union die Zielvorgabe, eine „immer engere(n) Union der Völker Europas (zu schaffen), in der die Entscheidungen entsprechend dem Subsidiaritätsprinzip möglichst bürgernah getroffen werden".

Ungeachtet dieses Bekenntnisses zu dezentralen Strukturen behält sich die Gemeinschaft in der sogenannten Generalermächtigung des Art. 235 EG-Vertrag das ausdrückliche Recht vor, zusätzliche Maßnahmen zur Erreichung der ange-

---

1 Vgl. zum folgenden Möschel (1995), S. 232 f.; ders. (1993), S. 95 f.; Lecheler (1993), S. 14 ff.; Pieper (1993), S. 709 f.

strebten Ziele zu ergreifen und damit weitere Kompetenzen an sich zu ziehen[1]. Als zweites wichtiges Einfallstor für eine Ausweitung der Handlungsbefugnisse der europäischen Ebene gelten die Vorschriften zur Rechtsangleichung nach Art. 100 und 100 a EG-Vertrag[2]. Aber auch die im Rahmen der vorliegenden Arbeit besonders relevanten Vorschriften zur Industrie sowie zu Forschung und technologischer Entwicklung in den Art. 130 und 130 f EG-Vertrag beinhalten Formulierungen, die als Begründungen für weitergehende Gemeinschaftskompetenzen dienen können.

Angesichts der festzustellenden Zentralisierungsbestrebungen und -tendenzen in der Europäischen Union wird das Subsidiaritätsprinzip oftmals auch als „Leerformel“[3] bezeichnet. Insbesondere wird bemängelt, daß es den abstrakten Formulierungen „nicht ausreichend“ und „besser“ in Art. 3 b Abs. 2 EG-Vertrag „an der notwendigen analytischen Präzision“[4] fehlt und es sich lediglich um einen weichen Orientierungsrahmen handelt, der kein „operationales Kriterium (für die) Kompetenzabgrenzung“[5] darstellt.

Die fehlende Konkretisierung führt dazu, daß die Eignung des Subsidiaritätsprinzips zur Verhinderung einer weiteren Zentralisierung von vielen Autoren bezweifelt wird, zumal die Problembetroffenheiten ebenso wie die Fähigkeiten zur Problemlösung in den einzelnen Mitgliedstaaten der Gemeinschaft höchst unterschiedlich sind[6]. Auch die Verfehlung der „Ziele der in Betracht gezogenen Maßnahmen“ durch einzelne, weniger entwickelte Mitglieder der Europäischen Union kann eine Gemeinschaftskompetenz begründen[7]. Vor diesem Hintergrund ist es nicht verwunderlich, daß das Subsidiaritätsprinzip „von der

---

1 Vgl. Kösters (1998), S. 446 f.; Heinemann (1996a), S. 129. Wenzler (1996), S. 75, stellt fest, daß aufgrund der Orientierung des EG-Vertrags an zu erreichenden Zielen „prinzipiell alles in die Regelungskompetenz der EU fällt, was die Zielverwirklichung möglicherweise verhindern kann“. Everling (1991), S. 43, spricht von einer „dem Ausmaß nach offene(n) Zuständigkeit (der) Gemeinschaftsebene“.

2 Vgl. Everling (1995), S. 169.

3 Brunner (1993), S. 7, die dem Subsidiaritätsprinzip „mehr deklaratorischen Wert“ (S. 13) zumißt und vor einer Überschätzung seiner Korrektivfunktion warnt. Sutter (1998), S. 205, bezeichnet das Subsidiaritätsprinzip als „Feigenblatt zum Verstecken zentralistischer Interessen“, Starbatty/Vetterlein (1990a), S. 149, sprechen von einer „leicht zu überwindende(n) Sperrmauer“.

4 Döring (1994), S. 243.

5 Hannowsky/Renner (1996), S. 24.

6 Vgl. Hannowsky/Renner (1998), S. 51; Pflugmann-Hohlstein (1993), S. 168.

7 Die Befürworter einer Zentralisierung tragen hierbei die Beweislast, vgl. Thomas (1997), S. 177 ff.; H.-W. Sinn (1994), S. 157; Laaser/Soltwedel u.a. (1993), S. 13, zumal dem Subsidiaritätsprinzip zufolge die Hilfe zur Selbsthilfe einer vollständigen Kompetenzübertragung vorzuziehen ist.

Kommission bereits als Argument gegen die Mitgliedstaaten"[1], d.h. für eine Zentralisierung der entsprechenden Aufgaben eingesetzt wird. Leistungsschwächere Länder können mit seiner Hilfe eine Ausweitung der europäischen Kompetenzen fordern. Andererseits bildet es die Grundlage für die Ablehnung von Kompetenzverlagerungen durch die höher entwickelten Mitgliedstaaten.

Allerdings ist es trotz dieses Dilemmas durchaus möglich, die Aussagen des Subsidiaritätsprinzips mit Hilfe ökonomischer Überlegungen und Ansätze zu präzisieren und damit den Ermessensspielraum politischer Entscheidungsträger zu verringern[2]. Die Erarbeitung einer allgemeingültigen Kompetenzverteilungsregel erscheint dabei zwar als ein unrealistisches und angesichts des sich permanent wandelnden Umfelds sowie der Vielfalt der zu lösenden Aufgaben auch nicht wünschenswertes Ziel. Eine nach Politikbereichen und konkreten Fragestellungen differenzierte Kompetenzordnung läßt sich jedoch ableiten[3].

Einen ersten Hinweis auf die ökonomische Vorteilhaftigkeit dezentraler Lösungen haben bereits die Untersuchungen zum Standortwettbewerb ergeben. Die leistungssteigernden, effizienzfördernden und disziplinierenden Wirkungen der Konkurrenz zwischen den Gebietskörperschaften erfordern eine Orientierung der Handlungsbefugnisse der einzelnen Hierarchieebenen am Subsidiaritätsprinzip, dessen Aussagen mit Hilfe der von Musgrave begründeten Theorie des fiskalischen Föderalismus weiterentwickelt und konkretisiert werden können[4].

Zwar ist die Eignung dieser Theorie zur Fundierung des Subsidiaritätsprinzips aufgrund ihrer Orientierung an der komparativ-statischen, neoklassischen Wohlfahrtsökonomik umstritten[5]. Von restriktiven Annahmen - wie beispiels-

---

1 Starbatty/Vetterlein (1990a), S. 149. Vgl. auch Hannowsky/Renner (1998), S. 54 f.; Sturm (1996), S. 42.

2 Vgl. zu dieser Einschätzung Feld/Kirchgässner (1995), S. 203; Homann/Kirchner (1995), S. 54 ff.; Döring (1994), S. 243. Kritisch zur Eignung des Subsidiaritätsprinzips für eine präzise Aufgabenabgrenzung in der Forschungs- und Technologiepolitik hingegen Grande (1996), S. 132. Kösters (1998), S. 450 f., betont, daß ökonomische Kriterien für die „bisherige Entwicklung der Kompetenzverteilung in der EU" eine eher geringe Rolle gespielt haben.

3 Eine kontroverse Diskussion um auf Dauer angelegte Zuständigkeitsnormen von Gemeinschaft und Mitgliedstaaten führen Gilsdorf (1996) und Heinemann (1996b). Vgl. zur Forderung nach einer eindeutigen Zuordnung von Aufgaben Kösters (1998), S. 448; Thomas (1997), S. 182; Döring (1996), S. 317 f., kritisch zu den Möglichkeiten einer klaren Kompetenzabgrenzung dagegen Everling (1991), S. 45.

4 Vgl. ausführlich Musgrave (1959).

5 Vgl. Hannowsky/Renner (1998), S. 56 ff., sowie Gerken (1995c), S. 8, die die Orientierung am paretianischen Wohlfahrtsoptimum und die Verengung auf Allokationsaspekte bemängeln. Vgl. auch bereits unter III.1.2.1.

weise der vollkommenen Information der politischen Entscheidungsträger über die gegebenen und im Zeitablauf konstanten Bürgerpräferenzen - wird in der vorliegenden Arbeit jedoch abgesehen. Statt dessen erfolgt in IV.2.3. eine explizite Berücksichtigung dynamischer Aspekte und Entwicklungen. Im folgenden werden die jeweiligen Möglichkeiten zur Berücksichtigung regionaler Präferenzen und Besonderheiten, die Höhe der administrativen Kosten sowie die Überwindung von Unteilbarkeiten bzw. die Ausnutzung eventueller Größen- und/oder Verbundvorteile bei der Erstellung öffentlicher Leistungen geprüft.

1.3.2. Ökonomische Fundierung des Subsidiaritätsprinzips durch die Theorie des fiskalischen Föderalismus

1.3.2.1. Berücksichtigung regionaler Besonderheiten

Als regionale Besonderheiten werden im folgenden spezifische Ausgangsbedingungen in den einzelnen Gebietskörperschaften bezeichnet. Derartige Besonderheiten bestehen sowohl beim Angebot von als auch bei der Nachfrage nach staatlichen Leistungen. Einerseits ist es erwünscht, daß Art und Umfang der vom Staat bereitgestellten öffentlichen Leistungen so weit wie möglich den Präferenzen der Bürger - und damit den Bedürfnissen von Haushalten sowie den Standortanforderungen von Unternehmen - entsprechen[1]. Diese sind jedoch nicht nur individuell und zwischen sozialen Gruppen, sondern auch regional äußerst unterschiedlich, so daß mit der Größe eines Gemeinwesens zwangsläufig die Heterogenität zunimmt[2]. Gleiches gilt andererseits auch für die spezifischen Angebotsbedingungen in den einzelnen Staaten und Regionen, die zu voneinander abweichenden Aufwendungen für die Erstellung öffentlicher Leistungen führen.

Entscheidungsträger auf übergeordneten Hierarchieebenen bieten in der Regel einheitliche Kompromißlösungen an, die diesen heterogenen Bedingungen nicht gerecht werden können[3]. Zunächst sind sie aufgrund hoher Informationskosten

---

1 Vgl. Laaser (1997), S. 43 f.; Laaser/Stehn (1996), S. 60 ff. Ferner sollen die politische Ordnung und die Kompetenzverteilung grundsätzlich den „konstitutionellen Interessen der ... Bürger“ - Hannowsky/Renner (1996), S. 6 - entsprechen.

2 Vgl. zur Abhängigkeit der Präferenzen für öffentliche Leistungen von Sprache, Religion, Kultur und Traditionen einer Region Frey (1997), S. 29; Olson (1986), S. 122 f.

3 Vgl. grundlegend Oates (1972), S. 11. Döring (1996), S. 295, betont den „immanenten“ Hang der Zentralebene „zu einem uniformen Angebot öffentlicher Leistungen“. Eine ausführliche Begründung für diese Tendenz bietet Thomas (1997), S. 169 ff. Vaubel (1994), S. 13, spricht von einer Gefährdung der Freiheit der Bürger durch die fortschreitenden Zen-

nicht in der Lage, die Vielfalt der regionalen Präferenzen zu erfassen und bei ihren Entscheidungen zu berücksichtigen[1]. Mit zunehmender Zentralisierung steigt auch der Einfluß von Bürokratie und gut organisierten Interessengruppen[2]. Zudem verbessern sich die Chancen der politischen Akteure zur Verfolgung eigener Ziele, da die Kontrollmöglichkeiten der Bürger geschwächt werden.

Aus Sicht der Nachfrager geht durch eine Zentralisierung von Kompetenzen somit tendenziell die Maßnahmenvielfalt zurück, die Zahl der überstimmten Individuen nimmt dagegen zu[3]. Zu erwarten ist konkret, daß das Gesamtangebot öffentlicher Leistungen in einigen Gebieten den tatsächlich vorhandenen Bedarf übersteigt, wogegen die Bürger in anderen Regionen Nutzeneinbußen aufgrund einer Unterversorgung hinnehmen müssen. Darüber hinaus weicht die Struktur der bereitgestellten Güter stärker von den bestehenden Präferenzen ab. Dezentrale Lösungen können dazu beitragen, diese Probleme zu verringern, da in diesem Fall jede der untergeordneten Gebietskörperschaften entsprechend den Wünschen ihrer Bewohner selbst über die Art der von ihr angebotenen Leistungen und deren Umfang entscheiden kann[4]. Zwar sind die Präferenzen der Individuen auch in kleineren Einheiten keineswegs homogen, die Abweichungen gehen aber zurück[5].

Die beschriebenen Wohlfahrtsverluste durch Zentralisierung im Fall heterogener Nachfragebedingungen lassen sich graphisch veranschaulichen (vgl. Abbildung IV-1). In den Regionen 1 und 2 herrscht eine unterschiedliche Nachfrage nach öffentlichen Leistungen, wiedergegeben durch die Funktionen N_1^0 und N_2^0. Die politischen Akteure in den beiden Gebietskörperschaften werden nun bestrebt sein, ein diesen Präferenzen entsprechendes Angebot in Höhe von x_1^0

---

tralisierungsbestrebungen, Welfens (1996), S. 175 ff., von einer zurückgehenden „Bürgernähe" der Maßnahmen.

1 Heinemann (1996a), S. 121, zufolge können auch Zentralregierungen bei der Bereitstellung öffentlicher Leistungen eine regionale Differenzierung vornehmen, wenn die Präferenzen leicht identifizierbar sind. Hiervon ist allerdings nur in den seltensten Fällen auszugehen.

2 Der Einfluß von Lobbyisten ist durch ihre Mitgliedschaft in den Ausschüssen, die die Kommission beraten, auf europäischer Ebene institutionalisiert, vgl. Starbatty/Vetterlein (1998), S. 681 f. Vgl. zur Organisierbarkeit von Interessengruppen grundlegend Olson (1992 - Originalausgabe 1968).

3 Vgl. Blankart (1998), S. 525 f.; Eser (1996), S. 113; Homann/Kirchner (1995), S. 60.

4 Begünstigend wirkt sich hierbei die Möglichkeit zur Präferenzartikulation durch Wahlen und Abwanderung aus. Oates (1991), S. 4, betont jedoch, daß selbst bei völliger Immobilität der Konsumenten noch Wohlfahrtsgewinne durch regional variierende Angebote öffentlicher Leistungen im Vergleich zu uniformen, zentralen Lösungen erzielt werden.

5 Vgl. Sauerland (1997), S. 18, der von „homogeneren Subeinheiten" spricht, sowie Kirsch (1987), S. 21.

bzw. x_2^0 bereitzustellen. Eine Entscheidung auf übergeordneter Ebene erfordert dagegen einen Kompromiß aller Beteiligten. Diese Konsenslösung führt beispielsweise zu einem öffentlichen Ausgabenniveau $x^{zentr.}$ und damit - verglichen mit den dezentralen Angeboten - zu Wohlfahrtsverlusten in Höhe der dunkel schraffierten Flächen[1].

Abbildung IV-1: Wohlfahrtsverluste durch Zentralisierung im Fall heterogener Nachfragebedingungen[2]

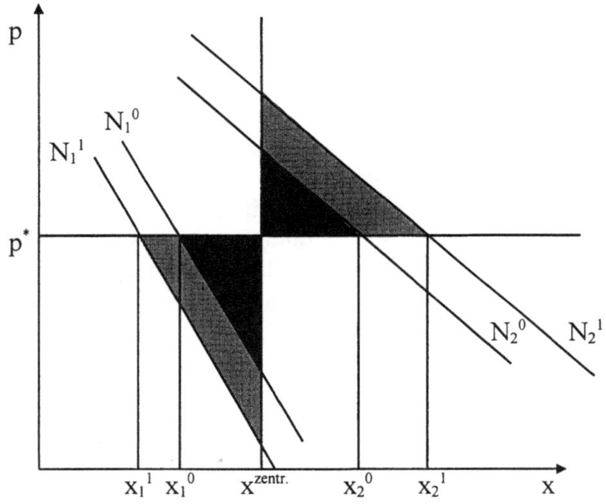

Quelle: In Anlehnung an Laaser/Stehn (1996), S. 61.

Zeigen läßt sich ferner, daß die Wohlfahrtsverluste mit zunehmender Abweichung der regionalen Präferenzen ansteigen. Unter Beibehaltung der Konsenslösung $x^{zentr.}$ vergrößern sich die Nutzeneinbußen in den beiden kleineren Einheiten um die hell schraffierten Flächen, wenn die Nachfragekurven nach N_1^1 bzw. N_2^1 verschoben werden. Je heterogener folglich die Nachfragebedingungen in einem Gemeinwesen sind, desto eher erscheint eine Dezentralisierung von Entscheidungsbefugnissen geboten[3].

---

[1] Der Kompromiß kann zu einem beliebigen Ausgabenniveau zwischen den beiden dezentralen Lösungen führen. Durch eine Verschiebung von $x^{zentr.}$ verändern sich die relativen Wohlfahrtsverluste der beiden Regionen.

[2] Zur Vereinfachung der Darstellung werden in beiden Gebietskörperschaften jeweils vollkommen homogene Präferenzen der Bürger sowie identische Bereitstellungskosten bzw. Preise der öffentlichen Leistungen unterstellt.

[3] Vgl. Laaser/Stehn (1996), S. 62; Klodt/Stehn u.a. (1992), S. 11.

Gleiches gilt für die bislang als homogen angenommenen Angebotsbedingungen. Die Kosten der Bereitstellung staatlicher Leistungen und des Schutzes öffentlicher Güter sind in hohem Maße von regionalspezifischen Voraussetzungen abhängig. Besonders deutlich wird dies am Beispiel der Umweltpolitik[1]. Unterschiedliche natürliche Gegebenheiten sowie bereits bestehende Verschmutzungen beeinflussen die Absorptionsfähigkeit der Natur und bestimmen damit letztlich den Aufwand, der zur Erreichung einer konkreten Umweltqualität erforderlich ist. Wird vereinfachend von einer einheitlichen Nachfragefunktion in den beiden betrachteten Regionen ausgegangen, so lassen sich die Wohlfahrtsverluste im Fall einer Zentralisierung erneut graphisch darstellen (vgl. Abbildung IV-2).

Abbildung IV-2: Wohlfahrtsverluste durch Zentralisierung im Fall heterogener Angebotsbedingungen

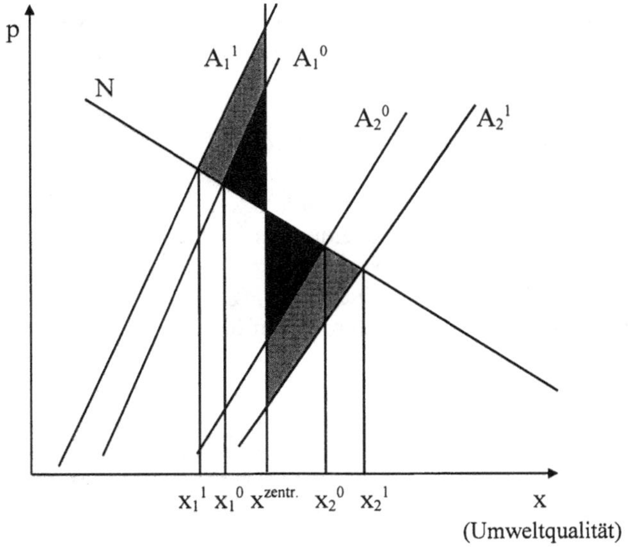

Quelle: In Anlehnung an Hillebrand (1995), S. 13.

Die dezentralen Lösungen orientieren sich wiederum an den spezifischen Ausgangsbedingungen. In Region 1 ergibt sich entsprechend der Angebotsfunktion A_1^0 eine Umweltqualität von x_1^0. Region 2 erreicht aufgrund günstigerer Voraussetzungen, die sich in der Angebotsfunktion A_2^0 widerspiegeln, mit einem geringeren Aufwand das höhere Niveau x_2^0. Wird nun durch eine übergeordnete

[1] Vgl. zum folgenden Hillebrand (1995), S. 12 ff.

Gebietskörperschaft der einheitliche Umweltstandard $x^{zentr.}$ vorgegeben, sinkt die Wohlfahrt aller Beteiligten um die dunkel schraffierten Flächen. Analog zum Fall heterogener Nachfragebedingungen vergrößert sich der Wohlfahrtsverlust mit zunehmender Abweichung um die hellen Flächen (vgl. die Angebotsfunktionen A_1^1 und A_2^1 mit den dezentralen Umweltqualitätsniveaus x_1^1 und x_2^1).

Insgesamt wird deutlich, daß die Zentralisierung von Kompetenzen bei einem Vorliegen regionaler Besonderheiten zu negativen Wohlfahrtseffekten führt. Sowohl unterschiedliche Präferenzen auf der Nachfrageseite als auch spezifische Angebotsbedingungen sind zwar als ubiquitär anzusehen und lassen sich daher nicht völlig beseitigen[1]. Eine Dezentralisierung erscheint angesichts der zunehmenden Wohlfahrtsverluste jedoch um so eher geboten, je stärker die jeweiligen Abweichungen sind[2]. Diese Forderung wird noch verstärkt, wenn unrealistische Annahmen wie vollkommene Information der politischen Entscheidungsträger und gegebene Bereitstellungskosten aufgegeben und positive, leistungssteigernde Wirkungen des Standortwettbewerbs berücksichtigt werden.

1.3.2.2. Administrative Kosten

Ein weiteres Beurteilungskriterium für die Vorteilhaftigkeit einer Zentralisierung bzw. Dezentralisierung politischer Entscheidungen ist die jeweilige Höhe der administrativen (Transaktions-)Kosten. Diese werden von unterschiedlichen Einflußfaktoren bestimmt, die überwiegend einen Anstieg, teilweise aber auch einen Rückgang erwarten lassen, wenn Kompetenzen auf übergeordnete Ebenen verlagert werden.

Sinkende Aufwendungen werden insbesondere mit administrativen Skalenerträgen aufgrund der möglichen Einsparung von Fixkosten begründet, aber auch mit der Erzielung von Lernkurveneffekten bei dynamischer Betrachtung[3]. Kleinere Einheiten mit eigenen, selbständigen Verwaltungen seien demgegenüber

---

[1] Selbst innerhalb kleiner Gebietskörperschaften wie Gemeinden bestehen offensichtliche Unterschiede. Lediglich bei einzelnen, grundlegenden Zielen - unter anderem Frieden und innere Sicherheit - ist von weitgehend homogenen Präferenzen der Bürger auszugehen, die Wege zu ihrer Erreichung dürften aber bereits wieder umstritten sein.

[2] Vgl. auch Welfens (1995), S. 4. Die Vorteilhaftigkeit dezentraler Lösungen wird seit Oates (1972) auch als „Dezentralisierungstheorem“ bezeichnet, vgl. Heinemann (1996a), S. 119; Feld/Kirchgässner (1995), S. 204.

[3] Vgl. Döring (1996), S. 296; Klodt/Stehn u.a. (1992), S. 17.

bereits aufgrund ihrer Gesamtzahl kostenintensiver[1]. Ferner führe eine starke Dezentralisierung von Handlungsbefugnissen zu komplexen institutionellen Strukturen, die sich bei entsprechendem Koordinationsbedarf lähmend auf Entscheidungsprozesse auswirken und damit schnelle Reaktionen verhindern[2]. Die Verlagerung von Kompetenzen auf eine höhere Ebene ermöglicht in diesem Fall die Erzielung von administrativen Verbundvorteilen.

Die Allgemeingültigkeit dieser Argumente ist jedoch keineswegs unumstritten. Zwar erscheint die Vorstellung einer mindestoptimalen Größe auch für öffentliche Verwaltungen plausibel, so daß durchaus eine zu weitgehende Dezentralisierung vorstellbar ist. Allerdings kann aus einer Vielzahl von Gründen nicht davon ausgegangen werden, daß eine Zentralisierung prinzipiell zu Kostensenkungen führt.

Zunächst verursacht die Beschaffung und Verarbeitung der benötigten regionalen Daten einen starken Anstieg der Informationskosten. Die Entscheidungen müssen darüber hinaus mit allen Beteiligten abgestimmt werden. Mit den längeren Kommunikationswegen nehmen tendenziell auch die Koordinations- bzw. Konsensfindungskosten zu[3]. Schließlich ist es erforderlich, die Umsetzung der Maßnahmen zumindest teilweise zu delegieren und ihren Erfolg zu überwachen, so daß auch die Durchführungs- und Kontrollkosten ansteigen. Die genannten Faktoren bewirken insgesamt einen deutlich höheren Verwaltungsaufwand und führen zu einem kontinuierlichen Wachstum des bürokratischen Apparats auf der zentralen Ebene[4], ohne entsprechende Einsparungen bei den nachgeordneten Gebietskörperschaften zu ermöglichen.

Auf der anderen Seite gehen Transparenz und Akzeptanz der Entscheidungen bei den Betroffenen zurück, da die Mitwirkungsmöglichkeiten geringer sind und die notwendigen Kompromißlösungen oftmals den regionalen Interessen zuwiderlaufen[5]. Die erschwerte Kontrolle und die zunehmende Abhängigkeit

---

1 Blankart (1998), S. 524, nennt als konkretes Beispiel die Debatte um die Neugliederung der Bundesländer. Hillebrand (1995), S. 19, betont die enormen Kosten, die durch eine „Inflation der Gebietskörperschaften“ entstehen. Vgl. auch Stehn (1993), S. 38; Klodt/Stehn u.a. (1992), S. 17.

2 Vgl. Sauerland (1997), S. 18 f., ähnlich auch Welfens (1995), S. 5. Vgl. zum folgenden auch Laaser/Soltwedel u.a. (1993), S. 12.

3 Heinemann (1996a), S. 122, geht davon aus, daß die Koordinationskosten „mit zunehmendem Zentralisierungsgrad nur in geringem Maße sinken“, wogegen die „Präferenzkosten“ einen „stark ansteigende(n) Verlauf“ aufweisen.

4 Nicht auszuschließen ist, daß die Kosten der Bürokratie sogar progressiv wachsen, vgl. Thöni (1986), S. 47, und Tullock (1977 - Originalausgabe 1969), S. 32.

5 Thöni (1986), S. 46 f., spricht hier von „Frustrationskosten“.

der politischen Entscheidungsträger eröffnen den Bürokraten schließlich diskretionäre Handlungsspielräume und wachsenden Einfluß, den sie zur Verfolgung eigener Interessen nutzen können[1]. Gleiches gilt wie erwähnt auch für gut organisierte Interessengruppen.

Offensichtlich wirkt sich eine Zentralisierung von Entscheidungskompetenzen ab dem Überschreiten einer erforderlichen Mindestgröße eher negativ auf die Leistungsfähigkeit der öffentlichen Verwaltung aus. Zu erwarten ist, daß es nach einem anfänglichen Rückgang der administrativen Kosten im weiteren Verlauf zu einem (überproportionalen) Anstieg kommt. Die Frage nach der „optimalen Größe“ von Gebietskörperschaften ist jedoch nicht allgemeingültig und eindeutig zu beantworten, sie ist vielmehr abhängig vom betrachteten Politikbereich und der konkreten Aufgabenstellung.

Angesichts der insgesamt kritischen Beurteilung einer umfassenden Zentralisierung von Handlungsbefugnissen wird oftmals die Trennung von Entscheidungs- und Durchführungskompetenz gefordert[2]. Gängige Praxis ist zunächst die Umsetzung supranationaler (nationaler) Entscheidungen auf nationaler (regionaler) Ebene[3]. Umgekehrt kann es gegebenenfalls vorteilhaft oder sogar erforderlich sein, die Durchführung dezentral getroffener Beschlüsse an die Zentralinstanz bzw. eine zentrale Einrichtung zu übertragen. Die eigentliche Erstellung der betreffenden öffentlichen Leistung erfolgt nun auf übergeordneter Ebene. Mit den Voraussetzungen, unter denen ein derartiges Vorgehen vorteilhaft sein kann, beschäftigt sich der folgende Abschnitt.

1.3.2.3. Unteilbarkeiten, Größen- und/oder Verbundvorteile bei der Erstellung öffentlicher Leistungen

Politische Entscheidungsbefugnisse können entweder einer Hierarchieebene zugeordnet werden oder als konkurrierende Zuständigkeiten definiert sein. Unabhängig hiervon stellt sich die Frage, ob mit Hilfe einer Zentralisierung der Durchführungskompetenz eine Erhöhung der Wohlfahrt aller Beteiligten erreichbar ist. Dies ist zunächst der Fall, wenn bei der Erstellung öffentlicher Leistungen Größenvorteile auftreten und die angestrebte Produktion zu minimalen Stückkosten nur in zentralen Einrichtungen erreichbar ist[4]. In diesem Zu-

---

[1] Vgl. Thomas (1997), S. 171; Döring (1994), S. 245.

[2] Vgl. beispielsweise Laaser/Stehn (1996), S. 64; Klodt/Stehn u.a. (1992), S. 18.

[3] Im föderalen System der System der Bundesrepublik Deutschland liegt die grundsätzliche Durchführungskompetenz gemäß Art. 83 GG bei den Ländern.

[4] Vgl. Bartling/Hemmersbach (1995), S. 350; Homann/Kirchner (1995), S. 55; Thöni (1986), S. 43.

sammenhang sind insbesondere Aufgaben zu berücksichtigen, die einen sehr hohen Fixkostenanteil aufweisen.

Darüber hinaus kann eine Kompetenzverlagerung zu einer Ausnutzung von Verbundvorteilen führen. Dies ist der Fall, wenn positive Wechselwirkungen zwischen einzelnen Aufgaben bestehen, aber auch wenn netzabhängige oder grenzüberschreitende öffentliche Güter bereitgestellt werden sollen. Betroffen hiervon sind unter anderem staatliche Investitionen im Bereich der Infrastruktur und Versuche zur Verbesserung der Umweltqualität[1]. Ferner ist es denkbar, daß nur eine übergeordnete Instanz bzw. Einrichtung bestimmte Mindestgrößen erreichen sowie Unteilbarkeiten überwinden kann und damit eine sinnvolle Aufgabenerfüllung erst ermöglicht[2]. Dies gilt beispielsweise für den Aufbau einer eigenen Landesverteidigung.

Auch für die Durchführungskompetenz kann eine „optimale" Zuordnung offensichtlich nur in Abhängigkeit von der konkreten Aufgabenstellung vorgenommen werden[3]. Die Existenz von Größen- und/oder Verbundvorteilen sowie die Notwendigkeit zur Überwindung bestimmter Mindestgrößen stellen zwar grundsätzlich Argumente für eine Zentralisierung dar. Eine übergeordnete föderale Ebene kann in diesem Fall jedoch eine „Dienstleistungsfunktion"[4] für nachgelagerte Gebietskörperschaften übernehmen, zentrale Entscheidungsbefugnisse sind hingegen nicht zwingend notwendig.

Darüber hinaus ist vor einer Kompetenzverlagerung zu prüfen, ob Zusammenschlüsse einzelner Nationalstaaten oder Regionen zu aufgabenspezifischen horizontalen Kooperationen zu erwarten sind. Erbringt eine untergeordnete Einheit eine gemeinsam genutzte öffentliche Leistung, so kann anstelle einer Zentralisierung schließlich ein System von Transferzahlungen im Rahmen eines Finanzausgleichs in Erwägung gezogen werden[5].

Im letztgenannten Fall treten zudem grenzüberschreitende externe Effekte auf. Mit den hieraus resultierenden Problemen und möglichen Konsequenzen beschäftigt sich das Prinzip der fiskalischen Äquivalenz. Auch dieses entstammt zwar der Theorie des fiskalischen Föderalismus, weist jedoch keinen unmittelbaren Bezug zum Subsidiaritätsprinzip auf und wird daher gesondert behandelt.

---

1 Vgl. zu transeuropäischen Netzen im Bereich der Verkehrsinfrastruktur Laaser (1997) und Welfens (1996) sowie zur europäischen Umweltpolitik Hillebrand (1995).

2 Vgl. Breton (1965), S. 182.

3 Zu diesem Ergebnis kommt auch Eser (1996), S. 115. Vgl. ferner Olson (1986), S. 124 f.

4 Laaser (1997), S. 48. Ähnlich auch Bartling/Hemmersbach (1995), S. 350.

5 Vgl. hierzu ausführlich Thomas (1997). Auf diese Handlungsalternative wird unter 1.4.2. noch einzugehen sein.

1.4. Das Prinzip der fiskalischen Äquivalenz

1.4.1. Grenzüberschreitende externe Effekte von öffentlichen Leistungen

Das Prinzip der fiskalischen Äquivalenz ist ein grundlegender Bestandteil der Theorie des fiskalischen Föderalismus. Zusammen mit den ökonomischen Implikationen des Subsidiaritätsprinzips dient es als zentrales Beurteilungskriterium für die Ermittlung einer geeigneten vertikalen Kompetenzverteilung in hierarchisch strukturierten Gemeinwesen. Allerdings steht nun weniger die Effizienz der Aufgabenerfüllung als vielmehr die Frage der Finanzierung der staatlichen Tätigkeit im Mittelpunkt.

Politische Entscheidungsträger stellen auf jeder Ebene ein bestimmtes Bündel öffentlicher Leistungen bereit[1]. Allerdings kommen einige dieser Güter nur einem Teil der jeweiligen Bevölkerung zugute. Dies gilt beispielsweise für von Nationalstaaten finanzierte Lärmschutzmaßnahmen an stark belasteten Autobahnabschnitten, von denen ausschließlich die Bewohner einzelner Gemeinden profitieren. Andererseits läßt sich der Nutzen einer öffentlichen Leistung oftmals nicht auf die Bürger der bereitstellenden Gebietskörperschaft beschränken, so daß auch Konsumenten außerhalb der Grenzen eines Staates oder einer Region bessergestellt werden. Exemplarisch lassen sich hier die Rüstungsausgaben eines Landes nennen, die auch seinen Alliierten zugute kommen, ebenso wie Maßnahmen zur Reinhaltung der Luft oder zur Verringerung des CO_2-Ausstoßes[2].

In den letztgenannten Fällen entstehen (positive) grenzüberschreitende externe Effekte, die aus übergeordneter Sicht eine Unterversorgung mit dem betreffenden Gut erwarten lassen[3]. Die bereitstellende Gebietskörperschaft berücksichtigt bei ihren Entscheidungen nur den Wohlfahrtsgewinn ihrer eigenen Bevölkerung, darüber hinaus besteht prinzipiell die Möglichkeit des Trittbrettfahrerverhaltens. Zur Vermeidung einer suboptimalen Investitionsbereitschaft scheint es somit erforderlich, daß der Kreis der Nutzer einer öffentlichen Leistung zumindest weitgehend mit dem Kreis der Kostenträger übereinstimmt. Dieser Zusam-

---

1 Vgl. zum folgenden Olson (1969), S. 481 ff.

2 Frey (1997), S. 34, führt auch die „Fiskalkrise der Städte" auf die von ihnen angebotenen öffentlichen Leistungen - unter anderem Sicherheit und Kultureinrichtungen - zurück, von denen das Umland unentgeltlich profitiert. Vgl. ferner Feld/Kirchgässner (1998), S. 66.

3 Entsprechend führen negative grenzüberschreitende externe Effekte zu einer Überproduktion. Dieser Zusammenhang ist für die weiteren Untersuchungen jedoch von untergeordneter Bedeutung.

menhang wird seit Olson (1969) als Prinzip der fiskalischen Äquivalenz bezeichnet[1].

Eine vertikale Kompetenzverteilung, die grundsätzlich eine „perfekte Übereinstimmung"[2] von Nutznießern und Kostenträgern gewährleistet, ist jedoch innerhalb der derzeitigen politischen Entscheidungsstrukturen in Deutschland und Europa nicht realisierbar. Positive grenzüberschreitende Wirkungen der von Staaten und Regionen bereitgestellten Güter sind ubiquitär, auch wenn diese höchst unterschiedliche, einzelfallabhängige Reichweiten und Intensitäten aufweisen[3]. Zur Verringerung gravierender Externalitäten erfolgt die Klassifizierung und Zuordnung öffentlicher Leistungen daher zumeist nach ihrer primären Nutzenstreuung[4]. Letztlich führt dieses Vorgehen zu einem hierarchischen Staatsaufbau, in dem jede Ebene eine Vielzahl unterschiedlicher Aufgaben erfüllt und grenzüberschreitende externe Effekte so weit wie möglich reduziert sind.

In jüngerer Zeit wird vor dem Hintergrund der fortschreitenden europäischen Integration und der hierbei zu beobachtenden Zentralisierungsbestrebungen auch ein System von nicht-hierarchisch aufgebauten, funktionalen, überlappenden und konkurrierenden Jurisdiktionen (FOCJ)[5] diskutiert. Diese Körperschaften sind jeweils nur für die Bereitstellung einer oder einiger weniger öffentlicher Leistungen zuständig und können somit der Forderung nach fiskalischer Äquivalenz eher Rechnung tragen. Die Grundkonzeption der FOCJ ist Gegenstand von Abschnitt 1.5. Zuvor sollen jedoch die traditionellen Lösungs-

---

[1] Vgl. Olson (1969), S. 483. Thomas (1997), S. 162 f., unterscheidet zwischen dem Äquivalenzprinzip im engeren und weiteren Sinn, wobei letzteres zusätzlich eine Übereinstimmung von Kostenträgern und Nutznießern mit dem Kreis der Entscheidungsträger entsprechend dem Demokratieprinzip verlangt. Das Äquivalenzprinzip i.w.S. wird auch als Kongruenzprinzip bezeichnet und ähnelt dem von Oates (1972) eingeführten Korrespondenzprinzip, vgl. Feld/Kirchgässner (1998), S. 66; dies. (1996), S. 203 f.; Heinemann (1996a), S. 119 f.

[2] Breton (1965), S. 180 f., unterscheidet zwischen „perfect" und „imperfect mapping". Eine perfekte Übereinstimmung ist hierbei gewährleistet, wenn sich der Nutzen einer öffentlichen Leistung genau innerhalb der Grenzen der betreffenden Gebietskörperschaft erschöpft.

[3] Eser (1996), S. 114, stellt fest, daß im Prinzip jede staatliche Aufgabenerfüllung mit grenzüberschreitenden externen Effekten verbunden ist. Stehn (1993), S. 39, zufolge stellen einige öffentliche Leistungen zwar supranationale öffentliche Güter dar, die überwiegende Zahl verursacht aber lediglich externe Effekte „für wenige Bevölkerungsgruppen in einigen Regionen".

[4] Vgl. Thomas (1997), S. 67.

[5] FOCJ steht für „Functional, Overlapping, Competing Jurisdictions".

ansätze für das Problem der grenzüberschreitenden externen Effekte dargestellt werden.

1.4.2. Lösungsmöglichkeiten

Grenzüberschreitende externe Effekte sind allgegenwärtig, so daß eine vollständige Internalisierung von keiner der folgenden Strategien erwartet werden kann. Handlungsbedarf besteht dabei strenggenommen nur, wenn gravierende Externalitäten vorliegen und die Bereitstellung einer öffentlichen Leistung insgesamt gefährdet ist[1]. Als traditionelle Lösungsansätze sind in diesem Fall grenzüberschreitende, dezentral vereinbarte Kooperationen von Staaten und Regionen, eine Subventionierung der bereitstellenden Gebietskörperschaft(en) durch eine übergeordnete Hierarchieebene sowie eine Zentralisierung der entsprechenden Kompetenzen anzusehen.

Zunächst steht mit freiwilligen Kooperationen einzelner Gebietskörperschaften eine Handlungsalternative zur Verfügung, die ohne Einbeziehung einer übergeordneten Instanz eine Verringerung grenzüberschreitender externer Effekte herbeiführen kann. Umstritten ist zwar, ob die Kooperationsanreize für die Erzielung bi- oder multilateraler Vereinbarungen im Einzelfall ausreichen[2]. Die oftmals geringe Zahl von Beteiligten und die relativ niedrigen Transaktionskosten eröffnen jedoch Möglichkeiten zu spontanen, horizontalen Verhandlungen. Eine zentrale Instanz muß nun lediglich über diejenigen Regelungskompetenzen verfügen, die zur Durchsetzung einer Übereinkunft und zur Vermeidung von Trittbrettfahrerverhalten erforderlich sind[3].

Weitergehende Befugnisse für eine übergeordnete Ebene ergeben sich indes, wenn die Erfüllung bestimmter Aufgaben zwar weiterhin dezentral erfolgen soll, freiwillige Vereinbarungen aber nicht zu erwarten sind. Zur Sicherstellung des finanziellen Engagements anderer Gebietskörperschaften kann nun die Erhebung einer Zwangsabgabe notwendig sein, die ähnlich einer kompensatorischen Pigou-Subvention an die Verursacher der positiven grenzüberschreiten-

---

1 Vgl. hierzu auch die Darstellung des Marktversagensfalls der externen Effekte unter III.1.2.2.2.

2 Pessimistisch hierzu Döring (1996), S. 296; H.-W. Sinn (1995); Thöni (1986), S. 41. Ebenso bereits Oates (1972) und Olson (1969).

3 Diese optimistische Sicht vertreten Laaser (1997), S. 47; Laaser/Stehn (1996), S. 64; Heinemann (1996a), S. 121. Parallelen zum Coase-Theorem, bei dem der Staat die notwendigen Voraussetzungen für eine private Internalisierung externer Effekte schaffen muß, sind unverkennbar.

den externen Effekte weitergegeben wird[1]. Anwendungsfälle hierfür sind neben regionalpolitisch motivierten Finanzausgleichszahlungen auch friedenssichernde Maßnahmen in Krisen- und Bürgerkriegsregionen, die nur von einigen Ländern durchgeführt werden, an denen sich aber die gesamte Staatengemeinschaft über obligatorische Beiträge an die Vereinten Nationen beteiligt.

Aus der Existenz grenzüberschreitender externer Effekte wird schließlich teilweise gefolgert, daß die Erfüllung der betreffenden Aufgaben vollständig der nächsthöheren Ebene übertragen werden müsse[2]. Ein derartiges Vorgehen erscheint jedoch nur gerechtfertigt, wenn eine Koordination über dezentrale Vereinbarungen nicht möglich ist[3]. In vielen Fällen kann und sollte somit auf eine Zentralisierung verzichtet werden, insbesondere angesichts der hiermit verbunden negativen Auswirkungen auf Wettbewerb und Vielfalt. Gleichwohl gibt es eine Reihe von Beispielen, in denen eine Übertragung von Entscheidungs- und Durchführungskompetenzen unabdingbar ist, so beim bereits angesprochenen Binnenmarktprogramm der Europäischen Union.

Die genannten Lösungsmöglichkeiten beinhalten äußerst unterschiedliche Implikationen für die vertikale Kompetenzverteilung zwischen den einzelnen Handlungsebenen, wobei das Prinzip der fiskalischen Äquivalenz zumeist als Zentralisierungsargument verwendet wird[4]. Grundsätzlich ist jedoch kritisch zu hinterfragen, ob das Auftreten grenzüberschreitender externer Effekte überhaupt zu der behaupteten Unterinvestition in staatliche Leistungen führt[5]. So hat sich gezeigt, daß vergleichbare Befürchtungen für den Bereich der unternehmerischen Forschungs- und Entwicklungstätigkeit nicht gerechtfertigt sind.

Kommt es nicht zu der befürchteten suboptimalen Investitionsbereitschaft, so ist eine Zentralisierung bei externen Effekten und selbst bei supranationalen öffentlichen Gütern zumindest fragwürdig. Vor diesem Hintergrund wird in IV.2. unter anderem der Frage nachgegangen, ob aus der Perspektive einer einzelnen Gebietskörperschaft ausreichende Anreize bestehen, Vorhaben der Grundlagenforschung und den Ausbau der Forschungsinfrastruktur zu finanzieren, oder ob sich vielmehr Trittbrettfahrerverhalten als die dominante Strategie erweist.

---

1 Vgl. auch Blankart (1998), S. 534.

2 Vgl. beispielsweise Döring (1996), S. 296. Kritisch hierzu Heinemann (1996a), S. 126.

3 Vgl. auch Pflugmann-Hohlstein (1993), S. 165 f.

4 Eichenberger (1996), S. 120, zufolge führt die Existenz von grenzüberschreitenden externen Effekten „typischerweise“ zu einer Kompetenzverlagerung auf eine höhere staatliche Ebene.

5 Dies wird in der Literatur zumeist als Tatsache akzeptiert, vgl. beispielsweise Laaser (1997), S. 48; Thomas (1997), S. 66; Klodt/Stehn u.a. (1992), S. 18.

1.5. Funktionale, überlappende und konkurrierende Körperschaften als erweiterter Reformansatz

Subsidiaritäts- und Äquivalenzprinzip, aber auch die Überlegungen zum Standortwettbewerb gehen von einem fest vorgegebenen, hierarchischen Aufbau der Gemeinwesen aus. Innerhalb dieser bestehenden Ordnung wird versucht, die Kompetenzverteilung zu optimieren[1]. Im Gegensatz hierzu ist ein System funktionaler, überlappender und konkurrierender Körperschaften (FOCJ) eine Konzeption, deren Verwirklichung zu grundlegenden, andauernden und endogenen Veränderungen der derzeitigen föderalen Strukturen in Deutschland und Europa führen würde[2]. Die Chancen für eine kurzfristige und umfassende Realisierung sind daher als gering anzusehen.

Andererseits lassen sich in Geschichte und Gegenwart durchaus Beispiele für eine erfolgreiche Implementierung von FOCJ finden[3]. Darüber hinaus können mit Hilfe flexibler, funktionaler Einheiten zumindest theoretisch viele Defizite des „traditionellen" Föderalismus und der heutigen vertikalen Kompetenzverteilung überwunden werden. Von einer kritischen Auseinandersetzung mit diesem Vorschlag sind somit in jedem Fall interessante Ergebnisse zu erwarten.

Der Grundgedanke der FOCJ besteht in der Öffnung des Marktes für staatliche Leistungen und damit in einer Intensivierung des Wettbewerbs zwischen den (politischen) Anbietern. Voraussetzung hierfür ist die Möglichkeit zur Gründung eigenständiger Jurisdiktionen, die jeweils der Erfüllung einer bestimmten, kollektiven Aufgabe dienen. Die resultierenden „Zweckverbände"[4] sind funktional, verfügen aber nicht über einen festgelegten Hoheitsbereich[5] und können

---

1 Strenggenommen beinhaltet somit auch der institutionelle Wettbewerb eine statische Komponente, da er innerhalb gegebener, konstanter politischer Strukturen abläuft.

2 Die folgenden Ausführungen basieren insbesondere auf den Arbeiten von Frey (1997) und Eichenberger (1996), in denen eine umfassende Konzeption der FOCJ entwickelt wird. Überlegungen zu funktionalen Gebietskörperschaften finden sich bereits bei Olson (1969), S. 483; ders. (1986), S. 123; Tullock (1977 - Originalausgabe 1969), S. 32, sowie bei Casella/Frey (1992). Laut Backhaus (1998), S. 92, läßt sich der Grundgedanke bis in die 20er Jahre zurückverfolgen.

3 Derartige Jurisdiktionen existieren im Schweizer Kanton Thurgau unter anderem für das Schulwesen, die Wasserversorgung und die Polizei, vgl. Frey/Eichenberger (1996), S. 346. Auch in den Vereinigten Staaten sowie in der europäischen Geschichte gibt bzw. gab es funktionierende FOCJ, beispielsweise die mittelalterliche Hanse.

4 Laaser (1997), S. 47; Straubhaar (1995), S. 185.

5 Backhaus (1998), S. 92, bezeichnet FOCJ daher auch als „gebietslose" Körperschaften.

sich überlappen, wenn innerhalb einer Region mehrere Anbieter die gleiche Leistung erbringen[1].

Weiterhin ist es erforderlich, daß jede einzelne Körperschaft (FOCUS) mit (beschränkter) Steuerhoheit gegenüber ihren Mitgliedern ausgestattet ist. Für staatliche Leistungen, auf die aus übergeordneter Sicht nicht verzichtet werden soll oder bei denen eine Unterversorgung zu befürchten ist, können zudem der Beitritt zu einem entsprechenden FOCUS und bestimmte Standards verbindlich vorgeschrieben werden.

Grundsätzlich ist zu gewährleisten, daß sich die einzelnen Regionen, Gemeinden, Individuen oder Unternehmen frei entscheiden können, welchem FOCUS sie beitreten bzw. von welchem Anbieter sie welche Leistungen beziehen wollen[2]. Ähnlich wie die Einhaltung bestimmter Regeln im Fall des Standortwettbewerbs müssen nun die freie Gründung von FOCJ sowie der ungehinderte Ein- und Austritt von einer höheren politischen Ebene garantiert und durchgesetzt werden[3]. Erforderlich ist daher die Verankerung dieser Rechte in Form einer „fünften Freiheit"[4], die die vier bestehenden wirtschaftlichen Freiheiten in Europa ergänzt.

Sind die genannten Voraussetzungen erfüllt, so können von funktionalen, überlappenden und konkurrierenden Körperschaften vielfältige positive Auswirkungen im Hinblick auf die dargestellten Kriterien erwartet werden. Zunächst ergibt sich im Vergleich zum Standortwettbewerb eine Verschärfung der Konkurrenz zwischen den Anbietern öffentlicher Leistungen und damit eine verbesserte Kontrolle der politischen Entscheidungsträger. Unzufriedenheit kann nun nicht mehr nur durch kostspielige Abwanderung, sondern auch durch Austritt bzw. „Kündigung" ohne gleichzeitige Standortverlagerung signalisiert werden.

Darüber hinaus wird der starre Aufbau der Gemeinwesen überwunden. Im „traditionellen" Föderalismus ist lediglich eine Zuordnung von Kompetenzen auf eine der bestehenden Ebenen möglich. Die Größe der einzelnen FOCJ paßt sich dagegen endogen durch Ausdehnung, Zusammenschluß, Verkleinerung, Tei-

---

[1] Thöni (1986), S. 38, spricht im Ergebnis von einer „Vielzahl unterschiedlicher Kollektive" und einer „Struktur ... aus multiplen ... Bereitstellungseinheiten", Grande (1993), S. 67, von „politisch variablen Zuständigkeiten". Vgl. auch Kirsch (1987), S. 30 f.

[2] Wird die Europäische Union als FOCUS zur Verwirklichung einer Freihandelszone angesehen, so erstreckt sich die Beitrittsoption auch auf Nationalstaaten.

[3] Für den Eintritt in einen FOCUS kann hierbei durchaus eine Gebühr erhoben werden, im Fall eines partiellen Austritts ist entsprechend eine Steuererleichterung zu gewähren.

[4] Eichenberger (1996), S. 110. Vgl. hierzu und zum folgenden auch Apolte (1995), S. 616.

lung oder Neugründung flexibel und stufenlos an die „Geographie der Probleme“[1] an.

Konkret bewirkt eine zu weitgehende Zentralisierung die Gründung neuer, kleinerer Einheiten. Dagegen ist eine Ausdehnung zu erwarten, solange signifikante Größenvorteile realisiert werden können oder gravierende grenzüberschreitende externe Effekte vorliegen. Zwar kann auch hier keine vollständige Internalisierung erreicht werden. Der Wettbewerb zwischen den einzelnen Anbietern erzwingt jedoch effiziente Lösungen. Das Eigeninteresse der Entscheidungsträger führt letztlich zur Bildung von FOCJ, die tendenziell dem Kriterium der fiskalischen Äquivalenz Rechnung tragen, administrative Kosten minimieren, Unteilbarkeiten überwinden, Größen- und Verbundvorteile ausnutzen sowie regionale Besonderheiten und Präferenzen berücksichtigen. Schließlich ermöglichen FOCJ durch die Beschränkung auf eine oder einige wenige Aufgabe(n) die Erzielung von Spezialisierungsgewinnen, die in den derzeitigen, multifunktionalen Einheiten nicht realisiert werden können.

Das Konzept der FOCJ beinhaltet keine eindeutigen und allgemeingültigen Aussagen in bezug auf die Vorteilhaftigkeit einer Dezentralisierung oder Zentralisierung von Kompetenzen. Die Größe eines FOCUS - und damit der angemessene Zentralisierungsgrad - ergibt sich vielmehr durch Markt-Wettbewerbs-Prozesse bei der Bereitstellung öffentlicher Leistungen[2]. In Abhängigkeit von der konkreten Aufgabenstellung erweisen sich größere oder kleinere Einheiten als angemessen[3], wobei sich im Zeitablauf eine Veränderung der „optimalen“ Ausdehnung einstellen kann. Entscheidend für die Fähigkeit der FOCJ zur Hervorbringung eines effizienten, präferenzgemäßen Angebots ist letztlich die Flexibilität der Körperschaften.

Insgesamt weisen funktionale, überlappende und konkurrierende Jurisdiktionen offensichtlich eine Reihe von Vorzügen gegenüber den heutigen föderalen Strukturen in Deutschland und Europa auf. Allerdings rufen sie aufgrund der gravierenden Veränderungen den Widerstand politischer Entscheidungsträger hervor, die um ihre Macht fürchten[4]. Auf der anderen Seite werden aber auch theoretische Bedenken vorgebracht. Diese beziehen sich insbesondere auf die

---

1 Frey (1997), S. 13. Die institutionelle Entwicklung folgt damit der nicht-konstruktivistischen Sicht Hayeks, vgl. Frey/Eichenberger (1995), S. 215.

2 Frey (1997), S. 17, betont jedoch, daß „viele staatliche Leistungen einen relativ kleinen Nutzerkreis haben“, und FOCJ daher „oft kleiner als die heutigen Leistungsträger“ sein werden.

3 So wird beispielsweise ein VerteidigungsFOCUS eine deutlich größere räumliche Ausdehnung aufweisen als ein Schul- oder UniversitätsFOCUS.

4 Vgl. auch Straubhaar (1995), S. 193.

Komplexität der resultierenden Ordnung mit ihrer unüberschaubaren Vielzahl von spezialisierten Körperschaften bzw. Zweckverbänden, auf die Überforderung der Bürger sowie auf die entstehenden Mobilitätskosten[1]. Unter Berücksichtigung dieser kritischen Einwände wird in IV.2.4. geprüft, inwiefern das Konzept der FOCJ im Bereich der Forschungs- und Technologiepolitik i.e.S. umsetzbar ist und welche Elemente bereits in der heutigen Struktur der Forschungslandschaft anzutreffen sind.

1.6. Fazit

Im Rahmen von IV.1. wurden unterschiedliche Kriterien für die vertikale Kompetenzverteilung in Mehrebenensystemen dargestellt. Hierbei hat sich gezeigt, daß die grundsätzliche Vorteilhaftigkeit des Standortwettbewerbs sowie die Möglichkeiten zur Berücksichtigung regionaler Besonderheiten und der Vergleich der administrativen Kosten für eine weitgehende Dezentralisierung von Handlungsbefugnissen sprechen, d.h. für nationale oder sogar regionale Kompetenzen.

Andererseits legt die Existenz von Größen- und Verbundvorteilen sowie von Unteilbarkeiten zunächst ebenso eine Zentralisierung nahe wie das Auftreten grenzüberschreitender externer Effekte. Diese Beurteilung verändert sich jedoch, wenn alternative Lösungsvorschläge mit in die Betrachtung einbezogen werden. So ermöglicht auch eine Verlagerung der Durchführungskompetenz auf eine übergeordnete Hierarchiestufe unter Beibehaltung dezentraler Entscheidungsbefugnisse die Ausnutzung eventueller Größen- und Verbundvorteile sowie die Überwindung von Mindestgrößen. Die höhere Ebene übernimmt nun lediglich eine Dienstleistungsfunktion. Eine zusätzliche Verlagerung der Entscheidungskompetenz erscheint nur in Ausnahmefällen erforderlich.

Eine vollständige Internalisierung grenzüberschreitender externer Effekte im Sinne eines „perfect mapping" ist dagegen grundsätzlich nicht erreichbar. Allerdings sind durch freiwillige Kooperationen oder ein System von Ausgleichszahlungen zwischen den beteiligten Gebietskörperschaften Annäherungen an fiskalische Äquivalenz möglich. Nur wenn derartige Vereinbarungen nicht erreicht werden können und gravierende externe Effekte vorliegen, sollte eine Zentralisierung erfolgen.

---

[1] Kritisch zur praktischen Umsetzbarkeit von FOCJ äußern sich Thomas (1997), S. 163 f., sowie in ähnlichem Zusammenhang Thöni (1986), S. 42. Gegenargumente liefern Frey (1997); Eichenberger (1996) und Straubhaar (1995).

Insgesamt erweisen sich die Zentralisierungsargumente verglichen mit den Hinweisen auf die Vorteilhaftigkeit dezentraler Lösungen als wenig überzeugend. Angesichts der Trade-off-Beziehung zwischen den einzelnen Kriterien - so kommt es bei einer Zentralisierung zu Effizienzeinbußen und Wohlfahrtsverlusten durch die Schwächung des Wettbewerbs und die mangelnde Berücksichtigung regionaler Besonderheiten - wird das im Subsidiaritätsprinzip verankerte Primat dezentraler Lösungen bestätigt[1]. Die Befürworter einer Zentralisierung müssen dagegen im Einzelfall deren Vorteilhaftigkeit nachweisen und tragen demzufolge die Beweislast.

Weder vollkommen zentralisierte, unitaristische Staaten noch kleine, vollkommen dezentralisierte Einheiten sind allerdings zu einer befriedigenden Erfüllung sämtlicher öffentlicher Aufgaben in der Lage[2]. Ein mehrstufig gegliedertes, föderales System erweist sich für alle Beteiligten als vorteilhaft, wenn jede Ebene diejenigen Funktionen übernimmt, für die sie die höchste Problemlösungskapazität aufweist[3]. Die Frage lautet letztlich nicht „Zentralisierung oder Dezentralisierung". Vielmehr sollte jeweils in Abhängigkeit von der konkreten Aufgabenstellung die bestmögliche vertikale Kompetenzverteilung ermittelt werden. Eine exakte, trennscharfe Abgrenzung ist in der Realität nicht möglich[4].

Darüber hinaus ist mit den FOCJ ein relativ neuer Vorschlag diskutiert worden, bei dem die Zuordnung von Aufgaben innerhalb eines mehrstufigen Systems durch eine Vielzahl spezifischer, funktional gegliederter Körperschaften ersetzt wird, die jeweils der Erbringung einer konkreten öffentlichen Leistung dienen. Die Flexibilisierung der institutionellen Strukturen führt zu einer Intensivierung des Wettbewerbs zwischen den politischen Entscheidungsträgern. Ferner ermöglicht sie zumindest theoretisch eine Verringerung des beschriebenen Trade-offs zwischen den Vorteilen zentraler und dezentraler Lösungen sowie eine Erhöhung der Effizienz bei der Erfüllung der staatlichen Aufgaben. Als zentrales

---

1 Klodt/Stehn u.a. (1992), S. 18, verweisen darauf, daß Versuche einer vollständigen Internalisierung aller von öffentlichen Leistungen ausgehenden externen Effekte „im Widerspruch zu den .. Vorteilen dezentraler Gebietskörperschaften" stehen. Eser (1996), S. 116, betont, daß möglichen Größenvorteilen Nutzeneinbußen durch die mangelnde Differenzierung des Angebots öffentlicher Leistungen und die mangelnde Berücksichtigung der Bürgerpräferenzen entgegenstehen können. Thomas (1997), S. 172, spricht dem Kriterium des Standortwettbewerbs die „entscheidende Rolle" für die Kompetenzverteilung zu, ähnlich auch Homann/Kirchner (1995), S. 63.

2 Vgl. Oates (1991), S. 14 f.

3 Vgl. Olson (1986), S. 125. Zimmermann (1990), S. 454, zufolge bietet ein föderatives System in Verbindung mit der Möglichkeit zur Abwanderung „ein dem Marktsystem analoges verbessertes Suchverfahren" für den öffentlichen Sektor. Vgl. auch Welfens (1996), S. 176.

4 Vgl. Oates (1991), S. 15.

Problem erweist sich neben den zu erwartenden politischen Widerständen die Komplexität und Vielschichtigkeit der resultierenden Ordnung.

In IV 2. werden die Kriterien für die vertikale Kompetenzverteilung nun auf diejenigen Instrumente der Forschungs- und Technologiepolitik im engeren Sinn angewendet, die sich den Ergebnissen von Teil III zufolge als erforderlich bzw. wünschenswert erwiesen haben. Konkret handelt es sich hierbei um die Finanzierung der Grundlagenforschung in Verbindung mit dem Aufbau einer leistungsfähigen Forschungsinfrastruktur sowie um allgemeine kooperationserleichternde und -fördernde Maßnahmen zugunsten von kleinen und mittleren Unternehmen. Andererseits wird geprüft, inwieweit das Konzept der FOCJ im Forschungsbereich anwendbar ist und welche Auswirkungen von einer stärkeren Flexibilisierung der institutionellen Strukturen der Forschungslandschaft erwartet werden können.

2. Schlußfolgerungen für die Zuordnung forschungs- und technologiepolitischer Kompetenzen

2.1. Einführung

Im Zusammenhang mit der Zuordnung der ökonomisch begründbaren forschungs- und technologiepolitischen Maßnahmen i.e.S. auf die betrachteten Handlungsebenen ist zu berücksichtigen, daß in der Europäischen Union momentan die Voraussetzungen für einige wesentliche Instrumente fehlen. So ist eine stärkere Betonung der indirekten institutionellen Förderung nicht möglich, da bislang keine Wissenschaftsorganisationen mit entsprechenden Kompetenzen existieren. Auch gibt es keine grenzüberschreitenden Einrichtungen der industriellen Gemeinschaftsforschung. Eine Zentralisierung dieser Aufgaben ist daher zumindest kurzfristig ebensowenig möglich wie eine indirekte Förderung von Forschung und Entwicklung der Wirtschaft mit Hilfe von Steuervergünstigungen, da die EU über keine Steuerhoheit verfügt[1].

Im folgenden werden zunächst die Auswirkungen des Standortwettbewerbs auf die Forschungs- und Technologiepolitiken der Nationalstaaten betrachtet (vgl. unter 2.2.). Abschnitt 2.3. beinhaltet die Anwendung der Theorie des fiskalischen Föderalismus. Im Rahmen von 2.4. wird untersucht, welche Möglichkeiten das Konzept der FOCJ eröffnet und inwiefern bereits heute institutionelle Strukturen in der Forschungslandschaft existieren, die mit FOCJ vergleichbar sind. Eine Zusammenfassung der Ergebnisse erfolgt unter 2.5.

---

[1] Vgl. hierzu auch unter IV.3.1.

2.2. Forschungs- und Technologiepolitik i.e.S. im Standortwettbewerb

In den vergangenen Jahrzehnten hat der internationale und -regionale Standortwettbewerb kontinuierlich an Intensität gewonnen. Begünstigt wurde diese Entwicklung einerseits durch die Öffnung der Märkte in Europa und weltweit[1], auf der anderen Seite durch die rasanten Fortschritte in den Informations- und Kommunikationstechnologien[2]. Bezogen auf die Forschungs- und Innovationstätigkeit sind eine Zunahme der internationalen Mobilität des Wissens, eine beschleunigte Anwendung und Umsetzung neuer Forschungsergebnisse in marktfähige Produkte sowie eine gestiegene Diffusionsgeschwindigkeit technischer Neuerungen festzustellen[3].

Nicht nur die Unternehmen sehen sich infolge der Globalisierung der Märkte offensichtlich mit einem zunehmenden Wettbewerbsdruck konfrontiert. Auch die politischen Entscheidungsträger in den einzelnen Gebietskörperschaften sind gezwungen, den mobilen Produktionsfaktoren möglichst attraktive Rahmenbedingungen anzubieten[4]. Konkrete Determinanten sind vor allem die Steuer- und Abgabenbelastung, die Höhe der Lohn- und Lohnnebenkosten, bürokratische Hemmnisse und Regulierungen sowie das Angebot öffentlicher Leistungen. Zu beobachten ist auch, daß die Gebietskörperschaften verstärkt mit Hilfe von Subventionen unterschiedlichster Art um die Ansiedlung von Unternehmen konkurrieren[5].

Aus Sicht der Forschungs- und Technologiepolitik sind vor diesem Hintergrund zwei Aspekte zu untersuchen: Droht angesichts der befürchteten Einschränkung der (finanziellen) Handlungsspielräume von Staaten und Regionen in Verbindung mit der prinzipiellen Möglichkeit des Trittbrettfahrerverhaltens eine Vernachlässigung der Grundlagenforschung? Und besteht andererseits die Gefahr, daß die Konkurrenz um die Ansiedlung von Unternehmen zu ineffizienten Überbietungswettläufen bei der Subventionierung der angewandten Forschung und Entwicklung führt?[6] Mit diesen Fragen beschäftigen sich die folgenden Ausführungen.

---

1 Vgl. beispielsweise Knorr (1998), S. 238.

2 Vgl. Hillebrand/Welfens (1998), S. 412.

3 Vgl. auch Chung (1998), S. 41.

4 Kerber (1998a), S. 330, beschreibt die wirtschaftspolitischen Akteure im Standortwettbewerb als Unternehmer, die nach permanenten Verbesserungen des von ihnen angebotenen „Produkts" streben. Vgl. auch Eekhoff (1994), S. 74.

5 Vgl. Hellmann (1998); Spielkamp (1997a); Gundlach u.a. (1995), S. 14.

6 Vgl. zu diesen Befürchtungen Kerber (1998a), S. 342 ff.; Wiekert (1996), S. 240; Klodt/Stehn u.a. (1992), S. 30 ff. und 112 ff.

2.2.1. Grundlagenforschung im Standortwettbewerb

2.2.1.1. Grundlagenwissen und Forschungsinfrastruktur als Standortfaktoren

Welche Anreize bestehen aus Sicht einer einzelnen Gebietskörperschaft, in die Grundlagenforschung zu investieren? Ist es für die nationalen und regionalen Entscheidungsträger angesichts der zweifellos vorhandenen, gravierenden grenzüberschreitenden externen Effekte rational, die Trittbrettfahrerposition einzunehmen und sich weder an den Kosten der Bereitstellung neuen Wissens zu beteiligen noch eigene Forschungseinrichtungen zu unterhalten? Zur Beantwortung dieser Fragen muß geprüft werden, inwieweit eine Aneignung der Erträge von diesbezüglichen Investitionen möglich ist. Hierbei ist zwischen dem eigentlichen Grundlagenwissen und der öffentlich finanzierten Forschungsinfrastruktur zu unterscheiden.

Grundlagenwissen gilt oftmals als grenzüberschreitendes öffentliches Gut, das mit Hilfe moderner Informations- und Kommunikationstechnologien nahezu beliebig transferierbar ist und von dessen Nutzung nach erfolgter Bereitstellung niemand mehr ausgeschlossen werden kann. Die mangelnde (sprachliche und inhaltliche) Konkretisierbarkeit späterer Anwendungsmöglichkeiten - und teilweise sogar der Forschungsergebnisse selbst - führt dazu, daß Eigentumsrechte an Grundlagenwissen nicht genau definiert werden können, ihre Verletzung sich nicht nachweisen läßt und Nutzungsentgelte weder aushandelbar noch durchsetzbar sind[1]. Wenn aber den Diffusionsprozessen keine künstlichen Beschränkungen auferlegt werden können, erscheint es zunächst wenig erfolgversprechend, die Bereitstellung von Grundlagenwissen als Parameter im Standortwettbewerb einzusetzen.

Die Ausbreitung neuer Erkenntnisse wird allerdings durch eine Vielzahl natürlicher Hemmnisse verzögert. Dies gilt für die Resultate der Grundlagenforschung ebenso wie für die Ergebnisse der angewandten Forschung. So erfordert die Aufbereitung, Anwendung und Weiterentwicklung von Wissen entsprechende Kenntnisse und Fähigkeiten der Nutzer und damit ressourcenaufwendige eigene Forschungsanstrengungen. Der kumulative Charakter des wissenschaftlich-technologischen Fortschritts führt ferner dazu, daß die Beherrschung des bereits verfügbaren Wissens eine unabdingbare Voraussetzung für weitere Neuerungsprozesse und die Erforschung noch ungeklärter Sachverhalte ist.

---

1 Vgl. hierzu und zum folgenden bereits unter III.1.2.2.3. und III.1.6.2.

Privaten Unternehmen erleichtert eine eigene Grundlagenforschung nicht nur die Absorption neuen Wissens aus externen Quellen. Sie ermöglicht ihnen zusätzlich die Erzielung von Lernkurveneffekten, verschafft Vorteile bei der Umsetzung der Forschungsergebnisse in marktfähige Güter und trägt zur langfristigen Sicherung von Erfahrungs- und Wettbewerbsvorsprüngen bei. Insbesondere in hochgradig wissensbasierten Branchen wie der Laser- und Gentechnik[1], in denen oftmals enge Zusammenhänge zwischen einem Erkenntnisfortschritt und einem neuen Produkt bestehen, kann eine unternehmensinterne Grundlagenforschung auch aus erwerbswirtschaftlicher Sicht sinnvoll sein.

Dies bedeutet einerseits nicht, daß ein umfassendes und allgemeines Engagement der Privatwirtschaft im marktfernen Bereich erwartet werden kann, da in einer Vielzahl von Branchen vorrangig anwendungsnahe, inkrementale Weiterentwicklungen erfolgen. Auf der anderen Seite wird deutlich, daß die Ergebnisse der Grundlagenforschung zwar weitgehend, keineswegs jedoch ausschließlich und unmittelbar den Charakter öffentlicher Güter aufweisen.

Aufgrund der Abhängigkeit der Diffusion von der vorhandenen Wissensbasis kommen Fortschritte in der Grundlagenforschung nicht allen potentiellen Nutzern gleichermaßen zugute. Ferner wird die Ausbreitungsgeschwindigkeit von der geographischen Entfernung zwischen den Produzenten und den Anwendern des neuen Wissens bestimmt[2]. Gerade komplexes Grundlagenwissen läßt sich vielfach nur oder zumindest besser und schneller direkt von Mensch zu Mensch weitergeben. Je unmittelbarer die Interaktion der beteiligten Akteure erfolgen kann und je geringer die zwischen ihnen bestehende räumliche Distanz ist, desto zügiger und umfassender breiten sich neue Erkenntnisse aus. Auch aus diesem Grund erscheint insgesamt eine Aneignung der Erträge aus Sicht der finanzierenden Gebietskörperschaft möglich.

Die Forschungsinfrastruktur als Gesamtheit der öffentlich finanzierten Einrichtungen und wissenschaftlichen Anlagen ist langfristig standortgebunden. Ihre positiven Wirkungen sind regional begrenzt, da viele Unternehmen aus den genannten Gründen die räumliche Nähe zu leistungsfähigen staatlichen Forschungsinstituten suchen. Konkret beziehen sie diese als potentielle Kooperationspartner und externe Wissensquellen in ihre Ansiedlungsentscheidungen mit ein. Die Anziehungskraft eines Standorts wird durch Einrichtungen der Grundlagenforschung ebenso erhöht wie durch eher anwendungsorientierte Institute

[1] Vgl. erneut Meyer-Krahmer/Schmoch (1993), S. 207 ff., die von einer mehr oder weniger ausgeprägten Wissenschaftsbindung sprechen.

[2] Vgl. zum folgenden bereits unter III.1.6.2.3. Eine vergleichbare Ansicht vertreten Bartling/Hemmersbach (1995), S. 352. Auch Staudt (1998), S. 179, betont die Bedeutung des persönlichen Erfahrungsaustausches.

und die Forschungsanlagen der Branchenvereinigungen, in denen Vorhaben der industriellen Gemeinschaftsforschung durchgeführt werden[1]. Selbst wenn von einer hohen Mobilität der erarbeiteten neuen Erkenntnisse an sich ausgegangen wird, sind vom Aufbau einer eigenen Forschungslandschaft Vorteile in Form vermehrter privater Investitionen zu erwarten.

Darüber hinaus ist zu berücksichtigen, daß die wissenschaftlichen Einrichtungen einen wichtigen Beitrag zur Qualifizierung der Forscher und zur Bildung von Humankapital leisten[2]. Hochqualifizierte Arbeitskräfte weisen zwar tendenziell eine höhere Mobilität auf als der Durchschnitt der Bevölkerung. Soziale und kulturelle Bindungen verhindern jedoch auch hier umfangreiche Wanderungsbewegungen[3]. Das Ausbildungs- und Qualifikationsniveau der Arbeitskräfte bildet somit eine zentrale Determinante der Attraktivität eines Wirtschaftsstandorts, die maßgeblich von der öffentlichen Forschungslandschaft beeinflußt wird. Diese erweist sich insgesamt als ein wesentlicher immobiler Standortfaktor und als weitgehend privates Gut[4], dessen Erträge durch eine positive Wirtschaftsentwicklung angeeignet werden können.

Aus der Perspektive eines Wissenschafts- und Wirtschaftsstandorts sprechen offensichtlich gewichtige theoretische Argumente für die Bereitstellung von Grundlagenwissen sowie den Aufbau und die Finanzierung eigener Forschungseinrichtungen. Die Standortwahl von Unternehmen, die Qualität des Humankapitals, das verfügbare Wissen und die vorhandene Forschungsinfrastruktur stehen in einem engen Zusammenhang. Eine Vernachlässigung der letztgenannten Faktoren bliebe nicht ohne Auswirkungen auf die wirtschaftlichen Entwicklungsperspektiven eines Staates bzw. einer Region. Werden diese

---

[1] Auch Weyrich betont die Rolle der „Nähe zu einem .. Wissenspool", vgl. SdW (1997b), S. 42. Eine empirische Studie zur Bedeutung der öffentlichen Forschungsinfrastruktur aus Sicht der Unternehmen findet sich in Spielkamp (1997b), insbesondere S. 20. Zu dem Ergebnis, daß „innovative Unternehmen und private Forschungseinrichtungen die Nähe von .. (wissenschaftlichen) Zentren (suchen)", kommen auch Eekhoff/Enste/Wehmeier (1997), S. 336.

[2] Vgl. zu dieser (Vorleistungs-)Funktion der Grundlagenforschung Freeman (1994b), S. 469; Steinmueller (1994), S. 61; Pavitt (1993); Wissenschaftsrat (1993), S. 24; MPG (o.J.), S. 26.

[3] Vgl. Maier/Tödtling (1995), S. 40 f., sowie bereits unter IV.1.2.3.

[4] Vgl. auch Gäfgen (1994), S. 42. Schon Mitte des vorigen Jahrhunderts waren die deutschen Kleinstaaten bestrebt, ihre Attraktivität unter anderem durch einen guten Ruf ihrer Universitäten zu erhöhen. Allerdings hielten die meisten Wissenschaftler die unmittelbare Bedeutung ihrer Arbeit für die Entwicklung der Industrie lange Zeit für gering. Dies änderte sich erst nach der Reichsgründung im Jahr 1871. Vgl. hierzu Lenoir (1998), S. 23 f., der die Rolle des Staates beim Aufbau der deutschen Forschungslandschaft zwischen 1810 und 1910 betrachtet.

Zusammenhänge berücksichtigt, so scheinen die behauptete Unterinvestition und das befürchtete Gefangenendilemma auch aus politökonomischen Gründen wenig plausibel.

Rationale, stimmenmaximierende politische Akteure treffen ihre Entscheidungen unter Berücksichtigung der Auswirkungen, die diese auf ihre Wiederwahlchancen haben. Die Zustimmung zur Arbeit einer Regierung hängt dabei wesentlich von einer positiven Wirtschaftsentwicklung ab. Die Forschungs- und Technologiepolitik i.e.S. kann hierzu einen Beitrag leisten, indem sie die Standortqualität aus Sicht der Unternehmen erhöht und ihnen eine Ansiedlungsentscheidung erleichtert. Letztlich verbessern sich die Wachstums- und Beschäftigungschancen der Volkswirtschaft insgesamt. Zusätzliche Anreize aus Sicht der politischen Entscheidungsträger schaffen ferner die empirisch bestätigte Wertschätzung für Innovationen und technischen Fortschritt sowie die grundsätzliche Akzeptanz staatlicher Forschungsausgaben in der Bevölkerung[1].

Investitionen in Forschungsinfrastruktur und Grundlagenwissen stellen einen wesentlichen Ansatzpunkt zur langfristigen Sicherung der Wettbewerbsfähigkeit eines Wirtschaftsstandorts dar. Die Gefahr internationaler Gefangenendilemmata ist vor diesem Hintergrund gering. Ein Trittbrettfahrerverhalten einer Gebietskörperschaft ist nicht zu erwarten, wenn die nationalen und regionalen politischen Entscheidungsträger diese Bedeutung erkennen[2]. Insofern sind Versuche der Europäischen Union zu einer stärkeren Koordinierung der einzelstaatlichen Forschungsaktivitäten wenig aussichtsreich[3]. Ebenso wie eine Zentralisierung von Kompetenzen läuft ein solches Vorgehen ungeachtet der hohen grenzüberschreitenden externen Effekte den Eigeninteressen der Mitglieder zuwider. Der Befund, daß die europäische Forschungs- und Technologiepolitik bislang eher zu einer Ausweitung der Doppelforschung geführt habe, kann daher nicht verwundern[4].

---

1 Vgl. zu diesbezüglichen Studien Henze (1992), S. 57 f.

2 Daher ist Stehn (1993), S. 42, nicht zuzustimmen, wenn er vermutet, daß „nationale Regierungen nicht bereit sein (werden), jene Erträge mitzufinanzieren, die anderen Regionen zufallen", und hiermit eine drohende Unterinvestition im Bereich der Grundlagenforschung begründet. Wiekert (1996), S. 240, bezeichnet es als „rational", wenn einzelne Staaten auf eine eigene Technologieförderung verzichten.

3 Wiekert (1996), S. 245, stellt daher auch fest, daß eine „weitergehende Koordinierung bislang an der mangelnden Kooperationsbereitschaft der Mitgliedstaaten" scheiterte.

4 Vgl. Eickhof (1998c), S. 482 f. Darüber hinaus können vom Wettbewerb unterschiedlicher Forschungsstandorte und -einrichtungen grundsätzlich positive Wirkungen im Hinblick auf die unter III.2.2.1. angesprochenen Anreiz- und Effizienzprobleme in öffentlich finanzierten Forschungseinrichtungen erwartet werden.

2.2.1.2. Einschränkungen

Die bisherigen Ausführungen verdeutlichen, daß die Bereitstellung von Grundlagenwissen und der Ausbau der Forschungsinfrastruktur in einem sich verschärfenden Standortwettbewerb möglicherweise sogar an Bedeutung gewinnen. Eine Unterinvestition ist offensichtlich nicht zu befürchten[1]. Dennoch sind hier einige kritische Anmerkungen angebracht.

Zunächst ist darauf zu verweisen, daß eine gut ausgebaute Forschungslandschaft allein noch keinen attraktiven Wirtschaftsstandort begründet[2]. Eine Ansiedlungs- bzw. Investitionsentscheidung zugunsten eines bestimmten Standorts wird nur getroffen, wenn die Unternehmen dort günstige Rahmenbedingungen in Form eines ihren Präferenzen und Anforderungen entsprechenden Gesamtangebots öffentlicher Leistungen vorfinden. Letzteres sollte zudem in einem angemessenen Verhältnis zur Steuer- und Abgabenbelastung stehen[3].

Von besonderer Bedeutung sind in diesem Zusammenhang politische Stabilität, Verkehrs- und Kommunikationsinfrastruktur, Bildungssystem, Umweltqualität, bürokratische Hemmnisse und die Kosten sozialer Sicherungssysteme. Ferner üben die Nähe zu Kunden, Lieferanten und Unternehmen verwandter Branchen sowie das Volumen der Absatzmärkte einen wesentlichen Einfluß aus, so daß die Qualität eines Standortes aus dynamischer Sicht auch als ein selbstverstärkender Prozeß anzusehen ist[4]. Sind die genannten Voraussetzungen nicht erfüllt, droht trotz attraktiver Forschungsbedingungen zumindest eine Trennung von Forschungs- und Produktionsstandorten, möglicherweise sogar eine völlige Abwanderung von Unternehmen[5]. Die Grundlagenforschung erweist sich in Abhängigkeit von der Branche zwar als ein wichtiger, keineswegs jedoch allein entscheidender Standortfaktor.

---

1 Dem Sachverständigenrat (1997), S. 178 f., zufolge ist eine gemessen an den „Erfordernissen der Produktion" und den „Präferenzen der Bürger" zu geringe Versorgung mit öffentlichen Gütern nicht zu befürchten. Von einer ausreichenden Bereitstellung materieller und immaterieller Infrastruktur kann daher ausgegangen werden.

2 Vgl. zur Vielzahl der Einflußfaktoren auf die Standortentscheidungen von Unternehmen ausführlich Nerlinger (1998), insbesondere S. 94 ff.; Perlitz (1997), S. 84 ff.

3 Vgl. Sachverständigenrat (1997), S. 179; Postlep/Döring (1996), S. 26; Grossekettler (1990), S. 79 f. Sauerland (1997), S. 71, spricht von „präferenzgemäßen Standortbedingungen" für Unternehmen. Vgl. auch Berthold (1996) zur grundsätzlichen Bereitschaft von Unternehmen, sich an den Kosten der Bereitstellung öffentlicher Leistungen zu beteiligen.

4 Vgl. zu den genannten Faktoren Porter (1993) sowie zur Bedeutung von Agglomerationsvorteilen und Synergieeffekten bereits III.1.6.2.3.

5 Aufgabe des Staates ist es daher letztlich, attraktive Bedingungen für „Forschung, Entwicklung und Produktion inländischer und ausländischer Unternehmen" zu schaffen - Friedrich-Ebert-Stiftung (1992), S. 11. Vgl. auch Beise (1996).

Darüber hinaus stellt sich die Frage, ob die politischen Entscheidungsträger die langfristige Bedeutung der Grundlagenforschung zutreffend einschätzen und dementsprechend handeln. Angesichts der Verknappung öffentlicher Mittel kann es nämlich auch zu einem Sparen an der falschen Stelle kommen. Insbesondere besteht die Gefahr, daß sich die Förderung unter dem Druck von Interessengruppen auf die kurz- und mittelfristig orientierte, angewandte Forschung und Entwicklung konzentriert[1].

Die positiven Implikationen der politökonomischen Überlegungen aus 2.2.1.1. sind nun insofern zu relativieren, als die allgemeine Präferenz der Bevölkerung für Forschung und Innovationen auch die Durchführung selektiver Maßnahmen und die Subventionierung prestigeträchtiger Projekte im marktnahen Bereich begünstigt. Deren Förderung ist aus Sicht stimmenmaximierender Politiker oftmals sogar deutlich attraktiver[2]. Hiermit läßt sich erklären, daß der Anteil der Grundlagenforschung an den gesamten Forschungsausgaben des Bundes in den letzten Jahren zwar gestiegen ist, aber nach wie vor unter 30 % liegt[3].

Ursache dieser geringen Quote ist jedoch offensichtlich nicht der Standortwettbewerb, im Gegenteil[4]: Bei einer entsprechenden Ausgestaltung der Ordnungswettbewerbsordnung, konkret durch restriktive Vorschriften in bezug auf die Förderung der angewandten Forschung, bietet sich sogar die Chance, der Grundlagenforschung und auch den Rahmenbedingungen wieder stärkeres Gewicht zu verschaffen. Hierauf wird im folgenden Abschnitt, der sich mit der Gefahr internationaler Subventionswettläufe und möglichen Gegenmaßnahmen beschäftigt, genauer eingegangen.

2.2.2. Subventionswettläufe bei der Förderung der angewandten Forschung

2.2.2.1. Subventionen als Instrumente im Standortwettbewerb

Multinationale Unternehmen orientieren sich bei ihren Standortentscheidungen an einer Vielzahl von Parametern. Aber auch mittelständische Betriebe sind zunehmend zu einer Verlagerung ihrer Produktions- und Forschungsstandorte ins

---

1 Vgl. ähnlich Cohen/Noll (1996), S. 333.

2 Vgl. hierzu ausführlich Henze (1992), S. 52 ff.; ferner Eickhof/Strecker (1999b). Ausnahmen, wie beispielsweise die äußerst medienwirksame „Pathfinder“-Mission zum Mars im Jahr 1998, bestätigen auch hier die Regel.

3 Vgl. erneut BMBF (1996), S. 81.

4 Auch Koopmann/Kreienbaum/Borrmann (1997), S. 35, sehen Globalisierung und Standortwettbewerb nicht als Ursachen diagnostizierter Fehlentwicklungen, sondern lediglich als Faktoren, die bereits seit längerer Zeit bestehende Defizite offenlegen.

Ausland bereit, wenn sie dort bessere Bedingungen vorfinden als am angestammten Firmensitz. Begünstigt wird diese Entwicklung durch den fortschreitenden Abbau administrativer und institutioneller Hemmnisse in den meisten europäischen Ländern, aber auch weltweit, sowie die damit verbundene Senkung der Transaktionskosten.

Angesichts der positiven Auswirkungen ausländischer Direktinvestitionen auf die wirtschaftliche Entwicklung versuchen die einzelnen Gebietskörperschaften ihrerseits, durch die Schaffung attraktiver Rahmenbedingungen und die Erhöhung der Standortqualität international mobile Investoren anzuziehen[1]. Grundsätzlich zu begrüßen ist es, wenn im Zuge dieses Prozesses ein Abbau von Regulierungen und eine Vereinfachung der Steuersysteme erfolgt. Wünschenswert sind darüber hinaus ein verbessertes Gesamtangebot öffentlicher Leistungen sowie eine allgemeine Steigerung der Effizienz bei der Erfüllung der staatlichen Aufgaben.

Auf der anderen Seite können die politischen Entscheidungsträger sich veranlaßt sehen, ansiedlungswilligen Unternehmen zusätzliche Vergünstigungen zu gewähren. Dies geschieht insbesondere in Form von Subventionen, wobei die Ausgestaltungsmöglichkeiten äußerst vielfältig sind. Finanzhilfen im engeren Sinn, Steuererleichterungen, zinsverbilligte Darlehen und reduzierte Grundstückspreise sind weit verbreitet[2]. Die forschungs- und technologiepolitischen Maßnahmen i.e.S. reichen konkret von der Einrichtung von Technologie- und Gründerzentren über die Gewährung von forschungsbezogenen Sonderabschreibungen und Personalkostenzuschüssen bis hin zur Zusage von Projektfördermitteln und der gezielten „Anwerbung“ einzelner Unternehmen, vorrangig aus dem Bereich der Spitzentechnologien.

Die Abhängigkeit der einzelnen Staaten und Regionen von Investitionen führt nun aber dazu, daß die Unternehmen in der Lage sind, diese gegeneinander auszuspielen[3]. Gehen die politischen Entscheidungsträger nicht auf die Wünsche und Forderungen ein, so ist die Drohung mit der Abwanderung an einen ande-

---

[1] Vgl. Klodt (1993), S. 429, der feststellt, daß dem „Technologietransfer durch Direktinvestitionen“ eine „überragende Bedeutung“ bei der Initiierung von wirtschaftlichen Aufhol- und Entwicklungsprozessen zukommt.

[2] Vgl. Rother (1995), S. 107, demzufolge der „Einfallsreichtum der Regionen .. beim Auflegen immer neuer Fördermaßnahmen keine Grenzen zu kennen“ scheint. Bereits Staudt (1987) betrachtet die Subventionskonkurrenz zwischen den deutschen Bundesländern im Rahmen der Forschungs- und Technologiepolitik. Hilpert u.a. (1994) untersuchen und vergleichen die Interventionen verschiedener Staaten zugunsten der Halbleiterindustrie. Vgl. auch Laaser/Stehn (1996), S. 69 f.; Klodt/Stehn u.a. (1992), S. 31.

[3] Vgl. zu dieser Gefahr auch Cowling/Sugden (1998), S. 349 f.

ren Standort allgegenwärtig. Zwar stellt die „Exit"-Option eine notwendige Voraussetzung für die Funktionsfähigkeit des Standortwettbewerbs und damit auch für ernsthafte Bemühungen um eine Verbesserung der Rahmenbedingungen dar. Problematisch ist jedoch die Entstehung einer volkswirtschaftlich ineffizienten Rent-Seeking-Mentalität auf seiten der Unternehmen, die ihre Freizügigkeit und die Konkurrenz der Gebietskörperschaften zur Erlangung von Subventionen nutzen können. Dies führt erneut zur Frage nach einer Ordnung für den Standortwettbewerb, die derartige unerwünschte Entwicklungen verhindert, ohne daß gleichzeitig auf die unzweifelhaften Vorteile verzichtet werden muß[1].

2.2.2.2. Internationale Vereinbarungen zur Begrenzung von Forschungs- und Entwicklungssubventionen

Aus Sicht des Standortwettbewerbs unterliegt die Subventionierung von Unternehmen einer gewissen „natürlichen" Beschränkung. Die erforderlichen Mittel entstammen dem allgemeinen Steueraufkommen und müssen von den alteingesessenen Firmen aufgebracht werden, so daß die Grenze für Ansiedlungshilfen spätestens dann erreicht ist, wenn mehr Unternehmen aufgrund der Steuerlast abwandern als neu hinzukommen. Allerdings kann es bereits davor zu gravierenden Wachstumseinbußen und zu ungerechtfertigten Kürzungen im Bereich der eigentlichen Staatsaufgaben kommen. Die prinzipielle Notwendigkeit zur Schaffung eines Ordnungsrahmens für den Standortwettbewerb bleibt somit erhalten. Im folgenden sollen konkret die Subventionsregeln der GATT/WTO-Vereinbarungen von 1996 sowie die Beihilfenaufsicht der EU gemäß Art. 92 ff. EGV betrachtet werden.

Laut WTO-Abkommen sind Forschungssubventionen grundsätzlich erlaubt, sollen aber nur zeitlich befristet gewährt werden[2]. Die Vereinbarungen der Uruguay-Runde sehen zudem bestimmte Höchstgrenzen vor: So darf die industrielle (Grundlagen-) Forschung mit bis zu 75 % der anfallenden Kosten gefördert werden, für die vorwettbewerbliche Forschung und Entwicklung liegt dieser Anteil bei 50 %. Festzustellen ist jedoch, daß die genannten „Obergrenzen für nicht anfechtbare Forschungssubventionen" keine wirklichen Beschränkungen darstellen. Verantwortlich hierfür sind insbesondere unklare Formulierungen sowie Abgrenzungs- und Zuordnungsschwierigkeiten. Hierdurch entsteht letztlich auch Spielraum für verschleierte Produktionssubventionen.

---

1 Abgesehen von Subventionswettläufen kann es auch zu einem Protektionsanstieg kommen, vgl. Gundlach u.a. (1995). Die folgenden Ausführungen beschränken sich jedoch auf die Subventionierung von Forschung und Entwicklung im anwendungsnahen Bereich.

2 Vgl. Ochel (1996), S. 119. Vgl. zum folgenden Koopmann (1996), S. 31. Dort finden sich auch die beiden Zitate.

Art. 92 EGV zufolge sind staatliche Beihilfen, „die durch die Begünstigung bestimmter Unternehmen oder Produktionszweige den Wettbewerb verfälschen ..., mit dem Gemeinsamen Markt unvereinbar". Allerdings gelten im Rahmen der Beihilfenkontrolle bestimmte, von der Kommission unter Berücksichtigung industriepolitischer Zielsetzungen festgelegte Obergrenzen für die Subventionierung von Forschung und Entwicklung in den Mitgliedstaaten[1]. Die tolerierten Zuwendungen betragen bislang 50 % für die industrielle Grundlagenforschung und bis zu 25 % im Bereich der angewandten Forschung, sollen aber künftig an die GATT/WTO-Vereinbarungen angepaßt werden. Ohnehin erschweren die oben erwähnten Probleme auch in der EU eine Durchsetzung der Vorgaben, die daher in der Praxis oftmals überschritten werden.

Grundsätzlich erscheint in Europa und weltweit das Interesse der einzelnen Staaten an einer Reduzierung von Forschungs- und Entwicklungssubventionen äußerst gering. Begründet wird die großzügige Behandlung dieser Maßnahmen bezeichnenderweise vor allem mit „positiven volkswirtschaftlichen Effekten ..., auf die die nationalen Regierungen nicht verzichten wollen"[2].

An dieser Argumentation sind jedoch erhebliche Zweifel angebracht. Zunächst bereitet es große Schwierigkeiten, die vermeintlich positiven gesamtwirtschaftlichen Wirkungen einer Förderung der angewandten Forschung und Entwicklung zu bestimmen. Diese spielt in der Praxis die größte Rolle. Unter Berücksichtigung von Entzugseffekten und Umverteilungskosten kann hier insgesamt ein negativer Nettoeffekt zumindest nicht ausgeschlossen werden[3].

Darüber hinaus haben neuere Untersuchungen zur Industrieökonomik und zur Innovationstheorie gezeigt, daß private Unternehmen keineswegs zu einer Vernachlässigung von Forschung und Entwicklung neigen, wenn sie einem ausreichenden Wettbewerbsdruck ausgesetzt sind[4]. Auch Versuche zur Umlenkung von Renten im Rahmen strategischer Politikkonzeptionen erscheinen angesichts drohender Retorsionsmaßnahmen des Auslands wenig erfolgversprechend[5]. Schließlich besteht bei multinational tätigen Unternehmen die Gefahr, daß die Fördermittel teilweise ins Ausland transferiert und dort verwendet werden.

---

1 Vgl. hierzu und zum folgenden Mönig (1996), S. 72. Die gemeinsame europäische Forschungsförderung unterliegt nicht der Beihilfenkontrolle. Vgl. ferner Schmidt/Schmidt (1997), S. 156; H. Winter (1994), S. 101 f.

2 Ochel (1996), S. 119. Eine große Rolle beim Zustandekommen der Vereinbarungen haben aber auch politökonomische Faktoren gespielt, vgl. Koopmann (1996), S. 31 f.

3 Vgl. Eickhof (1998a), S. 95 ff.

4 Vgl. hierzu ausführlich unter III.1.6.2.2.

5 Vgl. unter III.1.5.

Die theoretischen Begründungen für Forschungssubventionen im anwendungsnahen Bereich können insgesamt gesehen nicht überzeugen. Auf der anderen Seite eröffnen sie den politischen Entscheidungsträgern oftmals weitreichende diskretionäre Handlungsspielräume und bergen die Gefahr von Wohlfahrtsverlusten, wenn es zu Subventionswettläufen um die Ansiedlung von Unternehmen kommt. Als Konsequenz sollten im Zuge der Weiterentwicklung der Welthandelsordnung eine restriktivere Behandlung von Forschungssubventionen in diesem Bereich und eine koordinierte Strategie zu ihrem Abbau angestrebt werden[1].

In bezug auf die betrachteten Maßnahmen erscheint zunächst die Übernahme der Anbahnungskosten von Forschungs- und Entwicklungskooperationen durch den Staat unproblematisch, da es sich lediglich um eine allgemeine Vorleistung handelt. Dagegen sollte die institutionalisierte Verbundforschung trotz ihrer Vorwettbewerblichkeit und des Kollektivgutcharakters ihrer Ergebnisse nur gefördert werden, wenn sich die Industrie bzw. die betreffende Branche in angemessenem Umfang finanziell beteiligt[2].

Restriktiv ist vor allem bei der Einrichtung von Technologie- und Gründerzentren zu verfahren, da nun die Gefahr von Subventionswettläufen zwischen den einzelnen Standorten als besonders hoch angesehen werden muß. So sollten sowohl eine ausschließliche öffentliche Trägerschaft als auch eine dauerhafte staatliche Finanzierung ausgeschlossen werden, d.h. private Beteiligungsgesellschaften und Kapitalgeber müssen von Anfang an mitwirken und das Technologie- und Gründerzentrum nach einem gewissen Zeitraum eigenverantwortlich und erwerbswirtschaftlich betreiben. Äußerst kritisch sind vor dem Hintergrund des Standortwettbewerbs schließlich die ohnehin fragwürdigen Finanzhilfen zugunsten von Einzelunternehmen zu beurteilen. Sie sollten daher zumindest stark eingeschränkt werden[3].

2.2.3. Fazit

Regionen und Nationalstaaten sehen sich weltweit mit einem zunehmenden Wettbewerb der Wirtschaftsstandorte und -systeme konfrontiert. Analog zum ökonomischen Wettbewerb auf Gütermärkten können hiervon positive Kontroll-

---

1 Vgl. auch Teutemann (1992), S. 235 f.

2 Dieses Vorgehen entspricht der derzeitigen Praxis in Deutschland.

3 Für international wenig mobile kleine Unternehmen und Existenzgründer können gegebenenfalls Ausnahmeregelungen getroffen werden. Gleiches gilt für Ausnahmesituationen wie beispielsweise in den neuen Ländern nach der Wiedervereinigung. Vgl. auch Gloede (1996), S. 17.

und Sanktionswirkungen sowie die Entdeckung neuer, überlegener institutioneller Arrangements erwartet werden.

Die Vorteilhaftigkeit der Standortkonkurrenz erstreckt sich auch auf den Wettbewerb der Forschungssysteme. Es hat sich gezeigt, daß eine Unterinvestition im Bereich der Grundlagenforschung nicht zu befürchten ist, da diese die Qualität eines Wirtschaftsstandorts (maßgeblich) mitbestimmt und das erarbeitete Wissen darüber hinaus nur mit einer gewissen zeitlichen Verzögerung diffundiert. Aus Sicht einer einzelnen Gebietskörperschaft kann insbesondere die Forschungsinfrastruktur als ein privates Gut angesehen werden, mit dessen Hilfe sie um international mobile Faktoren - vorrangig Kapital, konkret Direktinvestitionen von Unternehmen - konkurriert. Die in Teil III abgeleitete, zentrale Bedeutung der Grundlagenforschung wird somit nachdrücklich bestätigt. Allerdings ist es erforderlich, daß die Politik ein Gesamtangebot attraktiver Rahmenbedingungen bereitstellt, in dem die Forschungslandschaft nur einen Teilaspekt bildet.

Der Standortwettbewerb ist grundsätzlich in der Lage, eine längerfristige Ausrichtung der Forschungspolitik und eine Rückbesinnung auf die Gestaltung der Rahmenbedingungen herbeizuführen. Voraussetzung hierfür ist jedoch die Schaffung eines Regelwerks, das die anwendungsnahe Forschungsförderung begrenzt und ineffiziente Subventionswettläufe zwischen den Gebietskörperschaften verhindert[1]. Gelingt es, eine derartige Ordnungswettbewerbsordnung über internationale Vereinbarungen zu implementieren und durchzusetzen, so wäre die Politik gezwungen, sich im Sinne einer Verbesserung der Standortqualität wieder stärker auf die Grundlagenforschung zu konzentrieren.

Die bisherigen Überlegungen sprechen eindeutig für dezentrale Kompetenzen in der Forschungs- und Technologiepolitik. Allerdings ist unter IV.1.3. und IV.1.4. gezeigt worden, daß eine Zentralisierung unter bestimmten Voraussetzungen durchaus gerechtfertigt sein kann. Im folgenden wird nunmehr geprüft, welche Schlußfolgerungen sich aus der Theorie des fiskalischen Föderalismus für die Kompetenzverteilung in der Forschungs- und Technologiepolitik i.e.S. ergeben.

---

1 Vgl. ähnlich Postlep (1992), S. 144.

2.3. Subsidiarität, fiskalische Äquivalenz und die Kompetenzverteilung in der Forschungs- und Technologiepolitik i.e.S.

2.3.1. Berücksichtigung regionaler Besonderheiten

Die Europäische Union ist in vielerlei Hinsicht bereits heute eine äußerst heterogene Gemeinschaft. Im Bereich der Forschungs- und Technologiepolitik i.e.S. besteht konkret ein Konflikt zwischen den technologisch führenden Mitgliedsländern, die eher an einer Förderung der Spitzenforschung interessiert sind, sowie denjenigen Staaten, die ein stärkeres Gewicht auf die Verfolgung des Kohäsionsziels und damit auf die Verbreitung von Forschungsergebnissen legen[1]. Die jeweiligen Standpunkte werden von nationalen oder auch regionalen Besonderheiten bestimmt, die sich in abweichenden Präferenzen von Unternehmen und Bürgern für öffentliche Forschungsinvestitionen sowie in unterschiedlichen Qualitätsniveaus der Forschungslandschaften widerspiegeln. Führen erstere zu spezifischen Nachfragebedingungen, so verursachen die letztgenannten Entwicklungsunterschiede ein Auseinanderfallen der Angebotsbedingungen.

2.3.1.1. Spezifische Nachfragebedingungen

Nachfrager aus Sicht der Forschungs- und Technologiepolitik i.e.S. sind zunächst die Unternehmen, die als vorrangige Anwender und Nutzer der Ergebnisse im Mittelpunkt der Betrachtung stehen[2]. Innovative, technisch führende Wettbewerber sind für ihre eigenen Forschungs- und Entwicklungsaktivitäten auf staatliche Vorleistungen angewiesen, insbesondere auf die Bereitstellung von Grundlagenwissen und die Ausbildung von hochqualifiziertem Personal. Eine gut ausgebaute Forschungsinfrastruktur - zu der auch die Einrichtungen der industriellen Gemeinschaftsforschung sowie mit Einschränkungen Technologie- und Gründerzentren zählen - verschafft ihnen darüber hinaus geeignete Kooperationspartner für Vorhaben, die die Kapazitäten eines einzelnen Unternehmens übersteigen.

---

1 Vgl. hierzu ausführlich Starbatty/Vetterlein (1990b). Auch Thöni (1986), S. 42, erwartet bei Zentralisierungen „interkollektive Konflikte“. So hat Spanien seine Zustimmung zum Gesamtbudget des 5. Rahmenprogramms von der Einplanung ausreichender Mittel für die Strukturfonds in der mittelfristigen Finanzplanung der EU abhängig gemacht.

2 Spielkamp (1997b), S. 20, betont, daß die Unternehmen auf der einen Seite für die Umsetzung neuer Ideen und Erkenntnisse sorgen, von ihnen andererseits aber auch wesentliche technologische Impulse ausgehen. Darüber hinaus weisen sie im Fall einer Mißachtung ihrer Präferenzen eine im Vergleich zu Privatpersonen deutlich höhere Mobilität auf.

Höher entwickelte Nationen wie Deutschland, Frankreich und Großbritannien, in denen Hochtechnologie-Branchen über eine große Bedeutung verfügen, haben daher ein starkes Interesse an der Erhaltung der Eigenständigkeit ihrer Forschungsförderung und gehen gegebenenfalls einzelfallbezogene Kooperationen ein. Die supranationale Ebene spielt für diese Staaten nur eine untergeordnete Rolle. Ihre Hauptaufgabe wird in der Förderung extrem kostspieliger Spitzenforschung gesehen[1].

Im Gegensatz hierzu streben Unternehmen, die auf einem niedrigeren technologischen Niveau produzieren, eher nach diffusionsfördernden Maßnahmen. Ein leistungsfähiges Transfersystem und weitere Hilfeleistungen der Gemeinschaft sollen nun die Voraussetzungen für die Übertragung von Wissen und die Verringerung bestehender Rückstände schaffen. Mitgliedstaaten, in denen derartige Interessen vorherrschen, betonen folglich das Kohäsionsziel und lehnen eine Konzentration der Förderung auf die Spitzenforschung ab.

Die unterschiedlichen Präferenzen führen nicht nur zu spezifischen Schwerpunktsetzungen in der Forschungs- und Technologiepolitik, sondern zeigen sich auch in den absoluten Ausgabenniveaus. Von den gesamten einzelstaatlichen Forschungsaufwendungen der Mitglieder der Europäischen Union entfielen Ende der 80er Jahre drei Viertel auf Deutschland, Frankreich und Großbritannien[2]. Die Forschungs- und Entwicklungsausgaben in Deutschland „waren 1991 um das 100fache höher als in Griechenland, dem Land mit den niedrigsten ... Ausgaben in der Gemeinschaft“[3]. Aktuelleren Erhebungen zufolge zeichnen die drei genannten Länder trotz leicht abnehmender Tendenz nach wie vor für über 70 % der gesamten nationalen Forschungsausgaben in der EU verantwortlich, beim Forschungspersonal betrug ihr Anteil im Jahr 1993 gut 67 %[4]. Zwar sind in einigen Staaten, beispielsweise in Schweden, dynamische Aufholprozesse zu beobachten. Im Zuge der Osterweiterung werden sich die Entwicklungsunterschiede jedoch wieder erheblich vergrößern.

Geringer dürften die Präferenzabweichungen dagegen hinsichtlich der Erleichterung von Forschungs- und Entwicklungskooperationen und der Übernahme der diesbezüglichen Transaktionskosten durch den Staat sein. Führende Unternehmen sehen hierin eine Möglichkeit zur Erzielung von Synergieeffekten und

---

1 Vgl. hierzu und zum folgenden Grande (1996), S. 138 f. Vgl. ferner Hellmann (1994), S. 77.

2 Vgl. Hellmann (1994), S. 70.

3 Grande (1996), S. 137, der auch feststellt, daß das jährliche Forschungs- und Entwicklungsbudget von Siemens „größer ist als die gesamten (öffentlichen und privaten) FuE-Ausgaben von Ländern wie Spanien, Belgien, Dänemark, Portugal oder Griechenland“.

4 Vgl. Eurostat (1998), S. 30; Eurostat (1997), S. 4.

zur besseren Risikostreuung. Ihren Konkurrenten, die um technologische Aufholprozesse bemüht sind, eröffnen gemeinsame Vorhaben einen direkten Zugang zu neuesten Entwicklungen. Kooperationen stellen für sie eine wesentliche externe Wissensquelle und ein Instrument zur Weiterqualifizierung ihrer Mitarbeiter dar. Die innerstaatliche Zusammenarbeit zwischen Unternehmen läßt sich durch nationale oder sogar regionale Datenbanken unterstützen. Von besonderer Bedeutung innerhalb der Europäischen Union sind jedoch grenzüberschreitende Kooperationen, für die auf der zentralen Ebene besser die notwendigen infrastrukturellen Voraussetzungen geschaffen werden können.

Auf der anderen Seite ist festzustellen, daß auch seitens der Bürger in den einzelnen Gebietskörperschaften eine höchst unterschiedliche und sich im Zeitablauf verändernde Nachfrage nach öffentlichen Forschungsinvestitionen besteht. Zwar kann von einer allgemeinen, vom Entwicklungsniveau unabhängigen Neigung zu technischem Fortschritt und Innovationen ausgegangen werden. Empirisch zeigt sich jedoch, daß mit zunehmendem Lebensstandard spezifische Präferenzen entstehen, die unter anderem das Wahlverhalten der Bevölkerung beeinflussen[1].

Aus Sicht der politischen Entscheidungsträger - die diesen neuen Bedürfnissen aus Gründen des Machterhalts Rechnung tragen müssen - resultiert hieraus ein Informationsbedarf, der konkret die Beantwortung der zugrundeliegenden (natur-)wissenschaftlichen Fragestellungen beinhaltet. Angesichts der Unterschiede bei den im einzelnen nachgefragten Forschungsfeldern sollten die untergeordneten Ebenen die erforderliche direkte Förderung der Grundlagenforschung selbständig durchführen, so lange die Vorhaben ihre finanziellen Möglichkeiten nicht übersteigen[2]. Ist dies jedoch der Fall, so sind gemeinsame Forschungsprojekte von Gebietskörperschaften mit gleichgerichtetem Informationsbedarf zu erwarten und einer allgemeinen Kompetenzverlagerung auf eine höhere Ebene vorzuziehen.

Insgesamt zeigt sich, daß die ausgeprägten nationalen und regionalen Besonderheiten auf der Nachfrageseite eindeutig für dezentrale Kompetenzen in der Forschungs- und Technologiepolitik sprechen[3]. Nicht zuletzt können die Entscheidungsträger auf den untergeordneten Ebenen schneller und flexibler auf etwaige Präferenzänderungen reagieren. Eine Ausnahme bildet lediglich die Anbahnung grenzüberschreitender Forschungs- und Entwicklungskooperatio-

---

[1] Ein Beispiel ist die zunehmende Bedeutung des Umweltschutzes in vielen Industrienationen.

[2] So wird die Bevölkerung in Küstenlandschaften der Meeresforschung eine höhere Bedeutung zumessen als in Gebirgsregionen. Vgl. ähnlich Laaser/Stehn (1996), S. 83.

[3] Vgl. ähnlich Thomas (1997), S. 206.

nen. Den spezifischen Präferenzen von Unternehmen und Bürgern, ihren Anforderungen an die Forschungs- und Technologiepolitik i.e.S. sowie den gewachsenen (Wirtschafts-)Strukturen kann eine einheitliche Konzeption auf zentraler Ebene hingegen nicht gerecht werden. Die in diesem Fall notwendigen Kompromißlösungen führen zu den unter IV.1.3.2.1. dargestellten Wohlfahrtsverlusten. Infolge der bevorstehenden Osterweiterung ist schließlich eine weitere Zunahme der Entwicklungsunterschiede innerhalb der Europäischen Union absehbar, wobei die mittel- und osteuropäischen Staaten bereits an den Ausschreibungen des 5. Rahmenprogramms als „gleichberechtigte Partner“[1] teilnehmen sollen. Gerade auch vor diesem Hintergrund sind die beobachteten Zentralisierungsbestrebungen abzulehnen.

2.3.1.2. Unterschiedliche Angebotsbedingungen

Die Angebotsbedingungen in bezug auf die Bereitstellung von neuem Wissen werden von der Qualität und den Kapazitäten der an einem Standort vorhandenen Forschungseinrichtungen sowie vom verfügbaren Humankapital bestimmt. Abweichende Voraussetzungen führen zu gravierenden Unterschieden in der „ökonomischen und wissenschaftlich-technologischen Leistungsfähigkeit“[2], wie sie zwischen den einzelnen Mitgliedern der EU, aber auch teilweise innerhalb der jeweiligen Nationalstaaten feststellbar sind.

Unproblematisch erscheint es in diesem Zusammenhang, wenn die Europäische Union die in ihren Kompetenzbereich fallenden politischen Entscheidungen durch die Gründung eigener Forschungsinstitute und die gezielte Vergabe von Forschungsaufträgen wissenschaftlich fundiert. Eine Berücksichtigung der spezifischen Angebotsbedingungen ist gewährleistet, da grundlegend neue Erkenntnisse nur in Forschungseinrichtungen erarbeitet werden können, die an der Spitze der wissenschaftlichen Entwicklung stehen. Auch neue Institute zur Bearbeitung konkreter Fragestellungen werden zumeist an Standorten aufgebaut, die sich bereits in der Vergangenheit durch eine hohe spezifische Problemlösungskapazität ausgezeichnet haben und an denen das notwendige Humankapital zur Verfügung steht[3].

Zu einer Begünstigung der weiter entwickelten Regionen und Mitgliedstaaten kommt es nicht nur im Fall einer direkten Förderung der Grundlagenforschung.

---

[1] KoWi (1998a), S. 8.

[2] Grande (1996), S. 136. Vgl. auch ders. (1993), S. 66.

[3] Bislang engagiert sich die EU nicht im Bereich der Forschungsinfrastruktur, vgl. unter II.2.4.2.

Europäische Trägerorganisationen würden das ihnen zur Verfügung stehende Budget ebenfalls nach dem Kriterium der wissenschaftlichen Exzellenz aufteilen und sich auf die Erarbeitung grundlegend neuer Erkenntnisse im Rahmen der Spitzenforschung konzentrieren. Derartige Institutionen existieren allerdings bislang noch nicht. Gleiches gilt für grenzüberschreitende Branchenvereinigungen der Industrie. Auch deren Forschungseinrichtungen müßten ihre Schwerpunkte in der Nähe der aktuellen (branchenspezifischen) technologischen Grenzen setzen, so daß eine zentrale Förderung der Verbundforschung wiederum vorrangig den leistungsfähigeren Unternehmen und Standorten zugute käme.

Um die beschriebene Konzentration der Mittel auf die Spitzenforschung auszugleichen, kann die EU versuchen, im Sinne des Kohäsionsziels auf eine Verbesserung der Angebotsbedingungen in den weniger entwickelten Mitgliedstaaten hinzuwirken[1]. Die Erfolgsaussichten derartiger Bemühungen erscheinen jedoch aus mehreren Gründen zweifelhaft. Zunächst erweist sich die mangelnde Kenntnis der regionalen und nationalen Besonderheiten als ein wesentliches Hindernis. Darüber hinaus können isolierte Anstrengungen im Forschungsbereich keine wirtschaftlichen Aufholprozesse einleiten, wenn die Rahmenbedingungen insgesamt nicht attraktiv sind und keine Anschlußinvestitionen privater Unternehmen erfolgen. Insbesondere aber handelt es sich um einen unangemessenen Einsatz forschungs- und technologiepolitischer Instrumente zur Verfolgung regional- und strukturpolitischer Zielsetzungen[2]. Ein derartiges Vorgehen birgt die Gefahr von Ineffizienzen, unter anderem bedingt durch ständige Ausweitungen der Fördergebiete und die mangelnde Absorptionsfähigkeit der Empfänger[3].

---

1 Die Kommission als Hauptträger der europäischen Forschungs- und Technologiepolitik fühlt sich sowohl der Spitzenforschung als auch dem Kohäsionsziel verpflichtet, vgl. Starbatty/Vetterlein (1990b), S. 99.

2 Kritisch zu dieser Vermischung von Zielen auch Spielkamp (1997b), S. 23; Pflugmann-Hohlstein (1993), S. 177. Grundsätzlich ist es nicht die Aufgabe der Forschungs- und Technologiepolitik, einen Ausgleich regionaler Entwicklungsunterschiede herbeizuführen, auch wenn die Europäische Union mit ihrer Hilfe einen „Abbau von Ungleichgewichten“ - Grande/Häusler (1994), S. 215 - anstrebt. So vertreten Bartling/Hemmersbach (1995), S. 351 und 353, die Auffassung, daß Aktivitäten der EU höchstens im Bereich der absoluten Spitzenforschung sinnvoll sein können.

3 Die zu erwartenden Ineffizienzen ähneln denjenigen, die bereits heute im Zusammenhang mit der europäischen Struktur- bzw. Regionalpolitik auftreten. Kritische Untersuchungen zu diesem Thema bieten Holtzmann (1997); Eser (1996) sowie Klodt/Stehn u.a. (1992). Den Reformbedarf unterschiedlicher Politikbereiche der EU vor dem Hintergrund der Osterweiterung diskutieren Eickhof (1998b); Achten (1996); DIW (1996).

Wenig erfolgversprechend erscheinen in diesem Zusammenhang auch Versuche, durch die Gründung von Technologiezentren „auf der grünen Wiese" Aufholprozesse in strukturschwachen Regionen zu initiieren. Vielmehr sollten vorhandene Kapazitäten bei einer eventuellen Förderung berücksichtigt und die Mittelvergabe möglichst wettbewerblich durchgeführt werden. Auch hier verfügen dezentrale Entscheidungsträger über eindeutige (Informations-)Vorteile. Darüber hinaus ist eine gemeinsame europäische Strategie angesichts der unterschiedlichen Voraussetzungen in den einzelnen Mitgliedstaaten nicht erkennbar[1].

Ungeachtet dieser kritischen Einwände stehen auf europäischer Ebene forschungs- und technologiepolitische Instrumente zur Verfügung, die verstärkt für die Initiierung von Aufholprozessen eingesetzt werden könnten. Insbesondere sind hier eine Intensivierung des wissenschaftlichen Erfahrungs- und Ergebnisaustausches auf internationalen Fachkonferenzen und durch die Einrichtung von Datenbanken sowie Maßnahmen zur Förderung der Mobilität von Forschern zu nennen[2]. In Verbindung mit der Erhöhung des Qualifikationsniveaus können regionalpolitisch motivierte Investitionen in die Verkehrs- und Kommunikationsinfrastruktur zu einer Erhöhung der Standortattraktivität beitragen und über die Ansiedlung von Unternehmen zu weiteren, selbsttragenden Wissenstransfers führen Der systemimmanente Konflikt zwischen Kohäsionsziel und Spitzenforschung läßt sich auf diesem Wege zwar nicht beseitigen, zumindest aber verringern.

2.3.2. Vergleich der administrativen Kosten

Selektive Maßnahmen sind den Ausführungen unter III.2. zufolge grundsätzlich mit deutlich höheren administrativen Kosten verbunden als allgemeine Förderinstrumente. Dies gilt sowohl für die Kosten der Entscheidungsfindung im politischen Prozeß als auch für die Planung, Durchführung und Kontrolle der Programme und Vorhaben durch die Forschungsbürokratie. Insbesondere die direkte Projektförderung hat sich hierbei als äußerst verwaltungsaufwendig erwiesen[3]. Die finanziellen Mittel, die zur Deckung der administrativen Kosten von Forschungsprogrammen benötigt werden, stehen nicht mehr für die eigentlichen

---

[1] Vgl. hierzu Beise (1998).

[2] So werden die Expertenkommissionen zur Vorbereitung der Rahmenprogramme auch von Kritikern der gemeinschaftlichen Forschungs- und Technologiepolitik zumindest in einer Hinsicht positiv bewertet, da im Rahmen dieser „Informationsarbeit ... vorhandenes europäisches Wissen zusammengetragen" - Starbatty/Vetterlein (1998), S. 684 -, ausgetauscht und damit transferiert wird.

[3] Vgl. hierzu ausführlich unter IV.3.1.1.

wissenschaftlichen Aufgaben bzw. die Forschungs- und Entwicklungstätigkeit zur Verfügung. Verwaltungsaufwendungen stellen eine unproduktive Verschwendung von Ressourcen dar und sollten daher so gering wie möglich gehalten werden.

Von den grundsätzlich empfehlenswerten Maßnahmen ist lediglich die direkte Förderung der Grundlagenforschung den selektiven Instrumenten zuzuordnen. Im Vergleich zur nationalen Ebene werden gezielte Schwerpunktsetzungen in der Europäischen Union durch die unterschiedlichen Interessen und Prioritäten in den einzelnen Mitgliedstaaten erschwert. Um die Konsensfindungskosten gering zu halten, sollten sich ihre Aktivitäten auf Forschungseinrichtungen und -vorhaben in Bereichen beschränken, in denen sie über ausschließliche oder konkurrierende politische Zuständigkeiten verfügt. Zu nennen sind hier insbesondere grenzüberschreitende Umwelt- und Verkehrsprobleme sowie Fragen des wirtschaftlichen und gesellschaftlichen Zusammenwachsens der Gemeinschaft[1].

Grundsätzlich kann das zur Erfüllung dieser politischen Aufgaben erforderliche Wissen auch von bereits vorhandenen nationalen Einrichtungen erarbeitet werden, so daß auch die Möglichkeiten einer Auftragsvergabe zu prüfen sind. Ein solches Vorgehen ist insbesondere dann sinnvoll, wenn es sich um einmalig auftretende, isolierte Fragestellungen handelt. Besteht hingegen ein dauerhafter Informationsbedarf, so liegt die Gründung EU-eigener Einrichtungen nahe, mit denen eine kontinuierliche Zusammenarbeit besser möglich ist. Einzelne Mehrfachforschungen können sich jedoch durchaus positiv auf den Wettbewerb auswirken.

Ähnliche Schlußfolgerungen ergeben sich für die Tätigkeit etwaiger europäischer Wissenschaftsorganisationen. Diese sollten sich vorrangig auf Forschungsgebiete und -projekte konzentrieren, die für die gesamte Gemeinschaft relevant sind und die finanziellen Handlungsspielräume der einzelstaatlichen Einrichtungen und Träger übersteigen. Die Kosten der Entscheidungsfindung dürften hierbei tendenziell geringer sein als im Fall der direkten Förderung der Grundlagenforschung, da nun keine politischen Kompromißlösungen mehr erzielt werden müssen.

Von den allgemeinen, kooperationsbezogenen Maßnahmen im anwendungsnahen Bereich ist zunächst die Unterstützung von Einrichtungen der industriellen Gemeinschaftsforschung sowohl auf nationaler als auch auf europäischer Ebene mit geringen administrativen Kosten verbunden. Die Entscheidungsprozesse

---

1 Vgl. ähnlich Starbatty (1987), S. 177.

laufen weitgehend innerhalb von Wirtschaft und Wissenschaft ab, Durchführung und Kontrolle der Vorhaben obliegen eigenen Trägerorganisationen. Branchenvereinigungen in den Mitgliedstaaten sollten daher national, denkbare grenzüberschreitende Zusammenschlüsse von der EU gefördert werden.

Dagegen können durch eine Anbahnung von Forschungs- und Entwicklungskooperationen auf europäischer Ebene möglicherweise sogar Vorteile gegenüber den Aktivitäten der einzelnen Mitgliedstaaten erzielt werden. Einerseits verursacht die Verwaltung der zugehörigen Datenbanken angesichts der rasanten Entwicklung in den Informations- und Kommunikationstechnologien immer geringere Kosten. Auf der anderen Seite wird in Europa eine höhere Anzahl kooperationswilliger kleiner und mittlerer Unternehmen erreicht. Die Aufteilung der relativ hohen Fixkosten auf eine größere Teilnehmergruppe führt zu einem Rückgang der Durchschnittskosten, so daß hier administrative Größenvorteile zu vermuten sind. Die Informationen selbst werden von den Unternehmen dezentral bereitgestellt, die Durchführung der Projekte und die Kontrolle der Ergebnisse fallen als unternehmerische Aufgaben überhaupt nicht in den Zuständigkeitsbereich der Forschungsbürokratie. Gegen eine Zentralisierung sind somit - zumindest für grenzüberschreitende Kooperationen - keine Einwände zu erheben[1].

Die Erfolgsaussichten von Technologie- und Gründerzentren sind schließlich in hohem Maße von den vorhandenen wissenschaftlichen und wirtschaftlichen Strukturen sowie weiteren spezifischen Gegebenheiten an einem Standort abhängig. Entsprechend aufwendig ist die Informationsbeschaffung für eine übergeordnete Gebietskörperschaft. Probleme dürften sich zudem aus möglichen „Verteilungskämpfen" zwischen den einzelnen Nationen und Regionen ergeben. Die Durchführung der Maßnahmen und die Kontrolle der Einrichtungen müßten schließlich wiederum vor Ort erfolgen, so daß angesichts der hohen Koordinationskosten dezentrale Lösungen geeigneter scheinen. Zur Vermeidung von Subventionswettläufen sollten diese unter Beachtung bestimmter, allgemeinverbindlicher Förderrichtlinien erfolgen.

Das Kriterium der administrativen Kosten führt für die betrachteten Maßnahmen der Forschungs- und Technologiepolitik i.e.S. zu unterschiedlichen Ergebnissen. So ist bei einer Ausweitung der direkten Förderung der Grundlagenfor-

---

1 Durch die technische Entwicklung verbessern sich jedoch auch die ohnehin grundsätzlich vorhandenen Möglichkeiten eines privaten Angebots dieser Dienstleistung. Befürchtet wird andererseits eine Diskriminierung von Forschungskooperationen mit Unternehmen aus Nicht-EU-Ländern wie Japan und den USA, vgl. H. Winter (1994), S. 118 f.; Teutemann (1992), S. 235. Diesen könnte jedoch ebenfalls der Zugriff auf die entsprechenden Datenbanken ermöglicht werden.

schung auf Gemeinschaftsebene eher ein Anstieg des Verwaltungsaufwands zu befürchten als bei einer indirekten Förderung durch europäische Wissenschaftsorganisationen. Von untergeordneter Bedeutung ist dieses Kriterium bei der Verbundforschung, während Forschungs- und Entwicklungskooperationen möglicherweise sogar besser von der EU angebahnt werden können. Über die Einrichtung von Technologie- und Gründerzentren ist schließlich auf nationaler oder regionaler Ebene zu entscheiden.

2.3.3. Ausnutzung von Größen- und/oder Verbundvorteilen sowie Überwindung von Mindestgrößen

Im Unterschied zum Vergleich der administrativen Kosten werden nunmehr die Ausgaben für die eigentlichen Forschungstätigkeiten betrachtet. Zu prüfen ist, ob die Gründung europäischer Forschungseinrichtungen eine bessere Ausnutzung von Größen- und/oder Verbundvorteilen erwarten läßt. Ebenso ist es denkbar, daß nur im Rahmen gemeinsamer Institute und Vorhaben bestimmte Unteilbarkeiten überwunden werden können.

Treten derartige Effekte im Zusammenhang mit der öffentlich finanzierten Grundlagenforschung auf, so profitiert der Staat unmittelbar von den resultierenden Kosteneinsparungen. Darüber hinaus kann er privaten Unternehmen die Erzielung von Skalenerträgen und Synergieeffekten sowie die Erreichung von Mindestgrößen bei ihren Forschungs- und Entwicklungsaktivitäten ermöglichen. Ansatzpunkte sind hier die Schaffung der notwendigen rechtlichen bzw. institutionellen Voraussetzungen, der Ausbau der forschungsrelevanten Infrastruktur und kooperationsfördernde Maßnahmen.

Allerdings ist es aus der Perspektive der Marktteilnehmer unerheblich, welche Hierarchieebene die Vorleistungen erbringt, so daß keine Aussagen über die optimale Kompetenzverteilung abgeleitet werden können. Lediglich bei der Anbahnung grenzüberschreitender Gemeinschaftsprojekte im Forschungsbereich - die nicht nur durch die Einrichtung von Datenbanken, sondern beispielsweise auch durch die Organisation von Forschungsmessen und Kooperationstagen erfolgen kann - verfügt die Europäische Union über Vorteile aufgrund der zu erwartenden größeren Teilnehmerzahl. Die folgenden Ausführungen beschränken sich daher auf den Bereich der staatlich finanzierten Grundlagenforschung.

Unabhängig von eventuellen Größenvorteilen und Mindestgrößen ist eine zentrale Entscheidungs- und Durchführungskompetenz zunächst prinzipiell gerechtfertigt, wenn die Forschungsförderung in Zusammenhang mit der Erfüllung der politischen Aufgaben der Europäischen Union steht. Dies bedeutet allerdings nicht, daß zwingend die Gründung eigener Institute auf supranationaler Ebene erforderlich ist. In den Mitgliedstaaten bereits vorhandene Forschungseinrichtungen können wie erwähnt im Auftrag der europäischen Entscheidungsträger tätig werden und für diese eine Dienstleistungsfunktion übernehmen.

In der Forschung häufig auftretende Größen- und/oder Verbundvorteile können - von wenigen Ausnahmen abgesehen - bereits auf nationaler Ebene voll ausgeschöpft werden[1], so daß von Kapazitätsausweitungen im Zuge einer Supranationalisierung der Einrichtungen keine zusätzlichen Einsparungen zu erwarten sind. Gleiches gilt für die oftmals überschätzten und in der Regel dezentral überwindbaren Mindestgrößen. Lediglich extrem aufwendige Gebiete wie die astronomische bzw. Weltraumforschung, die militär- und wehrtechnische Forschung oder einzelne physikalisch-technische Anlagen sind auch für größere Nationen nicht mehr im Alleingang finanzierbar und machen ein gemeinsames Handeln erforderlich[2].

Selbst die Unmöglichkeit einer einzelstaatlichen Realisierung bestimmter Vorhaben bedingt jedoch noch keine europäischen Handlungsbefugnisse. Vielmehr ist nun davon auszugehen, daß bei ähnlich gelagerten Präferenzen einzelfallabhängige, horizontale Kooperationen zwischen den betreffenden Nationen vereinbart werden[3]. Gegebenenfalls kann ferner eine Trennung von (dezentraler) Entscheidungs- und (zentraler) Durchführungskompetenz erfolgen[4]. Die europäische Ebene führt in diesem Fall diejenigen Großprojekte durch, die von den einzelnen Mitgliedstaaten für sinnvoll gehalten und von ihnen im Rahmen dezentraler Entscheidungsprozesse beschlossen werden. Konkret ist ein solches Vorgehen zu erwarten, wenn die Forschungsaufwendungen die Leistungsfähigkeit eines einzelnen Mitgliedstaates übersteigen und ein Vorhaben für mehrere

---

1 Zu diesem Ergebnis kommen auch Bartling/Hemmersbach (1995), S. 352. In diesem Zusammenhang ist daran zu erinnern, daß auch auf Unternehmensebene „keine spezifischen Größenvorteile im Forschungsbereich existieren" - Stadler (1997), S. 27. Vgl. auch bereits unter III.1.6.1.2.

2 Vgl. auch Gäfgen (1994), S. 34; Teutemann (1992), S. 96 und 99. Als auf nationaler Ebene nicht finanzierbar sollen Vorhaben und Gebiete bezeichnet werden, die einen unverhältnismäßig hohen Anteil der Forschungsausgaben eines Staates beanspruchen würden. Nicht erforderlich ist es hingegen, daß die Kosten das Gesamtbudget überschreiten.

3 Starbatty/Vetterlein (1990b), S. 99, betonen die Neigung zumindest der „entwickelten Mitgliedstaaten ... zu fallweiser supranationaler Kooperation", da sie auf diese Art größere Teile der Forschungs- und Technologiepolitik „unter nationaler Kontrolle halten" können.

4 Vgl. beispielsweise Stehn (1993), S. 39.

Nationen von Interesse ist. Eine umfassende Zentralisierung von Entscheidungsbefugnissen kann offensichtlich nicht begründet werden.

Bislang wurde davon ausgegangen, daß staatliche Stellen über die zu fördernden Einrichtungen und Projekte der Grundlagenforschung entscheiden. In Fällen, in denen kein unmittelbarer politischer Informationsbedarf vorliegt, sollte den Ergebnissen von III.2.2.1. zufolge eine indirekte institutionelle Förderung der Grundlagenforschung erfolgen. Welche Kompetenzen ergeben sich nun für die nationalen und supranationalen Organisationen?

Für die überwiegende Mehrzahl der Forschungseinrichtungen und -vorhaben können Größen- und/oder Verbundvorteile bereits durch die nationalen Trägerorganisationen ausgeschöpft und die erforderlichen Mindestgrößen auf untergeordneter Ebene erreicht werden. Analog zur politisch motivierten direkten Förderung der Grundlagenforschung sollte sich das Aufgabenspektrum einer europäischen Wissenschaftsorganisation folglich auf diejenigen Gebiete beschränken, die die Leistungsfähigkeit bzw. die finanzielle Ausstattung der entsprechenden nationalen Institutionen übersteigen und im Interesse der meisten oder aller Mitgliedstaaten liegen. Hier sind beispielsweise die angesprochene Weltraumforschung sowie einzelne physikalisch-technische Großanlagen zu nennen.

Darüber hinaus ergeben sich zusätzliche Aufgaben im Bereich des Erfahrungs- und Ergebnisaustausches sowie bei der Kooperationsanbahnung. So können europäische Institutionen wie die erwähnte European Science Foundation im Bedarfsfall als Zentralstelle Gemeinschaftsprojekte unterschiedlicher nationaler Trägerorganisationen vermitteln[1]. Abzulehnen sind dagegen Versuche einer stärkeren Ex-ante-Koordination der einzelstaatlichen Maßnahmen. Doppelforschungen haben sich vor dem Hintergrund des Standortwettbewerbs als positiv erwiesen, da sie die Konkurrenz der Forschungseinrichtungen intensivieren und die Erfolgswahrscheinlichkeit insgesamt durch eine Erhöhung der Anzahl der beschrittenen Lösungswege steigern[2].

Die Europäische Union sollte sich daher auf die Erbringung von Informationsleistungen über bereits erfolgreich abgeschlossene und laufende Forschungsvorhaben bzw. auf Maßnahmen zur Senkung der Transaktionskosten beschränken. In diesem Zusammenhang wären europäische Trägerorganisationen schließlich auch in der Lage, den insbesondere von den weniger entwickelten

---

1 Vgl. hierzu erneut die Aufgabenbereiche der ESF in Wissenschaftsrat (1993), S. 5 ff.

2 Vgl. Starbatty (1987), S. 175 f., sowie Starbatty/Vetterlein (1998), S. 716, die auf die positiven Auswirkungen der Konkurrenz durch nationale Projekte auf die Arbeit der GFS hinweisen. Dies gilt wie erwähnt auch für eine mit Hilfe autonomer Trägerorganisationen in begrenztem Umfang mögliche Förderung anwendungsorientierter Vorhaben und Institute.

Mitgliedstaaten gewünschten Wissenstransfer zu institutionalisieren sowie Austauschprogramme von Forschern durchzuführen.

Von wenigen Ausnahmen abgesehen, können Größen- und/oder Verbundvorteile sowie Unteilbarkeiten eine Zentralisierung forschungs- und technologiepolitischer Kompetenzen nicht überzeugend und dauerhaft begründen. Eine Aufgabenzuweisung an eine übergeordnete Ebene ist aus ökonomischer Sicht nur gerechtfertigt, wenn bestimmte Forschungsfelder weder von einzelnen Mitgliedstaaten noch von zwischenstaatlichen Kooperationen effizient bearbeitet werden können. Eines der beiden Hauptargumente für ein Tätigwerden der Europäischen Union ist daher in der überwiegenden Mehrzahl der Fälle als entkräftet anzusehen.

Grundsätzlich sollte die Kompetenzverteilung jedoch flexibel und offen gestaltet sein, da im Zeitablauf eine Veränderung bestehender Mindestgrößen ebenso möglich ist wie eine Verschiebung kurzfristig gegebener Kostenverläufe und -strukturen. Hierdurch können Unteilbarkeiten sowie Größen- und/oder Verbundvorteile bei der Produktion neuen Wissens an Bedeutung verlieren, aber auch gewinnen.

2.3.4. Grenzüberschreitende externe Effekte

Aus der Existenz grenzüberschreitender externer Effekte wird in der Literatur oftmals eine Zentralisierungsnotwendigkeit abgeleitet[1]. Nur wenn es gelingt, durch Kompetenzverlagerung eine Internalisierung herbeizuführen, kann demzufolge eine aus übergeordneter Perspektive drohende Unterversorgung mit dem betreffenden (öffentlichen) Gut vermieden werden. Derart weitreichende Schlußfolgerungen scheinen jedoch angesichts der Ubiquität von Spillovers verfehlt, die das Erreichen fiskalischer Äquivalenz im Sinne einer „perfekten Übereinstimmung“ von Kostenträgern und Nutznießern unmöglich macht[2].

Auf der anderen Seite werden die quantitative Bedeutung und die Folgen der externen Effekte von Forschung und Entwicklung zumeist überschätzt. Insbesondere findet sich in diesem Zusammenhang die Behauptung, daß „im Grund-

---

[1] Vgl. bereits Tiebout (1956); ferner Olson (1969). Auch Klodt/Stehn u.a. (1992), S. 44 und 106 f., sowie Teutemann (1992), S. 234, sehen die Förderung der Grundlagenforschung auf europäischer Ebene als ökonomisch legitimiert an, wenn hierdurch zu einer Internalisierung externer Effekte beigetragen wird. Laaser/Stehn (1996), S. 82 f., begründen mit den „supranationale(n) soziale(n) Erträge(n)“ eine zentrale Finanzierungskompetenz in der Grundlagenforschung bei dezentralen Entscheidungs- und Durchführungskompetenzen.

[2] Vgl. ähnlich Stehn (1993), S. 38.

lagenbereich .. sowohl das Ausmaß als auch die Geschwindigkeit der grenzüberschreitenden Wissensdiffusion am größten"[1] seien. Zu beantworten ist daher die Frage, ob die Ergebnisse der Grundlagenforschung oder der angewandten Forschung und Entwicklung schneller diffundieren, wenn im Empfängerland die jeweils erforderlichen infrastrukturellen und qualifikatorischen Voraussetzungen vorliegen. Hierzu liegen bislang keine aufschlußreichen empirischen Untersuchungen vor.

Allerdings sind die Ergebnisse der marktfernen Grundlagenforschung vielfach personengebunden und äußerst komplex, so daß sie nicht problemlos transferiert werden können[2]. Einer zügigen und vollständigen Ausbreitung stehen offensichtlich gravierende natürliche Hemmnisse entgegen. Bezeichnenderweise beginnen Aufholprozesse von Schwellenländern in der Regel mit Imitationen und inkrementalen, anwendungsnahen Weiterentwicklungen ausgereifter Produkte. So hat Japan erst vor wenigen Jahren begonnen, seine eigenen Anstrengungen in der Grundlagenforschung zu intensivieren. An der erwähnten These sind somit zumindest Zweifel angebracht.

Ferner haben die Untersuchungen zum Standortwettbewerb gezeigt, daß die starken Anreize für den Aufbau nationaler Forschungseinrichtungen und für die Durchführung eigener Forschungsvorhaben eine Unterinvestition in der Regel ausschließen. Die vorhandenen (grenzüberschreitenden) externen Effekte führen angesichts des Wettbewerbsdrucks offensichtlich nicht zu einer Einschränkung der forschungs- und technologiepolitischen Aktivitäten der untergeordneten Ebenen - ebensowenig, wie sie eine zu geringe Investitionsbereitschaft privater Unternehmen erwarten lassen. Vor diesem Hintergrund sind umfangreichere Kompetenzen der Europäischen Union selbst bei der Bereitstellung des supranationalen (latent) öffentlichen Gutes Grundlagenwissen abzulehnen.

Mit der Bildung horizontaler Kooperationen existiert zudem eine erfolgversprechende Handlungsalternative, die den betroffenen Gebietskörperschaften eine selbständige Internalisierung ermöglicht. Externe Effekte können insbesondere dann aufgenommen und genutzt werden, wenn die Forschungslandschaften zweier oder mehrerer Nationalstaaten ähnliche Schwerpunkte aufweisen und somit eine breite gemeinsame Wissensbasis vorhanden ist. Liegen zusätzlich gleichgerichtete Präferenzen vor, so ist die Wahrscheinlichkeit, daß es zu einer gemeinsamen Durchführung von Forschungsvorhaben oder sogar zu einer Gründung gemeinsamer Einrichtungen kommt, relativ hoch.

---

1 Wiekert (1996), S. 247.

2 Gleiches gilt für die Beherrschung moderner Hochtechnologien, vgl. Nerlinger (1998), S. 102.

Vereinbarungen zwischen untergeordneten Gebietskörperschaften über Kompensationszahlungen für die Produktion positiver externer Effekte im strengen Sinne einer Coase'schen Verhandlungslösung sind dagegen äußerst unwahrscheinlich. Auch ist nicht davon auszugehen, daß es zu einer Entschädigung der Verursacher mittels einer Pigou-Subvention kommt. Dennoch zeigen sich Mechanismen, die als spontane Internalisierung ohne Eingriff einer übergeordneten Ebene interpretiert werden können. Beispielsweise vergeben sowohl die politischen Entscheidungsträger eines Landes als auch die dort ansässigen Unternehmen teilweise Forschungsaufträge an Institute in anderen Staaten und Regionen[1]. Auf diese Art leisten sie indirekt einen Beitrag zur Finanzierung der ausländischen Forschungsinfrastrukturen. Die resultierende Verringerung der Spillovers läßt in Verbindung mit der Vorteilhaftigkeit einer eigenen Forschungsinfrastruktur eine ausreichende dezentrale Bereitstellung von neuem Wissen erwarten.

Eine Kompetenzverlagerung ist vor diesem Hintergrund kaum zu rechtfertigen[2]. Strenggenommen können selbst gravierende grenzüberschreitende Externalitäten der Forschungstätigkeit nur in Verbindung mit anderen Faktoren eine Zentralisierung begründen[3]. Dies ist der Fall, wenn Größen- und/oder Verbundvorteile sowie Unteilbarkeiten vorliegen, die eine nationale Bereitstellung verhindern und sogar zwischenstaatliche Kooperationen überfordern.

Positive externe Effekte der Forschungstätigkeit verursachen andererseits keineswegs nur ein Aneignungs- bzw. Internalisierungsproblem. Zusätzlich stellt sich die Frage, wie sie von den Empfängern möglichst umfassend genutzt werden können. Hierbei ergeben sich Ansatzpunkte für die europäische Forschungs- und Technologiepolitik, die insbesondere durch die Förderung der Mobilität von Wissenschaftlern, die Durchführung von Austauschprogrammen sowie wissenschafts- und forschungsbezogene Informationsleistungen zu einer rascheren Diffusion von neuen Erkenntnissen beitragen kann.

Schließlich lassen sich auch aus den grenzüberschreitenden externen Effekten der unternehmerischen Forschungs- und Entwicklungstätigkeit Aufgaben des

---

[1] Vgl. hierzu Bamelis in SdW (1997b), S. 36.

[2] Vgl. auch Döring (1996), S. 307, der die Gefahr eines „Zentralisierungsschubs" betont und daher für eine enge Definition externer Effekte bei der Verteilung staatlicher Aufgaben plädiert.

[3] Von gravierenden grenzüberschreitenden externen Effekten soll gesprochen werden, wenn Forschungsergebnisse aufgrund geringer Infrastrukturinvestitionen leicht übernommen und weiterentwickelt werden können und sie für eine große Zahl von Anwendern in vielen Staaten relevant sind. Diese Schlußfolgerung gilt nicht für das Auftreten negativer grenzüberschreitender externer Effekte, beispielsweise im Umweltbereich.

Staates ableiten. Der primäre Ansatzpunkt für eine Verbesserung der privatwirtschaftlichen Internalisierungsmöglichkeiten ist zunächst wiederum der Patentschutz, der gerade auf europäischer Ebene eine steigende Bedeutung aufweist[1]. Seine Inanspruchnahme wird jedoch wie gezeigt aus Sicht kleiner und mittlerer Unternehmen sowie in dynamischen, sich schnell wandelnden Branchen durch hohe Kosten und lange Prüfverfahren erschwert, so daß zusätzliche, kooperationsfördernde Maßnahmen in Erwägung gezogen werden können.

Vorhaben der industriellen Gemeinschaftsforschung, die Durchführung von Forschungs- und Entwicklungskooperationen und die Ansiedlung in Technologie- und Gründerzentren ermöglichen den Unternehmen eine Verringerung der von ihnen verursachten positiven externen Effekte, da diese aus „kollektiver“ Perspektive interne Wirkungen darstellen[2]. Gleichzeitig können von anderen Marktteilnehmern ausgehende Spillovers besser genutzt und Synergieeffekte erzielt werden. Aus Sicht der forschenden Unternehmen ist es zwar wiederum unerheblich, welche staatliche Ebene die entsprechenden Vorleistungen erbringt. Allerdings erschöpfen sich die positiven Externalitäten, die von den Technologie- und Gründerzentren selbst ausgehen, normalerweise auf regionaler Ebene[3]. Eine nationale oder gar europäische Entscheidungskompetenz ist vor diesem Hintergrund abzulehnen.

Insgesamt kann das zweite Zentralisierungsargument als widerlegt angesehen werden. Selbst gravierende grenzüberschreitende externe Effekte der öffentlich finanzierten Grundlagenforschung sind entgegen einer weitverbreiteten Ansicht im allgemeinen nicht geeignet, eine Zentralisierung zu begründen. Für die Legitimation einer Kompetenzübertragung an europäische Institutionen ist zusätzlich die Existenz von Größenvorteilen, Verbundvorteilen oder Mindestgrößen erforderlich, die dezentrale Lösungen unmöglich machen[4].

2.4. FOCJ im Forschungsbereich

Funktionale, überlappende und konkurrierende Körperschaften sind unter IV.1.5. als Ansatz zur Intensivierung des Wettbewerbs zwischen den (politischen) Entscheidungsträgern diskutiert worden. Ziel ist letztlich die Bereitstel-

---

1 Vgl. hierzu die Übersichten in Europäisches Patentamt (1998), insbesondere S. 12 ff. sowie 54 ff. Zur internationalen Bedeutung des Patentschutzes auch Teutemann (1992), S. 230 f.

2 Vgl. ähnlich Wölfl (1995), S. 4.

3 Vgl. Welfens (1997), S. 32 f.

4 Eine andere Auffassung vertritt beispielsweise Wiekert (1996), S. 241 und 247, der angesichts der signifikanten externen Erträge der Grundlagenforschung für eine Verlagerung dieses Förderbereichs auf die supranationale Ebene plädiert.

lung eines Angebots öffentlicher Leistungen, das den Präferenzen der Bürger und Unternehmen entspricht. Im folgenden wird nun untersucht, ob und inwiefern FOCJ im Forschungsbereich positive Wirkungen entfalten können, aber auch, welche der heute existierenden Strukturen speziell in der deutschen Forschungslandschaft als FOCJ interpretierbar und möglicherweise ausbaufähig sind. Mitglieder in einem FOCUS sollen hierbei die Unternehmen sein, die zwischen den einzelnen Anbietern von Forschungsleistungen frei wählen können und der Höhe ihrer Beiträge zu dieser Organisation entsprechend steuerlich entlastet werden.

Im Bereich der Grundlagenforschung treten die politischen Entscheidungsträger einerseits als unmittelbare Anbieter von Forschungsleistungen auf, indem sie bestimmte Einrichtungen oder Projekte direkt fördern. Auf der anderen Seite bestreitet der Staat im Rahmen der indirekten institutionellen Förderung die Grundfinanzierung der Wissenschaftsorganisationen. Prinzipiell ist es jedoch denkbar, daß sich Träger wie die Deutsche Forschungsgemeinschaft oder die Max-Planck-Gesellschaft nicht mehr über das allgemeine Steueraufkommen, sondern durch Mitgliedsbeiträge von Unternehmen finanzieren. Zur Vermeidung einer möglichen Unterinvestition kann der Beitritt zu einer beliebigen Wissenschaftsorganisation verbindlich vorgeschrieben werden, so daß Trittbrettfahrerverhalten ausgeschlossen ist. Zusätzliche Anreize lassen sich durch exklusive Zugangsrechte und Kooperationsangebote schaffen, da direkte Kontakte zwischen Forschern und Anwendern die Übermittlung von komplexem Grundlagenwissen wesentlich erleichtern.

Die einzelnen Marktteilnehmer entscheiden sich unter diesen Voraussetzungen für denjenigen Träger, der das ihren Präferenzen am ehesten entsprechende Leistungsangebot bereitstellt. Im Zeitablauf sind daher eine stärkere Ausrichtung der Wissenschaftsorganisationen an den Interessen der Unternehmen, eine Spezialisierung auf bestimmte Forschungsschwerpunkte, eine größere Anwendungsnähe der Vorhaben und Einrichtungen sowie schließlich eine allgemeine Intensivierung des Wettbewerbs zwischen den Anbietern zu erwarten.

Diese Entwicklungen müssen allerdings für die Grundlagenforschung teilweise als problematisch angesehen werden. Im Hinblick auf ihre fächerübergreifende, langfristige Ausrichtung und die Freiheit der Wissenschaft als „Wert an sich“ ist die Gewährleistung von Planungssicherheit bei gleichzeitiger inhaltlicher Unabhängigkeit eine unabdingbare Voraussetzung. Trotz der durch FOCJ möglichen Stärkung der wettbewerblichen Leistungsanreize sollte somit das derzeitige System der staatlichen Grundfinanzierung prinzipiell beibehalten werden[1].

Eine abweichende, positivere Beurteilung ergibt sich hingegen für kooperationsfördernde Maßnahmen des Staates[2]. So weisen die Einrichtungen der industriellen Gemeinschaftsforschung in Deutschland bereits heute deutliche Parallelen zu FOCJ auf. Die einzelnen Unternehmen können frei über einen Beitritt zu der für sie geeigneten Branchenvereinigung entscheiden, an die wiederum ein Forschungsinstitut angeschlossen ist. Anreize für eine Mitgliedschaft bestehen insbesondere in der Chance zur Überwindung von Mindestgrößen, in den Kooperationsmöglichkeiten und Schulungsveranstaltungen sowie im unmittelbaren, kontinuierlichen Zugang zu den Forschungsinstituten und -ergebnissen bereits während der Laufzeit der Vorhaben[3]. Die Finanzierung der einzelnen Projekte erfolgt durch Mitgliedsbeiträge und staatliche Zuwendungen, wobei der Anteil der letztgenannten seit 1991 stetig zurückgegangen ist und 1996 nur noch bei etwa 32 % lag[4].

Angesichts der geringen Zahl der Branchenvereinigungen und Forschungseinrichtungen - die AiF umfaßt als ihre Dachorganisation zur Zeit 109 Branchenvereinigungen, die über 59 Branchenforschungsinstitute verfügen[5] - sowie ihrer Spezialisierung können zudem die Informationskosten aus Sicht der Mitglieder vernachlässigt werden. Probleme ergeben sich lediglich, wenn der Staat sich völlig aus der Finanzierung zurückzieht und den Unternehmen im Gegenzug eine spezielle steuerliche Entlastung gewährt. Ein derartiges Vorgehen ist zwar grundsätzlich sinnvoll, es widerspricht jedoch der im Rahmen einer umfassenden Reform angestrebten Vereinfachung und Entbürokratisierung des Steuersystems. Erst nach einer allgemeinen Entlastung der Bürger und Unternehmen ergeben sich demzufolge neue Perspektiven für die Ausgestaltung der Verbundforschung.

Schließlich haben sich die Branchenvereinigungen im Zeitablauf von vorrangigen Interessenvertretungen zu Dienstleistern mit unterschiedlichsten Funktio-

---

1 Vgl. zu Reformansätzen innerhalb der bestehenden institutionellen Strukturen Abschnitt III.2.2.1.

2 Die folgenden Ausführungen konzentrieren sich auf die Förderung der Verbundforschung sowie auf die Anbahnung von Forschungs- und Entwicklungskooperationen. Technologie- und Gründerzentren werden dagegen nicht betrachtet, da die Unternehmen hier nur einmalig „beitreten" und ein Wechsel zwischen unterschiedlichen Anbietern nicht möglich ist.

3 Vgl. Wohlfahrt (1997a), S. 171 ff.

4 Vgl. AiF (1996).

5 Vgl. Wohlfahrt (1997b), S. 47 f. In den Branchenvereinigungen haben sich insgesamt rund 50.000 kleine und mittlere Unternehmen zusammengeschlossen.

nen entwickelt. Innerhalb einer zusammenwachsenden Europäischen Union kann das Leistungsangebot der industriellen Forschungseinrichtungen in Deutschland einen Beitritt auch für Unternehmen aus anderen Mitgliedstaaten attraktiv machen. In diesem Fall kommt es zu einer endogenen, flexiblen Anpassung der Größe des FOCUS, konkret zu einer Internationalisierung der Verbundforschung einer bestimmten Branche - wobei grundsätzlich auch eine Regionalisierung denkbar ist, wenn bürokratische Ineffizienzen auftreten oder starke Präferenzunterschiede entstehen.

Institutionen zur Übernahme der Transaktionskosten von Forschungs- und Entwicklungskooperationen können gleichfalls als ein FOCUS interpretiert werden. Beschränkt sich ihre Tätigkeit auf die reine Anbahnung einer (grenzüberschreitenden) Zusammenarbeit, so entspricht die Gebühr für die Aufnahme in eine Datenbank bzw. für die Vermittlung eines oder mehrerer Kooperationspartner(s) dem Mitgliedsbeitrag[1]. Fortschritte in der Informations- und Kommunikationstechnologie haben hier in den vergangenen Jahren zu einem permanenten Rückgang der Fixkosten bei ohnehin geringen variablen Kosten geführt, so daß eine gleichzeitige steuerliche Entlastung kaum sinnvoll ist. Vielmehr sollten vor diesem Hintergrund die Möglichkeiten einer privaten, erwerbswirtschaftlichen Bereitstellung anstelle des derzeitigen staatlichen Angebots kritisch geprüft werden. Die bisherigen Erfahrungen auf nationaler und europäischer Ebene sprechen dafür, daß seitens der Marktteilnehmer eine ausreichende Nachfrage nach Kooperationsangeboten besteht und daher eine entsprechende Zahlungsbereitschaft zu vermuten ist.

Probleme ergeben sich hingegen, wenn das Leistungsangebot auf die sonstigen kooperationsrelevanten Transaktionskosten ausgeweitet wird. Hierzu zählen insbesondere laufende Aufwendungen für die Koordination der einzelnen Projektschritte, Reisen und gemeinsame Konferenzen, die für kleine und mittlere Unternehmen durchaus eine prohibitive Höhe erreichen können. Institutionen, die diese Funktionen erfüllen wollen, müßten deutlich höhere Beiträge erheben - mit den bereits angesprochenen Folgen im Fall einer steuerlichen Kompensation. Insbesondere kommt es nun zu einer Verzerrung von Anreizen, da die Unternehmen bestrebt sein werden, möglichst hohe Rückflüsse zu erzielen.

Eine mögliche Lösung aus deutscher Sicht besteht in der Übernahme der genannten Funktionen durch die Branchenvereinigungen bzw. die Arbeitsgemeinschaft industrieller Forschungsvereinigungen. Durch eine entsprechende Ausweitung des Dienstleistungsangebots könnte zudem eine Vereinfachung der in-

---

[1] Von der Problematik der Geheimhaltung „schutzwürdige(r) Projektinhalte" - Starbatty/ Vetterlein (1990a), S. 89 - sei an dieser Stelle abgesehen.

stitutionellen Strukturen der Forschungslandschaft erreicht werden[1]. Grenzüberschreitende Kooperationen innerhalb der Europäischen Union lassen sich jedoch auf diese Art zumindest vorläufig nur in begrenztem Umfang initiieren, so daß weiterhin staatlicher Handlungsbedarf besteht.

Die deutsche Forschungslandschaft weist zum Teil bereits heute wesentliche Charakteristika eines Systems von FOCJ auf. Konkret zeigen sich mit der indirekten institutionellen Förderung der Grundlagenforschung durch die Wissenschaftsorganisationen und der Kofinanzierung der industriellen Gemeinschaftsforschung zwei zunächst erfolgversprechende Ansatzpunkte. Allerdings sollten die Umsetzungsmöglichkeiten im erstgenannten Bereich nicht überschätzt werden, da hier ein Konflikt zwischen einer stärkeren wettbewerblichen Orientierung der Grundlagenforschung und anderen forschungspolitischen Zielen besteht. Ein Rückzug des Staates aus der Finanzierung wäre daher verfehlt.

Auf der anderen Seite könnte die industrielle Gemeinschaftsforschung relativ problemlos in einen FOCUS überführt werden und dabei gegebenenfalls sogar zusätzliche Aufgaben im Bereich der Anbahnung von Forschungs- und Entwicklungskooperationen übernehmen. Voraussetzung hierfür ist jedoch eine allgemeine Entlastung der Unternehmen im Zuge einer umfassenden Steuerreform, durch die ihre Finanzausstattung verbessert und komplexe Kompensationslösungen vermieden würden.

2.5. Zusammenfassung der bisherigen Ergebnisse

Die dargestellten ökonomischen Kriterien erlauben zwar keine allgemeingültige, eindeutige und trennscharfe Kompetenzabgrenzung zwischen den einzelnen Handlungsebenen in hierarchisch strukturierten Gemeinwesen. Sie sind jedoch durchaus geeignet, die relative Vorteilhaftigkeit zentraler und dezentraler Aufgabenerfüllung zu beurteilen[2]. Hierbei hat sich gezeigt, daß die betrachteten Maßnahmen der Forschungs- und Technologiepolitik i.e.S. zumeist besser oder wenigstens ebenso gut von den untergeordneten Gebietskörperschaften geplant und durchgeführt werden können. Auf der anderen Seite fallen auch der zentralen Ebene zweifellos wichtige Aufgaben zu. Zu erwarten und durchaus wün-

---

1 Die AiF könnte hierbei auch als Projektträger für staatliche Maßnahmen fungieren, entsprechend der derzeitigen Praxis bei der Vergabe von Fördermitteln im Rahmen der FuE-Personalförderung Ost.

2 Vgl. ähnlich Postlep (1992), S. 142, der von deutlichen Affinitäten öffentlicher Güter „zur zentralen oder dezentralen Aufgabenwahrnehmung" spricht.

schenswert ist es daher, daß langfristig „mehrere Ebenen gleichzeitig in (diesem) Politikbereich tätig“[1] sein werden.

Im einzelnen läßt sich für die Förderung der Grundlagenforschung feststellen, daß die Berücksichtigung der ausgeprägten regionalen Besonderheiten in der Europäischen Union - die sich im Konflikt von Kohäsionsziel und Spitzenforschung widerspiegeln - und der unter anderem aus diesem Grund zu erwartende Anstieg der administrativen Kosten für dezentrale Kompetenzen sprechen[2]. Insbesondere aber verdeutlichen die Überlegungen zum Standortwettbewerb die positiven Wirkungen der Konkurrenz zwischen unterschiedlichen Forschungseinrichtungen und -systemen. Der Aufbau einer eigenen Forschungsinfrastruktur stellt zudem für jeden Mitgliedstaat ein wesentliches Instrument zur Sicherung seiner Standortqualität dar, da neues Wissen nicht uneingeschränkt als supranationales öffentliches Gut angesehen werden kann. Vor dem Hintergrund dieser Anreize ist ein Rückgang der nationalen Aktivitäten auch dann nicht zu erwarten, wenn die EU ihr forschungs- und technologiepolitisches Engagement weiter verstärken sollte.

Grenzüberschreitende externe Effekte können aufgrund ihrer Ubiquität nur in seltenen, gravierenden Fällen und in Verbindung mit anderen Faktoren Kompetenzzuweisungen an übergeordnete Gebietskörperschaften legitimieren, zumal die Spillovers keine zu geringen dezentralen Investitionen in Grundlagenwissen und den Ausbau der Forschungsinfrastruktur befürchten lassen. Versuche, fiskalische Äquivalenz herbeizuführen, sind vor diesem Hintergrund weder erfolgversprechend noch notwendig. Ferner gibt es nur wenige Beispiele für Größen- und/oder Verbundvorteile in der Grundlagenforschung, die nicht im Rahmen einer nationalen Förderung oder durch zwischenstaatliche Kooperationen ausgeschöpft werden können[3]. Gleiches gilt für die Überwindung von Mindestgrößen, so daß auch dieses Zentralisierungsargument in den meisten Fällen keine überzeugende Begründung für das Tätigwerden einer übergeordneten Hierarchieebene darstellt. Abbildung IV-3 faßt die bisherigen Ausführungen zusammen.

---

1 Grande (1996), S. 141. Vgl. ferner Mönig (1996), S. 70 ff., der von einem „Nebeneinander“ der europäischen und nationalen Forschungsförderung spricht.

2 Die folgenden Ausführungen gelten entsprechend für die in begrenztem Umfang sinnvolle anwendungsorientierte und -nahe Förderung nach dem Vorbild der Fraunhofer-Gesellschaft, vgl. auch unter III.2.2.1.

3 Vgl. auch Bartling/Hemmersbach (1995), S. 352.

Abbildung IV-3: Kompetenzverteilung in der Grundlagenforschung

	Europäische Union	Nationale Ebene
• Institutioneller Wettbewerb als Entdeckungs- und Kontrollverfahren		X
• Berücksichtigung regionaler Besonderheiten und Präferenzen		X
• Höhe der administrativen Kosten		X
• Ausnutzung von Größen-/Verbundvorteilen, Überwindung von Mindestgrößen		
- Auf nationaler Ebene möglich		X
- Auf nationaler Ebene nicht möglich	X (Durchführungskompetenz, in Einzelfällen auch Entscheidungskompetenz)	X (Entscheidungskompetenz)
• Grenzüberschreitende externe Effekte		
- Kooperationslösung möglich		X
- Kooperationslösung nicht möglich		
- Keine gravierenden Externalitäten		X
- Gravierende Externalitäten	X (nur in Verbindung mit Größen-/Verbundvorteilen oder Mindestgrößen)	X

Die EU sollte somit unzweifelhaft in denjenigen Forschungsfeldern und zugunsten solcher Vorhaben aktiv werden, „die im nationalen Rahmen nicht oder nur unzulänglich erforscht werden können“[1]. Als mögliche Ursachen lassen sich gravierende Größen- und/oder Verbundvorteile sowie andernfalls nicht erreichbare Mindestgrößen bzw. extrem hohe Finanzierungskosten nennen[2]. Ein gemeinsames Interesse der Mitgliedstaaten oder die Existenz bedeutender grenzüberschreitender externer Effekte stellen hingegen für sich genommen keine überzeugenden Zentralisierungsargumente dar[3]. Darüber hinaus ergeben sich

1 Wissenschaftsrat (1993), S. 34. Vgl. auch Trotha/Knorr (1996), S. 85 f., die die Allgemeinheit und Pauschalität dieser Aussage kritisieren.

2 Vgl. ähnlich Gäfgen (1994), S. 45, demzufolge europäische Kompetenzen durch die „Größenordnung bekannter Effekte“ begründet werden.

3 Eine andere Auffassung vertritt Haas (1995), S. 91, der sich für eine europäische Förderung von Technologien ausspricht, „bei denen eine sehr umfassende industrielle Anwendung“

spezifische Kompetenzen in Bereichen wie der Umwelt- und Verkehrspolitik, in denen die EU über hoheitliche politische Entscheidungsbefugnisse verfügt und ein aus diesen abgeleiteter Wissens- und Informationsbedarf vorliegt.

Die überwiegende Mehrzahl der Forschungsfelder und -projekte sollte auch in Zukunft auf der Ebene der Mitgliedstaaten bearbeitet werden. Allerdings ist eine exakte Trennung von nationalen und europäischen Kompetenzen in der Grundlagenforschung und beim Ausbau der Forschungsinfrastruktur weder möglich noch erforderlich. Unabdingbar erscheint hingegen die Einrichtung einer supranationalen Wissenschaftsorganisation, die über die gemeinsam zu bearbeitenden Gebiete und Vorhaben entscheidet. Kommt es hierbei zu einzelnen Überschneidungen mit den (höher entwickelten) Mitgliedstaaten, so trägt dies zu einer Intensivierung des leistungssteigernden Wettbewerbs in der Forschung bei und erhöht letztlich die Chancen für eine erfolgreiche Lösung.

Schließlich erscheint ein stärkeres Engagement der Europäischen Union beim grenzüberschreitenden wissenschaftlichen Erfahrungs- und Ergebnisaustausch[1] sowie bei der Förderung der Mobilität von Forschern angezeigt[2]. Die in vielen Mitgliedstaaten existierenden nationalen Initiativen könnten im Zuge der Intensivierung der europäischen Aktivitäten reduziert werden. Allerdings besteht hierfür keine Notwendigkeit, da in diesem Bereich durchaus konkurrierende Zuständigkeiten vorstellbar sind, die nicht zu gravierenden Effizienzverlusten führen.

Verglichen mit den unter II.2.4.2. dargestellten „Riesenhuber-Kriterien" für Förderprogramme der Europäischen Union ergeben sich somit deutliche Unterschiede und Konkretisierungen. So können den erhofften finanziellen Vorteilen bzw. der „größere(n) Effektivität gemeinschaftlicher Lösungen"[3] bei dynamischer Betrachtung negative Wettbewerbswirkungen entgegenstehen, die eine Zentralisierung nachteilig erscheinen lassen. Auch die Feststellung, daß wichti-

---

erwartet werden kann. Nach Klodt/Stehn u.a. (1992), S. 107, ist eine Kompetenzverlagerung auf die Gemeinschaftsebene allgemein „um so eher gerechtfertigt, je marktferner die geförderten Projekte" und je höher folglich die von ihnen verursachten externen Effekte sind. Vgl. auch dort, S. 114 f. Diese Begründungen erscheinen jedoch wie gezeigt nicht ausreichend.

1 Starbatty/Vetterlein (1990a), S. 134, stellen fest, daß der Austausch von Erfahrungen und Ergebnissen zu einer „erhöhte(n) Transparenz" der europäischen Forschungslandschaft führt.

2 Vgl. ähnlich Wiekert (1996), S. 254; Pflugmann-Hohlstein (1993), S. 176; Klodt/Stehn u.a. (1992), S. 108, sowie Starbatty/Vetterlein (1990a), S. 38, die insbesondere von der Mobilitätsförderung einen hohen grenzüberschreitenden Nutzen erwarten.

3 Grande (1996), S. 133.

ge Ergebnisse für alle Mitgliedstaaten erarbeitet werden sollen, rechtfertigt allein noch keine Kompetenzübertragung. Europäische Förderprogramme sind angesichts der bestehenden Kooperationsmöglichkeiten ferner nicht pauschal mit dem Argument zu begründen, daß die notwendigen finanziellen Mittel und personellen Ressourcen nicht von einem Mitgliedstaat allein aufgebracht werden können. Lediglich die mobilitätsfördernden sowie auf den Austausch von Erfahrungen und Ergebnissen gerichteten Maßnahmen erscheinen zur Unterstützung des räumlichen Zusammenhalts der europäischen Wissenschaft und Technik uneingeschränkt wünschenswert und sinnvoll.

Die Betrachtung kooperationsfördernder Maßnahmen zugunsten von kleinen und mittleren Unternehmen hat gezeigt, daß diese aus Sicht der Marktteilnehmer unabhängig von der durchführenden staatlichen Handlungsebene eine Reihe von positiven Wirkungen erwarten lassen. Konkret können sie ihnen eine Internalisierung und Nutzung externer Effekte ermöglichen, zu einer Realisierung von Größen- und/oder Verbundvorteilen beitragen und die Überwindung von Mindestgrößen erleichtern. Letztlich verbessert sich die Wettbewerbsposition dieser Unternehmen. Aussagen über die geeignete vertikale Kompetenzverteilung lassen sich hieraus jedoch nicht ableiten. Entscheidend sind folglich andere Kriterien.

Eine Subventionierung der industriellen Gemeinschaftsforschung ist grundsätzlich von der Schaffung der notwendigen institutionellen Voraussetzungen durch die Privatwirtschaft abhängig. Liegen diese vor, so sollte die räumliche Ausdehnung der Branchenvereinigungen und ihrer Forschungsinstitute möglichst mit dem Hoheitsgebiet der fördernden Ebene übereinstimmen. Nationale Organisationen wie die AiF wären dann von den Mitgliedstaaten, supranationale Vereinigungen von der EU zu unterstützen.

Vorteile für die zentrale Ebene ergeben sich dagegen bei der Anbahnung grenzüberschreitender Forschungs- und Entwicklungskooperationen. Werden die Maßnahmen entsprechend ausgestaltet und sieht der Staat von zusätzlichen Subventionen ab, so ist hier keine Zunahme der administrativen Kosten zu erwarten. Andererseits steigt die Zahl der angesprochenen Unternehmen und damit der potentiellen Partner. Im Zusammenhang mit der Einrichtung von Technologie- und Gründerzentren ist schließlich das Problem der regional gewachsenen Strukturen und Besonderheiten entscheidend, die von zentralen Entscheidungsträgern nicht ausreichend berücksichtigt werden können. Auch eine frühzeitige Einbeziehung privater Betreiber ist seitens der untergeordneten Gebietskörperschaften besser möglich. Abbildung IV-4 faßt die Aussagen zur Kompetenzverteilung bei kooperationsfördernden Maßnahmen zusammen.

Abbildung IV-4: Kompetenzverteilung bei kooperationsfördernden Maßnahmen

	Europäische Union	Nationale Ebene
Förderung der industriellen Gemeinschaftsforschung	X (supranationale Branchenvereinigungen)	X (nationale Branchenvereinigungen)
Anbahnung (grenzüberschreitender) Forschungs- und Entwicklungskooperationen	X	
Einrichtung von Technologie- und Gründerzentren		X

Um einen ineffizienten Subventionswettlauf zwischen den untergeordneten politischen Einheiten zu verhindern, muß ferner gewährleistet sein, daß die staatlichen Hilfen nur unter genau festgelegten Bedingungen und in begrenzter Höhe gewährt werden[1]. Die Aufstellung und Durchsetzung entsprechender Regelungen für den Standortwettbewerb ist wiederum Aufgabe der jeweils höheren Ebene. Internationale Abkommen sollen sicherstellen, daß sich die Entscheidungsträger in den einzelnen Gebietskörperschaften vorrangig auf die (unbegrenzt mögliche) Förderung der Grundlagenforschung sowie auf das zentrale Problem der Schaffung innovationsfreundlicher Rahmenbedingungen konzentrieren.

Anders als das Subsidiaritätsprinzip und das Prinzip der fiskalischen Äquivalenz beschäftigt sich das Konzept funktionaler, überlappender und konkurrierender Jurisdiktionen nicht mit der geeigneten vertikalen Kompetenzverteilung innerhalb gegebener institutioneller Strukturen. Vielmehr stellt es sowohl die bestehende räumliche Gliederung der Gebietskörperschaften als auch die Erfüllung einer Vielzahl von öffentlichen Aufgaben durch eine einzelne, gewählte Regierung in Frage. Die Ausdehnung der spezialisierten FOCJ ergibt sich durch flexible, endogene Anpassungen. Ziel dieses Ansatzes ist es, durch eine Intensivierung des Wettbewerbs die Entscheidungsträger zu einem möglichst effizienten Angebot öffentlicher Leistungen und zur Berücksichtigung der untersuchten Kriterien zu zwingen. Dezentrale Kompetenzen sind zwar eine wesentliche Voraussetzung, aber nicht notwendigerweise auch das Ergebnis der resultierenden Prozesse.

---

1 Vgl. hierzu bereits unter IV.2.2.2.2.

In der Grundlagenforschung sind mit der Umsetzung dieses Konzepts jedoch gravierende Probleme verbunden, die insbesondere mit der Sicherung der Freiheit der Wissenschaft zusammenhängen. Dagegen weist die industrielle Gemeinschaftsforschung, die im Zuge des europäischen Integrationsprozesses an Bedeutung gewinnen könnte, bereits heute wesentliche Merkmale von FOCJ auf. Gleichwohl sind die Realisierungschancen insgesamt als gering zu bezeichnen, so daß die abgeleiteten Ergebnisse bezüglich der Aufteilung der forschungs- und technologiepolitischen Kompetenzen zwischen den Entscheidungsträgern innerhalb der bestehenden institutionellen Strukturen ihre Gültigkeit behalten.

Insgesamt zeigt sich, daß das Problem möglicher Kompetenzüberschneidungen zwischen nationaler und supranationaler Ebene für die betrachteten Maßnahmen der Forschungs- und Technologiepolitik i.e.S. von untergeordneter Bedeutung ist und gegenüber ihrer grundsätzlichen Ausrichtung - definiert durch die Kriterien Anwendungsnähe und Steuerungspotential - in den Hintergrund tritt.

Im Bereich der Grundlagenforschung läßt sich zwar keine eindeutige und trennscharfe Aufgabenverteilung vornehmen. Eventuelle Doppel- oder Mehrfachforschungen müssen sich jedoch keineswegs nachteilig auswirken, sondern tragen im Gegenteil zu einer Intensivierung des Wettbewerbs in der Forschung bei und erhöhen aus übergeordneter Sicht die Erfolgswahrscheinlichkeit der Vorhaben.

Allgemeine Maßnahmen zur Kooperationsförderung können den einzelnen Handlungsebenen dagegen relativ eindeutig zugeordnet werden. Eine Umorientierung in der Forschungs- und Technologiepolitik i.e.S. hätte somit auch eine Entschärfung bestehender Kompetenzkonflikte zur Folge. Auf diese wird im folgenden Abschnitt 3. eingegangen, der sich mit der derzeitigen Aufgabenverteilung zwischen der EU und ihren Mitgliedstaaten beschäftigt.

3. Die derzeitige Kompetenzverteilung zwischen den Handlungsebenen

Bislang wurde ausschließlich die Kompetenzverteilung für diejenigen forschungs- und technologiepolitischen Maßnahmen i.e.S. betrachtet, die den Untersuchungen von Teil III zufolge als erforderlich oder wünschenswert anzusehen sind. In der Praxis spielt jedoch die direkte Projektförderung zugunsten der angewandten Forschung sowohl auf nationaler als auch auf supranationaler Ebene eine überragende Rolle. Ferner werden indirekte Förderinstrumente oftmals zur Unterstützung der einzelbetrieblichen Forschung und Entwicklung eingesetzt.

Um eine Beurteilung der derzeitigen Kompetenzverteilung zwischen der Europäischen Union und ihren Mitgliedstaaten vornehmen zu können, müssen die Überlegungen aus IV.1. auch auf solche Fördermaßnahmen angewendet werden, die aus ökonomischer Sicht abzulehnen sind. Im Rahmen dieser pragmatischen, an der politischen Realität orientierten Vorgehensweise stellen sich jedoch weitere Fragen. So ist zu prüfen, ob die vorgebrachten Argumente im Fall einer Zentralisierung der anwendungsnahen direkten Projektförderung und der einzelbetrieblichen indirekten Forschungsförderung an Überzeugungskraft verlieren oder ob sich die Kritik eher noch verstärkt. Angesichts der Intensivierung des Standortwettbewerbs wird beispielsweise vermutet, daß dezentrale Kompetenzen zu einer Verringerung der mit staatlichen Steuerungsversuchen verbundenen Gefahren beitragen können. Zumindest aus übergeordneter Perspektive würde eine selektive Forschungsförderung in diesem Fall „viel von ihrer ordnungspolitischen Brisanz“[1] verlieren. Diese Untersuchungen sind Gegenstand von Abschnitt 3.1. Eine kritische Würdigung der derzeitigen Kompetenzverteilung erfolgt anschließend unter 3.2.

3.1. Ökonomisch unbegründete Maßnahmen der Forschungs- und Technologiepolitik i.e.S. im Mehrebenenmodell

In III.1.6.2. wurde gezeigt, daß eine Subventionierung der angewandten Forschung und Entwicklung normalerweise nicht erforderlich ist, da hier ausreichende Anreize für ein privates Engagement bestehen. Vor diesem Hintergrund sind an der anwendungsnahen direkten Projektförderung (vgl. unter 3.1.1.) und an allgemeinen Maßnahmen in diesem Bereich (vgl. 3.1.2.) grundsätzliche Zweifel angebracht.

3.1.1. Direkte Projektförderung der angewandten Forschung und Entwicklung

Die anwendungsnahe direkte Projektförderung führt zu erheblichen Diskriminierungen zwischen geförderten und nicht-geförderten Unternehmen, Branchen und Technologien sowie zu Wettbewerbsverzerrungen zwischen großen und kleinen Unternehmen. Darüber hinaus verursachen die Erarbeitung, Durchführung und Kontrolle der entsprechenden Programme erhebliche administrative Kosten. Schließlich sehen sich die politischen Entscheidungsträger bei der Auswahl der besonders förderungswürdigen Forschungsfelder und Projektvor-

---

[1] Kerber (1998a), S. 344.

schläge mit unüberwindlichen Informations- und Bewertungsproblemen konfrontiert[1].

Eine Verlagerung dieser Programme auf die europäische Ebene kann die angesprochenen Probleme jedoch nicht beseitigen, im Gegenteil. Zunächst werden die wettbewerbsverzerrenden und konzentrationsfördernden Wirkungen eher noch verstärkt[2]. Die Schwierigkeiten kleiner und mittlerer Unternehmen bei der Erlangung von Fördergeldern nehmen aufgrund von Informationsdefiziten sowie durch die zunehmend komplexen und aufwendigen Antragsverfahren mit dem Zentralisierungsgrad zu. Wenig verwunderlich ist es daher, daß eine Beteiligung an Maßnahmen der Europäischen Union für diese Gruppe „kaum in Frage“[3] kommt. Lediglich 3 % partizipieren an europäischen Forschungsprogrammen, verglichen mit 11 % auf der regionalen und 12 % auf Bundesebene. Großunternehmen sind hingegen als Teilnehmer auf allen Ebenen überrepräsentiert, die Relation steigt jedoch von 3:2 bei regionalen über 2:1 bei nationalen auf 3:1 bei europäischen Maßnahmen.

Nicht nur zwischen großen und kleinen Unternehmen, sondern auch zwischen den einzelnen Mitgliedstaaten kommt es zu verzerrenden Wirkungen der Forschungsförderung. Die Mittelrückflüsse aus der gemeinsamen Forschungs- und Technologiepolitik sind in Europa ungleich verteilt, wobei die höher entwickelten Standorte in stärkerem Ausmaß profitieren[4]. Insbesondere die Orientierung am Kriterium der wissenschaftlichen Exzellenz führt dazu, daß bereits begünstigte Regionen weiter gefördert werden, wogegen regionale Aufholprozesse im Bereich der technologischen Entwicklung kaum initiiert werden können. Hinzu kommt, daß von der angewandten Forschung nur vergleichsweise geringe externe Effekte ausgehen. Ferner sieht sich die projektspezifische Förderung von grenzüberschreitenden Forschungs- und Entwicklungskooperationen mit gravierenden Mitnahmeeffekten konfrontiert. Die erhofften positiven Folgewir-

---

1 Vgl. zu den genannten Aspekten ausführlich unter III.2.2.2.1.

2 Vgl. auch Welfens (1995), S. 9; H. Winter (1994), S. 117. Starbatty (1987), S. 175, betont, daß sich die Verfehlungen potenzieren, „je weiter man in der Hierarchiestruktur nach oben wandert“.

3 Spielkamp (1997b), S. 18. Vgl. dort auch zu den folgenden Daten. Eine umfassende Untersuchung der Beteiligung kleiner und mittlerer Unternehmen an den Forschungsprogrammen der Europäischen Union führen Reichardt/Wimmers (1992) durch. Auch diese Studie verdeutlicht die angesprochenen Probleme.

4 Vgl. hierzu und zum folgenden Sturm (1996), S. 41; ders. (1992), S. 27; Grande/Häusler (1994), S. 214 f. An etwa 60 % aller von der EU geförderten Forschungs- und Entwicklungsprojekte sind deutsche Unternehmen beteiligt. Hiervon entfallen wiederum die meisten Mittel auf die technologisch führenden Länder Baden-Württemberg und Bayern, vgl. FAZ (1998f), S. 22.

kungen der EU-Vorhaben in den beteiligten Ländern dürften daher oftmals überschätzt werden.

Darüber hinaus lassen zentrale Programme angesichts der „organisatorische(n) Mängel ... der EG-Technologiepolitik sowohl bei der Mittelvergabe als auch bei der Programmkontrolle“[1] einen überproportionalen Anstieg der administrativen Kosten erwarten. Die Kosten der Entscheidungsfindung - Informations-, Koordinations- und Konsensfindungskosten - sind in Europa deutlich höher als auf nationaler Ebene[2]. Verantwortlich hierfür ist die größere Vielfalt von Strukturen und Präferenzen, die erfaßt, kommuniziert und in gemeinsame, einheitliche Maßnahmen umgesetzt werden müssen. Jeder Mitgliedstaat versucht, die Forschungsprogramme in seinem Interesse zu beeinflussen und entsprechende thematische Schwerpunkte festzulegen.

Angesichts der Mehrheitsverhältnisse stellen konsensfähige Beschlüsse notwendigerweise Kompromisse zwischen den unterschiedlichen Anforderungen und Erwartungen an die Europäische Union dar[3], die sich im angesprochenen Konflikt zwischen Kohäsionsziel und Spitzenforschung widerspiegeln. Da die mehrjährigen Rahmenprogramme zudem in einem komplizierten Abstimmungsverfahren zwischen Kommission, Parlament und Ministerrat sowie unter Einflußnahme von Forschungsbürokratie und Interessengruppen erarbeitet werden, gestalten sich die Entscheidungsprozesse äußerst langwierig[4].

„Erhebliche Ineffizienzen“[5] treten auch bei der Durchführung der spezifischen Programme auf, insbesondere aufgrund der im Vergleich zu nationalen Maßnahmen deutlich aufwendigeren Antragsverfahren. Zwar ist es möglich, durch eine entsprechende Dezentralisierung der Umsetzung den Verwaltungsaufwand auf europäischer Ebene zu verringern[6]. Allerdings kommt es nun zu einer Zunahme der Koordinationskosten. Gleiches gilt für die Kontrolle der ausgewählten Vorhaben in bezug auf die korrekte Verwendung der Fördermittel und die Evaluation der erarbeiteten Ergebnisse. Eine Zentralisierung der anwendungsnahen direkten Projektförderung verursacht insgesamt einen deutlichen Anstieg der administrativen Kosten, diesbezügliche Größen- und/oder Verbundvorteile

---

1 Laaser/Soltwedel u.a. (1993), S. 62. Vgl. ferner Klodt/Stehn u.a. (1992), S. 111.

2 Vgl. auch Sturm (1996), S. 45; Grande/Häusler (1994), S. 495.

3 Vgl. Hannowsky/Renner (1996), S. 8.

4 Vgl. zu den Entscheidungsprozessen in der Europäischen Union ausführlich Starbatty/Vetterlein (1990a), S. 41 ff.

5 Thomas (1997), S. 207. Vgl. auch Klodt/Stehn u.a. (1992), S. 47 f. und 109 ff.

6 Vgl. Starbatty/Vetterlein (1990a), S. 119. Projektträger für europäische Förderprogramme in Deutschland sind unter anderem die DFG, die FhG und die AiF.

existieren nicht[1]. Ferner ist nicht zu erwarten, daß mit dem Aufbau einer europäischen Forschungsbürokratie ein entsprechender Abbau auf der Ebene der Mitgliedstaaten einhergehen wird[2].

Schließlich kann eine Zentralisierung selektiver Maßnahmen die Informationsdefizite des Staates nicht überwinden. Die Unsicherheit über zukünftige Entwicklungen und die Gefahr von Fehlprognosen bestehen auch auf einer übergeordneten Ebene, von einer besseren Übersicht der europäischen Entscheidungsträger kann nicht ausgegangen werden. Die Zentralisierung von Kompetenzen und die resultierende Vereinheitlichung von Förderprogrammen führen dann aber nicht zu einer höheren Treffsicherheit der Entscheidungen, sondern vor allem zu einer Eliminierung alternativer Lösungswege und -möglichkeiten[3]. Gleiches gilt für eine Ex-ante-Koordination im Sinne einer Aufteilung von Forschungsgebieten zwischen den Mitgliedstaaten. Je umfassender der räumliche Geltungsbereich einer Maßnahme ist, desto eher sind langfristig inferiore Entwicklungen zu befürchten[4].

Kommt es „lediglich" auf einer untergeordneten Ebene zu Fehlentscheidungen, so sind zwar ebenfalls gravierende Auswirkungen auf die dortigen Wettbewerbsprozesse und die ansässigen Unternehmen zu befürchten. Allerdings wiegen die Folgen dezentraler staatlicher Steuerungsversuche aus übergeordneter Perspektive weniger schwer, wenn ein intensiver Wettbewerb herrscht, der die Offenheit der (technologischen) Entwicklung gewährleistet[5]. Einheitliche zentrale Programme, die den unternehmerischen und den Standortwettbewerb mit seinen anreizschaffenden, disziplinierenden und leistungssteigernden Wirkungen schwächen und eine Sanktionierung verhindern, sind vor diesem Hintergrund eindeutig abzulehnen.

---

1 Vgl. Stehn (1993), S. 41. Starbatty/Vetterlein (1990b), S. 98, sehen demzufolge in der mangelnden „Administrierbarkeit von Programmen und (der) sichtbar abnehmende(n) Effizienz" ein entscheidendes Argument gegen Zentralisierungen.

2 Den Untersuchungen zum Standortwettbewerb zufolge kommt es nicht zu einer Einschränkung nationaler und regionaler Förderprogramme. Ferner treten die untergeordneten Gebietskörperschaften wie erwähnt als ausführende Organe für die zentralen Maßnahmen in Erscheinung.

3 Vgl. Laaser/Soltwedel u.a. (1993), S. 62. Ähnlich auch Starbatty/Vetterlein (1998), S. 716.

4 Angesichts der Fehlbarkeit menschlichen Handelns beinhalten zentrale Lösungen „ein geballtes Risiko unerwünschter Folgen, während unterschiedliche dezentrale Lösungen (dieses) Risiko ... stärker streuen" - Gäfgen (1994), S. 31. Vgl. auch H. Winter (1994), S. 109.

5 Auf diesen Punkt bezieht sich das eingangs erwähnte Argument von Kerber (1998a), S. 344.

Rechtfertigen läßt sich eine Zentralisierung allenfalls bei der Förderung anwendungsorientierter Vorhaben der Spitzenforschung bzw. -technik, die für einen einzelnen Mitgliedstaat nicht finanzierbar sind und einen großen potentiellen Nutzerkreis aufweisen. Ist ein solches Vorgehen im Einzelfall gewünscht, so kann ein Eingreifen der EU sinnvoll sein[1]. Die Selektion der betreffenden Projekte sollte jedoch erneut von unabhängigen Organisationen der Wissenschaft vorgenommen werden, gegebenenfalls wie bei der AiF unter Beteiligung der Wirtschaft. Darüber hinaus ist zu gewährleisten, daß die wenigen denkbaren Ausnahmen nicht zu einem Einfallstor für umfassende Gemeinschaftsaktivitäten werden.

Eine Europäisierung der anwendungsnahen direkten Projektförderung führt insgesamt offensichtlich zu einer Verschärfung ihrer grundsätzlichen Problematik. Im Gegensatz hierzu können dezentrale Handlungsbefugnisse die Schwierigkeiten zwar nicht überwinden, die möglichen negativen Auswirkungen aber zumindest verringern und begrenzen. Welche Schlußfolgerungen ergeben sich demgegenüber für allgemeine Maßnahmen zugunsten einzelner Unternehmen?

3.1.2. Indirekte Förderung von Forschung und Entwicklung in einzelnen Unternehmen

Als zentrale Kritikpunkte an allgemeinen Forschungssubventionen haben sich die zu erwartenden Mitnahmeeffekte sowie die Probleme bei der Ermittlung einer geeigneten Bemessungsgrundlage in einer Vielzahl von kleinen und mittleren Unternehmen erwiesen. Unabhängig von der Handlungsebene kommt es hierdurch zu teilweise gravierenden Ineffizienzen und Wettbewerbsverzerrungen, wobei seitens der Europäischen Union bislang keine einzelbetriebliche indirekte Förderung von Forschung und Entwicklung erfolgt[2].

Mitnahmeeffekte verhindern, daß sich die Forschungsausgaben der Unternehmen insgesamt erhöhen. Die Zielkonformität der betrachteten Maßnahmen ist somit gering. Überzeugende Gründe, warum auf europäischer Ebene ein höherer Grad der Zielverwirklichung erreicht werden sollte als bei einer dezentralen Förderung, sind nicht erkennbar. Auf der anderen Seite dürften die Wettbe-

---

1 Vgl. Bartling/Hemmersbach (1995), S. 351 und 353, die jedoch die folgenden Fragen nicht thematisieren. Vgl. auch Klodt/Stehn u.a. (1992), S. 107 ff.

2 Ursache hierfür ist vor allem die erwähnte fehlende Steuerhoheit der Europäischen Union. Diese sorgt für eine finanzielle Abhängigkeit von den Mitgliedstaaten und übt somit Druck im Hinblick auf eine möglichst effiziente Mittelverwendung aus. Vgl. Kösters (1998), S. 453, und Eickhof (1997), S. 451, die sich für eine Beibehaltung der derzeitigen Regelungen aussprechen.

werbsverzerrungen nun eher noch gravierender ausfallen, da mit zunehmender Heterogenität der Empfänger auch eine angemessene, einheitliche Subventionsgrundlage schwieriger zu bestimmen ist. Eine zumindest wahrscheinliche Folge dieser Zurechnungsprobleme ist ferner ein Anstieg der (bei diesen Maßnahmen an sich relativ geringen) administrativen Kosten[1].

Schließlich muß berücksichtigt werden, daß sich die von der unternehmerischen Forschungstätigkeit ausgehenden positiven externen Effekte zumeist in der näheren Umgebung erschöpfen und nur in Ausnahmefällen spürbare grenzüberschreitende Wirkungen auftreten. Eine Kompensation auf übergeordneter Ebene erscheint folglich nicht zweckmäßig[2]. Wird eine allgemeine Förderung von Forschung und Entwicklung ungeachtet aller kritischen Einwände aus politischen Gründen gewünscht, sollte sie möglichst dezentral unter Beachtung konkret festgelegter, international verbindlicher Subventionsregeln erfolgen.

Zusammenfassend erweisen sich die untergeordneten Ebenen somit nicht nur bei den erforderlichen und wünschenswerten Maßnahmen der Forschungs- und Technologiepolitik i.e.S. als überlegen, sondern auch bei den in der Praxis dominierenden Instrumenten. Wie ist vor diesem Hintergrund die derzeitige Kompetenzverteilung zwischen der Bundesrepublik Deutschland und der Europäischen Union in der Forschungs- und Technologiepolitik i.e.S. zu beurteilen?

3.2. Beurteilung der derzeitigen Kompetenzverteilung

Die Forschungs- und Technologiepolitik im engeren Sinn fällt nach wie vor in die Primärkompetenz der Mitgliedstaaten, während die Handlungsbefugnisse der Gemeinschaft insbesondere durch die Rahmenprogramme auf der Grundlage von Art. 130 i EG-Vertrag sowie den EURATOM-Vertrag definiert sind[3]. Ihre Maßnahmen konzentrieren sich dabei weitgehend auf die Unterstützung von marktnahen Vorhaben, die auch in Deutschland den überwiegenden Teil der zur Verfügung stehenden Mittel beanspruchen.

Das Primat der nationalen Ebene wird durch die Anwendung der Kriterien für die vertikale Kompetenzverteilung auf die Forschungs- und Technologiepolitik i.e.S. nachdrücklich bestätigt. Dann aber sind die zunehmenden Aktivitäten der

---

[1] Vgl. ähnlich Spielkamp (1997b), S. 22, der feststellt, daß sich die Mittelstandsförderung aus „Gründen der Zweckmäßigkeit, (insbesondere) der schnellen und einfachen Verwaltungswege ... als eine überwiegend national (oder regional) zu lösende Aufgabe erwiesen" hat.

[2] Vgl. Bartling/Hemmersbach (1995), S. 355.

[3] Vgl. hierzu und zum folgenden bereits die Ausführungen unter II.2. sowie unter III.3.

Europäischen Union äußerst skeptisch zu beurteilen, zumal gerade die Bereiche, in denen sie eine subsidiäre Funktion übernehmen sollte, bislang keine oder nur eine geringe Rolle spielen.

Kompetenzkonflikte zwischen der EU und ihren Mitgliedstaaten bestehen derzeit trotz teilweise unterschiedlicher inhaltlicher Schwerpunkte vorrangig bei der Förderung der angewandten Forschung und Entwicklung in den sogenannten Schlüsseltechnologien sowie bei prestigeträchtigen, medienwirksamen Großprojekten. Derartige Maßnahmen können aus innovationstheoretischer Sicht kaum gerechtfertigt werden und sind zudem aufgrund ihres Steuerungs- und Diskriminierungspotentials ordnungspolitisch bedenklich. Darüber hinaus nehmen die Gefahren für den Wettbewerb als Entdeckungs- und Kontrollverfahren mit dem Zentralisierungsgrad zu, da alternative Lösungen bei dezentralen Programmen weniger stark verdrängt werden. Schließlich führt eine Kompetenzverlagerung auf die EU zu einer mangelnden Berücksichtigung regionaler Besonderheiten und zu einem deutlichen Anstieg der administrativen Kosten.

Im Rahmen der derzeitigen Aufgabenverteilung dominiert mit der direkten Projektförderung gerade auf europäischer Ebene die umstrittenste Maßnahme. Zwar ist die Forschungsförderung dort offiziell auf die Durchführung von Großprojekten ausgerichtet, die die finanziellen Möglichkeiten einzelner Mitgliedstaaten überschreiten[1]. Konkrete Beispiele hierfür lassen sich jedoch kaum finden, so daß diese Voraussetzung zumindest für die höher entwickelten Nationen nur in Ausnahmefällen erfüllt sein dürfte.

Kommt es nun zu Überschneidungen bei Maßnahmen zugunsten der anwendungsnahen Forschung, so müßte sich dem Subsidiaritätsprinzip entsprechend zunächst die EU weitestgehend aus diesem Bereich zurückziehen und sich auf einzelne, extrem kostspielige Vorhaben beschränken. Die Entscheidungen sollten hierbei von unabhängigen Organisationen der Wissenschaft und gegebenenfalls auf dezentraler Ebene getroffen werden. Andererseits ist angesichts der prinzipiellen Einwände auch ein Rückzug der nationalen Forschungs- und Technologiepolitiken aus dieser Art der Förderung angezeigt. Höchst bedenklich ist es in jedem Fall, wenn einzelstaatliche Maßnahmen zugunsten einer Ausweitung der Gemeinschaftsaktivitäten reduziert werden[2].

---

1 Vgl. H. Winter (1994), S. 107.

2 Vgl. Grande (1993), S. 63; Klodt/Stehn u.a. (1992), S. 109. Schmidhuber (1993), S. 419, zufolge dürfen die Anstrengungen der Europäischen Union „nicht zum Alibi für Einsparungen in den nationalen Haushalten werden". Allgemein ist festzustellen, daß in den Mitgliedstaaten der EU die Ausgaben zugunsten des Bereichs „Industrielle Produktion/Technologie" zurückgehen, wogegen die EU diesbezügliche Fördermaßnahmen ausbaut vgl. Eurostat (1998), S. 18.

Dagegen sind die weniger problematische indirekte Förderung von Forschung und Entwicklung in der Wirtschaft sowie die uneingeschränkt wünschenswerte und erforderliche staatliche Finanzierung der Grundlagenforschung und Forschungsinfrastruktur nahezu vollständig den einzelnen Mitgliedstaaten vorbehalten. In der Europäischen Union fehlen nicht nur wesentliche institutionelle Voraussetzungen, teilweise mangelt es offensichtlich auch am politischen Willen für ein stärkeres Engagement. Die indirekte Forschungsförderung im anwendungsnahen Bereich ist allerdings mit erheblichen Mitnahmeeffekten und Effizienzproblemen verbunden, so daß der Aufbau eines diesbezüglichen Instrumentariums auf EU-Ebene nicht zweckmäßig erscheint. Ferner käme es durch eine Zentralisierung wiederum zu einem Anstieg des Verwaltungsaufwands.

Die eigentliche Aufgabe des Staates im Rahmen der Forschungs- und Technologiepolitik i.e.S. besteht in der Förderung der Grundlagenforschung. Normalerweise sind hier ausreichende nationale Aktivitäten zu erwarten. Dennoch kann ein europäisches Engagement unter bestimmten Voraussetzungen durchaus sinnvoll sein, zumal sich selbst bei eventuellen Doppelforschungen positive Wettbewerbswirkungen ergeben können. Grundsätzlich zu begrüßen sind zentrale Maßnahmen, wenn für politische Entscheidungen benötigtes Wissen bereitgestellt wird und die Vorhaben die Leistungsfähigkeit der einzelnen Mitgliedstaaten übersteigen.

Allerdings wird die derzeitige Ausrichtung der europäischen Grundlagenforschung diesen Anforderungen kaum gerecht. So dürften die Aufgaben der GFS und weiterer Gemeinschaftseinrichtungen die nationalen Forschungsbudgets nur teilweise überfordern. Gleiches gilt für diejenigen Ausschreibungen und Projekte im Rahmen der spezifischen Programme, die der Grundlagenforschung zuzurechnen sind. Außerdem liegt in beiden Fällen zumeist kein unmittelbarer staatlicher Informationsbedarf vor, so daß unabhängige Träger über eine gemeinschaftliche Förderung entscheiden sollten[1]. Als Hauptproblem erweist sich somit weniger die mangelnde Trennschärfe der Abgrenzung von nationalen und supranationalen Kompetenzen. Vielmehr sind die derzeitigen Entscheidungsstrukturen in der EU nicht geeignet, eine ihrer Bedeutung entsprechende Förderung der Grundlagenforschung nach wissenschaftsimmanenten Kriterien zu gewährleisten.

---

1 Vgl. hierzu auch die Übersicht in Starbatty/Vetterlein (1990a), S. 80 f. Die Institute der GFS haben die sehr allgemein formulierte Aufgabe, die Gemeinschaftspolitiken zu unterstützen. Dies ermöglicht auch industriepolitisch motivierte Schwerpunktsetzungen in der Grundlagenforschung. Im 5. Rahmenprogramm soll die GFS unter anderem zur Sicherung der europäischen Wettbewerbsfähigkeit beitragen, vgl. Cresson (1998).

Gegen das zunehmende Engagement der EU spricht allgemein noch ein zweiter wesentlicher Grund, der zudem nicht wie die fehlenden institutionellen Voraussetzungen einfach beseitigt werden kann. Der systemimmanente und letztlich nicht lösbare Konflikt zwischen Spitzenforschung und Kohäsionsziel verursacht hohe Konsensfindungskosten und führt letztlich zu ineffizienten Kompromißlösungen. Die Initiierung von Aufholprozessen ist jedoch keine vorrangige Aufgabe der Forschungs- und Technologiepolitik i.e.S., sondern einer auf Eigeninitiative der betreffenden Nationen und Hilfe zur Selbsthilfe basierenden regionalen Strukturpolitik.

Eine wichtige Funktion können in diesem Zusammenhang allerdings die Unterstützung des internationalen Erfahrungs- und Ergebnisaustausches sowie Maßnahmen zur Erhöhung der grenzüberschreitenden Mobilität von Forschern erfüllen. Dieser zweite Bereich, in dem Kompetenzen der Europäischen Union aus ökonomischer Sicht eindeutig gerechtfertigt sind, verfügt im 5. Rahmenprogramm trotz eines deutlichen Bedeutungszuwachses lediglich über einen Anteil von 8,6 % an den Gesamtausgaben für Forschung und technologische Entwicklung. Seine Ausstattung ist damit eindeutig zu gering. Auf supranationaler Ebene sollten schließlich auch Instrumente angesiedelt sein, die sich auf die Zusammenarbeit mit Drittstaaten und internationalen Organisationen beziehen. Deren Anteil geht allerdings auf nurmehr 3,2 % zurück.

Ökonomisch unzweckmäßig sind dagegen die aktuellen Versuche der EU, die Beteiligung von kleinen und mittleren Unternehmen an den spezifischen Programmen zu erhöhen. Hierdurch werden lediglich die unerwünschten Folgen einer verfehlten Politik abgemildert. Andererseits ist die ursprüngliche Intention von EUREKA durchaus positiv zu beurteilen, da mit Hilfe supranationaler Institutionen grenzüberschreitende Kooperationen kostengünstiger und besser angebahnt werden können[1]. Zusätzliche Fördermaßnahmen sind jedoch nicht gerechtfertigt.

Insgesamt zeigt sich, daß über den in Teil III ermittelten weiteren Reformbedarf in der deutschen bzw. die Notwendigkeit einer grundsätzlichen Neuorientierung in der europäischen Forschungs- und Technologiepolitik hinaus auch die Kompetenzverteilung zwischen den Trägern korrigiert werden sollte. Der heutige Grad der Zentralisierung forschungspolitischer Kompetenzen übersteigt das ökonomisch gerechtfertigte Maß bei weitem[2]. Offensichtlich sind viele Maß-

1 Vgl. ähnlich Kantzenbach/Pfister (1996), S. 304 f.

2 Auch Hemmersbach (1993), S. 80, stellt fest, daß weite Teile der europäischen Forschungs- und Technologiepolitik „mit hoher Wahrscheinlichkeit ... eigentlich der nationalen Aufgabenverantwortung überlassen bleiben könnten“ - sofern sie überhaupt ökonomisch begründbar sind.

nahmen der EU selbst mit den „Riesenhuber-Kriterien“ nur dann noch zu vereinbaren, wenn der erwünschte Zusammenschluß der europäischen Wissenschaft und Technik als Ziel verabsolutiert und sehr weit ausgelegt wird. Die drei anderen genannten Gründe für eine Zentralisierung dürften nämlich nur auf die wenigsten Ausschreibungen im Rahmen der spezifischen Programme und nur für einzelne Aktivitäten der Gemeinsamen Forschungsstelle zutreffen, zumindest dann, wenn die Leistungsfähigkeit der höher entwickelten Mitgliedstaaten als Maßstab dient.

Teil V: Schlussbetrachtung und Handlungsempfehlungen

1. Zusammenfassung der Ergebnisse

Im Mittelpunkt der vorliegenden Arbeit standen zwei Fragestellungen: Welche forschungs- und technologiepolitischen Maßnahmen des Staates sind grundsätzlich geeignet, die Voraussetzungen für innovative Aktivitäten zu verbessern und damit wirtschaftliche Wachstumsprozesse zu unterstützen? Und auf welcher Hierarchieebene sollten die entsprechenden Kompetenzen angesiedelt sein, damit die Instrumente ihre bestmögliche Wirkung erzielen können?

Sowohl in der Europäischen Union als auch auf der nationalen Ebene in Deutschland hat sich in den vergangenen Jahren und Jahrzehnten ein umfangreiches Spektrum forschungs- und technologiepolitischer Maßnahmen i.e.S. entwickelt. Hierbei überwiegen einerseits eindeutig die selektiven Instrumente, mit denen die politischen Entscheidungsträger Einfluß auf die Richtung der öffentlichen, aber auch der privaten Forschungsaktivitäten nehmen können. Auf der anderen Seite spielt die Finanzierung der Grundlagenforschung im Vergleich zur Förderung der angewandten Forschung nur eine untergeordnete Rolle, wobei sich die Relation in der EU noch wesentlich ungünstiger darstellt als in Deutschland. Schließlich decken die Maßnahmen nahezu die gesamte Breite möglicher Forschungsfelder ab, wenngleich eindeutige inhaltliche Schwerpunkte gesetzt werden. Diese sind im Zeitablauf einem Wandel unterworfen, der von der wissenschaftlich-technologischen Entwicklung und von politischen Einflußfaktoren bestimmt wird.

Die Untersuchung der theoretischen Begründungsversuche in Teil III hat zunächst eine Vielzahl möglicher Ansatzpunkte für forschungs- und technologiepolitische Instrumente ergeben. Aus der neueren Theorie des Markt- und Wettbewerbsversagens, der neuen Wachstums- und der neuen Außenhandelstheorie sowie der traditionellen und neueren Innovationstheorie können unterschiedliche Handlungsempfehlungen an den Staat abgeleitet werden. Im Vordergrund steht dabei die Finanzierung der Grundlagenforschung, in der trotz ihrer zentralen Bedeutung aufgrund der Nicht-Anwendbarkeit des Ausschlußprinzips kein (ausreichendes) privates Engagement zu erwarten ist.

Darüber hinaus finden sich in den dargestellten theoretischen Ansätzen Argumente für eine Förderung der angewandten Forschung und der Diffusion neuer Technologien. In diesem Zusammenhang erscheinen insbesondere spezielle Hilfen zugunsten von kleinen und mittleren Unternehmen sinnvoll, wenn diese ansonsten nicht zu einer Erfüllung ihrer wichtigen Funktionen im gesamtwirtschaftlichen Innovationsprozeß in der Lage sind. Schließlich verdeutlichen die theoretischen Begründungsversuche die zentrale Bedeutung der Rahmenbedingungen, deren Ausgestaltung die in einer Volkswirtschaft vorhandenen Innovationsanreize wesentlich mitbestimmt und damit maßgeblichen Einfluß auf die Neuerungsaktivität hat.

Bereits die Ergebnisse der neueren Innovationstheorie lassen jedoch Zweifel an einer derart umfassenden Subventionierung von Forschung und Entwicklung aufkommen. Insbesondere hat sich gezeigt, daß im anwendungsnahen Bereich ungeachtet der positiven externen Effekte keine Unterinvestition privater Unternehmen zu befürchten ist. Darüber hinaus werden das Ausmaß und die Folgen der Externalitäten oftmals überschätzt, da der unbegrenzten Diffusion neuer Erkenntnisse natürliche Hemmnisse entgegenstehen und ihr zudem künstliche Beschränkungen auferlegt werden können. Die Marktteilnehmer sind zur dauerhaften Sicherung ihrer Wettbewerbsfähigkeit auf eigene Forschungs- und Entwicklungsanstrengungen angewiesen, da zwischen der unternehmensinternen Wissensbasis und dem extern verfügbaren Wissen eine komplementäre Beziehung vorliegt.

Eine weitere Konkretisierung des Handlungsbedarfs erfolgte mit Hilfe ordnungspolitischer Überlegungen, die sich mit den Eingriffsmöglichkeiten der staatlichen Entscheidungsträger und den praktischen Erfolgsaussichten forschungs- und technologiepolitischer Maßnahmen beschäftigen. Die zu erwartenden Wirkungen wurden im Rahmen der Zielkonformitätsprüfung den Ergebnissen des Markt-Wettbewerbs-Prozesses gegenübergestellt. Untersucht wurden darüber hinaus die grundsätzliche Ordnungskonformität der Maßnahmen sowie die mit ihnen jeweils verbundenen (administrativen) Kosten und die dynamischen Anreizwirkungen. Im Mittelpunkt stand hierbei der Vergleich von selektiven und allgemeinen Maßnahmen.

Bezüglich der eindeutig erforderlichen und wünschenswerten Finanzierung der Grundlagenforschung hat sich gezeigt, daß gezielte Schwerpunktsetzungen durch den Staat nur gerechtfertigt sind, wenn Wissen zur Fundierung politischer Entscheidungen benötigt wird. Ist diese Voraussetzung nicht erfüllt, sollte die Verteilung der zur Verfügung stehenden Mittel auf einzelne Forschungsgebiete und -vorhaben durch unabhängige Trägerorganisationen und damit wissenschaftsimmanent erfolgen. In begrenztem Umfang können zudem anwendungsorientierte Institutionen wie die Fraunhofer-Gesellschaft unterstützt werden, sofern es nicht zu einer Verdrängung privater Aktivitäten kommt.

Im Bereich der angewandten Forschung wurde deutlich, daß selektive Maßnahmen aufgrund der mit ihnen verbundenen Informations- und Bewertungsprobleme, ihrer diskriminierenden Wirkungen, der Gefahr konzentrationsfördernder Tendenzen und der Verzerrung von Anreizstrukturen äußerst fragwürdig sind.

Allgemeine Förderinstrumente beinhalten dagegen kein Steuerungspotential. Allerdings verursachen sie in der Regel gravierende Mitnahmeeffekte. Zudem sind sie keineswegs frei von Diskriminierungen, die vor allem auf die Schwierigkeiten bei der Ermittlung einer geeigneten Bemessungsgrundlage zurückzuführen sind und zu einer Benachteiligung kleinerer Marktteilnehmer führen. Spezielle Maßnahmen zu deren Gunsten lassen insbesondere dann positive Auswirkungen erwarten, wenn sie Kooperationen unterstützen und damit unmittelbar an den bestehenden Problemen der Unternehmen ansetzen. Positiv beurteilt wurden konkret die anteilige Finanzierung der vorwettbewerblichen industriellen Gemeinschaftsforschung sowie die Anbahnung von Forschungs- und Entwicklungskooperationen durch allgemeine Informationsleistungen, mit Einschränkungen auch die Einrichtung von Technologie- und Gründerzentren in Zusammenarbeit mit privaten Betreibern. Maßnahmen zugunsten einzelner Unternehmen sind dagegen auf wenige Ausnahmen zu beschränken.

Insgesamt sollte sich die Forschungs- und Technologiepolitik i.e.S. weitgehend auf die Förderung der Grundlagenforschung und den Ausbau der Forschungsinfrastruktur konzentrieren. Informationen über laufende und die Ergebnisse durchgeführter Vorhaben sind allen potentiellen Anwendern über ein leistungsfähiges Transfersystem zur Verfügung zu stellen. Eine darüber hinausgehende Subventionierung der angewandten Forschung und Entwicklung ist ökonomisch kaum begründbar, so daß hier ein Rückzug des Staates angezeigt ist. Dies gilt insbesondere für die ordnungspolitisch bedenklichen selektiven Förderinstrumente. Lediglich bestimmte Maßnahmen zugunsten kleiner und mittlerer Unternehmen lassen sich rechtfertigen, wenn durch sie bestehende Nachteile im Innovationsprozeß ausgeglichen werden können und positive Wettbewerbsimpulse und -effekte zu erwarten sind.

Die Erarbeitung einer ökonomisch fundierten Kompetenzverteilung zwischen den betrachteten Handlungsebenen war Gegenstand von Teil IV. Zunächst läßt der Standortwettbewerb als Entdeckungs- und Kontrollverfahren auch im Bereich der Forschungseinrichtungen und -landschaften positive Auswirkungen erwarten. Mit dem Subsidiaritätsprinzip und dem Prinzip der fiskalischen Äquivalenz wurden darüber hinaus weitere zentrale Kriterien einbezogen, die mit Hilfe der ökonomischen Theorie des Föderalismus operationalisiert werden können. Im Rahmen einer effizienten Aufgabenzuordnung sollten demnach regionale Besonderheiten so weit wie möglich berücksichtigt, administrative Kosten verringert, Größen- und/oder Verbundvorteile ausgeschöpft und Unteilbarkeiten überwunden sowie grenzüberschreitende externe Effekte minimiert werden.

Die beiden letztgenannten Argumente sprechen tendenziell für eine Zentralisierung von Kompetenzen. Allerdings wurde deutlich, daß im Bereich der Forschungs- und Technologiepolitik eine differenzierte Betrachtung notwendig ist. Grenzüberschreitende externe Effekte der Forschungstätigkeit sind ubiquitär und können entgegen der in der Literatur weitverbreiteten Ansicht keine Aufgabenzuweisung an eine übergeordnete Hierarchieebene begründen. Dies gilt insbesondere angesichts der Bedeutung der Grundlagenforschung als Standortfaktor, die die behauptete Unterinvestition dezentraler Entscheidungsträger wenig plausibel erscheinen läßt. Zudem können in den meisten Forschungsfeldern bereits auf nationaler Ebene die erforderlichen Mindestgrößen erreicht sowie Größen- und/oder Verbundvorteile ausgeschöpft werden. Denkbar sind ferner einzelfallbezogene, zwischenstaatliche Kooperationen und die Trennung von dezentralen Entscheidungs- und zentralen Durchführungskompetenzen.

Angesichts dieser Überlegungen rücken Argumente wie die ausgeprägte Heterogenität von Strukturen und Interessen in der Europäischen Union in den Mittelpunkt der Betrachtung. Diese wird in den nächsten Jahren durch die Osterweiterung eher zu- als abnehmen und macht einheitliche Programme bereits heute zu oftmals ineffizienten Kompromißlösungen. Gemeinsame Maßnahmen werden den vorhandenen regionalen Besonderheiten nicht gerecht und verursachen hohe administrative Kosten. Insbesondere können Zentralisierungen den Wettbewerb in der Forschung schwächen, wenn sie einzelstaatliche Aktivitäten verdrängen und damit die Zahl alternativer Lösungswege verringern. In der Grundlagenforschung ist hiervon jedoch normalerweise nicht auszugehen, da die Mitgliedstaaten an eigenen, leistungsfähigen Forschungseinrichtungen interessiert sind und auch bei zunehmendem Engagement der EU weiterhin selbst in die Hervorbringung von neuem Wissen investieren werden. Eine exakte Aufgabentrennung ist offensichtlich nicht zwingend notwendig, eventuell auftretende Überschneidungen und Mehrfachforschungen können sich sogar positiv auswirken.

Nationale - und teilweise sogar regionale - Kompetenzen in der Forschungs- und Technologiepolitik i.e.S. sind in der Regel gegenüber einer zentralen Entscheidungsfindung vorzuziehen. Ausnahmen bilden zunächst Bereiche wie die Umwelt- und Verkehrspolitik, in denen die Europäische Union über hoheitliche Aufgaben verfügt und ein aus diesen abgeleiteter Bedarf an Grundlagenwissen vorliegt. Sinnvoll sind supranationale Maßnahmen ferner in einzelnen, extrem aufwendigen Forschungsfeldern, die im Interesse der gesamten Gemeinschaft liegen. Die Selektion sollte dabei verstärkt durch autonome Institutionen der

Wissenschaft erfolgen. In den Kompetenzbereich der EU fallen darüber hinaus die Förderung des grenzüberschreitenden Erfahrungs- und Ergebnisaustausches, Maßnahmen zur Unterstützung der Mobilität von Forschern sowie schließlich die Anbahnung von (internationalen) Forschungs- und Entwicklungskooperationen.

Die überwiegende Vorteilhaftigkeit dezentraler Lösungen erstreckt sich nicht nur auf die ökonomisch begründeten Maßnahmen der Forschungs- und Technologiepolitik i.e.S. Sie verstärkt sich sogar noch, wenn diejenigen Instrumente betrachtet werden, die trotz teilweise gravierender Bedenken ihre Ausgestaltung in der Praxis prägen. So nimmt die Gefahr dauerhafter Fehlentwicklungen zu, wenn im Rahmen der direkten Projektförderung einheitliche, gemeinsame Programme die Richtung der angewandten Forschung in den Unternehmen beeinflussen.

Ferner steigen die administrativen Kosten bei zentralen Maßnahmen sprunghaft an, und auch von einem höheren Informationsniveau und Lenkungswissen der Entscheidungsträger auf übergeordneter Ebene kann nicht ausgegangen werden. Die genannten Bedenken werden durch die Beobachtung verstärkt, daß teilweise eine Rückführung nationaler Aktivitäten in den Bereichen erfolgt, in denen die EU tätig wird. Äußerst fragwürdig ist die Konzentration der Europäischen Union auf die Förderung der anwendungsnahen Forschung auch angesichts der im Vergleich zur Grundlagenforschung deutlich geringeren (grenzüberschreitenden) externen Effekte.

Die derzeitigen Forschungs- und Technologiepolitiken in Deutschland und insbesondere der EU weichen allerdings erheblich von den theoretisch abgeleiteten Implikationen ab. Auffallend ist zunächst der mit rund 30 % bzw. deutlich unter 20 % relativ geringe Anteil der Grundlagenforschung, wobei die EU die Anwendungsnähe ihrer Programme in Zukunft weiter ausbauen will. Darüber hinaus überwiegen die selektiven Maßnahmen mit Anteilen von gut 70 % bzw. etwa 85 % bei weitem. Schließlich hat sich gezeigt, daß weder die aktuelle Verteilung der Aufgabenschwerpunkte zwischen der Europäischen Union und ihren Mitgliedstaaten noch die absehbaren Entwicklungstendenzen ökonomischen Kriterien entsprechen. Sowohl auf den einzelnen Ebenen als auch bei der Abgrenzung ihrer Kompetenzen besteht ein offensichtlicher Reformbedarf. Auf mögliche Ansatzpunkte und konkrete Handlungsempfehlungen wird im folgenden Abschnitt V.2. eingegangen.

2. Reformnotwendigkeiten und Handlungsempfehlungen

Welche Empfehlungen lassen sich nun für die Ausgestaltung der Forschungs- und Technologiepolitik im engeren Sinn und für die Kompetenzverteilung zwischen den betrachteten Ebenen ableiten? Ziele der folgenden Überlegungen sind insbesondere eine effizientere Mittelverwendung durch eine Konzentration auf den tatsächlichen staatlichen Handlungsbedarf und eine längerfristige Orientierung der Forschungsförderung in Deutschland und der Europäischen Union. Angesichts der herausragenden Bedeutung von Wissenschaft, Forschung und Technologie geht es weniger darum, die öffentlichen Ausgaben in diesem Bereich absolut zurückzuführen. Die vorgeschlagenen Reformen sind vielmehr eine wesentliche Voraussetzung für eine denkbare Erhöhung der Budgets.

In Deutschland sollte zunächst die bewährte und weitestgehend unumstrittene Aufgabenteilung zwischen Bund und Ländern in der Forschungs- und Technologiepolitik grundsätzlich beibehalten werden. Auf Bundesebene sind dabei die begonnenen Reformen fortzuführen und zu intensivieren. Insbesondere ist eine weitere Erhöhung des Anteils der Grundlagenforschung anzustreben, wobei vorrangig die indirekte institutionelle Förderung der Hochschulen und Trägerorganisationen ausgebaut werden sollte.

Darüber hinaus sind in der Grundlagenforschung zweifellos auch selektive Maßnahmen gerechtfertigt, sofern Wissen zur Fundierung politischer Entscheidungen benötigt wird. In diesem Zusammenhang haben beispielsweise die Umwelt- und Gesundheitsforschung an Bedeutung gewonnen. Dennoch läßt sich ein unmittelbarer Bezug zu den Aufgaben des Staates für viele der speziellen, bundes- und landeseigenen Institute kaum erkennen. Ordnungspolitische Überlegungen legen in diesen Fällen eine Verlagerung der Entscheidungskompetenz auf unabhängige Wissenschaftsorganisationen nahe. Sowohl für die direkte als auch für die indirekte institutionelle Förderung gilt, daß die langfristige Planungssicherheit der öffentlichen Forschungseinrichtungen gewährleistet sein muß. Aus Anreizgründen sollten allerdings die Möglichkeiten einer stärker wettbewerblich orientierten Mittelvergabe kritisch geprüft werden. Hierzu können auch regelmäßige Evaluationen der Universitäten und Institute beitragen.

Ähnliche Schlußfolgerungen ergeben sich für eine begrenzte Förderung im anwendungsorientierten Bereich. Abgesehen von der Vermeidung ungerechtfertigter staatlicher Schwerpunktsetzungen ist nun insbesondere zu gewährleisten, daß es nicht zu einer Verdrängung privater Anbieter von Forschungsleistungen kommt. Ferner sollte eine Förderung von Vorhaben oder Einrichtungen verhindert werden, zu deren Durchführung bzw. Unterhaltung auch die Industrie bereit wäre. Ziel muß es letztlich sein, daß der Staat sich so früh wie möglich aus der Finanzierung zurückzieht und die knappen öffentlichen Mittel auf die Erfüllung seiner eigentlichen Aufgaben konzentriert.

Eine Subventionierung der angewandten Forschung und Entwicklung ist grundsätzlich nicht erforderlich. Vor allem die direkte Projektförderung ruft auch auf untergeordneter Ebene vielfältige Bedenken hervor und sollte daher weiter reduziert werden. Positive Nettoeffekte sind lediglich von allgemeinen kooperationsfördernden und -erleichternden Maßnahmen zugunsten von kleinen und mittleren Unternehmen zu erwarten. Diese haben in den letzten Jahren zwar an Bedeutung gewonnen, sollten sich aber weitestgehend auf die Anbahnung gemeinsamer Projekte und auf infrastrukturelle Vorleistungen beschränken. Wünschenswert ist insbesondere eine deutliche Erhöhung der Mittel für die industrielle Gemeinschaftsforschung. Durch die Übertragung der Entscheidungskompetenz bei der Auswahl förderungswürdiger Vorhaben auf die AiF handelt es sich einerseits um eine ordnungskonforme und aus Sicht des Staates kostengünstig durchführbare Maßnahme. Andererseits kann auf diese Art die Wettbewerbsposition kleinerer Marktteilnehmer nachhaltig verbessert werden.

Grundsätzlicherer Handlungs- und Reformbedarf besteht auf der Ebene der Europäischen Union, die ihre Aktivitäten in Zukunft auf ihre subsidiären Funktionen konzentrieren sollte. Diese bestehen im Bereich der Spitzenforschung vorrangig in der Finanzierung extrem aufwendiger Vorhaben und Einrichtungen der Grundlagenforschung. Bezogen auf das Kohäsionsziel beinhalten sie insbesondere mobilitätsfördernde Maßnahmen und die Unterstützung des wissenschaftlichen Erfahrungs- und Ergebnisaustausches. Dagegen sollte sich die EU aus der Subventionierung der angewandten Forschung und Entwicklung aufgrund der gravierenden Gefahren für den Wettbewerb zurückziehen. Konkret sind die folgenden Reformnotwendigkeiten zu nennen:

- Aufwertung der European Science Foundation

Im Gegensatz zu den meisten Mitgliedstaaten ist die Forschungsförderung der EU bislang nur wenig „staatsdistanziert organisiert“[1]. Auch auf europäischer Ebene müssen daher baldmöglichst die Voraussetzungen für eine indirekte institutionelle Förderung der Grundlagenforschung - sowie gegebenenfalls einzelner anwendungsorientierter Einrichtungen und Vorhaben - nach wissenschaftsimmanenten Kriterien geschaffen werden. Hierbei erscheint es sinnvoll, an stabilen und bewährten Strukturen anzuknüpfen[2] und die European Science Foundation durch eine Verbesserung ihrer Ausstattung und eine Ausweitung

---

[1] Langenfeld (1994), S. 51.
[2] Vgl. Wissenschaftsrat (1993), S. 28.

ihrer Kompetenzen aufzuwerten. Sie könnte so eine den deutschen Trägerorganisationen vergleichbare Rolle übernehmen und unter anderem die für eine supranationale Durchführung in Frage kommenden Forschungsgebiete und -projekte auswählen.

Reformbedürftig ist in diesem Zusammenhang einerseits das erwähnte Prinzip der Sekundäralimentation, das „offensichtlich eine strukturelle Ursache dafür (ist), daß die ESF nicht bedeutender wird“[1]. Die EU sollte sich daher zumindest an der Finanzierung beteiligen und diese nicht ausschließlich nationalen Trägern überlassen. Auf der anderen Seite sieht Art. 130 n des EG-Vertrags ausdrücklich die Schaffung von Strukturen vor, „die für die ordnungsgemäße Durchführung der Programme für gemeinschaftliche Forschung, technologische Entwicklung und Demonstration erforderlich sind“. Eine Kompetenzübertragung an die ESF erscheint somit rechtlich abgesichert[2].

Ein Ausbau der European Science Foundation zu einer leistungsfähigen Wissenschaftsorganisation mit umfassenden Handlungsbefugnissen könnte schließlich auch zu einer Flexibilisierung und Dynamisierung der europäischen Forschungslandschaft insgesamt beitragen. Die starren Strukturen der Gemeinsamen Forschungsstelle könnten somit überwunden werden, der Anteil der von politischen Einflüssen bestimmten Programme und Projekte ginge zurück.

- Orientierung der direkten institutionellen Förderung am politischen Informationsbedarf

Eine direkte Förderung bestimmter Forschungsinstitute ist nur gerechtfertigt, wenn ihre Tätigkeit der Fundierung politischer Entscheidungen dient. Dies ist jedoch bei vielen Einrichtungen der Gemeinsamen Forschungsstelle - beispielsweise beim Institut für fortgeschrittene Werkstoffe (IAM) in Petten (Niederlande) -, aber auch bei Großforschungsanlagen wie CERN und ESRF nicht der Fall. Diese sollten in Zukunft nicht mehr unmittelbar von der Europäischen Union, sondern durch eine unabhängige Wissenschaftsorganisation institutionell und projektspezifisch finanziert werden.

Forschungseinrichtungen, die politisch relevante Informationen bereitstellen, können dagegen weiterhin direkt gefördert werden. Im Rahmen der GFS betrifft dies vor allem das Institut für technologische Zukunftsforschung (IPTS) in Sevilla (Spanien), das Umweltinstitut (EI) in Ispra (Italien), das Umweltisotopenlabor im Institut für Transurane (ITU) in Karlsruhe (Deutschland), einzelne

---

1 Kommission Grundlagenforschung (1991), S. 84.

2 Vgl. zu dieser Einschätzung Langenfeld (1994).

Aufgaben des ebenfalls in Ispra liegenden Instituts für Weltraumanwendungen (SAI), das sich beispielsweise mit dem Aufspüren von Anti-Personen-Minen beschäftigt, sowie das neugegründete Institut für Gesundheit und Verbraucherschutz (IHCP)[1]. Darüber hinaus sind die Vergabe gezielter Forschungsaufträge und gegebenenfalls die Gründung zusätzlicher Institute denkbar, sofern spezifische, dauerhafte, grenzüberschreitende und somit auf europäischer Ebene zu lösende Problemstellungen auftreten[2]. Zu denken ist in diesem Zusammenhang an eine Intensivierung der Umweltforschung, an die Planung transeuropäischer Netze sowie an gesellschaftliche und ökonomische Fragen der europäischen Integration.

- Grenzüberschreitende Aspekte der Forschungsförderung

Mit dem Ziel, den Zusammenhalt der europäischen Wissenschaft und Technik zu stärken, gewinnen schließlich grenzüberschreitende Fragen der Forschungsförderung sowie die Intensivierung der internationalen Zusammenarbeit an Bedeutung. Insbesondere sollte die EU die Mittel für den Austausch von wissenschaftlichen Erfahrungen und Ergebnissen sowie für die Mobilität von Forschern deutlich erhöhen, deren Anteil an den Rahmenprogrammen bislang eindeutig zu gering ist. Im Gegensatz zu den beiden erstgenannten Maßnahmenbereichen, die vorrangig auf die Spitzenforschung gerichtet sind, kann auf diese Art auch ein Beitrag zur Erreichung des Kohäsionsziels geleistet werden[3].

Eine internationale Zusammenarbeit kann sich auch bei anwendungsnahen Forschungsvorhaben positiv auswirken. Allerdings ist die derzeitige, projekt- und technologiespezifische Förderung innerhalb der spezifischen Programme äußerst problematisch. Anzustreben ist vielmehr eine Rückbesinnung auf die ursprüngliche Vorgehensweise im Rahmen von EUREKA und damit eine Beschränkung der staatlichen Leistungen auf die Anbahnung bzw. Initiierung von grenzüberschreitenden Forschungs- und Entwicklungskooperationen zwischen Unternehmen sowie zwischen diesen und öffentlichen Forschungseinrichtungen ohne inhaltliche Schwerpunktsetzungen.

Langfristig könnte sich noch eine weitere Aufgabe für die EU ergeben, wenn supranationale Branchenvereinigungen kleiner und mittlerer Unternehmen entstehen und diese eigene Forschungsinstitute aufbauen. In diesem Fall wäre eine (teilweise) Verlagerung der Förderung der industriellen Gemeinschaftsfor-

---

1 Vgl. zu den Instituten der Gemeinsamen Forschungsstelle ausführlich JRC (1996).

2 Vgl. auch das Prüfschema für die Finanzierung der Grundlagenforschung in Abbildung III-5.

3 Die ESF kann allerdings auch hier wichtige Funktionen übernehmen.

schung auf die europäische Ebene in Erwägung zu ziehen. Momentan besteht hier allerdings kein Handlungsbedarf.

Zusammenfassend sollte in Deutschland und in der Europäischen Union der Anteil der Grundlagenforschung zu Lasten der bislang dominierenden Förderung der angewandten Forschung erhöht werden. Darüber hinaus ist auch in diesem marktfernen Bereich eine Reduzierung der selektiven Maßnahmen wünschenswert, sofern kein unmittelbarer staatlicher Informationsbedarf vorliegt. Die Fragen, welche Forschungsfelder langfristig an Bedeutung gewinnen werden und welche Vorhaben besonders aussichtsreich sind, können zwar auch die Wissenschaftsorganisationen nicht mit Sicherheit beantworten. Zumindest läßt sich auf diese Art aber die Gefahr kurzfristiger politischer Steuerungsversuche verringern.

In der angewandten Forschung und Entwicklung ist es hingegen auf allen Ebenen erforderlich, die Primärkompetenz der Unternehmen wieder stärker zur Geltung zu bringen. Die Forschungs- und Technologiepolitik sollte sich hier auf ihre subsidiären Funktionen konzentrieren. Konkret bedeutet dies, daß Innovationsanreize vorrangig durch eine entsprechende Ausgestaltung der Rahmenbedingungen geschaffen werden. Zusätzliche Maßnahmen erscheinen - von wenigen Ausnahmen abgesehen - nur gerechtfertigt, wenn sie die Möglichkeiten kleiner und mittlerer Unternehmen zur Teilnahme am gesamtwirtschaftlichen Innovationsprozeß und damit dessen Funktionsfähigkeit nachhaltig verbessern.

Gelingt es, die beschriebene Umorientierung in der deutschen und europäischen Forschungs- und Technologiepolitik herbeizuführen, so verliert - quasi als positiver Nebeneffekt - auch die Frage der vertikalen Kompetenzabgrenzung an Bedeutung. In der Grundlagenforschung, der zentralen Aufgabe des Staates, sind gelegentliche parallele, konkurrierende Aktivitäten nationaler und supranationaler Einrichtungen keine ineffiziente Verschwendung von Ressourcen, sondern Ausdruck eines wirksamen Wettbewerbs in der Forschung.

Literaturverzeichnis

Achten, Peter (1996): Die Osterweiterung der Europäischen Union, Lohmar, Köln.

Aghion, Philippe; Peter Howitt (1992): A Model of Growth through Creative Destruction, in: Econometrica, Bd. 60, S. 323 - 351.

AiF (1992): Aufgaben - Anliegen - Arbeitsweise, Köln.

— (1996): Die Kluft wächst, in: AiF aktuell, Nr. 1, S. 1 - 2.

Albach, Horst (1989): Innovationsstrategien zur Verbesserung der Wettbewerbsfähigkeit, in: ZfB, Jg. 59, S. 1338 - 1352.

Altenmüller, Georg (1994): „Anwendungsorientierte Grundlagenforschung" - wird der Bastard Hätschelkind?, in: Spektrum der Wissenschaft, o. Jg., Heft 9, S. 121 - 122.

Apolte, Thomas (1995): Die Theorie der Clubgüter, in: WiSt, 24. Jg., S. 610 - 616.

Arndt, Helmut (1952): Schöpferischer Wettbewerb und klassenlose Gesellschaft, Berlin.

— (1994): Lehrbuch der Wirtschaftsentwicklung, 2. Auflage, Berlin.

Arnold, Lutz (1995): Neue Wachstumstheorie - Ein Überblick, in: ifo-Studien, 41. Jg., S. 409 - 444.

— (1997): Wachstumstheorie, München.

Arrow, Kenneth J. (1962): Economic Welfare and the Allocation of Resources for Invention, in: National Bureau of Economic Research (Hrsg.): The Role and Direction of Inventive Activity, Princeton, S. 609 - 626.

Arthur, W. Brian (1989): Competing Technologies, Increasing Returns and Lock-in by Historical Events, in: The Economic Journal, Vol. 99, S. 136 - 151.

Arvanitis, Spyros; Heinz Hollenstein (1994): Die Messung der Innovationsintensität: Eine empirische Messung anhand schweizerischer Unternehmensdaten, in: Schweizerische Zeitschrift für Volkswirtschaft und Statistik, Vol. 130, S. 523 - 537.

Audretsch, David (1995): Überblick über Stand und Entwicklung der Industrieökonomik, Diskussionspapier 95-15, Wissenschaftszentrum Berlin.

— (1996): International Diffusion of Technological Knowledge, in: G. Koopmann, H.-E. Scharrer (Hrsg.): The Economics of High-Technology Competition and Cooperation in Global Markets, Baden-Baden, S. 107 - 135.

Backhaus, Jürgen (1998): Das Subsidiaritätsprinzip als Baustein einer entstehenden europäischen Verfassung, in: D. Cassel (Hrsg.): Europäische Integration als ordnungspolitische Gestaltungsaufgabe, Berlin, S. 79 - 93.

Balderjahn, Ingo u.a. (1996): Neuprodukt-Marketing: Ein phasenintegrierendes und methodengestütztes Konzept, in: A. v. Ahsen; T. Czenskowsky (Hrsg.): Marketing und Marktforschung: Entwicklungen, Erweiterungen und Schnittstellen im nationalen und internationalen Kontext, Hamburg, S. 299 - 317.

Baldwin, Robert E. (1992): Are Economists´ Traditional Trade Policy Views Still Valid?, in: Journal of Economic Literature, Vol. XXX, S. 804 - 829.

Barro, Robert J.; Xavier Sala-i-Martin (1995): Economic Growth, New York u.a.

Barthel, Alexander (1997): Die Auswirkungen der Globalisierung auf den Standort Deutschland, in: K. Eckart; S. Paraskewopoulos (Hrsg.): Der Wirtschaftsstandort Deutschland, Berlin, S. 181 - 214.

Bartling, Hartwig; Andreas Hemmersbach (1995): Technologie- und Exportförderungspolitik auf der Ebene der deutschen Bundesländer, des Bundes und der Europäischen Union, in: Hamburger Jahrbuch für Wirtschafts- und Gesellschaftspolitik, 40. Jahr, S. 337 - 366.

BDI (1996): Bessere Patentpolitik - mehr Innovationen. Aufgaben für Politik, Wissenschaft und Wirtschaft, Köln.

— (1997): Öffentliche Forschung heute: Beitrag zu Innovationen steigern, Köln.

Becher, Gerhard (1995): Regulation and Innovation - Some new Prospects of Science and Technology Policy in the Federal Republic of Germany, in: G. Becher, S. Kuhlmann (Hrsg.): Evaluation of Technology Policy Programmes in Germany, Dordrecht, S. 331 - 360.

Becker, Gary S. (1996): Staat, Humankapital und Wirtschaftswachstum, in: Ders.: Familie, Gesellschaft und Politik, Tübingen.

Berg, Hartmut; Dieter Cassel (1995): Theorie der Wirtschaftspolitik, in: Vahlens Kompendium der Wirtschaftstheorie und Wirtschaftspolitik, Band 2, 6. Auflage, München, S. 163 - 238.

Behrendt, Heiko (1996): Wirkungsanalyse von Technologie- und Gründerzentren in Deutschland, Heidelberg.

Beise, Marian (1996): Forschen, wo die Märkte sind, in: EUmagazin, o. Jg., Heft 3, S. 16.

— (1998): Freiräume für neue Technologien schaffen, in: EUmagazin, o. Jg., Heft 4, S. 33 - 35.

Beise, Marian; Georg Licht; Alfred Spielkamp (1995): Technologietransfer an kleine und mittlere Unternehmen, Baden-Baden.

Berg, Hartmut; Frank Schmidt (1994): Braucht die Europäische Gemeinschaft eine „Neue Industriepolitik"?, Diskussionspapier Nr. 62, Ruhr-Universität Bochum.

Bernholz, Peter; Manfred E. Streit; Roland Vaubel (1998): Political Competition, Innovation and Growth: A Historical Analysis, Berlin u.a.

Berthold, Norbert (1994): Industriepolitik und strategische Handelspolitik - Effiziente Instrumente der Wirtschaftspolitik?, in: K.-H. Hartwig (Hrsg.): Veränderte Arbeitsteilung in Europa - Brauchen wir eine Industriepolitik?, Baden-Baden, S. 113 - 142.

— (1996): Der Sozialstaat auf dem Prüfstand, in: Frankfurter Allgemeine Zeitung, Nr. 256 vom 02.11., S. 15.

Berthold, Norbert; Jürgen B. Donges (1996): Möglichkeiten und Grenzen staatlicher Beihilfen, in: WiSt, 25. Jg., S. 490 - 497.

Beuthner, Andreas, Franz Rother (1995): Nicht alles Gold, in: Wirtschafts-Woche, o. Jg., Nr. 6 vom 02.02., S. 110 - 114.

Blair, John M. (1972): Economic Concentration, New York u.a.

Blankart, Charles B. (1996): Braucht Europa mehr zentralstaatliche Koordination?, in: Wirtschaftsdienst, 76. Jg., S. 87 - 91.

— (1998): Öffentliche Finanzen in der Demokratie, 3. Auflage, München.

Blankart, Charles B.; Günter Knieps (1992): Netzökonomik, in: Jahrbuch für Neue Politische Ökonomie, Bd. 11, S. 73 - 87.

Bletschacher, Georg; Henning Klodt (1991): Braucht Europa eine neue Industriepolitik?, Diskussionsbeitrag Nr. 177, Institut für Weltwirtschaft Kiel.

—;— (1992): Strategische Handels- und Industriepolitik, Tübingen.

BMBF (1996): Bundesbericht Forschung 1996, Bonn.

— (1998): Faktenbericht 1998 zum Bundesbericht Forschung, Bonn.

BMBF; BMWi (1998): Innovationsförderung für kleine und mittlere Unternehmen - Gesamtkonzept der Bundesregierung, Bonn.

BMFT; BMWi (1984): Bundesbericht Forschung 1984, Bonn.

—;— (1993): Bundesbericht Forschung 1993, Bonn.

BMWi (1996): Risikokapital für Existenzgründer und kleine und mittlere Unternehmen, Dokumentation Nr. 391, Bonn.

— (1997): BMWi-Tagesnachrichten Nr. 10628 vom 24.07.

— (1999): BMWi-Tagesnachrichten Nr. 10856 vom 01.02.

Bögelein, Margareta (1990): Ordnungspolitische Ausnahmebereiche - Marktwirtschaftliche Legitimation und wirtschaftspolitische Konsequenzen, Wiesbaden.

Böndel, Burkhard; Dieter Dürand (1995): Großforschung - Völlig untauglich, in: WirtschaftsWoche, o. Jg., Nr. 3 vom 12.01., S. 60 - 64.

Brander, James A.; Barbara J. Spencer (1985): Export Subsidies and International Market Share Rivalry, in: Journal of International Economics, Vol. 18, S. 83 - 100.

Braun, Christoph v. (1995): Der Innovationskrieg: Ziele und Grenzen industrieller Forschung und Entwicklung, München, Wien.

Bräunling, Gerhard; Dirk-Michael Harmsen (1975): Die Förderungsprinzipien und Instrumente der Forschungs- und Technologiepolitik, Göttingen.

Breton, Albert (1965): A Theory of Government Grants, in: The Canadian Journal of Economics and Political Science, Vol. 31, S. 175 - 187.

Brockhoff, Klaus (1992): Forschung und Entwicklung: Planung und Kontrolle, 3. Auflage, München, Wien.

Bruder, Wolfgang; Nicolai Dose (1986): Forschungs- und Technologiepolitik in der Bundesrepublik Deutschland, in: W. Bruder (Hrsg.): Forschungs- und Technologiepolitik in der Bundesrepublik Deutschland, Opladen, S. 11 - 75.

Brunner, Petra (1993): Subsidiarität - Leerformel oder Orientierungshilfe zur Kompetenzverteilung in der EG?, in: ifo-Schnelldienst, 46. Jg., Heft 22, S. 7 - 13.

BZ (1998): Risikokapital ist allmählich leichter zu haben, Ausgabe vom 30.10., S. 34.

Callies, Christian (1996): Subsidiaritäts- und Solidaritätsprinzip in der Europäischen Union, Baden-Baden.

Cantner, Uwe (1995): Die Quellen des Wachstums, in: H. Hanusch, W. Gick (Hrsg.): Ansätze für ein neues Denken in der Wirtschaftspolitik, München, S. 27 - 45.

Cantner, Uwe; Horst Hanusch (1997): Evolutorische Ökonomik - Konzeption und Analytik, in: WISU, 26. Jg., S. 776 - 785.

Cantner, Uwe; Andreas Pyka (1995): Technologieevolution - Eine Mikro-Makro-Analyse, Volkswirtschaftlicher Diskussionsbeitrag Nr. 137, Universität Augsburg.

Casella, Alessandra; Bruno S. Frey (1992): Federalism and Clubs: Towards an Economic Theory of Overlapping Political Jurisdictions, in: European Economic Review, Vol. 36, S. 639 - 646.

Chung, Wing Hin (1998): Spezifität und Unternehmenskooperation, Berlin.

Clapham, Ronald (1994): Märkte oder Bürokratien als Steuerungsmechanismen des Technologietransfers?, in: R. Hasse; J. Molsberger; Ch. Watrin: Ordnung in Freiheit, Stuttgart u.a., S. 52 - 66.

Clark, John M. (1954): Competition as a Dynamic Process, Washington D.C.

Coase, Ronald (1937): The Nature of the Firm, in: Economica, Vol. 4, S. 1137 - 1162.

— (1960): The Problem of Social Cost, in: The Journal of Law and Economics, Vol. III, S. 1 - 44.

Cohen, Wesley M.; Richard C. Levin (1989): Empirical Studies on Innovation and Market Structure, in: R. Schmalensee; R.D. Willig (Hrsg.): Handbook of Industrial Organization, Vol. II, S. 1059 - 1107.

Cohen, Linda R.; Roger G. Noll (1996): Privatizing Public Research: The New Competitiveness Strategy, in: R. Landau; T. Taylor; G. Wright (Hrsg.): The Mosaic of Economic Growth, Stanford, S. 305 - 333.

Corsten, Hans (1989): Überlegungen zu einem Innovationsmanagement - Organisationale und personale Aspekte -, in: Ders. (Hrsg.): Die Gestaltung von Innovationsprozessen, Berlin, S. 1 - 57.

Cowling, Keith; Roger Sugden (1998): Strategic Trade Policy Reconsidered: National Rivalry vs Free Trade vs International Cooperation, in: Kyklos, Vol. 51, S. 339 -357.

Cresson, Edith (1998): Vorwort, in: The IPTS Report, Nr. 28, S. 1 - 2.

Daum, Wolfgang (1997): Start-up-Finanzierung innovativer Unternehmen im Technologiebereich, in: A. Oetker (Hrsg.): Mittelstand in Zeiten struktureller Umbrüche, München, S. 87 - 97.

David, Paul A. (1985): Clio and the Economics of QWERTY, in: American Economic Review, Vol. 75, S. 332 - 337.

Demsetz, Harold (1969): Information and Efficiency: Another Viewpoint, in: The Journal of Law and Economics, Vol. 12, S. 1 - 22.

Deutsch, Christian (1995): Gefährliche Innovationsfalle, in: EUmagazin, o.J., Heft 7-8, S. 36.

DFG (1996): Forschungsfreiheit: ein Plädoyer für bessere Rahmenbedingungen der Forschung in Deutschland, Weinheim u.a.

— (1998): Aufbau und Aufgaben, Bonn.

Dicke, Hugo (1995): Wege zu mehr Beschäftigung - Die Rolle kleiner und mittlerer Unternehmen, in: Die Weltwirtschaft, o. Jg., S. 58 - 71.

Dietzel, Heinrich (1922): Technischer Fortschritt und Freiheit der Wirtschaft, Bonn, Leipzig.

DIW (1996): Die wirtschaftliche Integration der assoziierten Länder Mittel- und Osteuropas in die Europäische Union - Außen- und binnenwirtschaftliche Auswirkungen im Hinblick auf die künftige EU-Mitgliedschaft, Berlin.

Dixit, Avinash (1984): International Trade Policy for Oligopolistic Industries, in: Economic Journal Conference Papers, Vol. XCIV, S. 1 - 16.

Dodgson, Mark (1994): Technological Collaboration and Innovation, in. M. Dodgson; R. Rothwell (Hrsg.): The Handbook of Industrial Innovation, Bodmin, S. 285 - 292.

Domar, Edward D. (1946): Capital expansion, rate of growth and employment, in: Econometrica, Vol. 14, S. 137 - 147.

Domrös, Christof (1994): Innovationen und Institutionen: eine transaktionskostenökonomische Analyse unter besonderer Berücksichtigung strategischer Allianzen, Berlin.

Donges, Jürgen B. (1988): Möglichkeiten und Grenzen staatlicher Technologiepolitik, in: M.E. Streit (Hrsg.): Wirtschaftspolitik zwischen ökonomischer und politischer Rationalität, Wiesbaden, S. 143 - 160.

— (1994): Kritisches zu den Forderungen nach einer strategischen Industriepolitik, in: R.H. Hasse; J. Molsberger; Ch. Watrin (Hrsg.): Ordnung in Freiheit, Stuttgart, S. 182 - 199.

Döring, Thomas (1994): Das Subsidiaritätsprinzip in der Europäischen Union, in: Ordo, Bd. 47, S. 293 - 323.

— (1996): Subsidiaritätsprinzip, in: WiSt, 25. Jg., S. 243 - 246.

Dose, Nicolai (1988): Technischer Fortschritt und Nachfrageverhalten, in: N. Dose; A. Drexler (Hrsg.): Technologieparks, Opladen, S. 90 - 109.

Dosi, Giovanni (1982): Technological paradigms and technological trajectories, in: Research Policy, Vol. 11, S. 147 - 162.

— (1988a): Sources, Procedures and Microeconomic Effects of Innovation, in: Journal of Economic Literature, Vol. 26, S. 1120 - 1171.

— (1988b): The nature of the innovative process, in: G. Dosi u.a. (Hrsg.): Technical Change and Economic Theory, London, New York, S. 221 - 238.

— (1997): Opportunities, Incentives and the Collective Patterns of Technological Change, in: The Economic Journal, Vol. 107, S. 1530 - 1547.

Downie, Jack (1958): The Competitive Process, London.

Downs, Anthony (1968/1957): Ökonomische Theorie der Demokratie, Tübingen.

Dubbermann, Gerold (1994): Raumfahrtförderung in der Bundesrepublik: Industriepolitik, politische Ökonomie und Verfassungsevolution, in: List Forum, Bd. 20, S. 244 - 261.

Dunn, Malcolm H. (1995): Neue Industriepolitik oder Stärkung der Marktkräfte?, in: Ordo, Bd. 46, S. 165 - 183.

Eaton, Jonathan; Gene M. Grossman (1986): Optimal Trade and Industrial Policy under Oligopoly, in: The Quarterly Journal of Economics, Vol. 101, S. 383 - 406.

Edwards, Sebastian (1998): Openness, Productivity and Growth: What do we really know?, in: The Economic Journal, Vol. 108, S. 383 - 398.

Eekhoff, Johann (1994): Die ordnungspolitische Problematik der Industriepolitik, in: P. Oberender (Hrsg.): Industriepolitik im Widerstreit mit der Wettbewerbspolitik, Berlin, S. 69 - 77.

Eekhoff, Johann; Dominik Enste; Axel Wehmeier (1997): Bildungs- und Forschungspolitik im weltweiten Standortwettbewerb, in: Ordo, Bd. 48, S. 327 - 340.

EG-Kommission (1982): Vorschlag für eine europäische Strategie auf dem Gebiet der Wissenschaft und Technik, KOM(1982) 865, Brüssel.

— (1993): Wachstum, Wettbewerbsfähigkeit und Beschäftigung - Herausforderungen der Gegenwart und Wege ins 21. Jahrhundert (Weißbuch), Luxemburg.

Ehlermann, Claus-Dieter (1995): Ökonomische Aspekte des Subsidiaritätsprinzips: Harmonisierung versus Wettbewerb der Systeme, in: Integration, 18. Jg., S. 11 - 21.

Eichenberger, Reiner (1994): The Benefits of Federalism and the Risk of Overcentralization, in: Kyklos, Vol. 47, S. 403 - 420.

— (1996): Eine „fünfte Freiheit“ für Europa: Stärkung des politischen Wettbewerbs durch „FOCJ“, in: ZfW, Jg. 45, S. 110 - 130.

Eickhof, Norbert (1982): Strukturkrisenbekämpfung durch Innovation und Kooperation, Tübingen.

— (1986): Theorien des Markt- und Wettbewerbsversagens, in: Wirtschaftsdienst, 66. Jg., S. 468 - 476.

— (1992): Marktstruktur und Wettbewerbsprozeß, in: Ordo, Bd. 43, S. 173 - 192.

— (1993): Zur Legitimation ordnungspolitischer Ausnahmeregelungen, in: Ordo, Bd. 44, S. 203 - 222.

— (1995): Marktversagen, Wettbewerbsversagen, staatliche Regulierung und wettbewerbspolitische Bereichsausnahmen - Zur normativen und positiven Theorie ordnungspolitischer Ausnahmeregelungen -, Diskussionsbeitrag Nr. 5, Universität Potsdam.

— (1997): Die Industriepolitik der Europäischen Union - Zweckmäßige Weiterentwicklung oder revisionsbedürftige Fehlentwicklung der europäischen Wirtschaftspolitik?, in: S. Behrends (Hrsg.): Ordnungskonforme Wirtschaftspolitik in der Marktwirtschaft, Berlin, S. 425 - 456.

— (1998a): Die deutsche und europäische Forschungs- und Technologiepolitik auf dem Prüfstand, in: T. Birtel u.a. (Hrsg.): Wirtschafts- und Steuerordnung auf dem Prüfstand, Baden-Baden, S. 79 - 102.

— (1998b): Osterweiterung der Europäischen Union: Ausgangslage, Auswirkungen und Anpassungserfordernisse, in: W. Zohlnhöfer (Hrsg.): Perspektiven der Osterweiterung und Reformbedarf der Europäischen Union, Berlin, S. 9 - 32.

— (1998c): Die Forschungs- und Technologiepolitik Deutschlands und der EU: Maßnahmen und Beurteilungen, in: Ordo, Bd. 49, S. 465 - 487.

Eickhof, Norbert; Daniel Strecker (1999a): Bedeutung der neuen Wachstumstheorie für die Forschungs- und Technologiepolitik, in: WISU - Das Wirtschaftsstudium, 28. Jg., S. 234 - 240.

—;— (1999b): Implikationen der neuen Außenhandelstheorie und die Forschungs- und Technologiepolitik, in: WISU - Das Wirtschaftsstudium, 28. Jg., Heft 6.

Ekins, Paul (1998): Can a Market Economy Produce Industrial Innovations that Lead to Environmental Sustainability?, in: F. Meyer-Krahmer (Hrsg.): Innovation and sustainable development: lessons for innovation policies, Heidelberg, S. 35 - 66.

Elßer, Stefan (1993): Innovationswettbewerb - Determinanten und Unternehmensverhalten, Frankfurt am Main u.a.

Erber, Georg (1998): Prinzipien moderner Technologiepolitik, Diskussionspapier Nr. 159, DIW Berlin.

Erber, Georg; Harald Hagemann; Stephan Seiter (1998): Zukunftsperspektiven Deutschlands im internationalen Wettbewerb, Heidelberg.

Erdmann, Georg (1993): Elemente einer evolutorischen Innovationstheorie, Tübingen.

Erlei, Mathias (1993): Von der Steuerbarkeit des Fortschritts: eine Analyse der „Euro-MITI"-Konzeption, in: Ordo, Bd. 44, S. 169 - 183.

Escritt, Richard (1996): National Approaches to Technology Policy in a Globalising World Economy: The Example of the European Community, in: G. Koopmann; H.-E. Scharrer (Hrsg.): Economics of High-Technology Competition and Cooperation in Global Markets, Baden-Baden, S. 317 - 322.

Eser, Thiemo W. (1991): Europäische Einigung, Föderalismus und Regionalpolitik, Schriftenreihe des Zentrums für Europäische Studien Bd. 1, Trier.

— (1996): Ökonomische Theorie der Subsidiarität und Evaluation der Regionalpolitik, Baden-Baden.

Esser, Josef (1990): Does Industrial Policy matter? Zur Rolle der Bundesländer in der Forschungs- und Technologiepolitik der Bundesrepublik Deutschland, in. J: Hirsch u.a. (Hrsg.): Modernisierungspolitik heute: Die Deregulierungspolitiken von Regierungen und Parteien, Hannover, S. 57 - 71.

EU-Kommission (1998): Tätigkeiten der Europäischen Union im Bereich der Forschung und technologischen Entwicklung, Jahresbericht 1998, KOM(1998) 439, Brüssel.

Eucken, Walter (1990/1952): Grundsätze der Wirtschaftspolitik, 6. Auflage, Tübingen.

Europäischer Rat (1998): Tagung am 15. und 16. Juni 1998 in Cardiff - Schlußfolgerungen des Vorsitzes (vorläufige Fassung), in: EU-Nachrichten Nr. 4 vom 17.06.

Europäisches Patentamt (1998): Jahresbericht 1997, München.

Eurostat (1997): Statistik kurzgefasst - Forschung und Entwicklung, Nr. 1, Luxemburg.

— (1998): Forschung und Entwicklung - Jährliche Statistiken 1997, Luxemburg.

Everling, Ulrich (1991): Zur Aufteilung der Kompetenzen in einer föderal gegliederten Europäischen Union, in: W. Weidenfeld (Hrsg.): Wie Europa verfaßt sein soll - Materialien zur Politischen Union, Gütersloh, S. 41 - 49.

— (1995): Kompetenzordnung und Subsidiarität, in: W. Weidenfeld (Hrsg.): Reform der Europäischen Union, Gütersloh, S. 166 - 176.

Ewers, Hans-Jürgen (1971): Wettbewerbspolitische Ansätze in der deutschen Verkehrspolitik seit den Verkehrsänderungsgesetzen - Eine kritische Analyse -, Göttingen.

Ewers, Hans-Jürgen; Michael Fritsch (1987): Zu den Gründen staatlicher Forschungs- und Technologiepolitik, in: Jahrbuch für Neue Politische Ökonomie, Bd. 6, S. 108 135.

Fabisch, Gottlobe (1996): The Impact of the European Research and Development Policy on the German Research System, in: R. Sturm (Hrsg.): Europäische Forschungs- und Technologiepolitik und die Anforderungen des Subsidiaritätsprinzips, Baden-Baden, S. 125 - 136.

FAZ (1997a): „Technologiezentren schaffen Arbeitsplätze", Ausgabe vom 03.04., S. 17.

— (1997b): Die Forschungsausgaben der Industrie steigen immer langsamer, Ausgabe vom 15.08., S. 14.

— (1998a): Die Kreditanstalt für Wiederaufbau stellt mehr Wagniskapital bereit, Ausgabe vom 06.02., S. 16.

— (1998b): Wirtschaft gibt mehr Geld für Forschung aus, Ausgabe vom 18.02., S. 15.

— (1998c): Der deutsche Markt für Risikokapital wächst, Ausgabe vom 28.02., S. 15.

— (1998d): Die EU sucht eine klarere Aufgabenteilung zwischen der Gemeinschaft und ihren Mitgliedern, Ausgabe vom 16.06., S. 1.

— (1998e): BayBG: Risikokapital ist nicht mehr knapp, Ausgabe vom 16.07., S. 19.

— (1998f): Europraxis im Überblick, Ausgabe vom 21.08., S. 22.

— (1998g): Neue Chancen für innovationsfreudige Unternehmen in Europa, Ausgabe vom 16.10., S. 28.

— (1999a): Bildung und Forschung sollen wichtiger werden, Ausgabe vom 23.01., S. 14.

— (1999b): 60 Prozent des Wissens bleiben verborgen, Ausgabe vom 06.03., S. 16.

Feld, Lars P.; Gebhard Kirchgässner (1995): Fiskalischer Wettbewerb in der EU: Wird der Wohlfahrtsstaat zusammenbrechen?, in: Wirtschaftsdienst, 75. Jg., S. 562 - 568.

—;— (1996): Omne Agens Agendo Perficitur: The Economic Meaning of Subsidiarity, in: R. Holzmann (Hrsg.): Maastricht: Monetary Constitution Without a Fiscal Constitution?, Baden-Baden, S. 195 - 226.

—;— (1998): Fiskalischer Föderalismus, in: WiSt, 27. Jg., S. 65 - 70.

Festel, Gunter; Peter Oberender (1999): Der Einfluß des Staates auf innovative Zukunftstechnologien, in: Wirtschaftsdienst, 79. Jg., S. 57 - 64.

Fischer, Manfred M. (1989): Innovation, Diffusion and Regions, in: Å. Andersson; D. Batten; Ch. Karlsson (Hrsg.): Knowledge and Industrial Organization, Berlin, Heidelberg, S. 47 - 61.

— (1995): Technological Change and Innovation Behaviour, in: C.S. Bertuglia; M.M. Fischer; G. Preto (Hrsg.): Technological Change, Economic Development and Space, Berlin, Heidelberg, S. 145 - 159.

Fleck, Roland (1990): Technologieförderung: Schwachstellen, europäische Perspektiven und neue Ansätze, Wiesbaden.

Franke, Martin (1997): Die Engpaß- und CO_2-Problematik im Straßenverkehr, Lohmar, Köln.

Freeman, Chris (1994a): Innovation and Growth, in: M. Dodgson; R. Rothwell (Hrsg.): The Handbook of Industrial Innovation, Bodmin, S. 78 - 93.

Freeman, Chris (1994b): The economics of technical change, in: Cambridge Journal of Economics, Vol. 18, S. 463 - 514.

Frey, Bruno S. (1997): Ein neuer Föderalismus für Europa: Die Idee der FOCJ, Tübingen.

Frey, Bruno S.; Reiner Eichenberger (1995): Competition among Jurisdictions: The Idea of FOCJ, in: L. Gerken (Hrsg.): Competition among Institutions, London, S. 209 - 229.

—;— (1996): To harmonize or to compete? That´s not the question, in: Journal of Public Economics, Vol. 60, S. 335 - 349.

Frey, Bruno S.; Gebhard Kirchgässner (1994): Demokratische Wirtschaftspolitik - Theorie und Anwendung, 2. Auflage, München.

Frey, Bruno S.; Margit Osterloh (1997): Sanktionen oder Seelenmassage? Motivationale Grundlagen der Unternehmensführung, in: Die Betriebswirtschaft, Jg. 57, S. 307 - 321.

Freytag, Andreas (1995): Die strategische Handels- und Industriepolitik der EU - eine politökonomische Analyse -, Köln.

Friedrich-Ebert-Stiftung (1992): Innovative Technologiepolitik für den Standort Deutschland, Bonn.

Frisch, Armin J. (1993): Unternehmensgröße und Innovation: die schumpeterianische Diskussion und ihre Alternativen, Frankfurt am Main, New York.

Fritsch, Michael (1993): Markt, Marktversagen und die Evaluation technologiepolitischer Förderprogramme, Diskussionspapier 93/8, Bergakademie Freiberg.

Fritsch, Michael; Thomas Wein (1994): Marktversagen infolge von Unteilbarkeiten, in: WiSt, 23. Jg., S. 336 - 341.

Fritsch, Michael; Thomas Wein; Hans-Jürgen Ewers (1996): Marktversagen und Wirtschaftspolitik, 2. Auflage, München.

Fritzsch, Harald (1998): Außeruniversitäre Forschung als Standortnachteil, in: SZ vom 01.09., S. V2/7.

Gabisch, Günter (1995): Konjunktur und Wachstum, in: Vahlens Kompendium der Wirtschaftstheorie und Wirtschaftspolitik, Bd. 1, 6. Aufl., München, S. 325 - 385.

Gäfgen, Gérard (1994): Zentrale oder dezentrale Wirtschaftspolitik in Europa, in: B. Gahlen (Hrsg.): Europäische Integrationsprobleme aus wirtschaftswissenschaftlicher Sicht, Tübingen, S. 29 - 52.

Gahlen, Bernhard; Manfred Stadler (1997): Innovation, Wachstum und Arbeitslosigkeit: Ein prototypisches Modell der Neuen Wachstumstheorie, in: E. Helmstädter (Hrsg.): Beiträge zur angewandten Wirtschaftsforschung: Festschrift für Karl Heinrich Oppenländer, Berlin, S. 97 - 110.

Gaster, Jens (1998): Das Subsidiaritätsprinzip im Gemeinschaftsrecht, in: H. Timmermann (Hrsg.): Subsidiarität und Föderalismus in der Europäischen Union, Berlin, S. 19 - 39.

Gehrig, Thomas (1996): Zum Wettbewerb der Standorte, in: ifo-Studien, 42. Jg., S. 5 - 16.

Gemper, Bodo (1993): Wirtschaftspolitik, Heidelberg.

Gerken, Lüder (1995a): Institutional Competition: An Orientative Framework, in: Ders. (Hrsg.): Competition among Institutions, London, S. 1 - 31.

— (1995b): Nicht alles über einen Leisten, in: FAZ, Ausgabe vom 02.12., S. 13.

— (1995c): Vertikale Kompetenzverteilung in Wirtschaftsgemeinschaften - Bestimmungsgründe und Probleme, in: Ders. (Hrsg.): Europa zwischen Ordnungswettbewerb und Harmonisierung, Berlin u.a., S. 3 - 33.

Gerken, Lüder; Andreas Renner (1996): Nachhaltigkeit durch Wettbewerb, Tübingen.

Geroski, Paul A. (1994): Market Structure, Corporate Performance and Innovative Activity, Oxford.

Gerybadze, Alexander (1991): Marktwirtschaft und innovative Unternehmensgründungen. Erfahrungen aus dem Modellversuch „Förderung technologieorientierter Unternehmensgründungen (TOU)", in: P. Oberender, M.E. Streit (Hrsg.): Marktwirtschaft und Innovation, Baden-Baden, S. 123 - 157.

Giersch, Herbert (1989): Anmerkungen zum weltwirtschaftlichen Denkansatz, in: Weltwirtschaftliches Archiv, Vol. 125, S. 1 - 16.

— (1995): Diskussionsbeitrag zu: Vertikale Kompetenzverteilung in Wirtschaftsgemeinschaften - Bestimmungsgründe und Probleme, in: L. Gerken (Hrsg.): Europa zwischen Ordnungswettbewerb und Harmonisierung, Berlin u.a., S. 35 - 44.

— (1997): Das Jahrhundert der Globalisierung, in: FAZ, Ausgabe vom 11.01., S. 13.

Gilsdorf, Peter (1996): Subsidiarität - Gemeinschaftlichen Besitzstand wahren, in: EUmagazin, o. Jg., Heft 3, S. 24 - 25.

Gloede, Klaus (1996): Ziele und Aufgaben der regionalen Wirtschaftspolitik in den neuen deutschen Bundesländern, Diskussionsbeitrag Nr. IV, Universität Potsdam.

Grabert, Martin (1997): Einheit in der Vielfalt, in: EUmagazin, o. Jg., Heft 4, S. 27 - 29.

Grande, Edgar (1993): Die neue Architektur des Staates: Aufbau und Transformation nationalstaatlicher Handlungskapazitäten - untersucht am Beispiel der Forschungs- und Technologiepolitik, in: R. Czada; M. Schmidt (Hrsg.): Verhandlungsdemokratie, Interessenvermittlung, Regierbarkeit, Opladen, S. 51 - 71.

— (1996): Die Grenzen des Subsidiaritätsprinzips in der europäischen Forschungs- und Technologiepolitik, in: R. Sturm (Hrsg.): Europäische Forschungs- und Technologiepolitik und die Anforderungen des Subsidiaritätsprinzips, Baden-Baden, S. 131 - 142.

Grande, Edgar; Jürgen Häusler (1994): Industrieforschung und Forschungspolitik, Frankfurt am Main, New York.

Graumann, Mathias (1993): Zur Ökonomie von Netzprodukten, in: ZfB, Jg. 63, S. 1331 - 1355.

Grilliches, Zvi (1992): The Search for R&D Spillovers, in: Scandinavian Journal of Economics, Vol. 94, Supplement, S. 29 - 47.

Grossekettler, Heinz (1990): Zentralisation und Dezentralisation der Wirtschaftsförderung aus wirtschaftswissenschaftlicher Sicht, in: D. Ehlers (Hrsg.): Kommunale Wirtschaftsförderung, S. 71 - 100.

Grossman, Gene M.; Elhanan Helpman (1990): Comparative Advantage and Long-Run Growth, in: The American Economic Review, Vol. LXXX, S. 796 - 815.

—;— (1991): Quality Ladders in the Theory of Growth, in: Review of Economic Studies, Vol. 58, S. 43 - 61.

—;— (1992): Innovation and Growth in the Global Economy, 2. Aufl., Cambridge.

Großmann, Siegfried (1993): Perspektiven und Zukunftsgebiete der Grundlagenforschung in Deutschland, in: ET, 43. Jg., S. 13 - 16.

Grupp, Hariolf (1997): Messung und Erklärung des technischen Wandels, Berlin u.a.

Gundlach, Erich u.a. (1995): Fairneß im Standortwettbewerb? - Auf dem Weg zur internationalen Ordnungspolitik, Diskussionsbeitrag Nr. 254, Institut für Weltwirtschaft Kiel.

Gutmann, Gernot (1980): Zum Problem der Ordnungskonformität wirtschaftspolitischen Handelns, in: WISU, 9. Jg., S. 137 - 142 und S. 190 - 193.

— (1986): Ordnungskonformität von Wirtschaftspolitik in Marktwirtschaften und Zentralverwaltungswirtschaften, in: Hamburger Jahrbuch für Wirtschafts und Gesellschaftspolitik, 31. Jahr, S. 49 - 62.

Guzzetti, Luca (1995): A Brief History of European Union Research Policy (European Commission, Studies No. 5), Brüssel, Luxemburg.

Haas, Benedikt (1995): Die wirtschaftspolitische Umsetzung der Neuen Wachstumstheorie, in: H. Hanusch, W. Gick (Hrsg.): Ansätze für ein neues Denken in der Wirtschaftspolitik, München, S. 71 - 94.

Hagedoorn, John (1989): The Dynamic Analysis of Innovation and Diffusion: A Study in Process Control, London, New York.

Hamm, Walter (1979): Freiheitsbeschränkung durch staatliche Struktur- und Forschungspolitik, in: Ordo, Bd. 30, S. 423 - 439.

— (1994): Forschungsstandort Deutschland, in: Ordo, Bd. 45, S. 3 - 16.

Hanf, Michael; Udo Wupperfeld (1999): EU fördert die anwendungsorientierte Forschung, in: Handelsblatt, Nr. 3 vom 06.01., S. 13.

Hannowsky, Dirk; Andreas Renner (1996): Subsidiaritätsprinzip, Bürgersouveränität und Ordnungswettbewerb, Occasional Papers Nr. 9, Europäisches Zentrum für Föderalismus-Forschung Tübingen.

—;— (1998): Zur präferenzkonformen Ordnung Europas - Ordnungsgestaltung im Spannungsfeld von Einheit und Vielfalt, Frankfurt am Main u.a.

Hanusch, Horst (1995): Die neue Qualität wirtschaftlichen Wachstums, in: H. Hanusch, W. Gick (Hrsg.): Ansätze für ein neues Denken in der Wirtschaftspolitik, München, S. 13 - 26.

Hanusch, Horst; Uwe Cantner (1993): Neuere Ansätze der Innovationstheorie und der Theorie des Technischen Wandels - Konsequenzen für eine Forschungs- und Technologiepolitik, in: F. Meyer-Krahmer (Hrsg.): Innovationsökonomie und Technologiepolitik, Heidelberg, S. 11 - 46.

Harabi, Najib (1997): Determinanten des technischen Fortschritts auf Branchenebene: ein Überblick, Diskussionspapier Nr. 97-02-D, ZEW Mannheim.

Harhoff, Dietmar (1997): Innovationsanreize in einem strukturellen Oligopolmodell, Diskussionspapier Nr. 97-16, ZEW Mannheim.

Harhoff, Dietmar; Heinz König (1993): Neuere Ansätze der Industrieökonomik - Konsequenzen für eine Forschungs- und Technologiepolitik, in: F. Meyer-Krahmer (Hrsg.): Innovationsökonomie und Technologiepolitik, Heidelberg, S. 47 - 67.

Harhoff, Dietmar; Georg Licht u.a. (1996): Innovationsaktivitäten kleiner und mittlerer Unternehmen, Baden-Baden.

Harrod, Roy F. (1939): An essay in dynamic theory, in: Economic Journal, Vol. 49, S. 14 - 33.

Härtel, Hans-Hagen; Rolf Jungnickel (1998): Strukturprobleme einer reifen Volkswirtschaft in der Globalisierung, Baden-Baden.

Hasenritter, Bodo (1982): Staatliche Forschungs- und Entwicklungspolitik in der Bundesrepublik Deutschland - Systemkonformität und Systemeffizienz, München.

Hauff, Volker; Fritz W. Scharpf (1975): Modernisierung der Volkswirtschaft, Frankfurt am Main, Köln.

Hayek, Friedrich A. von (1975): Die Anmaßung von Wissen, in: Ordo, Bd. 26, S. 12 - 21.

— (1976/1946): Der Sinn des Wettbewerbs, in: Ders. (1976): Individualismus und wirtschaftliche Ordnung, Salzburg, S. 122 - 140.

— (1991/1960): Die Verfassung der Freiheit, 3. Auflage, Tübingen.

— (1994/1967): Bemerkungen über die Entwicklung von Systemen von Verhaltensregeln, in: Ders. (1994): Freiburger Studien - Gesammelte Aufsätze, 2. Auflage, Tübingen, S. 144 - 160.

— (1994/1968): Wettbewerb als Entdeckungsverfahren, in: Ders. (1994): Freiburger Studien - Gesammelte Aufsätze, 2. Auflage, Tübingen, S. 249 - 265.

Heinemann, Friedrich (1996a): Die ökonomische Föderalismustheorie und ihre Botschaft für die Kompetenzaufteilung im Mehrebenensystem der Europäischen Union, in: T. König; E. Rieger; H. Schmitt (Hrsg.): Das europäische Mehrebenensystem, Frankfurt am Main, New York, S. 117 - 132.

— (1996b): Subsidiarität - Mehr Dezentralisierung, in: EUmagazin, o. Jg., Heft 3, S. 25.

Hellmann, Rainer (1994): Europäische Industriepolitik - zwischen Marktwirtschaft und Dirigismus, Baden-Baden.

— (1998): Kodex für einen fairen Standortwettbewerb, in: EUmagazin, Nr. 1-2, S. 26 - 27.

Hemmelskamp, Jens (1997): Umweltpolitik und Innovation - Grundlegende Begriffe und Zusammenhänge, in: ZfU, 20. Jg., S. 481 - 511.

— (1998): Der Einfluß der Umweltpolitik auf das Innovationsverhalten - eine ökonomische Untersuchung, Diskussionspapier Nr. 98-23, ZEW Mannheim.

Hemmersbach, Andreas (1993): Wirkungen von Instrumenten der Technologie- und Exportförderungspolitik für kleine und mittlere Unternehmen: eine empirische Analyse für Rheinland-Pfalz, Frankfurt am Main u.a.

Henze, Michael (1992): Innovationspolitik und Rent Seeking - Zur politischen Ökonomie der staatlichen Förderung unternehmerischer Innovationen, Köln.

Herb, Friedhelm (1988): Marktwirtschaftliche Innovationspolitik, Frankfurt am Main u.a.

Heuss, Ernst (1965): Allgemeine Markttheorie, Tübingen, Zürich.

Hillebrand, Rainer (1995): Umweltpolitik in föderalen Systemen - eine kritische Analyse der EU-Umweltpolitik, Diskussionsbeitrag Nr. 10, Universität Potsdam.

Hillebrand, Rainer; Paul J.J. Welfens (1998): Globalisierung der Wirtschaft: Wirtschaftspolitische Konsequenzen des internationalen Standortwettbewerbs, in: D. Cassel (Hrsg.): 50 Jahre Soziale Marktwirtschaft, Stuttgart, S. 403 - 440.

Hilpert, Hanns Günther u.a. (1994): Wirtschafts- und Technologiepolitik und ihre Auswirkung den internationalen Wettbewerb: das Beispiel der Halbleiterindustrie, Berlin.

Hirschman, Albert O. (1970): Exit, Voice and Loyality. Responses to Decline in Firms, Organizations and States, Cambridge, Mass.

Höffe, Otfried (1995): Subsidiarität als europapolitisches Prinzip, in: R. Hrbek (Hrsg.): Die Anwendung des Subsidiaritätsprinzips in der EU - Erfahrungen und Perspektiven, Baden-Baden, S. 121 - 138.

Holtzmann, Hans-Dieter (1997): Regionalpolitik der Europäischen Union, Berlin.

Holzem, Rainer (1995): Industriepolitik und Wirtschaftsordnung - Ordnungstheoretische Bewertung von Schwerpunkten der europäischen Industriepolitik und der deutschen Forschungs- und Technologiepolitik, Frankfurt am Main u.a.

Homann, Karl; Christian Kirchner (1995): Das Subsidiaritätsprinzip in der Katholischen Soziallehre und in der Ökonomik, in: L. Gerken (Hrsg.): Europa zwischen Ordnungswettbewerb und Harmonisierung, Berlin u.a., S. 45 - 69.

Hoppmann, Erich (1967): Workable Competition als wettbewerbspolitisches Konzept, in: H. Besters (Hrsg.): Theoretische und institutionelle Grundlagen der Wirtschaftspolitik, Berlin, S. 145 - 197.

Horst, Heike (1988): Regulierung, Deregulierung und Innovation, in: P.J.J. Welfens; L. Balczerowicz (Hrsg.): Innovationsdynamik im Systemvergleich, Heidelberg, S. 140 - 158.

Hüttl, Reinhard; Harald Semmel (1998): Forschungsförderung in den USA, in: Forschung und Lehre, o. Jg., S. 180 - 183.

Jäger, Klaus (1996): Humankapital in der „neuen" Wachstumstheorie: Eine kritische quantitative Einschätzung, in: E. Helmstädter (Hrsg.): Beiträge zur angewandten Wirtschaftsforschung: Festschrift für Karl Heinrich Oppenländer, Berlin, S. 111 - 124.

JRC (1996): Annual Report 1996, Report EUR 17339 EN, Luxemburg.

Kamien, Morton I.; Nancy L. Schwartz (1982): Market Structure and Innovation, London u.a.

Kantzenbach, Erhard; Marisa Pfister (1996): National Approaches to Technology Policy in a Globalizing World Economy - The Case of Germany and the European Union, in: G. Koopmann; H.-E. Scharrer (Hrsg.): Economics of High-Technology Competition and Cooperation in Global Markets, Baden-Baden, S. 267 - 316.

Kaufer, Erich (1979): Technischer Wandel in der Marktwirtschaft - Eine forschungs- und wettbewerbstheoretische Kritik staatlicher Forschungs- und

Technologiepolitik, in: E. Kaufer; H. Hinz; E. Hoppmann (Hrsg.): Innovationspolitik und Wirtschaftsordnung, Köln, S. 1 - 12.

— (1980): Industrieökonomik - Eine Einführung in die Wettbewerbstheorie, München.

— (1994): Innovationspolitik als Ordnungspolitik, in: C. Ott; H.-B. Schäfer (Hrsg.): Ökonomische Analyse der rechtlichen Organisation von Innovationen, Tübingen, S. 1 - 32.

Kerber, Wolfgang (1991): Zur Entstehung von Wissen: Grundsätzliche Bemerkungen zu Möglichkeiten und Grenzen staatlicher Förderung der Wissensproduktion aus Sicht der Theorie evolutionärer Marktprozesse, in: P. Oberender, M.E. Streit (Hrsg.): Marktwirtschaft und Innovation, Baden-Baden, S. 9 - 52.

— (1997): Wettbewerb als Hypothesentest: Eine evolutorische Konzeption wissenschaffenden Wettbewerbs, in: K. v. Delhaes; U. Fehl (Hrsg.): Dimensionen des Wettbewerbs, Stuttgart, S. 29 - 78.

— (1998a): Bildung, Forschung und Entwicklung: Grenzen staatlicher Politik aus der Perspektive des internationalen Wettbewerbs, in: D. Cassel (Hrsg.); 50 Jahre Soziale Marktwirtschaft, Stuttgart, S. 321 - 365.

— (1998b): Weiterentwicklung der gesellschaftlichen Wissensbasis, in: P. Klemmer; D. Becker-Soest; R. Wink (Hrsg.): Liberale Grundrisse einer zukunftsfähigen Gesellschaft, Baden-Baden, S. 117 - 134.

Kerber, Wolfgang; Viktor Vanberg (1995): Competition among Institutions: Evolution within Constraints, in: L. Gerken (Hrsg.): Competition among Institutions, London, S. 35 - 64.

Kern, Dieter (1991): Marktwirtschaftliche Innovationspolitik durch Outputorientierung staatlicher Förderung, München.

Kirsch, Guy (1987): Über zentrifugale und zentripetale Kräfte im Föderalismus, in: G. Kirsch; Ch. Smekal; H. Zimmermann (Hrsg.): Beiträge zu ökonomischen Problemen des Föderalismus, Berlin, S. 13 - 34.

— (1993): Neue Politische Ökonomie, 3. Auflage, Düsseldorf.

Klodt, Henning (1993): Perspektiven des Ost-West-Handels: Die komparativen Vorteile der mittel- und osteuropäischen Reformländer, in: Die Weltwirtschaft, o. Jg., S. 424 - 440.

— (1995): Grundlagen der Forschungs- und Technologiepolitik, München.

Klodt, Henning u.a. (1990): Forschungspolitik unter EG-Kontrolle, Tübingen.

Klodt, Henning; Jürgen Stehn u.a. (1992): Die Strukturpolitik der EG, Tübingen.

Klump, Rainer (1996): Wachstum und Wandel: Die „neue“ Wachstumstheorie als Theorie wirtschaftlicher Entwicklung, in: Ordo, Bd. 47, S. 101 - 120.

Knieps, Günter (1995): Neuere Entwicklungen in der Regulierungsdiskussion, in: WiSt, 24. Jg., S. 617 - 622.

Knight, Kenneth E. (1967): A Descriptive Model of the Intra-Firm Innovation Process, in: The Journal of Business, 40. Jg., S. 478 - 496.

Knorr, Andreas (1998): Globalisierung, in: WiSt, 27. Jg., S. 238 - 243.

Kommission Grundlagenforschung (1991): Förderung der Grundlagenforschung durch den Bundesminister für Forschung und Technologie, Kommissionsbericht 1991, Bonn.

König, Heinz (1968): Wachstum und Entwicklung der Wirtschaft, Köln.

Koopmann, Georg (1996): Die Welthandelsordnung nach der Uruguay-Runde - von der Liberalisierung zur Harmonisierung?, in: E. Kantzenbach; O.G. Mayer (Hrsg.): Von der internationalen Handels- zur Wettbewerbsordnung, Baden-Baden, S. 11 - 47.

Koopmann, Georg; Christoph Kreienbaum; Christine Borrmann (1997): Industrial and Trade Policy in Germany, Baden-Baden.

Köppen, Margit (1998): Strukturelle Wettbewerbsfähigkeit von Volkswirtschaften, Marburg.

Kösters, Wim (1992): Freihandel versus Industriepolitik, in: Wirtschaftsdienst, 72. Jg., S. 49 - 56.

— (1994): Neue Wachstumstheorie und neue Außenhandelstheorie - Frische Argumente für eine staatliche Industriepolitik?, in: WiSt, 23. Jg., S. 117 - 122.

— (1998): Europäische Integration: Wirtschaftspolitischer Autonomieverlust durch Supranationalisierung politischer Entscheidungen, in: D. Cassel (Hrsg.): 50 Jahre Soziale Marktwirtschaft, Stuttgart, S. 441 - 455.

KoWi (1998a): kowi-aktuell, o. Jg., Ausgabe No. 38 vom 19.10.

— (1998b): kowi-aktuell, o. Jg., Ausgabe No. 39 vom 14.12.

Kreienbaum, Christoph; Cora Wacker-Theodorakopoulos (1994): Innovationen unter verschiedenen Umweltregimen, in: Hamburger Jahrbuch für Wirtschafts- und Gesellschaftspolitik, 39. Jahr, S. 164 - 187.

—;— (1997): Subventionen für die Umwelt? Wider die Wuppertaler Position, in: Wirtschaftsdienst, 77. Jg., 166 - 172.

Kreikenbaum, Dieter (1998): Kommunalisierung und Dezentralisierung der leitungsgebundenen Energieversorgung - eine Analyse aus ordnungspolitischer Sicht, Dissertation, Universität Potsdam.

Krugman, Paul R. (1987): Is Free Trade Passé?, in: Economic Perspectives, Vol. 1, S. 131 - 144.

Kuhlmann, Stefan; Frieder Meyer-Krahmer (1995): Practice of Technology Policy Evaluation in Germany: Introduction and Overview, in: G. Becher; S. Kuhlmann (Hrsg.): Evaluation of Technology Policy Programmes in Germany, Dordrecht, S. 3 - 29.

Kuhn, Lothar (1998): Rütteln und Ziehen, in: WirtschaftsWoche, o. Jg., Nr. 48 vom 19.11., S. 100 - 107.

Külp, Bernhard; Norbert Berthold (1992): Grundlagen der Wirtschaftspolitik, München.

Kuntze, Uwe; Kurt Hornschild (1995): Evaluation of the Promotion of R&D Activities in Small and Medium-sized Enterprises, in: G. Becher; S. Kuhlmann (Hrsg.): Evaluation of Technology Policy Programmes in Germany, Dordrecht, S. 33 - 54.

Kurz, Rudi; Hans-Werner Graf; Michael Zarth (1989): Der Einfluß wirtschafts- und gesellschaftspolitischer Rahmenbedingungen auf das Innovationsverhalten von Unternehmen, Tübingen.

Kurz, Rudi; Friedhelm Herb (1990): Neuorientierung der Innovationspolitik, in: ZfW, Jg. 39, S. 171 - 181.

Kutter, Susanne (1997a): Kräfte bündeln, in: WirtschaftsWoche, o. Jg., Nr. 6 vom 30.01., S. 46 - 50.

— (1997b): Auf Kommando weg, in: WirtschaftsWoche, o. Jg., Nr. 34 vom 14.08., S. 66 - 69.

Laaser, Claus-Friedrich (1997): Infrastrukturpolitik der Europäischen Union - ein Widerspruch zum Subsidiaritätsprinzip, in: H. Karl (Hrsg.): Transeuropäische Netze: Die infrastrukturpolitischen Aufgaben der EU, Bonn, S. 31 - 58.

Laaser, Claus-Friedrich; Rüdiger Soltwedel u.a. (1993): Europäische Integration und nationale Wirtschaftspolitik, Tübingen.

Laaser, Claus-Friedrich; Jürgen Stehn (1996): Marktwirtschaft und Subsidiarität: Die föderative Arbeitsteilung auf dem Prüfstand, in: ZfW, Jg. 45, S. 58 - 91.

Lamberton, Don (1994): Innovation and Intellectual Property, in: M. Dodgson; R. Rothwell (Hrsg.): The Handbook of Industrial Innovation, Bodmin, S. 301 - 309.

Langenfeld, Christine (1994): Grenzen aus der Gemeinschaftsverfassung - Zur Delegation von Entscheidungsbefugnissen auf besondere Einrichtungen im Rahmen der EG-Forschungs- und Technologieförderung, in: MPG-Spiegel, Heft 1, S. 47 - 52.

Lau, Dirk (1997): Sektorale räumliche Konzentration und ihre Bedeutung für die Industriepolitik, Baden-Baden.

Lecheler, Helmut (1993): Das Subsidiaritätsprinzip - Strukturprinzip einer europäischen Union, Berlin.

Leder, Matthias (1989): Innovationsmanagement - Ein Überblick, in: ZfB, Jg. 59, Ergänzungsheft 1/89, S. 1 - 54.

Leibenstein, Harvey (1966): Allocative Efficiency vs. „X-Efficiency", in: American Economic Review, Vol. 56, S. 392 - 415.

Leipold, Helmut (1996): Zur Pfadabhängigkeit der institutionellen Entwicklung - Erklärungsansätze des Wandels von Ordnungen, in: D. Cassel (Hrsg.): Entstehung und Wettbewerb von Systemen, Berlin, S. 93 - 115.

Lenoir, Timothy (1998): Revolution from Above: The Role of the State in Creating the German Research System, 1810 - 1910, in: American Economic Review, Vol. 88, S. 22 - 27.

Lohner, Fritz (1993): Das System der Forschungs-, Technologie- und Innovationsförderung in der Bundesrepublik Deutschland, in: K.-H. Oppenländer; W. Popp (Hrsg.): Privates und staatliches Informationsmanagement, München, S. 365 - 394.

Lucas, Robert E. (1988): On the Mechanics of Economic Development, in: Journal of Monetary Economics, Vol. 22, S. 3 - 42.

Maas, Christof (1986a): Regulierung und Innovation - Ein empirisch weitgehend unerforschter Zusammenhang -, Diskussionspapier 107, Technische Universität Berlin.

— (1986b): Zur ökonomischen Begründung der Forschungs- und Technologiepolitik, Diskussionspapier 111, Technische Universität Berlin.

Maier, Gunther; Franz Tödtling (1995): Regional- und Stadtökonomik: Standorttheorie und Raumstruktur, 2. Auflage, Wien, New York.

Mansfield, Edwin (1968): Industrial Research and Technological Innovation, London.

Mariën-Dusak, Ingrid (1996): Wissenschaft, Forschung und Entwicklung, in: M. Röttinger; C. Weyringer (Hrsg.): Handbuch der europäischen Integration, 2. Auflage, Wien, Köln, Bern, S. 1010 - 1030.

Markl, Hubert (1993): Forschungsförderung in der Bundesrepublik Deutschland, in: ET, 43. Jg., S. 7 - 12.

— (1998): Die Vermutung zur Gewißheit gemacht, in: SZ vom 08.09., S. V2/9.

Maurer, Andreas (1995): Forschungs- und Entwicklungskooperationen in der Wettbewerbspolitik der Europäischen Gemeinschaft, Frankfurt am Main u.a.

McClelland, David C. (1966): Die Leistungsgesellschaft - Psychologische Analyse der Voraussetzungen wirtschaftlicher Entwicklung, Stuttgart u.a.

Meyer, Mathias (1995): Forschungssubventionen aus wettbewerbspolitischer Sicht, Baden-Baden.

Meyer-Krahmer, Frieder (1992): Strategische Industrien im internationalen Vergleich: Arbeitsteilung und politische Instrumente, in: W. Fricke (Hrsg.): Jahrbuch Arbeit und Technik - Schwerpunktthema: Industriepolitik, S. 116 - 126.

Meyer-Krahmer, Frieder; Ulrich Schmoch (1993): Die Innovationsproblematik aus Sicht der angewandten Wirtschaftsforschung, in: ifo-Studien, 39. Jg., S. 191 - 219.

Mittendorfer, Roland (1995): Das Subsidiaritätsprinzip in Art. 3 b Abs. 2 EGV, in: Wirtschaftspolitische Blätter, 42. Jg., S. 218 - 227.

Mohnen, Pierre (1996): R&D Externalities and Productivity Growth, in: OECD (Hrsg.): STI-Review, No. 18, Paris, S. 39 -66.

Mönig, Walter (1996): Nationale Forschungspolitik im Spannungsfeld von internationaler Konkurrenz und europäischer Integration, in: R. Sturm (Hrsg.): Europäische Forschungs- und Technologiepolitik und die Anforderungen des Subsidiaritätsprinzips, Baden-Baden, S. 65 - 74.

Monopolkommission (1998): Systemwettbewerb, Sondergutachten 27, Köln.

— (1990): Wettbewerbspolitik vor neuen Herausforderungen (8. Hauptgutachten 1988/ 89), Baden-Baden.

Möschel, Wernhard (1993). Zum Subsidiaritätsprinzip im Vertrag von Maastricht, in: L. Gerken (Hrsg.): Europa 2000 - Perspektive wohin?: Die Europäische Integration nach Maastricht, S. 93 - 105.

— (1995): Subsidiaritätsprinzip im Zwielicht, in: WiSt, 24. Jg., S. 232 - 236.

MPG (1994): Europäische Forschungspolitik: Ein »Hamlet«-Problem, in: MPG-Spiegel, Heft 1, S. 41 - 46.

— (o J.): Wissen für das 21. Jahrhundert - Der Beitrag der Grundlagenforschung zur Problemlösungskompetenz von Staat, Wirtschaft und Gesellschaft, München.

Müller, Klaus; Thomas Nagel; Hans-Georg Petersen (1996): Ökosteuerreform und Senkung der direkten Abgaben: Zu einer Neugestaltung des deutschen Steuer- und Transfersystems, Diskussionsbeitrag Nr. 8, Universität Potsdam.

Murphy, Kevin M.; Andrei Shleifer; Robert W. Vishny (1991): The Allocation of Talent: Implications for Growth, in: Quarterly Journal of Economics, Vol. 106/2, S. 503 - 530.

Musgrave, Richard A. (1959): The Theory of Public Finance, New York.

Mussler, Werner; Michael Wohlgemuth (1994): Institutionen im Wettbewerb - Ordnungstheoretische Anmerkungen zum Systemwettbewerb in Europa, Diskussionsbeitrag Nr. 05/94, Max-Planck-Institut zur Erforschung von Wirtschaftssystemen Jena.

Nell-Breuning, Oswald v. (1990): Baugesetze der Gesellschaft - Solidarität und Subsidiarität, Freiburg, Basel, Wien.

Nelson, Richard R. (1959a): The Simple Economics of Basic Scientific Research, in: Journal of Political Economy, Vol. 67, S. 297 - 306.

— (1959b): The Economics of Invention: A Survey of the Literature, in. The Journal of Business, Vol. XXXII, S. 101 - 127.

— (1990): What is Public and what is Private about Technology?, Working Paper 90-09, University of California, Berkeley.

— (1995): Recent Evolutionary Theorizing About Economic Change, in: Journal of Economic Literature, Vol. 33, S. 48 - 90.

Nelson, Richard R.; Sidney G. Winter (1982): An Evolutionary Theory of Economic Change, Cambridge, London.

Nerlinger, Eric A. (1998): Standorte und Entwicklung junger innovativer Unternehmen, Baden-Baden.

Neumann, Manfred (1991): Innovationen, Wettbewerb und Wettbewerbspolitik in den langen Wellen wirtschaftlicher Entwicklung, in: B. Gahlen u.a. (Hrsg.): Wachstumstheorie und Wachstumspolitik, Tübingen, S. 279 - 291.

Neumann, Wolfgang; Henrik Uterwedde (1986): Industriepolitik - Ein deutsch-französischer Vergleich, Leverkusen.

Nienhaus, Volker (1996): Koordinationsprobleme europäischer Fachpolitiken aus der Sicht der Neuen Politischen Ökonomie, in: H. Karl (Hrsg.): Die

Koordination der Finanz-, Währungs- und Strukturpolitik in der EU, Bonn, S. 117 - 143.

Niskanen, William A. (1971): Bureaucracy and Representative Government, Chicago, New York.

NIW u.a. (1997): Zur technologischen Leistungsfähigkeit Deutschlands - Aktualisierung und Erweiterung 1997, Hannover u.a.

Nordhaus, William D. (1975): The Political Business Cycle, in: Review of Economic Studies, Vol. 42, S. 169 - 190.

North, Douglass C. (1992): Institutionen, institutioneller Wandel und Wirtschaftsleistung, Tübingen.

— (1994): Economic Performance through Time, in: American Economic Review, Vol. 84, S. 359 - 368.

Nowak, Ralf (1991): Gesamtwirtschaftliche Aspekte von Existenzförderungshilfen des Bundes und der Länder, Bamberg.

Oates, Wallace E. (1972): Fiscal Federalism, New York u.a.

— (1991): Fiscal Federalism: An Overview, in. R. Preud'homme (Hrsg.): Public Finance with Several Levels of Government Hague, Königstein, S. 1 - 18.

Oberender, Peter (1987): Marktwirtschaft und Innovation - Grenzen und Möglichkeiten staatlicher Innovationsförderung, in: J. Werner (Hrsg.): Beiträge zur Innovationspolitik, Berlin, S. 9 - 26.

Oberender, Peter; Frank Daumann (1995): Industriepolitik, München.

Oberender, Peter; Frank-Ulrich Fricke (1992): Forschungsförderung in der europäischen Gemeinschaft - Eine ordnungspolitische und empirische Analyse, in: E. Görgens; E. Tuchtfeldt (Hrsg.): Die Zukunft der wirtschaftlichen Entwicklung - Perspektiven und Probleme, Bern, S. 217 - 243.

—;— (1993): Möglichkeiten und Grenzen einer europäischen Forschungs- und Technologiepolitik, in: ifo-Studien, 39. Jg., S. 327 - 355.

Oberender, Peter; Georg Rüter (1987): Innovationsförderung: Einige grundsätzliche ordnungspolitische Bemerkungen, in: Ordo, Bd. 38, S. 143 - 154.

Ochel, Wolfgang (1996): Strategische Wirtschafts- und Technologiepolitik - Das Beispiel der Halbleiterindustrie, in: List Forum, Bd. 22, S. 97 - 124.

OECD (1996): Globalisation of Industry, Paris.

Olson, Mancur (1969): The Principle of „Fiscal Equivalence“: The Division of Responsibilities among Different Levels of Government, in: The American Economic Review, Vol. 59, S. 479 - 487.

— (1986): Toward a More General Theory of Government Structure, in: American Economic Review, Vol. 76, S. 120 - 125.

— (1991): Aufstieg und Niedergang von Nationen, 2. Auflage, Tübingen.

— (1992/1968): Die Logik des kollektiven Handelns, 3. Auflage, Tübingen.

Oltmanns, Erich (1995): Forschungsinvestitionen: FuE-Aufwendungen im gesamtwirtschaftlichen Rechnungswesen, Wiesbaden.

Oppenländer, Karl-Heinrich (1985): Zur empirischen Überprüfung der Anspornwirkung des Patentschutzes, in: G. Bombach (Hrsg.): Industrieökonomik: Theorie und Emripie, Tübingen, S. 193 - 205.

— (1998): Globalisierung der Märkte: Stellenwert der nationalen Forschungs- und Technologiepolitik, in: H. Hesse; P. Welzel (Hrsg.): Wirtschaftspolitik zwischen gesellschaftlichen Ansprüchen und ökonomischen Grenzen, Göttingen, S. 249 - 266.

Paulenz, Rainer (1978): Der Einsatz finanzpolitischer Instrumente in der Forschungs- und Entwicklungspolitik, Frankfurt am Main u.a.

Pavitt, Keith (1993): What do Firms Learn from Basic Research?, in: D. Foray; C. Freeman (Hrsg.): Technology and the Wealth of Nations, London, S. 9 - 36.

Pejovich, Svetozar (1983): Innovation and Alternative Property Rights, in: A. Schüller; H. Leipold; H. Hamel (Hrsg.): Innovationsprobleme in Ost und West, Stuttgart, S. 41 - 49.

Perlitz, Manfred (1997): Standortentscheidungen von Unternehmen aus betriebswirtschaftlicher Sicht, in: H.-J. Vosgerau (Hrsg.): Zentrum und Peripherie - Zur Entwicklung der Arbeitsteilung in Europa, Berlin, S. 73 - 99.

Perlitz, Manfred; Helge Löbler (1985): Brauchen Unternehmen zum Innovieren Krisen?, in: ZfB, Jg. 55, S. 424 - 450.

Peters, Hans-Rudolf (1992): Wirtschaftspolitik, München, Wien.

Petersen, Hans-Georg (1993): Ökonomik, Ethik und Demokratie, Baden-Baden.

Pett, Alexander (1994): Technologie- und Gründerzentren - Empirische Analyse eines Instruments zur Schaffung hochwertiger Arbeitsplätze, Frankfurt am Main u.a.

Pfähler, Wilhelm; Heidrun Hoppe (1997): Informationspolitik als Innovationspolitik, in: G. Mantwill (Hrsg.): Informationswirtschaft und Standort Deutschland, Baden-Baden, S. 43 - 66.

Pflugmann-Hohlstein, Barbara (1993): Das Subsidiaritätsprinzip in der EG, in A. Wagner (Hrsg.): Dezentrale Entscheidungsfindung bei externen Effekten: Innovation, Integration und internationaler Handel, Tübingen, S. 159 - 186.

Pieper, Stefan U. (1993): Subsidiaritätsprinzip - Strukturprinzip der Europäischen Union, in: Deutsches Verwaltungsblatt, 108. Jg., S. 705 - 712.

— (1994): Subsidiarität - Ein Beitrag zur Begrenzung der Gemeinschaftskompetenzen, Köln u.a.

Porter, Michael E. (1993): Nationale Wettbewerbsvorteile: Erfolgreich konkurrieren auf dem Weltmarkt, Wien.

Postlep, Rolf-Dieter (1992): Gewichtsverlagerung im föderativen Staatsaufbau der Bundesrepublik Deutschland unter EG-Einfluß, in: P. Eisenmann; B. Rill (Hrsg.): Das Europa der Zukunft, Regensburg, S. 137 - 148.

Postlep, Rolf-Dieter; Thomas Döring (1996): Entwicklungen in der ökonomischen Föderalismusdiskussion und im föderativen System der Bundesrepublik Deutschland, in. R.-D. Postlep (Hrsg.): Aktuelle Fragen zum Föderalismus, Marburg, S. 7 - 44.

Rahmeyer, Fritz (1987): Evolutionstheoretischer Erklärungsansatz der Innovationstätigkeit, Volkswirtschaftlicher Diskussionsbeitrag Nr. 44, Universität Augsburg.

— (1995): Konzepte privater und staatlicher Innovationsförderung, in: Zeitschrift für Wirtschafts- und Sozialwissenschaften, 115. Jg., S. 37 - 66.

Ramser, Hans Jürgen (1993): Grundlagen der „neuen" Wachstumstheorie, in: WiSt, 22. Jg., S. 117 - 123.

Rebelo, Sergio (1991): Long-Run Policy Analysis and Long-Run Growth, in: Journal of Political Economy, Vol. 99, S. 500 - 521.

Reger, Guido (1995): Die Forschungs- und Technologiepolitik der Europäischen Union: Wirkungen auf das deutsche Forschungssystem, in: Konjunkturpolitik, 41. Jg., S. 373 - 394.

Reger, Guido; Stefan Kuhlmann (1995): Europäische Forschungs- und Technologiepolitik in Deutschland - Bedeutung für die deutsche Forschungslandschaft, Heidelberg.

Reichardt, Kerstin; Stephan Wimmers (1992): Beteiligung an Forschungs- und Technologieprogrammen der EG: Chancen und Hemmnisse für kleine und mittlere Unternehmen, Stuttgart.

Rogers, Everett M. (1983): Diffusion of Innovations, 3. Auflage, New York.

Romer, Paul M. (1986): Increasing Returns and Long-Run Growth, in: Journal of Political Economy, Vol. 94, S. 1002 - 1037.

— (1990): Endogenous Technological Change, in: Journal of Political Economy, Vol. 98, S. S71 - S102.

Röpke, Jochen (1977): Die Strategie der Innovation, Tübingen.

Rosegger, Gerhard (1980): The Economics of Production and Innovation, Oxford u.a.

Rosenberg, Nathan (1982): Inside the Black Box, Cambridge.

— (1990): Why do firms do basic research (with their own money)?, in: Research Policy, Vol. 19, S. 165 - 174.

— (1996): Uncertainty and Technological Change, in: R. Landau; T. Taylor; G. Wright (Hrsg.): The Mosaic of Economic Growth, Stanford, S. 334 - 353.

Rotering, Christian (1990): Forschungs- und Entwicklungskooperationen zwischen Unternehmen, Stuttgart.

Roth, Michael (1996): Schleichender Rückgang, in: EUmagazin, o. Jg., Heft 3, S. 14 - 17.

Rother, Franz W. (1995): Das große Pokern, in: WirtschaftsWoche, Nr. 6 vom 02.02., S. 106 - 108.

Rothwell, Roy (1989): Small Firms, Innovation and Industrial Change, in: Small Business Economics, Vol. 1, S. 51 - 64.

Rothwell, Roy; Mark Dodgson (1994): Innovation and Size of Firm, in: M. Dodgson; R. Rothwell (Hrsg.): The Handbook of Industrial Innovation, Bodmin, S. 310 - 324.

Röver, Andreas (1997): Netzwerkexternalitäten als Ursache für Wettbewerbsversagen, Frankfurt am Main u.a.

Ruschinski, Monika (1996): Neuere Entwicklungen in der Wachstumstheorie, Wiesbaden.

Ruttan, Vernon W. (1997): Induced Innovation, Evolutionary Theory and Path Dependence: Sources of Technical Change, in: The Economic Journal, Vol. 107, S. 1520 - 1529.

Sachs, Jeffrey D.; Andrew M. Warner (1997): Fundamental Sources of Long-Run Growth, in: The American Economic Review, Vol. 87, S. 184 - 188.

Sachverständigenrat (1997): Jahresgutachten 1997/98, Bundestags-Drucksache 13/9090 vom 18.11., Bonn

— (1998): Jahresgutachten 1998/99, Bundestags-Drucksache 14/73 vom 20.11., Bonn.

Sauerland, Dirk (1997): Föderalismus zwischen Freiheit und Effizienz, Berlin.

Scherer, Frederic M. (1984): Innovation and Growth - Schumpeterian Perspectives, Cambridge, London.

— (1992): Schumpeter and Plausible Capitalism, in: Journal of Economic Literature, Vol. 30, S. 1416 - 1433.

Scherer, Frederic M.; David Ross (1990): Industrial Market Structure and Economic Performance, 3. Auflage, Boston.

Scherzinger, Angela (1996): Forschung und Entwicklung in den kleinen und mittleren Unternehmen in Deutschland, in: DIW-Wochenbericht, 63. Jg., S. 670 - 677.

— (1998): Die Technologiepolitik der Länder in der Bundesrepublik Deutschland - ein Überblick, Diskussionspapier Nr. 164, DIW Berlin.

Schmidt, Ingo; Stefan Elßer (1990): Innovationsoptimale Unternehmensgrößen und Marktstrukturen - Die Neo-Schumpeter-Hypothesen, in: WiSt, 19. Jg., S. 556 - 562.

Schmidt, Ingo; André Schmidt (1996): X-Ineffizienz, Lean Production und Wettbewerbsfähigkeit, in: WiSt, 25. Jg., S. 65 - 71.

—;— (1997): Europäische Wettbewerbspolitik, München.

Schmidhuber, Peter (1993): Das Subsidiaritätsprinzip im Vertrag von Maastricht, in: Deutsches Verwaltungsblatt, 108. Jg., S. 417 - 422.

Schmookler, Jacob (1966): Invention and Economic Growth, Cambridge.

Schumpeter, Alois (1993/1912): Theorie der wirtschaftlichen Entwicklung, 9. Auflage, Berlin.

— (1993/1942): Kapitalismus, Sozialismus und Demokratie, 7., erw. Auflage, Tübingen, Basel.

Scientific Consulting (1993): Bewertung des Verfahrens der FuE-Förderung der EG-Kommission im Bereich der Informations- und Kommunikationstechnik, Gutachten im Auftrag der Deutschen Versuchsanstalt für Luft.- und Raumfahrt e.V. (DLR), Köln.

SdW (1997a): Forum: Die Krise der Forschung, o. Jg., Heft 5, S. 30 - 42.

— (1997b): Forum: Die Zukunft der Industrieforschung, o. Jg., Heft 11, S. 34 - 46.

Segerstrom, Paul S.; T.C.A. Anant; Elias Dinopoulos (1990): A Schumpeterian Model of the Product Life Cycle, in: The American Economic Review, Vol. 80, S. 1077 - 1091.

Seidenfus, Hellmuth St. (1987): Förderung der Bildung von Risikokapital vs. selektiver Innovationsförderung, in: J. Werner (Hrsg.): Beiträge zur Innovationspolitik, Berlin, S. 69 - 82.

Seliger, Bernhard (1998): Grundzüge einer Theorie des Systemwettbewerbs, in: WiSt, 27. Jg., S. 263 - 266.

Sentker, Andreas (1999): Profil gesucht - Europa stellt sein neues Forschungsprogramm vor, in: Die Zeit, Nr. 10 vom 04.03., S. 27.

Siebert, Horst (1988): Strategische Handelspolitik - Theoretische Ansätze und wirtschaftspolitische Empfehlungen, in: Aussenwirtschaft, 43. Jg., S. 549 - 584.

Siebert, Horst; Michael Koop (1990): Institutional Competition: A Concept for Europe?, in: Aussenwirtschaft, 45. Jg., S. 439 - 462.

— (1994): Europa zwischen Wettbewerb und Harmonisierung, in: WiSt, 23. Jg., S. 611 - 616.

Simon, Herbert A. (1955): A Behavioral Model of Rational Choice, in: Quarterly Journal of Economics, Vol. 69, S. 99 - 118.

Simons, Jürgen (1997): Industriepolitik, Stuttgart.

Sinn, Hans-Werner (1995): Implikationen der vier Grundfreiheiten für eine nationale Fiskalpolitik, in: Wirtschaftsdienst, 75. Jg., S. 240 - 249.

— (1996): Das Prinzip des Diapositivs, in: Wirtschaftsdienst, 76. Jg., S. 92 - 94.

— (1997): Das Selektionsprinzip und der Systemwettbewerb, in: A. Oberhauser (Hrsg.): Fiskalföderalismus in Europa, Berlin, S. 9 - 60.

Sinn, Stefan (1992): The Taming of Leviathan: Competition among Governments, in: Constitutional Political Economics, Vol. 3, S. 177 - 196.

Solow, Robert M. (1956): A Contribution to the Theory of Economic Growth, in: Quarterly Journal of Economics, Vol. XXXII, S. 65 - 94.

— (1991): New Directions in Growth Theory, in: B. Gahlen u.a. (Hrsg.): Wachstumstheorie und Wachstumspolitik, Tübingen, S. 3 - 17.

Spencer, Barbara J.; James A. Brander (1983): International R & D Rivalry and Industrial Strategy, in: Review of Economic Studies, 50. Jg., S. 707 - 722.

Spielkamp, Alfred (1997a): Auf die richtige Mischung kommt es an, in: EU-magazin, o. Jg., Nr. 1-2, S. 38 - 39.

— (1997b): Grenzen und Reichweiten nationaler Innovationssysteme und forschungspolitische Implikationen, Diskussionspapier Nr. 97-15 D, ZEW Mannheim.

Spielkamp, Alfred u.a. (1998): Industrielle Forschung und Entwicklung in Ostdeutschland, Baden-Baden.

Stadler, Manfred (1993): Die Modellierung des Innovationsprozesses - Ein integrativer Mikro-Makro-Ansatz, in: ifo-Studien, 39. Jg., S. 159 - 189.

— (1997): Innovationsforschung im Spannungsfeld von Theorie und Empirie, in: IAW-Mitteilungen, 25. Jg., Heft 3, S. 24 - 31.

Starbatty, Joachim (1987): Die ordnungspolitische Dimension der EG-Technologiepolitik, in: Ordo, Bd. 38, S. 155 - 181.

Starbatty, Joachim; Manfred Schäfers; Uwe Vetterlein (1990): Europäische Technologiepolitik: Entwicklungslinien und Einwirkungsmöglichkeiten aus Sicht der Bundesrepublik Deutschland, in: Ordo, Bd. 41, S. 131 - 150.

Starbatty, Joachim; Uwe Vetterlein (1990a): Die Technologiepolitik der Europäischen Gemeinschaft, Baden-Baden.

—;— (1990b): Technologiepolitische Aufgabenteilung in der Europäischen Gemeinschaft, in: Wirtschaftsdienst, 70. Jg., S. 96 - 102.

—;— (1998): Forschungs- und Technologiepolitik, in: P. Klemmer (Hrsg.): Handbuch Europäische Wirtschaftspolitik, München, S. 665 - 733.

Staudt, Erich (1987): Technologie- und Regionalpolitik der Länder: Vom Leistungs- zum Subventionswettbewerb, in: List Forum, Bd. 14, S. 93 - 110.

— (1988): Technologiepolitik statt Marktwirtschaft, in: N. Dose; A. Drexler (Hrsg.): Technologieparks, Opladen, S. 214 - 226.

— (1993): Innovation im Konsens ist Nonsens!, in: Wirtschaftsdienst, 73. Jg., S. 563 - 567.

— (1998): Kompetenz zur Innovation: Defizite der Forschungs-, Bildungs-, Wirtschafts- und Arbeitsmarktpolitik, in: P. Klemmer; D. Becker-Soest; R. Wink (Hrsg.): Liberale Grundrisse einer zukunftsfähigen Gesellschaft, Baden-Baden, S. 171 - 182.

Stehn, Jürgen (1993): Theorie des fiskalischen Föderalismus: Ein Referenzmaßstab zur Beurteilung der Beschlüsse von Maastricht, in: H. Siebert (Hrsg.): Die zweifache Integration: Deutschland und Europa, Tübingen, S. 33 - 48.

Steinmueller, W. Edward (1994): Basic Research and Industrial Innovation, in: M. Dodgson; R. Rothwell (Hrsg.): The Handbook of Industrial Innovation, Bodmin, S. 54 - 66.

Sternberg, Rolf (1995): Technologiepolitik und High-Tech-Regionen - ein internationaler Vergleich, Münster, Hamburg.

Steyer, Roland (1997): Netzexternalitäten, in: WiSt, 26. Jg., S. 206 - 210.

Stolpe, Michael (1995): Technology and the Dynamics of Specialization in Open Economies, Tübingen.

— (1997): Forschungsförderung durch steuerrechtliche Abschreibung, in: List Forum, Bd. 23, S. 51 - 64.

Straubhaar, Thomas (1995): Das Europa des funktionalen Föderalismus: Mehr als ein Denkmodell?, in: Ordo, Bd. 46, S. 185 - 202.

Streit, Manfred E. (1984): Innovationspolitik zwischen Unsicherheit und Anmaßung von Wissen, in: Hamburger Jahrbuch für Wirtschafts- und Gesellschaftspolitik, 29. Jahr, S. 35 - 54.

— (1991): Theorie der Wirtschaftspolitik, 4. Auflage, Düsseldorf.

— (1995): Dimensionen des Wettbewerbs - Systemwandel aus ordnungsökonomischer Sicht, in: ZfW, Jg. 44, S. 113 - 134.

— (1996a): Systemwettbewerb und europäische Integration, in: F.A. Zimmermann (Hrsg.): Ordnungspolitische Aspekte der europäischen Integration, Baden-Baden, S. 11 - 22.

— (1996b): Systemwettbewerb und Harmonisierung im europäischen Integrationsprozeß, in: D. Cassel (Hrsg.): Entstehung und Wettbewerb von Systemen, Berlin, S. 223 - 244.

Streit, Manfred E.; Werner Mussler (1995): Wettbewerb der Systeme und das Binnenmarktprogramm der Europäischen Union, in: L. Gerken (Hrsg.): Europa zwischen Ordnungswettbewerb und Harmonisierung, Berlin, S. 75 - 107.

Stroetmann, Karl A.; Wolfgang Steinle (1986): Kleine und mittlere Unternehmen als Adressaten staatlicher Forschungs- und Innovationsförderungspolitik, in: W. Bruder (Hrsg.): Forschungs- und Technologiepolitik in der Bundesrepublik Deutschland, Opladen, S. 292 - 320.

Sturm, Roland (1992): Regionalisierung der Industriepolitik? Die Suche der Bundesländer nach einer flexiblen Antwort auf den neuen europäischen Wirtschaftsraum, in: Aus Politik und Zeitgeschichte (Beilage zur Wochenzeitung „Das Parlament"), Nr. 10-11, S. 25 - 35.

— (1995): Subsidiaritätsprinzip im Bereich der Forschungs- und Technologiepolitik, in: R. Hrbek (Hrsg.): Das Subsidiaritätsprinzip in der Europäischen Union, Baden-Baden, S. 57 - 72.

— (1996): Die Rolle des Subsidiaritätsprinzips in der Forschungs- und Technologiepolitik, in: Ders. (Hrsg.): Europäische Forschungs- und Technologiepolitik und die Anforderungen des Subsidiaritätsprinzips, Baden-Baden, S. 37 - 46.

Sutter, Matthias (1998): Subsidiaritätsprinzip im Zwielicht - eine notwendige Ergänzung, in: WiSt, 27. Jg., S. 204 - 205.

Swan, Trevor W. (1956): Economic Growth and Capital Accumulation, in: Economic Record, Vol. LXVI, S. 334 - 361.

Symeonidis, George (1996): Innovation, Firm Size and Market Structure: Schumpeterian Hypotheses and some new Themes, in: OECD Economic Studies, No. 27, S. 35 - 70.

Tanghe, Patrick (1987): Wissenschaft als Resultat der unsichtbaren Hand - eine Antwort auf die Herausforderung der Wissenschaftskritik an die freiheitliche Gesellschaft, Berlin.

Teichmann, Ulrich (1993): Wirtschaftspolitik, 4. Auflage, München.

Teufel, Pia (1995): Die Deutsche Forschungsgemeinschaft, in: WiSt, 24. Jg., S. 219 - 220.

Teutemann, Manfred (1992): Rationale Kompetenzverteilung im Rahmen der europäischen Integration: ein Beitrag zur finanzwirtschaftlichen Ordnungspolitik, Berlin.

Thietke, Jörg; Reinhard Schüssler (1997): Forschen in Deutschland?, in: Gewerkschaftliche Monatshefte, 48. Jg., S. 559 - 570.

Thomas, Ingo (1997): Ein Finanzausgleich für die Europäische Union?, Tübingen.

Thöni, Erich (1986): Politökonomische Theorie des Föderalismus, Baden-Baden.

Thum, Marcel (1995): Netzwerkeffekte, Standardisierung und staatlicher Regulierungsbedarf, Tübingen.

Tichy, Günther (1991): Wachstumstheorie und moderne Makroökonomik: (K)ein neuer Anlauf, in: B. Gahlen u.a. (Hrsg.): Wachstumstheorie und Wachstumspolitik, Tübingen, S. 91 - 109.

Tiebout, Charles M. (1956): A Pure Theory of Local Expenditures, in: Journal of Political Economy, Vol. 64, S. 416 - 424.

Tippelskirch, Alexander v. (1997): Risikokapital, in: A. Oetker (Hrsg.): Mittelstand in Zeiten struktureller Umbrüche, München, S. 37 - 53.

Tirole, Jean (1995): Industrieökonomik, München, Wien.

Trotha, Klaus v.; Heribert Knorr (1996): Die Rolle der Länder und Regionen in der europäischen Forschungs- und Technologiepolitik, in: R. Sturm

(Hrsg.): Europäische Forschungs- und Technologiepolitik und die Anforderungen des Subsidiaritätsprinzips, Baden-Baden, S. 75 - 91.

Tullock, Gordon (1977/1969): Föderalismus: Zum Problem der optimalen Kollektivgröße, in: G. Kirsch (Hrsg.): Föderalismus, Stuttgart, New York, S. 27 - 35.

Tunzelmann, G. Nick v. (1995): Technology and Industrial Progress: Foundations of Economic Growth, Bodmin.

Tylecote, Andrew (1994): Financial Systems ans Innovation, in: M. Dodgson; R. Rothwell (Hrsg.): The Handbook of Industrial Innovation, Bodmin, S. 259 - 267.

Uzawa, Hirofumi (1965): Optimum Technical Change in an Aggregative Model of Economic Growth, in: International Economic Review, Vol. 6, S. 18 - 31.

Van de Loo, Kai (1993): Marktstruktur und Wettbewerbsbeschränkung, Frankfurt am Main u.a.

Vanberg, Viktor (1996): Wettbewerb in Markt und Politik, in: F.A. Zimmermann (Hrsg.): Ordnungspolitische Aspekte der europäischen Integration, Baden-Baden, S. 85 - 100.

Varian, Hal R. (1991): Grundzüge der Mikroökonomik, 2. Auflage, München, Wien.

Vaubel, Roland (1994): Wenn alles über einen Kamm geschoren wird, in: FAZ vom 07.05., S. 13.

Vogt, Gert (1997): Finanzierungshilfen einer öffentlichen Förderbank, in: A. Oetker (Hrsg.): Mittelstand in Zeiten struktureller Umbrüche, München, S. 63 - 73.

Weckwerth, Joachim (1999): Eine nachfrageorientierte Innovationstheorie, Berlin.

Weigand, Jürgen (1996): Innovationen, Wettbewerb und Konjunktur, Berlin.

Weimann, Joachim (1996): Wirtschaftspolitik, Berlin u.a.

Weiss, Peter (1996): Europas Industrien im internationalen Technologiewettlauf, in: List Forum, Bd. 22, S. 71 - 96.

Weitkamp, Rolf (1992): Forschungs- und Technologiepolitik der Bundesländer Nordrhein-Westfalen und Baden-Württemberg 1980 - 1988, Münster, Hamburg.

Welfens, Paul J.J. (1988): Innovationstheorie, -politik und -dynamik im Systemvergleich, in: P.J.J. Welfens; L. Balczerowicz (Hrsg.): Innovationsdynamik im Systemvergleich, Heidelberg, S. 1 - 27.

— (1995): Wirtschaftspolitische Kompetenzverteilung in der Europäischen Union, Diskussionsbeitrag Nr. 13, Universität Potsdam.

— (1996): Koordinationserfordernisse der EU-Infrastrukturpolitik, in: H. Karl (Hrsg.): Die Koordination der Finanz-, Währungs- und Strukturpolitik in der EU, Bonn, S. 145 - 184.

— (1997): Small and Medium-Sized Companies in Economic Growth: Theory and Policy Implications for Germany, Diskussionsbeitrag Nr. 27, Universität Potsdam.

Welfens, Paul J.J.; Cornelius Graack (1996): Telekommunikationswirtschaft: Deregulierung, Privatisierung und Internationalisierung, Heidelberg.

Welfens, Paul J.J. u.a. (1998): Technological Competition, Employment and Innovation Policies in OECD Countries, Berlin u.a.

Welzel, Peter (1998): Strategische Handelspolitik - Zu den ökonomischen Grenzen neo-protektionistischen Handelns, in: H. Hesse; P. Welzel (Hrsg.): Wirtschaftspolitik zwischen gesellschaftlichen Ansprüchen und ökonomischen Grenzen, Göttingen, S. 357 - 376.

Wengel, Jürgen; Gunter Lay; Carsten Dreher (1995): Evaluation of the Indirect-Specific Promotion of Manufacturing Technology, in: G. Becher; S. Kuhlmann (Hrsg.): Evaluation of Technology Policy Programmes in Germany, Dordrecht, S. 81 - 99.

Wenzler, Hariolf (1996): Subsidiarität als Verfassungsprinzip Europas, in: F.A. Zimmermann (Hrsg.): Ordnungspolitische Aspekte der europäischen Integration, Baden-Baden, S. 73 - 84.

Wicher, Hans (1996): Deutsche Forschungsgemeinschaft, in: WISU, 25. Jg., S. 728 - 731.

Wieandt, Axel (1994): Die Entstehung, Entwicklung und Zerstörung von Märkten durch Innovationen, Stuttgart.

Wiekert, Martin (1996): Forschungs- und Technologieförderung der EU - eine Analyse der theoretischen Fundierung, in: Staatswissenschaften und Staatspraxis, 7. Jg., S. 233 - 259.

Williamson, Oliver E. (1964): The Economics of Discretionary Behaviour: Managerial Objectives in a Theory of the Firm, Englewood Cliffs.

Winter, Helen (1994): Interdependenzen zwischen Industriepolitik und Handelspolitik der Europäischen Gemeinschaft, Baden-Baden.

Winter, Sidney G. (1971): Satisficing, Selection and the Innovating Remnant, in: Quarterly Journal of Economics, Vol. 85, S. 237 - 261.

Wissenschaftsrat (1993): Empfehlungen zur europäischen Förderung der Grundlagenforschung, Drs. 1207/93, Berlin.

Witt, Ulrich (1987): Individualistische Grundlagen der evolutorischen Ökonomik, Tübingen.

— (1995): Wirtschaft und Evolution, in: N. Berthold (Hrsg.): Allgemeine Volkswirtschaftstheorie, München, S. 385 - 410.

— (1996a): Innovations, externalities and the problem of economic progress, in: Public Choice, Vol. 89, S. 113 - 130.

— (1996b): Markteingriffe - eine prozeßorientierte Betrachtung, Diskussionsbeitrag 10-96, Max-Planck-Institut zur Erforschung von Wirtschaftssystemen Jena.

— (1997): „Lock-in" vs. „critical masses" - industrial change under network externalities, in: International Journal of Industrial Organisation, Vol. 15, S. 753 - 773.

Witte, Eberhard (1988): Innovationsfähige Organisation, in: E. Witte; J. Hauschildt; O. Grün (Hrsg.): Innovative Entscheidungsprozesse, Tübingen, S. 144 - 161.

Wohlfahrt, Hans (1997a): Industrielle Gemeinschaftsforschung: Innovation zum Nutzen kleiner und mittlerer Unternehmen, in: A. Oetker (Hrsg.): Mittelstand in Zeiten struktureller Umbrüche, München, S. 169 - 174.

— (1997b): Innovativer Mittelstand - Gemeinschaftsforschung kleiner und mittlerer Unternehmen, in: Spektrum der Wissenschaft, o. Jg., Heft 11, S. 46 - 48.

Wölfl, Anita (1998): Spillover Effects - an Incentive to Cooperate in R&D, Diskussionspapier No. 79, IWH Halle.

Wollmann, Hellmut (1989): Entwicklungslinien der Technologiepolitik in Deutschland. Bestimmungsfaktoren, Zielsetzungen und politische Zuständigkeiten im Wandel, in: J. Hucke; H. Wollmann (Hrsg.): Dezentrale Technologiepolitik? Technikförderung durch Bundesländer und Kommunen, Basel u.a., S. 35 - 75.

Wright, Gavin (1997): Towards a More Historical Approach to Technological Change, in: The Economic Journal, Vol. 107, S. 1560 - 1566.

ZEW; FhG-ISI (1998): Beteiligungskapital und technologieorientierte Unternehmensgründungen - Gutachten für das Bundesministerium für Wirtschaft und Technologie (Kurzfassung), Mannheim, Karlsruhe.

Ziller, Gebhard (1995): Europäische Forschungs- und Bildungspolitik im Rahmen des Subsidiaritätsprinzips, in: L. Gerken (Hrsg.): Europa zwischen Ordnungswettbewerb und Harmonisierung, Berlin u.a., S. 289 - 308.

Zimmermann, Horst (1990): Gewichtsverlagerungen im föderativen Staatsaufbau unter EG-Einfluß?, in: Wirtschaftsdienst, 70. Jg., S. 451 - 456.

Printed by
CPI books GmbH, Leck

FSC
www.fsc.org
MIX
Papier | Fördert
gute Waldnutzung
FSC® C083411

Kolibri 360 GmbH
Ferdinand-Jühlke-Straße 7
99095 Erfurt, Deutschland
produktsicherheit@kolibri360.de